I0765250

prometeo
l i b r o s

PROBLEMAS CENTRALES EN TEORÍA SOCIAL

Acción, estructura y contradicción en el análisis social

Anthony Giddens

PROBLEMAS CENTRALES EN TEORÍA SOCIAL

Acción, estructura y contradicción en el análisis social

Traducción: Mariana Fiorito
Supervisión técnica: Miriam Pereyra

prometeo
libros

Giddens, Anthony
    Problemas centrales en teoría social : acción, estructura y contradicción
en el análisis social / Anthony Giddens. - 1a ed. - Ciudad Autónoma
de Buenos Aires : Prometeo Libros, 2014.
    286 p. ; 23 x 16 cm.

    Traducción de: Mariana Fiorito.

    1. Teoría Social. 2. Ensayo Sociológico. I. Fiorito, Mariana, trad. II.
Título.
    CDD 301

Traducción: Mariana Fiorito
Supervisión técnica: Miriam Laura Pereyra
Prólogo: Miriam Laura Pereyra
Armado: Mabi Fraga
Corrección de galeras: Marina Rapetti

Índice

Prólogo

El clima intelectual de los años 50 y 60 del siglo XX que precede y en el que germina la obra de Anthony Giddens -en particular el periodo de su obra denominado "estándar" (1976-1984)- se encuentra atravesado por un planteo paradójico acerca del propósito y destino de las ciencias sociales: por un lado, corrientes activistas que promueven el "abandono" de la auto-reflexión teórica sobre el fenómeno social (parafraseando a Alvin Gouldner, funcionales a todo aquel que deseaba primero oponer, y, luego, preferir los resultados de la política a la abstracción teórica) y, por otro lado, aquellos que sobredimensionaban la importancia de un corpus teórico con el fin de prestar auxilio "argumentativo" a la sociología del "orden y el control" ante factores desestabilizantes.

Como una pendiente resbaladiza casi inevitable, la ficción planteada por esta línea divisoria sembró semillas conceptuales a manera de dualismos en casi todos los términos teóricos e hipótesis fundamentales constitutivas de la teoría social. Pares categoriales polarizados e irreductibles como "teoría versus praxis", "sociedad versus individuo", "prueba empírica versus abstracción teórica", "obrar versus estructura", "cambio social versus conservación del orden" entre los más significativos. Estas dicotomías promovieron a su vez la homogeneización de un debate donde lo científico, lo político y lo ideológico tomaron la forma de un magma del que emergieron indiferenciadamente juicios de valor, aplicaciones prácticas y fundamentaciones teóricas, todas ellas en un mismo nivel de credibilidad y legitimidad cognitiva.

Sin embargo, hay en estos posicionamientos un hecho notable: cualquiera fuese la alternativa por la que se opte, el divorcio entre "ciencia" y "sociedad" (incluyendo en ella los actores que la componen) desdibujaba el protagonismo cognitivo de los sujetos de conocimiento. O los actores ya lo saben todo desde sus barricadas de vida, y pueden prescindir de las ciencias sociales en tanto aporte trivial de la burguesía ilustrada, o deben mantenerse al margen de los sistemas de producción cognitiva rigurosa hasta que aquellos que saben se expidan. Esta brevísima referencia nos permite colocar en perspectiva la dimensión y envergadura que significó para los científicos sociales que iniciaban por ese entonces el ejercicio de su profesión (como Giddens) la titánica tarea de dar respuesta a todo un universo de alternativas filosóficas, epistemológicas, científicas y políticas.

En el clima de ese apotegma, solo restaba preguntarse si resultaría legítimo o necesario seguir hablando de "ciencias sociales". La respuesta para Giddens fue sí, y su construcción estuvo principalmente atravesada por dos compromisos morales de base: revisar y reconstruir la teoría social que otorga soporte a las ciencias sociales en general con el objeto de estipular la responsabilidad ético-política que estas poseen respecto de la sociedad y, en ese mismo acto, redefinir el concepto de sujeto respetando la dignidad y la autonomía práctica y cognitiva que lo caracterizan.

El camino no será fácil. A pesar de que su primera publicación con reconocimiento mundial, *Las Nuevas Reglas del Método Sociológico* (Giddens, 1976), obtuvo el reconocimiento casi inmediato en función de su contundencia, originalidad y capacidad de síntesis, quien haya leído ese texto fundacional coincidirá en que detrás de esa "calma intelectual", de ese "nuevo orden" debe haber habido un terremoto, un gran movimiento geológico capaz de remover capas enteras de pensamiento social para reubicarlo en otro lugar: la Teoría de la Estructuración (como producto final de su propuesta intelectual y práctica).

De hecho (y para exponerlo de manera sumaria), la lectura de *Problemas Centrales en Teoría Social* confirma las sospechas. Publicado en 1979, desde sus primeras líneas promete ocuparse al menos de cuatro retos:

1. Volver a vincular y revisar las bases filosóficas de la teoría social, disolviendo un sisma disciplinar que le restó brillo y vuelo a ambos campos del saber. En términos de Paul Ricoeur, Giddens se dispondrá al desenmascaramiento productivo del "gesto filosófico de base" que ha dado lugar, no solo a los desafíos de la teoría social del siglo XIX, sino a los supuestos y compromisos metafísicos que se proyectaron en la metodología de las ciencias sociales del siglo XX.
2. Proponer un "manifiesto no-funcionalista" para reubicar el rol protagónico del agente social en los caminos que permiten generar el cambio social.
3. Despojar a la estructura, la función o el sistema de sus facultades apriorísticas y esencialmente coercitivas.
4. Colaborar con la prefiguración de la idea de "poder" que pueda redefinir la emancipación como un juego de equilibrio entre aspectos "coercitivos y habilitantes" capaces de dar cuenta de las prácticas reproductivas y productivas que agentes despliegan en el ejercicios de la "estructuración de la estructura".

Todo ello lo hace fundamentalmente un Giddens "iconoclasta" (destructor de ídolos), tal como él se define más adelante en *Profile and critics in Social Theory* (Giddens, 1982). Será un crítico decidido a debatir cada parte y cada concepto de la teoría social con una amplia gama de sociólogos y filósofos, dispuesto a desestimar todo aquello que reduzca las posibilidades de la agencia humana, y a rechazar lo que condene la estructura social a posiciones fijas e inhabilitantes. Pero, cada final de capítulo dejará espacio para el Giddens "constructor", el que sabe colocar en diálogo plural y en clave de equilibrio superador la ficción inútil de los dualismos prácticos y teóricos.

Siempre que se prologa una obra suelen medirse las distancias: las distancias entre la obra y su vigencia, entre la obra y la producción actual del autor, entre la obra y el momento histórico en el que "casualmente" se decide publicarla. Pero, cuando se trata de clásicos, la distancia es suma cero. Lejos de ser superados los desafíos planteados por Giddens (desafíos que comparte con sus contemporáneos: Bordieu, Habermas, Melucci, Bhaskar, entre otros), sus preguntas y respuestas aún demandan una lectura rigurosa y profunda por parte de los ámbitos científicos y académicos, ámbitos donde no pocas veces prima la circulación anacrónica y descontextualizada de los términos y aportes de su propuesta teórica. Más asiduamente de lo que desearíamos, los aportes de los grandes teóricos de las ciencias sociales se consideran "asumidos" y "aplicados" olvidando que obras de esta naturaleza invitan a repetir su gesto de base: la osadía de deconstruir y construir la teoría social a escala real, respondiendo al paradigma del momento.

La lectura de esta obra de Giddens resulta vital para que la Teoría de la Estructuración sea resignificada y apropiada desde aquellos aspectos que permitan recuperar la complejidad y profundidad propia de un pensamiento social a la altura del escenario mundial actual, y de la problemática de América Latina en particular.

Finalmente, me permitiré hacer una apreciación subjetiva: el propio Giddens no ha vuelto a referirse formalmente al debate metodológico ni epistemológico, sino que su obra posterior es, hasta nuestros días, la aplicación congruente y prolífica de su teoría social al análisis sociológico de un mundo lleno de abismos y perplejidades. Él ha trazado un prolijo camino, casi cartesiano: revisó el método y luego fue por la comprensión e interpretación de ese mundo social que lo reclama.

Descartes decía "este (el de su método) no es el único camino posible", aunque uno sospecha que, a la luz de los resultados de su obra, no había espacio para otros caminos…

No es el caso de Giddens. El hace su propuesta y luego comienza su obra científica. Y, el hecho de que él haya decidido no prolongar ese debate no parece implicar que la comunidad científica y filosófica esté exento de revisar las bases de su "Teoría de la estructuración", o de su "doble hermenéutica". El guante ha sido lanzado y, a la fecha, a casi cuatro décadas de su primera publicación, *Problemas centrales en Teoría Social* ofrece desafíos intelectuales que no decepcionarán a quienes quieran recogerlo.

Miriam L Pereyra

Introducción

Hace aproximadamente diez años concebí el proyecto de examinar el residuo de la teoría social europea del siglo XIX en busca de problemas contemporáneos que aquejan a las ciencias sociales. Virtualmente, la totalidad de mi trabajo desde ese entonces se ha ocupado de desarrollar ese proyecto. Me parecía en ese momento, y me parece aún, que la ciencia social en el mundo contemporáneo lleva la fuerte impronta de ideas desarrolladas en Europa en el siglo XIX y principios del siglo XX. Hoy estas ideas deben ser sometidas a una revisión radical: toda apropiación que hagamos del pensamiento social del siglo XIX debe ser absolutamente crítica. Este examen crítico debe incluir los textos de Marx. No ha cambiado la opinión que dejé implícita en mi obra *El capitalismo y la moderna teoría social*[1] –que consideré una preparación exegética para realizar una crítica extensa del pensamiento social del siglo XIX– en cuanto a que no es posible trazar líneas divisorias sencillas entre el marxismo y la "teoría social burguesa". Independientemente de las diferencias que puedan existir entre ambos, comparten ciertas deficiencias comunes que derivan del contexto de su formación; creo que en la actualidad nadie puede permanecer fiel al espíritu de Marx si permanece fiel a la letra de Marx.

Este libro representa una continuación adicional del proyecto al que me he referido: intenta ser un texto metodológico tanto como uno sustancial. En *Nuevas reglas del método sociológico*[2], y en algunas secciones de *Studies in Social and Political Theory*,[3] comencé a esbozar una serie de críticas de dos amplios enfoques programáticos en teoría social: la hermenéutica o formas de "sociología interpretativa", y el funcionalismo. En el primer *paper* del presente libro los complemento con un estudio crítico de algunas de las corrientes principales del pensamiento estructuralista. Mi objetivo en el resto del libro consiste en desarrollar una postura teórica que, aunque informada por ideas tomadas de cada uno de estos tres enfoques, difiere de todos ellos. Me refiero a esta postura como *teoría de la estruc-*

---

[1] Anthony Giddens, *Capitalism and Modern Social Theory* (Cambridge University Press, 1971).
[2] Anthony Giddens, *New Rules of Sociological Method* (Londres: Hutchinson, 1976).
[3] Anthony Giddens, *Studies in Social and Political Theory* (Londres: Hutchinson, 1977).

turación. Este libro es tanto una conclusión como un prólogo. Amplifica la declaración de una perspectiva metodológica introducida en los dos libros que he mencionado anteriormente. Pero, a la vez lo veo como una preparación para un estudio del socialismo y del capitalismo contemporáneos que será publicado posteriormente, y en el que desarrollaré temas de los que aquí presentaré solo un breve esbozo.

La teoría de la estructuración comienza a partir de una ausencia: la falta de una teoría de la acción en las ciencias sociales. Ya he abordado esto con cierto nivel de detalle en *Nuevas reglas del método sociológico*. Existe una extensa literatura filosófica relacionada con los propósitos, las razones y los motivos de la acción; pero hasta hoy su impacto en las ciencias sociales ha sido menor. En cierta medida esto es comprensible ya que la filosofía de la acción, tal como la han desarrollado filósofos británicos y estadounidenses, no ha prestado demasiada atención a cuestiones que son centrales para la ciencia social: cuestiones relativas al análisis institucional, al poder y al cambio social. Pero, esas tradiciones de pensamiento que se han concentrado en esos problemas, particularmente el funcionalismo y el marxismo ortodoxo, lo han hecho desde el punto de vista del determinismo social. En su deseo de "ponerse detrás" de los actores sociales cuya conducta desean comprender, estas escuelas de pensamiento en gran medida ignoran exactamente aquellos fenómenos que la filosofía de la acción hace centrales a la conducta humana.

Inútil es suponer que tal oposición entre voluntarismo y determinismo pueda superarse simplemente uniendo estos dos tipos de abordaje rivales, ligándolos el uno al otro. Los problemas involucrados se hallan ocultos a mayor profundidad. En el presente libro sostengo que la filosofía de la acción habitualmente ha padecido limitaciones provenientes de dos fuentes además de la imposibilidad de teorizar sobre problemas de análisis institucional. Una explicación adecuada de la agencia humana debe, en primer lugar, estar conectada con una teoría del sujeto actuante y, en segundo lugar, debe situar a la acción *en tiempo y en espacio* como un fluir continuo de la conducta en vez de tratar los propósitos, las razones, etc., como, en cierta forma, agregados acumulados. La teoría del sujeto que estoy esbozando implica lo que denomino un "modelo estratificado" de la personalidad, organizado en torno de tres conjuntos de relaciones: el inconsciente, la conciencia práctica, y la conciencia discursiva. Considero que la noción de *conciencia práctica* es un rasgo fundamental de la teoría de la estructuración.

Pero, si los enfoques establecidos de la filosofía de la acción deben ser modificados de manera sustancial a fin de incorporar una noción de agencia dentro de la teoría social, lo mismo habrá de aplicarse a las concepciones de estructura y sistema, con una presencia tan preponderante en la literatura sociológica. La interpretación característica de "estructura" entre los escritores funcionalistas difiere en forma básica de la del pensamiento estructuralista. Pero, con frecuencia en ambos cuerpos de pensamiento las nociones de estructura y de sistema se utilizan de manera más o menos intercambiable. Sostengo que no solo es importante distinguir entre estructura y sistema, sino que cada uno de ellos debe entenderse de una forma bastante diferente a como se los interpreta comúnmente. Un tema crucial en este libro es que, al igual que con la teoría de la agencia –y con el objeto de mostrar la interdependencia de la acción y la estructura–, debemos comprender las *relaciones espacio temporales inherentes a la constitución de toda interacción social*. Me propongo demostrar que la supresión del tiempo en teoría social es una consecuencia inevitable del mantenimiento de las distinciones entre sincronía y diacronía, o entre estática y dinámica, presentes a lo largo de la literatura tanto del estructuralismo como del funcionalismo. De acuerdo con la teoría de la estructuración, es posible comprender los sistemas sociales como situados en tiempo y espacio si se considera a la estructura como no temporal y no espacial, como un *orden virtual de diferencias* producidas y reproducidas en la interacción social como su medio y resultado. *Unser Leben geht hin mit Verwandlung*, dice Rilke: nuestra vida transcurre con transformaciones. Esto es lo que aspiro a asir en la teoría de la estructuración.

El punto de vista al que adhiero y el que promuevo en estos *papers* está fuertemente influido por el tratamiento que Heidegger hace del ser y el tiempo: no tanto como una ontología sino como una fuente filosófica para desarrollar una conceptualización de la constitución espaciotemporal de los sistemas sociales. William James repite aspectos de la visión de Heidegger cuando dice del tiempo: "El momento literalmente presente es una suposición puramente verbal, no una postura; el único presente alguna vez realizado en forma concreta es el 'momento que está transcurriendo' en el cual el retroceso moribundo del tiempo y su futuro naciente entremezclan sus luces por siempre".[4] La temporalidad del entrelazamiento de la naturaleza y la sociedad se expresa, deseo señalar, en la finitud y la contingencia del ser humano, del *Dasein*, el "ser ahí", que es el único vínculo entre la continuidad de la "primera" y la "segunda" naturaleza. La implacabilidad del "transcurrir" del tiempo es capturada por la afinidad lingüística con la inevitabilidad del "transcurrir" del ser humano. La contingencia del *Dasein* no se da meramente en la asociación entre el "ser en el tiempo" y el "ser en el espacio" sino, como demuestra Heidegger, en la constitución propia de los "existentes" (en te-

---

[4] William James, *A Pluralistic Universe* (Nueva York: Longman, 1943), p. 254.

oría social, la constitución de la sociedad en la estructuración). Como señala Heidegger, si el tiempo fuese una mera sucesión de ahoras, asociadas contingentemente con la presencia espacial, sería imposible comprender por qué el tiempo no retrocede: pero, si el tiempo es el "advenimiento de lo posible", la "progresión" del tiempo queda aclarada.

Con frecuencia, a Heidegger y a Wittgenstein se los asocia con el así llamado "giro lingüístico" en la filosofía moderna. Así expresado, creo que es engañoso; en todo caso, sugiere algunas perspectivas a las que me opongo. Rechazo la concepción según la que "la sociedad es como un lenguaje", tema encontrado, de varias formas, en el estructuralismo tanto como en la mayoría de las sociologías interpretativas. En el *paper* inicial intento aclarar algunas de las dificultades que aparecen recurrentemente en el pensamiento social estructuralista; y, ya he criticado a las sociologías interpretativas al respecto en *Nuevas reglas del método sociológico*. Considero que la filosofía posterior de Wittgenstein es excepcionalmente importante para los problemas que aquejan a la teoría social en la actualidad, aunque no de las formas en que los "post wittgensteinianos" la han comprendido específicamente. Entiendo que la relevancia de los escritos de Wittgenstein para la teoría social consiste en la asociación del lenguaje con *prácticas sociales* definidas. No encuentro particularmente valioso encargarme de la clase de paralelos detallados entre Marx y Wittgenstein que intentaron hacer Rossi-Landi y otros; pero sí deseo sugerir que existe una continuidad directa entre Marx y Wittgenstein con respecto a la producción y reproducción de la sociedad como *Praxis*. Cada forma de filosofía del lenguaje, estimo, implica una postura (generalmente implícita) con respecto a "los límites del lenguaje": aquella que no puede expresarse a través del lenguaje, porque es lo que hace posible al lenguaje. En la filosofía posterior de Wittgenstein, "los límites del lenguaje" son explicitados y transformados en la base de una teoría semántica. El lenguaje está intrínsecamente involucrado con *aquello que debe ser hecho*: la constitución del lenguaje como "significativo" es inseparable de la constitución de formas de la vida social como prácticas constantes.

Considero a las prácticas sociales, junto con la conciencia práctica, como momentos cruciales que oficien de mediadores entre dos dualismos tradicionalmente establecidos en teoría social. A uno de ellos ya he hecho referencia, en relación al contraste entre tipos voluntaristas y deterministas de teoría: se trata del dualismo individuo y sociedad, o sujeto y objeto; el otro es el dualismo de los modos consciente e inconsciente de cognición. Mediante un único movimiento conceptual, la teoría de la estructuración reemplaza a cada uno de estos dualismos por la noción central de la *dualidad de la estructura*. Con "dualidad de la estructura" me refiero a la recursividad esencial de la vida social, tal como se constituye en las prácticas sociales: la estructura es a la vez medio y resultado de la reproducción de las prácticas. La estructura participa simultáneamente en la constitución del agente y de las prácticas sociales, y "existe" en los momentos generadores de esta constitución. Como teorema rector de la teoría de la estructuración propongo lo siguiente: *cada actor social posee un gran conocimiento de las condiciones para la reproducción de la sociedad de la que es miembro*. La incapacidad de advertir esto es una deficiencia básica del funcionalismo tanto como del estructuralismo; y puede aplicarse tanto al "marco de referencia de la acción" de Parsons como a otras variedades del pensamiento funcionalista. El planteo de que todos los agentes sociales poseen conocimiento experto sobre los sistemas sociales que ellos constituyen y reproducen a través de sus acciones es un rasgo lógicamente necesario de la concepción de la dualidad de la estructura. Pero, este rasgo debe ser dilucidado cuidadosamente. Existen varios modos en los que este conocimiento puede figurar en la conducta social práctica. Uno de ellos son las fuentes inconscientes de la cognición: no parece haber razón para negar que el conocimiento existe en el nivel del inconsciente. En efecto, podemos presentar una argumentación en cuanto a que la movilización del deseo inconsciente normalmente involucra elementos cognitivos inconscientes.[5] Más significativas para los argumentos desarrollados en este libro son las diferencias entre la conciencia práctica, en tanto reservorios del saber tácitos a los que recurren los actores en la constitución de la actividad social, y lo que llamo "conciencia discursiva", que involucra el conocimiento que los actores son capaces de expresar en el nivel del discurso. Todos los actores poseen cierto grado de *penetración discursiva* en los sistemas sociales a cuya constitución contribuyen.

En el párrafo anterior, como así también en muchos puntos a lo largo del libro, pongo entre paréntesis las aseveraciones de validez implicadas en el término "conocimiento", aunque en general elijo deliberadamente hablar de "conocimiento" más que de "creencia". El estatus lógico del conocimiento aplicado por los actores sociales en la producción y reproducción de sistemas sociales, tal como subrayo en el *paper* final,[6] debe considerarse en dos niveles. En el nivel metodológico, lo que denomino "conocimiento mutuo" es un recurso no corregible del que necesariamente depende el analista social, como medio para generar descripciones "válidas" de la vida social. Como demuestra Wittgenstein, conocer

---

[5] Para una discusión, véase Alvin I. Goldman, *A Theory of Human Action* (Englewood Cliffs: Prentice-Hall, 1970) pp. 123-4.

[6] Véase también Giddens, *New Rules of Sociological Method*, pp. 144ss.

una forma de vida es ser capaz, en principio, de participar en ella, pero la validez de las descripciones o caracterizaciones de la actividad social es una cuestión diferente de la validez del "conocimiento" en tanto aseveraciones de creencias constituidas en el discurso de los actores sociales.

El alcance y la naturaleza de la penetración discursiva de los actores en los sistemas sociales de los que participan es un asunto de gran importancia para lo que llamo la *dialéctica del control* en los colectivos. Este es un aspecto de lo que intento demostrar constituye una *relación intrínseca entre agencia y poder*. Conceptualizo las relaciones de poder en los sistemas sociales como relaciones regularizadas de autonomía y de dependencia. Las relaciones de poder son siempre bidireccionales; es decir, con independencia de cuán subordinado pueda estar un actor en una relación social, el solo hecho de encontrarse involucrado en esa relación le otorga cierta cantidad de poder sobre el otro. Quienes se hallan en posiciones subordinadas en sistemas sociales con frecuencia son muy diestros para convertir todos los recursos que poseen en algún grado de control sobre las condiciones de la reproducción de esos sistemas sociales. Con esto no deseo dar a entender que la vida social puede, en algún sentido, ser reducida a luchas de poder –independientemente de cuán relevantes y crónicas puedan ser esas luchas–. El conflicto y el poder no están asociados en forma lógica, sino contingente.

Las restricciones y las distorsiones de la penetración discursiva que los actores son capaces de lograr en las circunstancias de su acción se vinculan directamente con *el impacto de la ideología*. Cuando se discute la cuestión de la ideología, deseo indicar que los problemas relativos a la crítica de la ideología deben ser separados radicalmente de los asuntos epistemológicos con los que frecuentemente se han fusionado. La ideología no es un tipo diferenciado de sistema de símbolos, que debe ser contrastado con otros, como por ejemplo la ciencia. De la forma en que la conceptualizo, la ideología se refiere a lo *ideológico* –entendiendo a lo ideológico en términos de la capacidad de los grupos o clases dominantes de lograr que sus propios intereses sectoriales aparezcan a los ojos de los demás como universales–. Por lo tanto, esta capacidad es un tipo de recurso implicado en la dominación. En este libro no intento desarrollar más que un esbozo mínimo de cómo puede concebirse a la crítica de la ideología, ni cómo deberían comprenderse en el mundo contemporáneo las funciones de la ciencia social como teoría crítica; esto lo reservo para un volumen futuro. Este comentario se aplica también, en gran medida, al análisis de la contradicción y del conflicto. Desarrollo un concepto de contradicción social con cierto nivel de detalle e indico el alcance de su potencial aplicación a modo de prólogo teórico para un estudio más exhaustivo de la contradicción entre capitalismo y socialismo de estado. Un estudio con estas características debe conformar la sustancia de una teoría crítica de la sociedad contemporánea: una teoría crítica que debe confrontar el hecho obvio de que el marxismo puede ser, y lo es, utilizado como medio ideológico de dominación.

La teoría de la estructuración elaborada en el presente libro podría ser leída como un *manifiesto no funcionalista*. Sostengo que la importancia de las teorías funcionalistas, incluyendo las distintas formas de funcionalismo marxista, radica en que siempre han centrado su atención en la relevancia de las consecuencias no buscadas de la acción. Ese acento resulta de suma importancia cuando se lo contrasta con las filosofías de la acción, que en su mayor parte simplemente han ignorado las consecuencias no buscadas. El escape de la historia humana de las intenciones humanas, y el regreso de las consecuencias de ese escape en forma de influencias causales sobre la acción humana, es un rasgo crónico de la vida social. Pero, el funcionalismo traduce ese regreso en las "razones de la sociedad" para la existencia de elementos sociales reproducidos. De acuerdo con la teoría de la estructuración, los sistemas sociales carecen totalmente de propósito, razones o necesidades; solo los individuos humanos los poseen. *Debe declararse inválida toda explicación de la reproducción social que le impute una teleología a los sistemas sociales.* Pero, muchos de aquellos que han hecho explícita su oposición al funcionalismo en principio se muestran ellos proclives a emplear argumentos funcionalistas en la práctica. Una cosa es rechazar las perspectivas funcionalistas por motivos lógicos, o bien ideológicos. Es algo muy diferente hacerlo mientras aún se percibe la relevancia cardinal de las consecuencias no buscadas en la reproducción de los sistemas sociales: mostrar qué es lo que implica en realidad una ciencia social no funcionalista.

Al analizar las condiciones de la reproducción social, y por lo tanto de la estabilidad y el cambio en la sociedad, intento demostrar la importancia esencial de la tradición y de la rutinización en la vida social.¡No debemos cederle la tradición a los conservadores! La sedimentación de las formas institucionales en procesos de desarrollo social a largo plazo constituye un rasgo inexorable de todo tipo de sociedad, independientemente de la velocidad de los cambios que puedan atravesar esas sociedades. Es solo mediante la comprensión conceptual de esto, y no mediante el repudio, que podemos, de hecho, abordar el estudio del cambio social. La exclusión del tiempo en el nivel de la *durée* de la agencia humana encuentra su contraparte en la supresión de la temporalidad de las instituciones sociales en teoría social –supresión mayormente llevada a cabo mediante la separación entre sincronía y diacronía–. Sobre la base de esta separación, los sociólogos se han contentado con dejar la sucesión de hechos en el tiempo a los historiadores, algunos de los que, como parte de la negociación, se han mostrado dispuestos a ceder las propiedades estructurales de los sistemas sociales a los sociólogos. Pero, esta clase de separación carece de justificación racional con la recuperación de la temporalidad como elemento fundamental de la teoría social: la historia y la sociología se vuelven metodológicamente indistinguibles.

"Sociología", como he comentado, no es un término inocente.[7] En cuanto a sus orígenes y uso corriente se trata de un término identificado estrechamente con el triple conjunto de asociaciones que menciono en el *paper* final: el naturalismo, el funcionalismo, y la teoría de la sociedad industrial. El término "sociología" es tan usado en la actualidad que el intento de descartarlo no significaría más que un obstáculo. He continuado utilizándolo en *Nuevas reglas del método sociológico*, como así también en el presente libro, a fin de referirme de manera general al estudio de las instituciones de las sociedades industrializadas. Pero, esta diferenciación de las otras ciencias sociales es, en el mejor de los casos, un inconveniente conveniente y, por cuanto muchos de los argumentos que aquí desarrollo son aplicables a todas ellas, con frecuencia he empleado el término "ciencia social" de forma genérica.

---

[7] Giddens, *Studies in Social and Political Theory*, pp. 23-4.

1.
El estructuralismo y la Teoría del Sujeto

El "funcionalismo" y el "estructuralismo" han sido tal vez las tradiciones intelectuales abarcativas más destacadas en teoría social durante los últimos treinta o cuarenta años. Ambos términos han perdido todo significado preciso hace ya mucho tiempo, pero sin embargo es posible identificar algunas nociones centrales invocadas por estas tradiciones. En algún punto, el funcionalismo y el estructuralismo comparten procedencias similares y poseen importantes rasgos en común. Podemos localizar el origen de ambos en Durkheim, como lo refleja en primera instancia la obra de Radcliffe-Brown y de Malinowski en el funcionalismo, y luego la de Saussure y de Mauss[1]. Radcliffe-Brown y Malinowski reaccionaron contra la antropología evolutiva especulativa; Saussure reaccionó contra nociones no muy diferentes sostenidas por sus predecesores, los neogramáticos. Cada uno de estos tres autores hizo hincapié en la sincronía y separó lo sincrónico de lo diacrónico. Cada uno de ellos acentuó la importancia del "sistema", tanto social como lingüístico, en contraposición con los elementos que lo integran. Pero, a partir de allí los énfasis característicos comienzan a divergir. En el funcionalismo, el modelo orientador del "sistema" es, en general, el de "organismo", y los autores funcionalistas constantemente han buscado en la biología una reserva conceptual que podían saquear para sus propias necesidades. En la obra de Saussure, por supuesto, y más tarde en la del círculo de Praga, el estructuralismo comenzó como una aproximación a la lingüística; sin embargo, en carácter de teoría social, podemos definir al estructuralismo más objetivamente como la aplicación de modelos lingüísticos influidos por la lingüística estructural a la explicación de fenómenos culturales y sociales[2].

---

[1] La naturaleza y el alcance de la influencia de Durkheim sobre Saussure ha sido objeto de cierta disputa. Véase, por ejemplo, E. F. K. Koerner, *Ferdinand de Saussure* (Braunschweig: Hunold, 1973), pp. 45-71.

[2] Véase, por ejemplo, Barthes: "Me he estado ocupando de una serie de análisis estructurales, todos los cuales se concentran en definir una cantidad de 'lenguajes' extralingüísticos (…)" Roland Barthes, *Essais critiques* (París: Seuil, 1964), p. 155.

El contraste ha sido trascendental para el desarrollo de la teoría social en el mundo anglosajón en comparación con su desarrollo en Francia: a continuación intentaré indicar algunas de las divergencias más significativas. No me ocuparé de hacer un elogio generalizado del estructuralismo –que, después de todo, si se lo ha de interpretar en términos generales, nos trae a la mente las contribuciones de una extraordinaria variedad de autores diferentes, incluyendo a Barthes, Foucault, Althusser, Lacan, Piaget, Greimas, etc.– y dirigiré mi atención estrictamente a un número limitado de asuntos planteados por los siguientes temas: la teoría lingüística de Saussure; la explicación del "mito" de Lévi-Strauss; y la "crítica del signo" por parte de aquellos que han buscado desarrollar una nueva teoría de la estructuración (Derrida, Kristeva).

Muchos de los temas que me propongo plantear en este *paper* no serán discutidos aquí en la medida en que ameritan, ya que los analizaré y ejemplificaré en otros *papers* en este libro. Mi discusión es parcial y selectiva porque deseo utilizar este *paper* en conjunción con críticas a la hermenéutica y a la filosofía de la acción previamente publicadas, por un lado, y al funcionalismo[3] por el otro, y porque servirá de prefacio a los *papers* comprendidos en la mayor parte de este libro. Además, hasta el final de este *paper* me concentraré principalmente en hacer un análisis crítico más que en individualizar las virtudes del pensamiento estructuralista.

Saussure: la lingüística estructuralista

De las diferentes doctrinas de Saussure, las más centrales en los desarrollos posteriores del estructuralismo y de la semiología son: la distinción entre *langue* (lengua) y *parole* (habla); la naturaleza arbitraria del signo; la noción de diferencia; la constitución del signo mediante la conjunción de significante y significado; y la separación entre sincronía y diacronía. Estas se han vuelto tan familiares que no exigen más que un comentario esquemático.

Saussure no empleó la palabra "estructura", ya que fue Trubetskoy quien introdujo esta última en la lingüística continental. Saussure prefería la palabra "sistema". Para Saussure, la naturaleza sistemática de *langue* es el factor principal que la distingue de *parole*, la palabra hablada o escrita. Saussure sostenía que la distancia entre *langue* y *parole* separa tanto "lo social de lo individual", como "lo esencial de lo accesorio y más o menos accidental"[4]. El lenguaje es una institución

---

[3] *New Rules of Sociological Method* (Londres: Hutchinson, 1976); "Functionalism: après la lutte", en *Studies in Social and Political Theory* (Londres: Hutchinson, 1977).

[4] Ferdinand de Saussure, *Course in General Linguistics* (Londres: Peter Owen, 1960), p. 14.

social y su calidad de tal no es creación del hablante individual: el hablante "asimila pasivamente", como sostiene Saussure, las formas preexistentes supuestas por el lenguaje. En contraste con *langue*, *parole* es una "masa heterogénea de elementos dispares". El aparato fonador se ha vuelto el instrumento principal de la lengua entre los seres humanos, pero no ejerce influencia alguna en las características más esenciales de *langue*: estas características derivan de la facultad humana de comprender y de ordenar un sistema de signos. Tal facultad no se limita a la lengua ya que los signos pueden ser extralingüísticos. De ahí que Saussure concibiera la posibilidad de una ciencia general de los signos, o semiología, de la que la lingüística sería una rama[5].

La naturaleza arbitraria de los signos lingüísticos, y su constitución mediante la diferencia, son las nociones principales por medio de las que Saussure intentó explicar *langue* como sistema. Cada noción pone el énfasis en la forma en detrimento del contenido o, para expresarlo más precisamente, en lo relacional más que en lo sustantivo. Saussure apuntó a la naturaleza arbitraria del signo de dos maneras. Una de ellas consistía simplemente en comparar palabras entre lenguas: aunque tengan significado similar, los sonidos expresados en la pronunciación de "ox" (buey) en inglés y de "boeuf" (buey, carne de res) en francés no tienen nada en común el uno con el otro. En este sentido, la arbitrariedad del signo "queda probada (…) por la existencia misma de diferentes lenguas."[6] Pero, esto queda en segundo plano con respecto a la demostración de que los sonidos que forman palabras en una lengua carecen de conexión intrínseca con los objetos físicos que designan: el enunciado "tree" (árbol en inglés) no se corresponde ni más ni menos con el objeto árbol que el enunciado "arbre" (árbol en francés). En vista de la controversia provocada por la afirmación de Saussure en cuanto a la cualidad de arbitrario que posee el signo –que él consideró "indiscutible"–, tal vez valga la pena observar que él la limitó de diversas maneras. Los signos, por supuesto, no son arbitrarios, cosa sobre la que tuvo la precaución de poner énfasis, con respecto al hablante individual. Todo lo contrario: el hablante no tiene más opción que obedecer lo que ya está establecido en la lengua. Saussure también diferenció lo que denominó signos "radicalmente arbitrarios" de signos "relativamente arbitrarios"; estos últimos son palabras de segundo orden, construidas a partir de los primeros. "Neuf" (nuevo o nueve en francés) es radicalmente arbi-

---

[5] Esta cuestión ha originado mucho debate posterior. Algunos han aceptado la postura de Saussure con respecto a la relación entre la semiología y la lingüística; otros la han revertido, y consideran a la semiología como una derivación de la lingüística. Excepto cuando me refiera a Saussure, utilizaré el término "semiótica" en vez del término "semiología".

[6] Saussure, *Course in General Linguistics*, p. 68.

trario, pero "dix-neuf" (diecinueve en francés) solo es relativamente arbitrario, debido a que se trata de un término compuesto.

Claramente, el principio de la abitrariedad relativa solo afecta la composición interna de la lengua; la lengua como un todo es "radicalmente arbitraria" en relación con el mundo de los objetos. De esto se desprende que los términos de la lengua solo pueden definirse *sui generis*; los términos solo adquieren identidad o continuidad en cuanto se diferencian unos de otros como opuestos o diferencias dentro de la totalidad que es la *langue*. Aquí vale la pena citar el famoso ejemplo del "tren de Ginebra a París", propuesto por Saussure, ya que, como indicaré más adelante, guarda una similitud definida con respecto a asuntos que los filósofos anglosajones han discutido en el contexto de la filosofía de la acción. Decimos que todos los días "el mismo" tren de Ginebra a París parte de Ginebra a las 08:25, aun cuando, de un día para el otro, la locomotora, los vagones y el personal sean diferentes. Saussure sostenía que lo que le da al tren su identidad son las formas en que se diferencia de otros trenes (horarios de partida, destinos, etc.). De una manera similar, en la lengua, la identidad de las unidades lingüísticas, verbalizadas o puestas por escrito, depende de las diferencias u opuestos que las separan unas de otras, y no de su contenido intrínseco. Una letra "t", por ejemplo, se puede escribir de muchas formas diferentes; pero su identidad queda preservada no por una unidad de sustancia sino por sus diferencias con otras letras. Exactamente lo mismo se aplica a los sonidos que contienen los enunciados lingüísticos. Así, según la formulación de Saussure, la idea de diferencia completa el aislamiento de la *langue* como sistema autocontenido: el "valor" de los componentes de la lengua deriva exclusivamente de las demarcaciones trazadas entre ellos. De acuerdo con Saussure, "en la lengua solo existen diferencias". Hay algo aún más importante: una diferencia generalmente implica términos positivos entre los que esa diferencia se organiza, pero en la lengua solo existen diferencias sin *términos positivos*.[7]

La constitución de la identidad negativamente a través de la diferencia se aplica a cada uno de los dos componentes del signo lingüístico, el significante y el significado. Pero, su combinación en el signo transforma lo negativo en lo positivo. El único rasgo positivo –y fundamental– que posee la lengua es la articulación entre significantes y significados en el proceso de hablar o de escribir. Para Saussure, la lengua es básicamente un sistema vocal y auditivo al nivel del significante, pero tanto en los enunciados verbales como en los escritos las conexiones entre significantes y significados se encuentran organizadas en términos de secuencias lineales que se despliegan en el tiempo. Aunque Saussure en ocasiones proce-

---

[7] Ibíd., p. 120.

24

diera como si cada significante tuviera un significado definido, un concepto o una "idea" unida a él, también dejó claro que se trata de una forma engañosa de representar la asociación entre los dos. Esta perspectiva implicaría que los conceptos se formaron con anterioridad a los términos utilizados para expresarlos, y con independencia de ellos. La relación entre significante y significado es mucho más íntima que esto; de no ser por la articulación mediante los valores creados por la diferencia fonológica, el pensamiento no sería más que un flujo incipiente. Los signos lingüísticos solo adquieren existencia a través de la conexión mutua de significantes y significados en las conjunciones temporales efectuadas durante las operaciones de hablar, oír, leer y escribir.

Así, el tiempo no está ausente, como se sugiere en ocasiones, de la lingüística saussuriana. El hecho de que Saussure estableciera que la naturaleza lineal o serial de los significantes es básica en todas las lenguas, y que relacionara esto con una continuidad de significados que se encuentran en puntos de articulación definidos, significa que esta perspectiva no está tan lejos de aquellos desarrollos posteriores de Lacan y Derrida como podría parecer. Más que eliminar el tiempo de su teoría, Saussure estableció una diferencia radical entre dos formas de temporalidad: aquella implícita en el orden sintagmático de la lengua –y es, así, la mismísima condición de la sincronía– y aquella implícita en la evolución de los rasgos de la *langue*. En el primer sentido, el tiempo es parte integral de la comprensión saussuriana de la naturaleza sistemática de la lengua, porque esta es vital para la noción de "sistema" aquí mencionada, según la cual el todo solo se encuentra en sus articulaciones particulares. Esta noción es totalmente distinta de la concepción del "todo" que pertenece al funcionalismo en teoría social, basada en la analogía de los sistemas mecánicos u orgánicos. Sin embargo, Saussure acentuó enfáticamente la independencia de la sincronía con respecto a la diacronía. De acuerdo con él, la diferenciación entre las perspectivas sincrónica y diacrónica "es absoluta y no deja espacio para el compromiso"; el punto de vista diacrónico se ocupa de fenómenos "que no tienen relación con los sistemas, aunque sí los condicionan".[8] Para estudiar los estados de un sistema debemos abstraernos completamente de los cambios en sus elementos. Esto nos retrotrae a la diferenciación entre *langue* y *parole*. Solo la sincronía nos permite comprender la naturaleza de la *langue*[9]. La diacronía opera al nivel del acontecimiento, o de las modificaciones en la lengua que surgen al hablar.

---

[8] Ibíd., pp. 83 y 85.

[9] Sin embargo, algunas ediciones críticas del *Cours* elaboradas por de Mauro, Engler y Godel han demostrado, entre otras cosas, que Saussure no atribuía prioridad a la lingüística sincrónica por sobre la lingüística histórica.

Anthony Giddens

Limitaciones de las perspectivas de Saussure

La evaluación crítica de las perspectivas de Saussure tiene un interés doble: como teoría lingüística en sí misma, y como modelo de lengua que ha servido para dar forma a algunas perspectivas características del estructuralismo; aunque, por supuesto, varias ideas de Saussure fueron rechazadas por el grupo de Praga y por Lévi-Strauss. Hoy una extensa bibliografía da cuenta de la recepción crítica que recibió la lingüística saussuriana. Deseo considerar brevemente solo ciertos puntos que inciden de forma bastante directa en los problemas de la teoría social. Cada uno de los cinco elementos de la obra de Saussure que he destacado anteriormente presenta dificultades básicas.

1. De los temas saussurianos, tal vez el que ha sido debatido más extensamente ha sido la doctrina de la naturaleza arbitraria del signo. Concentrarse en la atención crítica sobre este elemento de las doctrinas de Saussure no carece de justificación ya que, como he indicado previamente, las nociones gemelas de "arbitrariedad" y "diferencia" son los principales rasgos constitutivos que establecen el carácter sistemático de la *langue*. El término "arbitrario" es provocador, e indudablemente algunas de las confusiones a que ha dado lugar la doctrina de Saussure derivan de las implicancias desorientadoras que sugiere –aunque Saussure varias veces intentó ponerse a salvo de algunas de ellas sustituyendo "no motivado" por "arbitrario"–. Sin embargo, "no motivado", al igual que "arbitrario", es una expresión voluntarista que simplemente sugiere ese factor de selección que Saussure negó que el hablante, prisionero pasivo de la lengua, poseyera. La noción de arbitrariedad, tal como Saussure la empleó, parece haber sido utilizada para demostrar al menos dos cuestiones, que vale la pena analizar por separado. Una de ellas es que afirmar que la *langue* existe con independencia de los actos intencionales iniciados por hablantes a nivel de *parole*, o bien que no se puede explicar en términos de *parole*; la *langue* no es, en ningún sentido, un producto intencionado de la actividad de los sujetos que son los hablantes de la lengua. Luego me dedicaré a algunos de los asuntos que esto trae aparejado. La segunda consiste en acentuar la naturaleza convencional del signo, en el sentido en el que los filósofos británicos y estadounidenses normalmente utilizan el término "convención"; es esta cuestión la que consideraré en primer lugar[10].

Veremos que existen importantes dificultades irresueltas en la concepción de Saussure si nos hacemos la pregunta "¿Qué se considera convencional o 'arbitra-

---

[10] Si se busca una discusión reciente y relevante, véase David Lewis, *Convention* (Cambridge, Mass.: Harvard University Press, 1969).

rio' en los signos?". ¿Es algo en la naturaleza del significante, o en la naturaleza del significado, o en la conexión entre ambos? Saussure pareció no tener duda alguna; la respuesta se encuentra en la última de esas preguntas: "El vínculo entre significante y significado es arbitrario"[11]. Pero, los ejemplos que propuso con el objeto de documentar tal afirmación *no se refieren a ese vínculo*, se refieren solo a la naturaleza del significante. Los sonidos producidos por un hablante, o las marcas escritas en una página, carecen de similitud isomórfica o "intrínseca" con fenómenos o acontecimientos del mundo de los objetos. En una famosa discusión, Benveniste ha expresado muy bien la cuestión relevante. La argumentación de Saussure

> es refutada por el hecho de recurrir inconsciente y subrepticiamente a un tercer término que no estaba incluido en la definición inicial. Este tercer término es la cosa en sí, la realidad. Aunque Saussure afirmó que la idea de "hermana" no está vinculada al significante s-ö-r, no menosprecia la *realidad* de la noción. Cuando apuntó a la diferencia entre *b-ö-f* (*boeuf*, carne de res o buey) y *o-k-s* (*ox, buey*) se refería –a pesar de sí mismo- al hecho de que ambos términos se aplican a la misma *realidad*. Aquí, entonces, está la *cosa*, en primera instancia excluida expresamente de la definición de signo, sigilosamente deslizándose de manera indirecta(…).[12]

La argumentación de Saussure, por lo menos en lo que respecta a los ejemplos presentados para respaldar su idea, se reduce a que la relación entre el *significante y el mundo de los objetos* es convencional, con la posible excepción de unas pocas palabras onomatopéyicas (y, como señaló, normalmente esas palabras o expresiones son, de todas formas, cuestión de estilo, o convencionales). Debido a que se concentró en la relación entre significante y significado como una relación arbitraria solía suprimir el "significado" y el "*objeto* significado" (o aludido) y reemplazarlo por una palabra o una afirmación.

2. Esto trajo aparejado dos consecuencias cuyas implicancias han sido de largo alcance, aun entre aquellos autores estructuralistas solo apenas influidos por Saussure. (a) Debido a que la "cosa", parafraseando a Benveniste, fue eliminada forzadamente, Saussure no desarrolló una argumentación razonada y extendida contra las definiciones ostensivas de significado, como haría Wittgenstein más tarde. Los problemas de referencia, es más, desaparecen casi por completo de la discusión de Saussure; se hace recaer toda la carga de la teoría lingüística en la relación entre el significante y el significado. (b) El estatus del significado (*signified*),

---

[11] Saussure, *Course in General Linguistics*, p. 67.

[12] Emile Benveniste, "The nature of the linguistic sign", en *Problems in General Linguistics* (Florida: University of Miami Press, 1971), p. 44.

que después de todo fue utilizado con frecuencia por Saussure como generalmente equivalente a "significado" o "sentido" (*meaning*) y apenas puede tomarse como tangencial a una teoría del lenguaje, quedó relativamente en la oscuridad. Saussure describió los significados de diversas maneras: como "imágenes mentales", "ideas" y "conceptos"; es decir, como propiedades de la mente. Las ideas o conceptos participan del proceso de la semiosis combinándose con los significantes, pero la forma en que las ideas o conceptos logran alguna capacidad para referirse a objetos o acontecimientos en el mundo carece totalmente de explicación alguna[13]. Como han observado muchos intérpretes de Saussure, podría ser que la implicancia general de la perspectiva de Saussure es que no es la palabra o la acción lo que "representa" a los objetos o acontecimientos del mundo, sino que el sistema completo de *langue* "es paralelo a la realidad misma"[14]. Sin embargo, el sentido en el que *langue* podría "ser paralela a la realidad" no queda para nada aclarado en los análisis de Saussure. Sostengo que la falta de claridad en la naturaleza del significado, junto con la tendencia asociada a fusionar significado y objeto significado, ha dejado derivaciones en el desarrollo posterior del pensamiento estructuralista.

3. Del intento de Saussure de acentuar las cualidades puramente formales de la lengua tal como constituida a través de la diferencia surgen problemas relacionados. La lengua es todo forma sin sustancia; los valores lingüísticos provienen exclusivamente de las diferencias. Sin dudas, concentrando la atención en la relación entre los valores lingüísticos más que en los términos de la lengua considerados en forma individual, este énfasis le permitió a Saussure hacer considerables avances más allá de los logros de sus predecesores en lingüística. Pero, no es posible comprender ningún sistema como forma pura, como definido completamente internamente: ni siquiera un sistema matemático –sobre esto existe consenso desde Gödel–. Cuando Ogden y Richards afirman que la caracterización de la diferencia hecha por Saussure oculta o elimina un proceso de interpretación en el signo,[15] hacen una afirmación esencial, que influye directamente en la distancia que ha separado posteriormente al estructuralismo de la hermenéutica. El ejemplo presentado por el propio Saussure puede utilizarse para confirmar el punto en cuestión. No resulta posible especificar la identidad del "tren de Ginebra a París" con independencia del *contexto en el que se emplea la frase*; y este contexto no es el sistema de diferencias en sí, como menciona Saussure, sino que se

---

[13] Véase Paul Ricoeur, *Interpretation Theory: Discourse and the Surplus of Meaning* (Forth Worth: Texas Christian University Press, 1976) pp. 6ss.

[14] Frederic Jameson, *The Prison-House of Language* (Princeton University Press, 1974) pp. 32-3.

[15] C. K. Odgen e I. A. Richards, *The Meaning of Meaning* (Londres: Routledge, 1960) pp. 5-8.

trata de factores relativos a su uso *en la práctica*. Para darle identidad al tren, Saussure implícitamente da por sentado el punto de vista práctico del viajero, o de quien establece los horarios; de ahí que el "mismo" tren pueda consistir de vagones y locomotoras muy diferentes en dos ocasiones separadas. Pero, estas no cuentan como instancias del "mismo" tren para un ingeniero ferroviario, o para un observador de trenes. El ejemplo puede ser trivial, y no resulta particularmente significativo en sí mismo, pero sus ramificaciones sí son muy relevantes, y constantemente surgen en desarrollos posteriores conectados con el pensamiento de aquellos cercanos al estructuralismo o influidos por él. El muro de contención que Saussure levantó para proteger al sistema de *langue* de los lazos referenciales y semánticos que la unen al mundo de los objetos y de los acontecimientos es continua y necesariamente traspasado.

4. De entre los diversos dualismos que se destacan en el pensamiento de Saussure, los dualismos *langue/parole* y sincronía/diacronía son los que más se asocian entre sí. La *langue* solo puede aislarse mediante el análisis sincrónico; estudiar la diacronía es retroceder al nivel de la *parole*. En todo caso, no es necesario hacer un examen detallado del *Curso de lingüística general* de Saussure (tal como ha llegado hasta nosotros) para observar que esa distinción cubre un rango de opuestos: sistema/acontecimiento, necesario/contingente, social/individual, formal/sustantivo, etc. Las ambigüedades involucradas en esto probablemente ayuden a explicar la utilidad de las ideas de Saussure tanto como la naturaleza confusa de gran parte de la discusión resultante sobre los opuestos *langue/parole* y sincronía/diacronía. Sin embargo, existe una forma principal en que la diferenciación *langue/parole* ha resultado inadecuada en teoría lingüística y posee implicancias relevantes en la identificación de las limitaciones de la separación entre sincronía y diacronía. Es posible expresar la inadecuación básica de esta forma: Saussure no mostró qué media entre la naturaleza sistemática, no contingente y social de la *langue*, y la naturaleza específica, contingente e individual de la *parole*. Lo que falta es *una teoría del usuario de la lengua o del hablante competente*. Esto ha sido reconocido por Chomsky a nivel de la sintaxis. Él señala que Saussure veía a la *langue* primariamente como un repositorio de "elementos con aspecto de palabras" y "frases fijas", y así contraponía la naturaleza establecida y determinada de la *langue* con la forma voluntaria y libre de la *parole*. Por eso no logró comprender lo que Chomsky denomina "creatividad gobernada por reglas" presente en la formación de oraciones en el uso cotidiano de la lengua.[16]

---

[16] Noam Chomsky, *Current Issues in Linguistic Theory* (La Haya: Mouton, 1964) p. 23.

5. Cuando relacionamos este tipo de crítica a la distinción saussuriana entre sincronía y diacronía, podemos volver a algunas similitudes entre el estructuralismo y el funcionalismo. Saussure se esforzó para acentuar que la diferenciación entre sincronía y diacronía es una diferenciación hecha por los lingüistas con el fin de hacer análisis. Por lo tanto, afirmar que la lengua está en estado constante de mutación no implica que se esté objetando su planteamiento, como han hecho algunos; Saussure reconoció con frecuencia que ese era el caso. Lo mismo puede aplicarse a los autores funcionalistas en las ciencias sociales que han distinguido entre sincronía y diacronía, o entre estática y dinámica: generalmente han presentado esto como división metodológica, y no son vulnerables a la crítica según la cual las sociedades se encuentran en procesos de cambio permanente. La cuestión real consiste en decidir si se justifica afirmar que un sistema lingüístico o un sistema social puede ser estudiado haciendo abstracción del cambio, mientras, a la vez, es posible comprender adecuadamente la naturaleza de ese sistema. Y, de hecho, esta afirmación no puede sostenerse. La naturaleza recursiva de la lengua, y por extensión también de los sistemas sociales, no puede comprenderse a menos que también comprendamos que los medios por los que se reproducen esos sistemas (y así existen *como* sistemas) contienen dentro de sí las semillas del cambio. La "creatividad gobernada por reglas" no es meramente (como sugiere la lingüística chomskiana) el uso de reglas fijas que permiten generar nuevas oraciones; *es, a la vez, el medio por el que se reproducen, y por lo tanto en principio se modifican, esas reglas.*

En este libro retomaré muchas veces esta noción entendida como *dualidad de la estructura*. Será uno de mis planteos principales el hecho de que una característica tanto de la teoría estructuralista como de la funcionalista sea que ambas carecen de una concepción de la dualidad de la estructura y, en lo que concierne a la teoría estructuralista, esto se debe en parte a la influencia general de Saussure.

Lévi-Strauss y la antropología estructuralista

En la obra de Lévi-Strauss se reúnen, parcialmente, el estructuralismo y el funcionalismo. Una de las fuentes principales en las que ha abrevado Lévi-Strauss es la obra de Durkheim[17] y, si bien en menor medida, la de Radcliffe-Brown y Mali-

---

[17] Para consultar las primeras opiniones de Lévi-Strauss sobre Durkheim, véase su artículo "French Sociology", en Georges Gurvitch y Wilbert E. Moore, *Twentieth Century Sociology* (Nueva York: Philosophical Library, 1945). Sobre Durkheim y Lévi-Strauss, véase Simon Clarke, "The origins of Levi-Strauss's structuralism", en *Sociology*, Vol. 12 (1978). Véase también Yvan Simonis, *Claude Lévi-Strauss ou la passion de l'inceste* (París: Aubier, 1968) pp. 81ss.

nowski. Pero, solo lo ha hecho de una manera muy crítica, y también está en deuda con una variada gama de otros pensadores. Además de Rousseau, Marx y Freud, cuya influencia en el desarrollo del pensamiento de Lévi-Strauss fue muy general, los autores que más influyeron fueron Saussure, Trubetskoy y Jakobson. La obra de los dos últimos autores es el camino a través del que Lévi-Strauss se aproximó a las ideas de Saussure y tomó elementos básicos de la evaluación crítica que hicieron tanto Trubetskoy como Jakobson de su predecesor. Sin embargo, algunos temas saussurianos tienen un lugar de privilegio en los escritos de Lévi-Strauss, aunque siempre con considerables modificaciones. Entre estos temas mencionaremos: la prioridad de lo colectivo y universal por sobre lo individual y contingente; un énfasis en lo relacional a expensas de la unidad aislada; y la aceptación de la aplicación del signo a fenómenos no lingüísticos, es decir, el programa de la semiología. Este último punto, según la interpretación de Lévi-Strauss, implica que los conceptos empleados por lingüistas no pueden meramente aplicarse al estudio de los fenómenos culturales y sociales, sino que estos son "fenómenos cuya naturaleza más íntima es la misma que la de la lengua"[18].

Los escritos de Lévi-Strauss se dividen en varias áreas principales en función de su área de estudio: el estudio de los sistemas de parentesco –la más temprana de sus preocupaciones–; la teoría del totemismo y la clasificación primitiva; y el análisis de la lógica del mito. De estas aquí solo me detendré en la última, cuyo contenido generalmente es reconocido como la sección más persuasiva de la obra de Lévi-Strauss. Se trata de un área en la que los preceptos teóricos del abordaje que hace el autor se encuentran desarrollados en su forma más sofisticada. Tres de esos preceptos resultan particularmente relevantes para el impacto general de su pensamiento en la filosofía y en las ciencias sociales: su comprensión de la noción de "estructura" en sí misma, su concepción del inconsciente, y su aproximación a la historia.

Para Lévi-Strauss, las estructuras implican modelos propuestos por el observador antropológico. No se trata de representaciones de ideas o de actividades sociales, sino de una forma de ahondar en los fenómenos superficiales de la vida social a fin de descubrir las relaciones subyacentes por las que esta se ordena, de una forma similar a aquella en la que los elementos combinatorios son "des-cubiertos" en lingüística. Desde el principio, Lévi-Strauss dio forma a su enfoque con posterioridad a la denominada "revolución fonológica" en teoría lingüística, de acuerdo con la cual es posible tratar elementos de la cultura como análogos a fonemas, cuyo significado solo puede comprenderse en sus relaciones mutuas.

---

[18] Claude Lévi-Strauss, *Structural Anthropology* (Londres: Allen Lane, 1968) p. 62.

Las estructuras: (a) consisten de elementos interconectados, "ninguno de los cuales puede experimentar cambios sin provocar cambios en todos los otros elementos"; en otras palabras, se trata de sistemas; (b) implican transformaciones por las que es posible explicar equivalencias en materiales divergentes; (c) hacen posible predecir cómo las modificaciones de un elemento habrán de alterar el modelo como un todo[19]. Lévi-Strauss ha sido sensible a la carga de formalismo que acompañó a la idea saussuriana de diferencia, y acepta la esencia de la crítica que hace Benveniste a la naturaleza arbitraria del signo. El propósito del análisis estructuralista es recuperar el contenido de la locución "realidad inteligible". Afirma que "contenido y forma no son entidades separadas sino puntos de vista complementarios esenciales para la comprensión profunda de uno y el mismo objeto de estudio"[20]. En contraste específico con el formalismo de Propp, Lévi-Strauss sostiene que las estructuras no pueden ser definidas con independencia de su contenido, ya que la percepción de la estructura es a la vez la identificación del contenido. Para Lévi-Strauss esta cuestión tiene varias implicancias que, entre otras cosas, lo distancian del positivismo. Al conocimiento científico no se lo induce a partir de observaciones sensoriales sino que implica la construcción de esquemas por los cuales esas observaciones se hacen inteligibles.

Con frecuencia Lévi-Strauss ha ofrecido cualificaciones a la aplicabilidad de modelos estructurales. Resulta "evidentemente absurdo", dice, suponer que el método estructuralista puede lograr un "conocimiento exhaustivo de las sociedades"[21], aun de aquellas que son "frías" o relativamente inmóviles. A menudo ha descripto su obra como "tentativa" y como una "declaración inicial", y se ha mostrado cauteloso ante posturas más expansivas que se han hecho en favor del estructuralismo como una filosofía o una "nueva concepción del mundo"[22]. Mientras que ha desestimado los términos "método" o "filosofía", se ha mostrado dispuesto a avalar la idea de que la epistemología es una denominación precisa de sus preocupaciones[23]. Indudablemente, esto refleja su convicción de que la perspectiva "socio-lógica" debe transformarse en la base de la sociología y de la antropología, tanto como su identificación con el inconsciente como fuente de significado. El principal objetivo de la obra de Lévi-Strauss es identificar lo que

---

[19] Ibíd., p. 280. También comparar Jean Piaget, *Structuralism* (Londres: Routledge, 1971) del que Lévi-Strauss ha hecho un comentario aprobatorio.

[20] Lévi-Strauss, *The Elementary Structures of Kinshhip* (Boston: Beacon Press, 1969) p. 98.

[21] *Structural Anthropology*, p. 82.

[22] Entrevista con Lévi-Strauss, *Le Monde*, 13 de enero de 1968. Véase también *The Raw and the Cooked* (Nueva York: Harper and Row, 1969) pp. 31ss.

[23] Véase Ino Rossi, "Structuralism as a scientific method", en Rossi, *The Unconscious in Culture* (Nueva York: Dutton, 1974) p. 77.

él llama "estructuras psíquicas inconscientes", o "teleología inconsciente de la mente", subyacentes en las instituciones sociales. Aunque se inclina hacia Freud, parece bastante evidente que el inconsciente de Lévi-Strauss no es el inconsciente de Freud, y está más en deuda con Trubetskoy y Jakobson que con aquel. Para Lévi-Strauss el inconsciente es la fuente de los principios estructurantes básicos que gobiernan el lenguaje; como lo ve Lévi-Strauss, el lenguaje "es razón humana, que tiene sus razones de las cuales el hombre no sabe nada" ("Totalisation non réfléxive, la langue est une raison humaine qui a ses raisons, et que l'homme ne connait pas").[24] El estudio del inconsciente, que refleja las operaciones básicas en la estructura del cerebro, revela los mecanismos de significado subyacentes a la actividad consciente del sujeto humano. Este "kantismo sin un sujeto trascendental" más que ofrecer una teoría de los orígenes de la subjetividad humana (como han intentado hacer varios autores posteriores) instala una *epojé* sobre el sujeto en lo que concierne a la antropología.

Las perspectivas de Lévi-Strauss sobre la relación entre análisis estructural e historia son complejas y en ocasiones bastante oscuras. Pero, la tesis principal que desea proponer está presentada enérgica y claramente. La historia, entendida como los intentos de describir o explicar los acontecimientos en el tiempo, carece de la superioridad epistemológica que frecuentemente se le atribuye: el análisis histórico no es sino un código entre otros códigos, basado en la forma interpretativa que expresa el contraste entre "antes" y "después", o "precedente" y "siguiente". La sección final de *La pensé sauvage* toma los escritos de Sartre como ejemplo principal de una tendencia general del pensamiento occidental que consiste en concederle un rol dominante a la conciencia histórica. Observa Lévi-Strauss: "Ciertamente, Sartre no es el único filósofo contemporáneo que ha valorizado la historia por encima de las otras ciencias humanas y formado una concepción virtualmente mística de ella"[25]. La historia, vista como sucesión de acontecimientos, no es el medio primario a través del que se organiza la experiencia humana, como tampoco la comprensión histórica es la forma en la que se pueden revelar los elementos más básicos de la vida social[26]. Lévi-Strauss pone a la historia entre pa-

---

[24] Lévi-Strauss, *The Savage Mind* (University of Chicago Press, 1966) p. 252. Véase también los comentarios sobre el psicoanálisis en *L'Homme nu* (París: Plon, 1971) pp. 561ss.

[25] *The Savage Mind*, p. 256.

[26] Sin embargo, Lévi-Strauss con frecuencia subraya que comenzar a partir del estudio histórico es ineludible: "Aún el análisis de las estructuras sincrónicas (…) exige que se recurra constantemente a la historia. Al mostrar instituciones en proceso de transformación, la historia sola hace posible extraer la estructura que subyace a las muchas manifestaciones, y permanece fija a lo largo de una sucesión de hechos". *Structural Anthropology*, Vol. 1 (Londres: Allen Lane, 1968) p. 21. Esto está expresado en parte como crítica a Malinowski. Véase también el discurso inaugural de Lévi-Strauss en el segundo volumen

réntesis, en cada uno de los sentidos de la expresión (ocurrencia temporal, y explicación de esa ocurrencia), así como pone entre paréntesis al sujeto actuante y pensante: para, según su visión, penetrar más profundamente los cimientos de la experiencia humana, especialmente como se expresa en aquellas sociedades que son "obstinadamente fieles al pasado concebido como modelo sin tiempo, más que como una etapa en el proceso histórico"[27].

Los mitos, "máquinas para suprimir el tiempo", son objetos de estudio peculiarmente acertados para este fin. Lévi-Strauss compara la estructura del mito con una partitura musical y así va más allá de una simple analogía. En una orquesta, una partitura "suprime" el tiempo al encapsularlo dentro de una esfera que hace posible un número indefinido de ejecuciones reales. Sería inexacto afirmar que la música es forma pura, ya que Lévi-Strauss no reconoce la posibilidad de este fenómeno; pero, los principios estructurantes de la música expresan propiedades de la mente que son anteriores a la organización del pensamiento o de la actividad mediante palabras. La dimensión temporal de la música, como la del mito, es lo que Lévi-Strauss en ocasiones llama "reversible" o "no acumulativa", en contraste con la naturaleza "estadística" o "acumulativa" del tiempo histórico. La música y el mito expresan la *langue*, o lo inconsciente, en su forma más accesible. Cuando se los considera como "narrativas", tanto la música como el mito operan a través de la conexión entre dos órdenes de relación: horizontal y verticalmente. Ambos combinan lo que Saussure llamó lo sintagmático y lo asociativo; o, más ampliamente, las dimensiones metonímica y metafórica de Jakobson.

Aquí ahora solo vale la pena mencionar unos pocos elementos de las discusiones de Lévi-Strauss sobre el mito. Hay algunas diferencias entre sus primeras aproximaciones al mito y las posteriores, pero hay consistencia en los temas ge-

---

de *Structural Anthropology* (Londres: Allen Lane, 1977) donde aparecen guiños frecuentes a los historiadores. Sigue una afirmación típica posterior: "Por lo tanto no estoy rechazando a la historia. Por el contrario, el análisis estructural le concede a la historia un lugar trascendental, el lugar que legítimamente le corresponde a esa contingencia irreductible sin la cual la necesidad sería inconcebible". *From Honey to Ashes* (Londres: Cape, 1973) pp. 474-5. Por otro lado, Lévi-Strauss nunca ha dejado de sostener que es el objetivo de la antropología "dilucidar, mediante una especie de movimiento en retrospectiva, todo lo que (…) [los mitos] le deben al proceso histórico y al pensamiento consciente" (Vol. I, p. 23). Es característica la lectura que hace Lévi-Strauss del precepto marxiano: "Los hombres hacen su propia historia, pero no bajo condiciones que ellos mismos eligen" lo que, dice Lévi-Strauss, "justifica, en primer lugar, a la historia y, en segundo lugar, a la antropología" (ibíd.); es decir, lo consciente y lo inconsciente. Pero, otra lectura posible sería que la vida social humana se pone en práctica bajo condiciones de comprensión limitada y alienada, como queda expresado tanto en las condiciones no advertidas como en las consecuencias no buscadas de la acción.

[27] Ibíd., p. 236. Véase también G. Charbonnier, *Conversations with Claude Lévi-Strauss* (Londres: Cape, 1969) pp. 39ss.

nerales. El principio de la oposición binaria como origen de las estructuras se mantiene en los primeros estudios que hace Lévi-Strauss sobre el mito, y también es defendido en su obra *Mythologiques*. En los volúmenes de esta última obra, Lévi-Strauss explica por qué no es posible estudiar los mitos en forma aislada: cada mito es un signo más que un orden de significación completo. Cuando decodificamos mitos debemos hacerlo a través de un "movimiento en espiral", en virtud del cual cada mito nos facilita pistas para dilucidar la estructura de otro mito, y así sucesivamente. Se utiliza la oposición binaria como forma de identificar los componentes estructurales del mito y, a la vez, como modo de confirmar el análisis estructural hecho con la técnica "en espiral": se identifica un eje estructural inicial y se lo sustancia mediante la aparición de otro eje con el que él mismo está en oposición. La oposición central que Lévi-Strauss discute en toda su obra es la antinomia entre naturaleza y cultura. Pero, que esta antinomia sea en sí misma cultural, y entonces sea representada de una forma muy diferente en culturas divergentes, es una parte crucial de la teoría de Lévi-Strauss.[28]

Lévi-Strauss: estructura y subjetividad

Cuando se la contrapone al funcionalismo desarrollado por la sociología moderna estadounidense, la obra de Lévi-Strauss se enfoca claramente en la influencia dual de Durkheim en las ciencias sociales. Cada uno ha elaborado un aspecto del teorema durkheiminiano de la superioridad de la sociedad por sobre el individuo. Pero, mientras los funcionalistas se han concentrado en la actividad práctica, Lévi-Strauss se concentra en la cognición; y mientras el funcionalismo, especialmente el de Parsons, ha desarrollado el tema de la sociedad como consenso moral, Lévi-Strauss ha recurrido ante todo al "kantismo sociológico" de Durkheim. Para cada uno, la sociedad "tiene sus razones, que sus miembros conocen poco". En el caso del funcionalismo, estas son los imperativos de la coordinación social, los imperativos del orden normativo; para Lévi-Strauss son los mecanismos organizadores del inconsciente.

Las distinciones entre *langue* y *parole*, o código y mensaje, no han tenido impacto alguno en el desarrollo del funcionalismo, aunque el pensamiento funcionalista no ha carecido de contacto con la lingüística en forma general (como en la obra de Malinowski). Debido a que estas distinciones han sido relevantes

---

[28] Lévi-Strauss, "J.-J. Rousseau, fondateur des sciences des hommes", en *Jean-Jacques Rousseau* (Neuchâtel: Editions de la Baconnière, 1962).

para la noción de "estructura" que ha evolucionado dentro del estructuralismo, no es sorprendente que los funcionalistas modernos hayan utilizado el término de manera muy diferente. Para estos últimos, estructura es básicamente un término descriptivo empleado por analogía con la anatomía como equivalente de algo similar a un "patrón fijo". Aquí la estructura no tiene ninguna conexión con el movimiento; es como armar una estructura con huesos secos que solo suenan cuando se unen estructura y función. La función es el concepto explicativo, el medio por el que la parte se relaciona con el todo. La contraparte de la división entre estructura y función que han hecho los funcionalistas en el estructuralismo de Lévi-Strauss es la diferenciación entre estructura y acontecimiento; la estructura juega un rol explicativo solo porque está vinculada a la idea de transformaciones.

Ni los funcionalistas ni Lévi-Strauss hacen una distinción clara entre estructura y sistema, y podría decirse que una u otra de estas nociones es innecesaria en ambas escuelas de pensamiento. No existe "anatomía" en la vida social aparte de su "fisiología": por lo tanto, en el funcionalismo, estructura y sistema se vuelven términos intercambiables[29]. A partir de la definición de estructura citada anteriormente, resulta evidente que algo similar puede aplicarse al uso que le da Lévi-Strauss: además de la noción de transformaciones, cada uno de los otros elementos referidos son simplemente características de los sistemas. Más adelante en esta obra, aunque no en este *paper*, argumentaré que para la teoría social es sumamente importante la distinción entre estructura y sistema.

La obra de Lévi-Strauss ha tenido una recepción crítica por parte de antropólogos británicos y estadounidenses (especialmente aquellos que se inclinan por el funcionalismo), muchos de los cuales consideran que el soporte empírico de sus afirmaciones no es del todo convincente. Aquí no me ocuparé de este tipo de crítica, aunque no hay duda de que hasta cierto punto esa crítica parte de una lectura positivista de Lévi-Strauss, lectura que malinterpreta el método que él desea aplicar. Solo consideraré ciertas limitaciones conceptuales del estructuralismo de Lévi-Strauss —limitaciones que él mismo admite en algunas secciones, pero que surgen de algo que va más allá de las restricciones que le atribuye al análisis estructural—. Es posible abordar los asuntos relevantes muy brevemente.

1. El primer asunto que consideraremos se relaciona con el tratamiento que hace Lévi-Strauss de las propiedades estructurantes del inconsciente. Argumentaré que la misma brecha que existe entre las propiedades inconscientes de la

---

[29] "Functionalism: après la lutte".

mente, y la actividad deliberada y consciente de los sujetos humanos en la obra de Lévi-Strauss, es la que existe entre *langue* y *parole* en Saussure; y que esto se encuentra en el origen de una fuente primaria de dificultad en el estructuralismo de Lévi-Strauss. En el volumen final de *Mythologiques* (*L'Homme nu*) Lévi-Strauss específicamente hace frente a la acusación de que elimina del análisis estructural a la autocomprensión consciente de los actores sociales. Mientras, una vez más deja asentado su rechazo de las versiones del sujeto encontradas en la fenomenología existencialista (en el existencialismo, "el hombre contemporáneo se encuentra encerrado en una conversación consigo mismo y cae postrado ante sí mismo en éxtasis")[30], Lévi-Strauss afirma que esta exclusión de la reflexividad no es más que una reducción metodológica.

> Uno debe admitir (escribe) que solo los sujetos hablan, y que cada mito, en última instancia, encuentra su origen en una creación individual. Esto es indudablemente cierto, pero a fin de llegar al nivel del mito, precisamente, es necesario que una creación no permanezca individual, y que en el curso de esta transición descarte esencialmente algunos rasgos con los cuales había sido marcada contingentemente desde el inicio, y que son atribuibles al temperamento, talento, imaginación y experiencia personal del autor[31].

Sin embargo, ¿podría haber un replanteo más claro del contraste saussuriano entre *langue* y *parole* transferido a un contexto social? La actividad de los sujetos humanos es "individual" y "contingente" si se la compara con la naturaleza supra individual del colectivo, representada por el mito. El abismo lógico que separa "lo individual" de "lo social" es tan grande como fue para Durkheim o Saussure.

Sostengo que esta deficiencia marca el pensamiento estructuralista desde Saussure en adelante, y está íntimamente ligada a la falta de una concepción de la dualidad de la estructura. El pensamiento estructuralista carece de una forma de abordar lo que denominaré *conciencia práctica* –conocimiento no discursivo, pero no inconsciente, de las instituciones sociales– que se encuentra en la reproducción social.

Uno de los pocos lugares en los que Lévi-Strauss discute cuestiones relevantes para la consciencia práctica es en un extracto de *Lo crudo y lo cocido* (*The Raw and the Cooked*), donde escribe lo siguiente:

---

[30] *L'Homme nu*, p. 572.
[31] Ibíd., p. 560.

Aunque no sea posible excluir la posibilidad de que los hablantes que crean y transmiten mitos puedan volverse conscientes de su estructura y forma de funcionamiento, esto no puede suceder de manera regular, sino solo parcial e intermitentemente. Lo mismo que sucede con los mitos sucede con la lengua: el individuo que, suponiendo que poseía el conocimiento y el virtuosismo para hacerlo, se esmeró en aplicar las reglas gramaticales y fonológicas en su discurso, sin embargo habría de perder el hilo de sus ideas casi de inmediato[32].

Aquí hay una confusión entre *conciencia discursiva*, la que se puede hacer consciente y mantener consciente, y *conciencia práctica*; es una confusión que deriva de la idea (ya implícita en las polaridades saussurianas) según la que algo es consciente (disponible discursivamente) o es inconsciente. Hay un sentido vital en el que todos aplicamos crónicamente reglas fonológicas y gramaticales (como así también todo tipo de principios conductuales prácticos) en nuestro discurso, aunque no seamos capaces de formular esas reglas discursivamente (menos aún, tenerlas presentes durante el discurso). Pero, no podemos comprender la significación de tal conocimiento práctico si lo interpretamos fuera de la conciencia y de la agencia humanas, o de lo que llamaré *monitoreo reflexivo de la conducta*, que es central para la actividad humana: si instalamos una *epojé* en lo consciente y en lo práctico[33].

2. Podemos darle forma más concreta a esta crítica si consideramos la evaluación que hace Lévi-Strauss de la teoría de Mauss sobre el intercambio de dones. Afirma que la teoría de Mauss involucra elementos de tipo "fenomenológico" que deben ser descartados. No debemos permitir que la experiencia o las ideas de los participantes que intervienen en estos intercambios nos desvíen, sino que debemos abordar el intercambio de dones como un "objeto construido" gobernado por las "leyes mecánicas" de la reciprocidad y separado del "tiempo estadístico". Sin embargo, como ha señalado Bourdieu, lejos de aclarar la naturaleza del don, tratar el proceso de intercambio de esta forma como una estructura formal elimina los rasgos esenciales que definen al don. Dice Bourdieu:

La aprensión totalizadora del observador sustituye una estructura objetiva fundamentalmente definida a través de su *reversibilidad* para una sucesión igualmente objetivamente *irreversible* de dones que no están mecánicamente vinculados a los dones a los que responden o que insistentemente exigen: todo análisis realmente objetivo de dones, palabras, desafíos e incluso mujeres considera el hecho de que cada uno de

---

[32] *The Raw and the Cooked*, p. 11.
[33] Si se desea una discusión relevante, véase Maurice Godelier, "Mythe et histoire: réflexions sur les fondements de la pensé sauvage", *Annales*, Vol. 26 (1971).

estos actos inaugurales puede fallar, y que, de todos modos, recibe su significado de la respuesta que provoca, aun cuando la respuesta sea una falta de respuesta que retrospectivamente lo despoje de su significado buscado[34].

Según el análisis que hace Lévi-Strauss, la eliminación de los componentes temporales del don reprime el hecho de que, para que se produzca el intercambio de dones, debe darse con posterioridad un "contra don", que debe ser diferente del don original: *solo de esa forma un don se diferencia de un "intercambio" o de un "préstamo"*. Más aun, en la actividad práctica del intercambio de dones existe toda una gama de posiblidades estratégicas, y solo existe debido a lo irreversible de la dimensión temporal. La cuestión no es simplemente que estas complementan la interpretación que hace Lévi-Strauss del intercambio como código, sino que no son conceptualmente *recuperables* de este último.

3. Estas observaciones se conectan directamente con el encuentro entre estructuralismo y hermenéutica[35]. La lingüística estructuralista de Saussure fue capaz de evitar la exposición directa a problemas de hermenéutica porque la idea de diferencia como forma pura, en conjunción con la doctrina de la naturaleza arbitraria del signo, transformó a la lengua en un sistema aislado de relaciones. Lévi-Strauss ha aceptado que esta concepción es insostenible y no intenta separar totalmente a la forma del contenido. Pero, esto en realidad le impide llevar las implicancias de la "revolución fonológica" al terreno de la antropología con el grado de correspondencia que él parece atribuirle. Lévi-Strauss trata los asuntos que siempre han dominado a la hermenéutica –contextualidad del significado y problemas de traducción[36]– solo en función del "contexto" de la estructura en sí,

---

[34] Pierre Bordieu, *Outline of a Theory of Practice* (Cambridge University Press, 1977) p. 5; véase Sean-Paul Sartre, *Critique of Dialectical Reason* (Londres: New Left Books, 1976) pp. 479ss.

[35] Véase Paul Ricoeur, "Structure and hermeneutics", en *The Conflict of Interpretations* (Evanston: Northwestern University Press, 1974). Ricoeur continúa siendo uno de los críticos más penetrantes del estructuralismo. Por otra parte, aún en sus publicaciones tardías, circunscribe sus observaciones sobre el estructuralismo principalmente a Saussure, a los formalistas y a Lévi-Strauss. En mi opinión, Ricoeur le da demasiado y muy poco al estructuralismo así definido. Demasiado, porque parece dispuesto a aceptar algunos rasgos principales del pensamiento estructuralista *en bloc* dentro de límites definidos; muy poco, porque en su intento de ajustar el análisis estructuralista para que quepa dentro de una hermenéutica más integral no toma lo suficientemente en cuenta la naturaleza radical del desafío que el pensamiento estructuralista implica para la fenomenología hermenéutica. Algunas de las diferencias entre los fenomenólogos y los estructuralistas fueron emitidas en un simposio en Cerisy-la-Salle en 1966, documentado en J. Ricardou, *Les chemins actuels de la critique* (París: Plon, 1967).

[36] George Steiner, *After Babel. Aspects of Language and Translation* (Oxford University Press, 1975); véase también Dufrenne, quien confronta "el problema presentado por la extraordinaria diversidad de lenguajes"; y señala que "la naturaleza arbitraria del lenguaje, que se ha demostrado es comparativamente poco importante en el nivel de los elementos de un lenguaje, se reafirma muy definidamente en el nivel del lenguaje tomado como un todo", Mikel Dufrenne, *Language and Philosophy* (Nueva York: Greenwood, 1968) p. 35.

objetivamente definida. El ejemplo del don muestra que esto es deficiente: lo que cuenta como "don" no puede ser definido desde el interior del análisis estructural en sí mismo, que lo presupone un "concepto de lenguaje común" ya constituido. En este sentido, Ricoeur seguramente está en lo cierto cuando argumenta que el análisis estructural que hace Lévi-Strauss del mito, lejos de excluir el "significado como narrativa", ligado a los contextos de su reproducción, en realidad lo presupone[37]. El análisis estructural presupone a la hermenéutica en la medida en que se considere que esta última se ocupa de la interpretación y reparación de la comunicación significativa fundada en la intersubjetividad de la vida cotidiana práctica.

4. En este momento volveremos brevemente al tratamiento de la historia que hace Lévi-Strauss y a su aproximación a la epistemología –asuntos estrechamente conectados debido a que esta última es la base de su visión de la primera–. La argumentación de Lévi-Strauss según la cual los modos de pensamiento dominantes en la cultura occidental moderna discrepan en algunos aspectos de las operaciones conceptuales del *bricoleur* primitivo al principio podría remitirnos nuevamente a la hermenéutica. Si no es esta la dirección que toma Lévi-Strauss, se debe a la homología estructural de la mente, que él considera subyacente a todo el pensamiento humano, cualquiera sea la "sustancia" que emplea. Esto es un "kantismo sociológico" (más que una epistemología explícita) como su prototipo durkheiminiano, ya que carece expresamente de un sujeto trascendental. En consecuencia, Lévi-Strauss debe negar la existencia de cualquier acceso privilegiado a la estructura del mito, tanto para aquellos a cargo de transmitirlo como para el observador antropológico. De acuerdo con él, no existe diferencia entre sostener que "los procesos de pensamiento de los aborígenes sudamericanos cobran forma a través de mi pensamiento, o que mi pensamiento cobra forma a través del de ellos"[38].

Ahora, se podría defender este planteo si fuera posible corroborar o validar la constitución estructural de Lévi-Strauss de aquellos "procesos de pensamiento" de una forma equiparable a la de las hipótesis lingüísticas. Pero, como muestra Culler, no se dispone de una corroboración de este tipo. La aproximación del lingüista se basa en las propiedades recursivas de la lengua como parte del proceso y como medio gracias al que estas propiedades se hacen disponibles para su estudio. Tanto para *diseñar* como para *validar* caracterizaciones de una lengua en particular, el lingüista recurre a su propia competencia, o a la de otros, en su cali-

---

[37] Paul Ricoeur, *Interpretation Theory: Discourse and the Surplus of Meaning*, p. 86.
[38] *The Raw and the Cooked*, p. 13.

dad de hablante de esa lengua[39]. El estudio del mito no puede utilizar recurrentemente su objeto de esta forma; el procedimiento de la "espiral" empleado por Lévi-Strauss no es un sustituto, aunque es lo más cerca que llega de reconocer el círculo hermenéutico. Por lo tanto, esta perspectiva oscila entre el relativismo y el dogmatismo en lo que respecta a las oposiciones estructurales que él afirma identificar en el mito. No hay forma de refutar las acusaciones de sus críticos según las cuales, contrariamente a las propias aseveraciones de Lévi-Strauss, su análisis refleja categorías de la sociedad occidental impuestas a otras culturas[40].

5. Debido a que decididamente pone entre paréntesis todo tipo de comprensión reflexiva como simplemente una "manifestación superficial" de formas cognitivas más profundas, la antropología estructuralista de Lévi-Strauss carece de una forma de reflexionar sobre sus propios orígenes por ser en sí misma producto de un conjunto particular de circunstancias socioculturales, donde también han puesto énfasis Sartre y otros críticos. La "historia", en tanto conciencia reflexiva aplicada al desarrollo de la sociedad humana, no es meramente un código entre otros. Tampoco es posible explicar adecuadamente ese código mediante la división sincrónico/diacrónico que Lévi-Strauss hereda de Saussure, modificada por Jakobson[41]. La discusión que mantiene Jakobson sobre la fonología histórica está menos alejada de la perspectiva saussuriana de lo que se supone a veces. Jakobson sostiene que la diacronía produce desequilibrios que conducen a reajustes en el nivel de la sincronía, lo que por lo tanto las conecta. Pero, aquí la historia aún se considera una sucesión de sistemas sincrónicos; la diacronía y la sincronía no se reconcilian, ni tampoco se debilita seriamente la separación entre la sincronía y la diacronía[42].

---

[39] Jonathan Culler, *Structuralist Poetics* (Londres: Routledge, 1975) p. 48; véase también Tzvetan Todorov, *Poétique de la prose* (París: Seuil, 1971) p. 247.

[40] Véase Stanley Diamond, "The myth of structuralism", en Rossi, *The Unconscious in Culture*.

[41] R. Jakobson, "Principes de phonologie historique", en N. S. Trubetskoy, *Principes de phonologie* (París: Klincksieck, 1964). De acuerdo con Lévi-Strauss, la distinción entre sincronía y diacronía "es el aspecto de la doctrina saussuriana de la cual el estructuralismo moderno, con Trubetskoy y Jakobson, ha divergido más categóricamente, y sobre la cual los documentos modernos muestran que el pensamiento del maestro ha sido, en ocasiones, forzado y esquematizado por los editores del *Course*". *Structural Anthropology*, Vol. 2, p. 16.

[42] Con frecuencia, Lévi-Strauss parece asimilar lo diacrónico y lo sintagmático. Hay ejemplos de esto en *Structural Anthropology*, y en los volúmenes de *Mythologiques*.

Derrida: la crítica del signo

La influencia de Lévi-Strauss en el desarrollo de la semiótica en las décadas del 50 y del 60 fue considerable, independientemente de cuán críticos de ciertos aspectos de su obra hayan sido personajes relevantes en esa área de estudio. Generalmente, en ese período se consideraba que las estructuras eran códigos dados, examinados dentro de sistemas cerrados y discretos. Las primeras formulaciones que hace Barthes de la semiótica abarcan una gama de sistemas de signos tratados como instancias separadas del mito, de los que se afirma, solo de una manera muy general, que reflejan rasgos de la cultura burguesa moderna. Su análisis de las formas de comer, por ejemplo, repite detalladamente el tipo de interpretación ofrecida por Lévi-Strauss. Se considera que la distribución de los platos en un menú expresa opuestos básicos, como "salado"/"dulce", etc., combinados sintagmáticamente respetando la secuencia de los platos[43]. Sin embargo, Barthes propuso que una mitología de la sociedad moderna debe incorporar una instancia crítica, y así recuperar parcialmente el significado del mito como "conciencia falsa" de la que Lévi-Strauss se disoció. Existen dos aspectos principales, de acuerdo con Barthes, en los que es posible demostrar que el mito actúa para ocultar un sistema de dominación de clases en el capitalismo contemporáneo. Uno de esos aspectos es que, en el mito, acontecimientos naturales e "inevitables" representan a las expresiones de formas sociales definidas; el otro aspecto es que el mito eclipsa las condiciones de su producción.

En estos dos aspectos ya se observa una inversión de los énfasis característicos de Lévi-Strauss, y un alejamiento de la estructura hacia la estructuración como proceso histórico activo. Esta corriente de pensamiento, continuada y radicalizada aún más por Barthes, Derrida y la "izquierda heideggeriana" del grupo *Tel Quel*, es muy crítica del estructuralismo de Saussure y de Lévi-Strauss, y sin embargo, es a la vez continuación de aquel. Lévi-Strauss adoptó de Saussure una versión de la diferenciación *langue/parole*, reformulada como distinción entre código y mensaje. Sin embargo, a los otros autores mencionados anteriormente les preocupa mucho más la relación entre significante y significado como elementos de significación.

A primera vista, Lévi-Strauss y Heidegger parecen no tener nada en común, y parecería existir una ruptura total en la continuidad marcada por el interés de Derrida en el segundo pensador. Sin embargo, hay algunas similitudes generales, aunque ciertamente distantes, entre las perspectivas de Lévi-Strauss y de Hei-

---

[43] Roland Barthes, *Elements of Semiology* (Londres: Cape, 1967) pp. 27ss.

degger. La convicción de Lévi-Strauss de que el concepto de "hombre", como algo distinto del de "naturaleza", es creación de la cultura europea posterior al renacimiento, tanto como su distanciamiento de las nociones de "sí mismo" y de "conciencia", guardan alguna similitud con el intento de Heidegger de romper con las perspectivas tradicionales de la filosofía como anclada en el sujeto cognoscente. El "ser" de Lévi-Strauss no es el "ser" de Heidegger, pero la afirmación del primero de que el objetivo de la antropología estructuralista es "comprender al Ser en relación consigo mismo, y no en relación con uno mismo"[44] tiene una leve afinidad con el enfoque de Heidegger. Para Heidegger, la lengua habla, y la subjetividad humana se constituye a través de las categorías predeterminadas de la lengua; para Lévi-Strauss *Les mythes se pensent dans les hommes, et à leur insu*[45].

Lo que un comentarista (Jameson) ha denominado el "aspecto más escandaloso del estructuralismo", su agresivo anti humanismo, no representa la negación de la subjetividad sino la exigencia de una explicación sobre sus orígenes. En concordancia con la analogía "geológica", en Lévi-Strauss tal explicación no avanza más allá del intento de revelar el funcionamiento de los elementos inconscientes que gobiernan la cognición. En el análisis, el sujeto es recuperado solo como conjunto de transformaciones estructurales, no como actor situado históricamente. En esta concepción, el análisis estructuralista se reduce a un proceso de desciframiento. En cierto sentido, esto culmina en la misma clase de dilema de la fenomenología trascendental de Husserl, pero la perspectiva es inversa. Después de haber puesto entre paréntesis la intersubjetividad a fin de "des-cubrir" las categorías de conocimiento en el ego, Husserl no logró reconstruirlo satisfactoriamente desde la perspectiva fenomenológica. Después de haber instalado una *epojé* en la historia y en la conciencia reflexiva a fin de "des-cubrir" las estructuras inconscientes, Lévi-Strauss parece no lograr recuperar conceptualmente al sujeto intencionado —aun en cuanto a su propia obra, descripta como encuentro de categorías abstractas de la mente—. De esta forma, la crítica que hace Lévi-Strauss del humanismo permanece desarrollada solo parcialmente, en contraposición a la de Althusser, Foucault y Derrida, quienes, sin embargo, rechazan la denominación de "estructuralista".

Al poner énfasis en la "estructuración de la estructura"[46] como proceso continuo de producción, Derrida rompe radicalmente con las distinciones saussurianas entre *langue* y *parole*, tanto como con las de sincronía y diacronía. Su interés en

---

[44] Lévi-Strauss, *Tristes Tropiques* (Nueva York: Atheneum, 1967) p. 62.

[45] *Le Cru et le cuit* (París: Plon, 1964) p. 20.

[46] Jacques Derrida, *L'Écriture et la différence* (París: Seuil, 1967) p. 411.

la relación entre significante y significado, y en la diferencia aún lo relaciona con Saussure, pero necesariamente de una forma modificada. De acuerdo con Derrida, la contribución decisiva de Saussure fue mostrar, contra las tradiciones filosóficas previamente establecidas, la inseparabilidad del significante respecto del significado: mostrar que ambos son "dos caras de la misma moneda"[47]. Saussure no logró ir en busca de todas las implicancias de esto porque aún conservaba la noción establecida de "signo" que consideraba al significado como "idea" o "significado" determinados, fijados por la conjunción de mundo y pensamiento. Así, dejó las puertas abiertas a la posibilidad de que el significado pudiera existir como "concepto puro" o "pensamiento puro", con independencia del significante, virtualmente como tradicionalmente han sostenido los filósofos idealistas. Es importante observar que la crítica que hace Derrida de la "metafísica de la presencia" subyace a su ataque contra el "logocentrismo" y a su defensa de la relevancia de la escritura, más que a lo contrario. La fusión integral entre significante y significado implica que es insostenible una filosofía que conserve un apego a "significados trascendentales"; solo el juego de la diferencia en el proceso de la significación crea significado. La "escritura", como Derrida emplea el término, no se refiere a un texto como tal, a la "presencia" física de inscripciones en una página, sino *al espaciamiento inherente, por lo menos según su perspectiva, a la noción de diferencia*. La diferencia, como articulada en un proceso ya sea de habla o de lectura, presupone una dimensión "espacial", que es simultáneamente una dimensión "temporal", involucrada en la linealidad de las relaciones sintagmáticas. Según Derrida, el "'espacio' "está 'en' el tiempo; es el tiempo desplegándose; es el 'fuera de sí' como la relación del tiempo consigo mismo"[48].

Así, puede considerarse que la obra de Derrida le aporta un nuevo ímpetu al formalismo de Saussure a la vez que niega la conexión de ese formalismo con la *langue* y la sincronía; la sustancia, o lo "concreto", es rechazada tanto en el plano del signo (rechazo del "significado trascendental") como en el del referente (un mundo objetivamente dado que puede ser "capturado" por el concepto). En cada uno de ellos, de los que puede decirse que se aproximan respectivamente al idealismo y al positivismo, Derrida sustituye la productividad de las cadenas de significado. Al igual que Heidegger, Derrida debe verse a sí mismo enmarcado en las tradiciones de la metafísica occidental, de las que también desea salir; de ahí su inclinación, como la de Heidegger, hacia la innovación terminológica que pone de manifiesto un alejamiento de las categorías establecidas de la lengua. El tér-

---

[47] Derrida, *Positions* (París: Éditions de Minuit, 1972) p. 28.
[48] Derrida, *Speech and Phenomena* (Evanston: Northwestern University Press, 1973).

mino *Différance* indica que la diferencia implica una integración de lo "espacial" y de lo "temporal", que he mencionado previamente: diferenciarse es postergar[49]. Una vez que se abandona el contraste entre sincronía y diacronía se reconoce a la diferencia como existente solo dentro del proceso temporal de diferimiento, la pérdida continua del presente en favor del futuro y del pasado. Aquí el estructuralismo se enfrenta a su adversario aparente, el historicismo, y lo adopta: los conceptos con los que opera Derrida quedan en "proceso de corrección" a fin de indicar el proceso constante de mutación implicado en toda significación.

Una vez comprendido, el presente es pasado; por lo tanto, para Derrida la significación solo opera mediante la "huella", el momento de diferencia que ocurre dentro de una cadena de significado. La letra "a" en el término *différance* –por lo menos en francés– no se pronuncia; Derrida señala que permanece muda "como una tumba"[50]. *Différance* no es n una palabra ni un concepto, sino un juego de negación; no es, carece de existencia, de "estar en el presente". Cada texto, y todos los textos, contienen huellas de otros.

> Este proceso de concatenación significa que cada "elemento" –fonema o grafema– se constituye a partir de la huella que lleva sobre sí de otros elementos de la cadena o del sistema (…) solo hay diferencias de diferencias y huellas de huellas (…) *Différance* es, así, una estructura y un movimiento que solo puede ser comprendido en relación con los opuestos presencia/ausencia. *Différance* es el juego sistemático de diferencias, de huellas de diferencias, del *espaciamiento* por el cual los elementos se conectan el uno con el otro.[51]

Sin embargo, esto no es una recuperación de la historia, más de lo que sucede con la filosofía de Heidegger. Derrida conserva la idea –que aún tiene cierto eco de la concepción de Lévi-Strauss aunque esté en contradicción con ella– de que la "historia" es una metafísica, y contiene dentro de sí "la motivación de una represión última de diferencia"[52]. La identificación de las secuencias de acontecimientos de un carácter determinado permanece ligada a una metafísica de la pre-

---

[49] *To differ is to defer* en inglés. Juego de palabras entre *differ* ("diferir" en el sentido de diferenciarse) y *defer* ("diferir" en el sentido de postergar) (N. de la T.).

[50] Sobre "pirámide", alusión tomada de Hegel, y "tumba", ver Derrida, "Le puits et la pyramide", en Marges de la philosophie (París: Minuit, 1972).

[51] Ibíd., p. 48.

[52] Derrida, *L'Écriture et la différence*, p. 50. Derrida manifiesta por escrito estar de acuerdo con las críticas que hace Lévi-Strauss de quienes han otorgado a la historia un lugar injustificado en la ciencia social y en la filosofía. Aquí la historia siempre "ha sido cómplice de una metafísica teleológica y escatológica: es decir, paradójicamente, de esa filosofía de la presencia a la que se cree que la historia puede oponerse" (ibíd., p. 245). Por otra parte, agrega Derrida, Lévi-Strauss solo reemplaza un tipo de metafísica de la presencia por otro: a pesar de las advertencias del último, un tipo de formalismo clásico.

sencia. Para Derrida, el arte y el texto son máquinas no para la supresión del tiempo sino para su expresión. La historicidad de una obra de arte no se encuentra en los acontecimientos o en las huellas que llevaron a su creación, sino en el juego de diferencias permanentemente reinterpretadas. Un texto, como la escritura en general, pone de manifiesto de manera sorprendente lo que en otra tradición se denominaría "autonomía hermenéutica" del objeto. Si en la obra de Derrida hay un intento de *rapprochement* parcial entre la fenomenología en su forma heideggeriana y el estructuralismo, también podrá encontrarse otro punto de contacto entre ambas tradiciones filosóficas en las obras de Kristeva, que ha recurrido a Husserl. Derrida también ha escrito extensa, aunque críticamente, sobre Husserl. Kristeva, al igual que otros asociados al grupo *Tel Quel*, se muestra interesada primariamente en la teoría de la literatura como productividad, pero considera la reincorporación del hablante a la teoría estructuralista como uno de sus objetivos principales. Ella acepta que "Una fase de la semiología ha terminado: la que va desde Saussure y Pierce a la Escuela de Praga y el estructuralismo (…) Solo es posible una crítica de esta 'semiología de los sistemas', tanto como de sus bases fenomenológicas, si parte de una teoría del significado, que necesariamente debe ser una teoría del sujeto hablante"[53].

Este sujeto aún está "des-centrado", explícitamente en contraste con el *cogito* cartesiano, y Kristeva no acepta los rasgos principales del programa fenomenológico de Husserl. Sin embargo, de acuerdo con Kristeva, el concepto de intencionalidad de Husserl, debidamente modificado, nos permite relacionar la diferenciación significante/significado con una teoría de la conciencia, tratando a la conciencia como compuesta por actos mentales constitutivos de los objetos. En otras palabras, la conciencia no es una "sustancia" amorfa, sino la actividad predicativa de un sujeto "posicionado". Sin embargo, no es posible explicar la capacidad del sujeto de participar de esa actividad mediante una reducción fenomenológica, como en Husserl, sino a través del dominio de la lengua: y, debemos reemplazar el ego trascendental abstracto de Husserl por una explicación genética del desarrollo de la identidad consciente como interdependiente del inconsciente y como reflejo de la naturaleza fragmentada de este. Así, Kristeva acentúa "la divergencia fundamental que separa la 'experiencia vivida' fenomenológica y sus 'impulsos' de los impulsos semióticos freudianos productivos y destructivos que son previos a la distinción entre 'sujeto' y 'objeto'"[54].

---

[53] Julia Kristeva, *Semiotike: Recherches pour une sémanalyse* (París: Seuil, 1969).
[54] Kristeva, *La révolution du langage poétique* (París: Seuil, 1974) p. 33.

46

Al seguir este último tema, Kristeva se inclina enfáticamente por las interpretaciones de Lacan de la teoría psicoanalítica como explicativa de la "producción del sujeto". La teoría psicoanalítica del desarrollo psíquico conecta el surgimiento del "yo" con el ingreso del niño en la significación, y así con la relación significante/significado. Lo que Husserl llamó lo "tético" y consideró como propiedad inherente de la mente es lo que Kristeva trata como una etapa en el desarrollo del niño: es la etapa en la que se instala la escisión sujeto/objeto. El distanciamiento de los impulsos básicos desde la madre hacia objetos "externos" coincide con la capacidad del niño de reconocerse simbólicamente a sí mismo como un "yo" fuera de predicados potenciales. Por lo tanto, esto es a la vez el momento de la significación en el que el signo se instala en el lugar de una relación real. El niño ingresa simultáneamente en las dos dimensiones gemelas de la significación, la paradigmática y la sintagmática, en donde la primera se estructura en torno de la relación simbólica "sujeto hablante/exterior", y la segunda en torno de la de "sujeto/predicado"[55].

Espaciamiento, abstracto y práctico: Derrida y Wittgenstein

En esta sección me propongo delinear algunos contrastes entre las perspectivas de Derrida y las del Wittgenstein tardío, y sugeriré que la filosofía de Wittgenstein contribuye a iluminar algunas de las debilidades que la perspectiva de Derrida comparte con el pensamiento estructuralista en su conjunto. Puede observarse que la crítica que hace Derrida de la metafísica de la presencia, e incluso su técnica de deconstrucción, tiene rasgos relevantes en común con la filosofía tardía de Wittgenstein. Ambos filósofos rechazan la idea de que el significado es un acontecimiento, una idea, o un proceso mental que de alguna forma acompaña al discurso.

La *différance* no es una concepción ajena a la filosofía wittgensteiniana; podría afirmarse que para Wittgenstein el juego de diferencias "en el uso" es lo que crea y sostiene al significado. Por supuesto, no deben exagerarse las similitudes entre Wittgenstein y Derrida en este punto. Wittgenstein no desarrolló (como sí lo hace Derrida) una noción explícita de diferencia como negación. Wittgenstein estaría en desacuerdo con Saussure en que la lengua es un sistema "sin términos positivos". Pero, la lengua para Wittgenstein es un sistema de diferencias en el sentido en que los significados de las palabras no se constituyen mediante la naturaleza de los enunciados o marcas como elementos aislados, sino solo a través de las formas en las que adquieren una identidad mediante su diferenciación co-

---

mo elementos de juegos del lenguaje. Wittgenstein, al igual que Derrida, pone gran énfasis en la *repetición* como sostén de la identidad lingüística. La interpretación del lenguaje en Wittgenstein no es, como muchos comentaristas suelen presentarla, una interpretación a-temporal; por el contrario, el tiempo es parte integral de ella[56]. Los significados de los términos *nunca están "presentes" en su enunciación*, y "existen" solo en el proceso continuo de su actualización dentro de las formas de la vida: aquí la diferencia siempre es, además, postergación, como también lo es para Derrida. De acuerdo con Wittgenstein, virtualmente como sostiene Derrida, las preocupaciones tradicionales de la metafísica occidental han estado ligadas a la búsqueda de las esencias ilusorias, la búsqueda por abarcar la "plenitud del signo". Los signos no expresan conceptos o significados preformados; ni las palabras ni los enunciados "contienen" ideas.

Pero, los caminos que cada uno toma para alejarse de las preocupaciones de la filosofía occidental son diferentes. La máxima wittgensteiniana según la que esas preocupaciones surgen cuando el "lenguaje sale de vacaciones" no es tanto una argumentación contra el mal uso de las palabras, sino un énfasis en el entramado inevitable de la lengua y de la organización práctica de la vida social. Creo que aquí es posible sostener que podemos descubrir una de las principales continuidades, y a la vez un contraste básico, entre las primeras y las últimas obras de Wittgenstein: en la coexistencia del lenguaje con lo que "no puede ser dicho". En el *Tractatus*, "aquello de lo cual no podemos hablar" aparece como un final abrupto, un vacío que se avecina cuando hemos agotado la elucidación lógica de la lengua. Una forma de leer la transición entre las primeras y las más tardías filosofías de Wittgenstein consiste en sugerir que Wittgenstein llegó a la idea de que los "límites de la lengua" no deben consignarse a ese vacío. Aún existe la perspectiva de que la lengua es íntimamente dependiente de lo no lingüístico, o de lo que no puede ser puesto en palabras, lo que "no puede decirse". Pero, lo que no puede ser dicho ya no es una metafísica misteriosa de la que ni siquiera se puede hablar. Por el contrario, lo que no puede ser dicho es prosaico y rutinario. Se trata de lo que debe ser *hecho*: los significados de los elementos lingüísticos están intrínsecamente involucrados en las *prácticas que comprenden formas de vida*. En mi opinión, esto es de gran relevancia cuando se lo compara con la orientación característica del estructuralismo, *donde "aquello que no puede ser dicho" está identificado particularmente con el inconsciente o, en Derrida, con la escritura*. Esta es la fuente principal de las siguientes objeciones críticas que pueden hacerse contra los puntos de vista de Derrida.

---

[56] Véase Stanley Cavell, *Must We Mean What We Say?* (Cambridge University Press, 1975) p.xix y pássim.

1. No resulta posible abordar un enfoque crítico provechoso de Derrida mediante una reafirmación de la prioridad de la palabra hablada sobre la escrita,[57] dado que Derrida no utiliza el término "escritura" en el sentido más usual. Derrida deja en claro[58] que la tesis de que la escritura es más fundamental para la lengua que la expresión oral no depende de la proposición de que la palabra hablada es un hecho efímero mientras que el texto escrito tiene más permanencia. Depende de la propuesta según la cual lo escrito expresa *différance*, el espaciamiento que por sí solo hace posible al enunciado. *Différance* es lo que no se puede decir, ya que precede y da forma al acto de hablar –o al acto de inscribir marcas en papel–. Pero, aquí los prejuicios de la lingüísitca saussuriana regresan para atormentar a sus críticos: el espaciamiento en la escritura del que habla Derrida deriva solo de la inyección de lo temporal en el espaciamiento de las diferencias formales de la *langue*[59]. *Différance* es *langue* interpretada como estructuración; no reconecta, en la medida en que el análisis de Wittgenstein lo hace, lo que no puede decirse con lo que debe hacerse. La *différance* de Derrida reconoce solo el espaciamiento del significante. La lengua es un "producto situado" solo en la yuxtaposición de la marca y de las huellas de las marcas. Por otro lado, para Wittgenstein la lengua es un producto situado involucrado en el espaciamiento temporal, material y social de los juegos del lenguaje; al menos es así como interpreto a Wittgenstein aquí.

2. En Derrida, como en otros autores estructuralistas, la distinción entre significante y significado reemplaza a aquella entre sentido y referencia que es preeminente en Wittgenstein. La mayor limitación, virtualmente en todo el pensamiento estructuralista, es que traslada –y empeora– los defectos inherentes al tratamiento que hace Saussure del significado como derivado de la arbitrariedad del signo. Saussure utilizó la noción de naturaleza arbirtraria del signo a fin de generar una brecha entre signo y referente cuyo resultado, sin embargo, es que "significado" en ocasiones significa "idea", "concepto" o "pensamiento", y, en otras ocasiones, referente u objeto, como ya he mencionado. La conexión entre palabra y objeto no se encuentra en ningún rasgo que el significante comparta con el objeto, incluyendo la referencia ostensiva. Ahora, por supuesto, el Wittgenstein

---

[57] Ricoeur, "Structure, word, event", en *The Conflict of Interpretations*.

[58] Véase "Signature, événement, context", cuyo título evoca el del artículo de Ricoeur, en Derrida, *Marges de la philosophie* (París: Éditions de Minuit, 1972); está traducido en *Glyph*, Vol. I (1977). Ver también nota al pie núm. 67.

[59] Véase el comentario de Derrida, hecho durante una discusión sobre las tendencias filosóficas en Francia, según el cual el objeto de la filosofía contemporánea no es "ni abolir ni destruir el significado. Más bien se trata de establecer la posibilidad de que el *significado* derive de una organización "formal" que en sí misma carece de significado (…)", *Marges de la philosophie,* p. 161.

tardío también rechaza que sea posible explicar la naturaleza de los términos lingüísticos ya sea en términos de rasgos "correspondientes" del mundo de los objetos, o en términos de referencia ostensiva. Pero, la identificación wittgensteiniana de lo indecible como *organización práctica de la vida social* conlleva que este rechazo no conduzca hacia un intento de retirada *desde el objeto hacia la idea*. Independientemente de las zonas oscuras que puedan estar involucradas en la explicación de la referencia implícita en la filosofía tardía de Wittgenstein, resulta claro que para Wittgenstein conocer una lengua es tener conocimiento de un mundo de objetos como una relación de práctica[60]. Conocer una lengua es ser capaz de participar de las formas de vida dentro de cuyo marco esta se expresa y que esta expresa. La discusión de Wittgenstein sobre el "espaciamiento social" como origen de la significación se extiende a la conjunción de *langue* y *langage* (más que simplemente *parole*) de una manera en que el estructuralismo no lo hace —ofreciendo, más bien necesitando, que se acorte la brecha entre el análisis de la lengua y de la hermenéutica—. Ya que el "espaciamiento" del lenguaje aparece en la organización de prácticas sociales diferentes, y no en el orden abstracto de la relación entre significante y significado. La hermenéutica, o los *problemas de la mediación de los juegos del lenguaje en tanto órdenes semánticos*, son tan básicos para la concepción wittgensteiniana como la noción de la constitución del significado dentro de los sistemas relacionales de formas de vida.

Si Quine y Davidson están en lo cierto, puede existir un lazo entre significado y referencia más cercano de lo que Wittgenstein estaba aparentemente dispuesto a reconocer[61], pero esto no es verdaderamente relevante en este momento. El pensamiento estructuralista se alejó de la referencia, y esto ha resultado ser tan incapaz de reparación dentro del lenguaje del estructuralismo, como fue para Husserl la recuperación de la intersubjetividad en la reducción fenomenológica trascendental. En ninguna otra parte esto es tan claro como en Derrida. La escritura es estructuración purificada, privada de toda posibilidad de recuperación del contexto o de lo semántico. Se supone que la "deconstrucción" de textos demuestra que la naturaleza de esos textos es la productividad, pero esa productividad resulta no ser más que el juego de la "diferencia pura". De acuerdo con la formulación de Derrida, la escritura rompe con todo lo que podría relacionar a un texto con el mundo de los objetos: el "horizonte de la comunicación como comunicación de la conciencia"; los "hori-

---

[60] En este sentido, no le hacen a Wittgenstein, ciertos seguidores, favor alguno —aquellos que han traducido eficazmente sus énfasis en un tipo de realismo: más notablemente, Winch—.

[61] Véanse las distintas discusiones en Gareth Evans y John McDowell, *Truth and Meaning: Essays on Semantics* (Oxford: Clarendon Press, 1976). Pero, también véase el análisis de Putnam en *Meaning and the Moral Sciences* (Londres: Routledge, 1978) pp. 97ss.

zontes semánticos o hermenéuticos (…) como (…) horizontes de significado"; y el "concepto de contexto". Se dice que esta ruptura sigue al espaciamiento que "constituye el signo escrito" que, se sostiene, "se encuentra en toda lengua"[62].

3. Así, Derrida considera explícitamente que la identidad que permite la diferencia deriva de la constitución de los códigos mismos, ya sean escritos u orales. La identidad interna de los códigos es lo que los separa de cualquier connotación de referencia. Pero, esto reitera, bajo un nuevo ropaje, el problema que surgió con respecto al intento de Saussure de constituir la diferencia como forma pura. Derrida parece no advertir, u opta por ignorar, que la mera mención de la identidad de un código presupone algún componente de referencia: *el que designa que los elementos del código están ligados,* son "vocalizaciones", "marcas", etc. Con el objeto de desestimar totalmente la relevancia de la referencia, Derrida recurre al argumento de que los códigos o textos escritos están constituidos por su "identidad interna". El espaciamiento de la escritura contribuye a su repetibilidad y "diseminación" indefinidas; "la unidad de la forma significante solo se constituye a sí misma en virtud de su repetibilidad, de la posibilidad de repetirse en ausencia (…) de su 'referente'"[63].

Esto parece asimilar la falta de un referente "presente" en el momento de una enunciación a la ausencia de toda connotación de referencia en tanto involucrada con la "forma significante"[64]. Ambas son, obviamente, diferentes. La referencia se empeña en intervenir aun en la identificación más formal de los códigos de espaciamiento. Si es posible olvidar esto, o dejarlo fuera de la explicación, se debe a la persistente asimilación entre referente y significado que han hecho autores influidos por los conceptos saussurianos. Como ya he observado, esto ha sido presagiado por la propia tendencia de Saussure de integrar ambas, como resultado del impulso provisto por la doctrina de la arbitrariedad del signo.

4. Derrida denunció la "presencia" de las ideas como esencia de la significación y esto lo lleva a alejarse lo más posible del significado y acercarse al significante. No da el paso más radical de rechazar totalmente la distinción entre significante y significado. Sin embargo, si la explicación del sentido que da Wittgenstein es la correcta, la distinción entre significante y significado debe ser descartada. Esto es debido a que la naturaleza de la lengua, y más generalmente del sentido,

---

[62] "Signature, événement, contexte", pp. 181-2.

[63] Ibíd., p. 183.

[64] Derrida dice (*L'Écriture et la différence,* p. 413) que es debido a que no podemos finalmente escapar completamente de la metafísica que no es posible prescindir del significado: "Por cuanto la *paradoja* consiste en que la reducción metafísica del signo necesita la oposición [significante/significado] que esta reduce". Véanse también los comentarios de Derrida en una entrevista con Lucette Finas, en Lucette Finas *et al., Écarts* (París: Fayard, 1973) pp. 303-12.

no puede explicarse en términos de una noción doble de este tipo. El problema, que como ya he indicado se remonta hasta Saussure, no se ocupa del significante. Una de las contribuciones más relevantes y esclarecedoras provenientes de la literatura estructuralista ha sido demostrar que todo tipo de forma material puede participar de la semiosis, es decir, puede "llevar" significado o sentido. El problema concierne al significante. El "alejamiento desde el objeto" hacia el juego interno de la diferencia, iniciado por Saussure, no puede concretarse, por lo tanto, la naturaleza del significado ha quedado sumida en las sombras, o bien el término ha sido utilizado ambiguamente de manera de hacerlo abarcar tanto el concepto como el objeto significado. Para Wittgenstein, el significante, el concepto y el objeto significado deben ser explicados en términos de su incorporación a las prácticas que componen las formas de vida. La frase "No busque el significado, busque el uso" no implica que significado y uso sean sinónimos, sino que el sentido de los elementos lingüísticos solo puede buscarse en las prácticas que ellos expresan y en las que están expresados.

El des-centramiento del sujeto

El rechazo de la distinción entre significante y significado tiene implicancias inmediatas para la evaluación crítica de la "lectura estructuralista" del psicoanálisis que hace Lacan, y que tanta influencia ha tenido en el desarrollo moderno de la "teoría del sujeto" dentro de las filosofías estructuralistas. Abordaré estas implicancias de manera directa en otra parte, y aquí solo consideraré temas generales relacionados con el "des-centramiento del sujeto".

El "escandaloso" rechazo del humanismo, característico de la literatura estructuralista, se originó en la falta de confianza en la conciencia o en la "subjetividad". Saussure lo presagió en su formulación de la prioridad de la *langue* sobre la naturaleza individual y subjetiva de la *parole*. A esto debemos añadir el impacto de Marx, Nietzsche y Freud como críticos radicales de las afirmaciones del *cogito* cartesiano: puede considerarse que cada uno de ellos cuestionó profundamente la confiabilidad de la conciencia como "transparente consigo misma". La desmitificación estructuralista de las afirmaciones de la conciencia está dominada por la tesis según la cual la subjetividad se constituye en la lengua y a través de ella. Como lo dice Ricoeur, "el acto puro del *cogito* es un acto vacío y así permanece hasta la mediación del mundo de los signos y la interpretación de esos signos".[65]

---

[65] Ricoeur, "The question of the subject", en *The Conflict of Interpretations*, p. 244.

Muchas y muy relevantes son las implicancias de esta perspectiva. En lugar de tomar a la conciencia como dada, acentúa la necesidad de contar con una explicación genética de su producción; la conciencia no es considerada como una sustancia unitaria o indivisible, sino como un conjunto de procesos fracturados y frágiles; y se reconoce que la constitución del "yo" se produce solo mediante el "discurso del Otro", es decir, a través de la significación.

La obra de Kristeva desarrolla estas nociones de una forma interesante; su obra se aleja considerablemente de los énfasis tanto de Lévi-Strauus como de Derrida. Kristeva se aleja de las primeras versiones del estructuralismo en la forma en que utiliza el tratamiento fenomenológico de la conciencia intencional, tanto como en su interpretación del "posicionamiento del sujeto". Pero, aun en sus escritos no encontramos un análisis adecuado de la agencia humana en el sentido en el que los filósofos de la acción anglosajones normalmente lo entienden. Su "sujeto predicativo" aún no ha sido eliminado del dualismo inconsciente/consciente, concebido, por sobre todo, como una relación lingüística que domina las teorías estructuralistas del sujeto. Esas teorías generalmente han conservado elementos del cartesianismo que han buscado rechazar: Decir "pienso" expresa estructuras lingüísticas que preceden o subyacen a la auto conciencia o a las capacidades reflexivas del sujeto. Como expresa Lacan: "la S (significante) y la s (significado) del algoritmo saussuriano no se encuentran al mismo nivel, y el hombre no hace más que engañarse cuando cree que su verdadero lugar está en el eje de ambas, que no está en ninguna parte"[66]. Pero, aquí la subjetividad aparece solo como una serie de momentos producidos por la intersección de las estructuras significativas. En ese análisis, el sujeto actuante, reflexivo, solo es apenas recuperado.

De conformidad con su perspectiva general, Kristeva critica la teoría de los actos de habla de Searle argumentando que los actos de habla "deben considerarse como prácticas significativas", e interpretados dentro del marco de una "teoría general de la actividad significativa"[67]. Pero, reemplazar la noción de "acto" por la noción de "práctica" es engañoso si a la vez no incorpora el énfasis que la teoría de los actos de habla comparte con la perpectiva de Wittgenstein. *No existen prácticas significativas; debería entenderse a la significación como parte integral de las prácticas sociales en general.*

En realidad, debemos repudiar el *cogito* de una manera más profunda de lo que lo hace Kristeva, a la vez que reconocemos la importancia vital de que la noción de "ser" precede a la relación sujeto/objeto en la conciencia. La ruta para

---

[66] Jacques Lacan, "The agency of the letter in the unconscious", en *Écrits* (Londres: Tavistock, 1977) p. 166.
[67] Julia Kristeva (entrevista con J. –C. Coquet), "Sémanalyse: conditions d'une sémiotique scientifique", en *Semiotica*, Vol. 4 (1972) pp. 328-9.

comprender esto no se encontrará mediante una clase de *cogito* reconstituido, sino mediante la conexión entre *ser* y *acción*.

Llegado este punto, es importante esbozar los lineamientos generales de una teoría del sujeto actuante que será desarrollada con mucho más detalle en el *paper* siguiente. Esta postura depende de acentuar la importancia del "monitoreo reflexivo de la conducta" como rasgo crónico de la puesta en práctica de la vida social. En esta concepción, las razones y las intenciones no son presencias "definidas" que acechan la vida social humana, pero que están rutinaria y crónicamente (en la *durée* de la existencia cotidiana) instanciadas en esa actividad[68]. La naturaleza intencional de las acciones humanas: (a) no debe considerarse una articulación de "intenciones" discretas y separadas, sino un flujo continuo de intencionalidad en el tiempo; y (b) no debe tratarse como conjunto de estados conscientes que de alguna forma "acompañan" a la acción. Las intenciones se articulan conscientemente solo en el acto reflexivo de la atención: normalmente en el marco del discurso[69]. El monitoreo reflexivo de la acción se remite al "conocimiento tácito" que, sin embargo, solo puede expresarse parcial e imperfectamente en el discurso. Este conocimiento, que por sobre todo es práctico y contextual en cuanto a su naturaleza, no es inconsciente en ninguno de los sentidos en los que la literatura estructuralista generalmente lo emplea. *La lengua aparece aquí como un medio para la práctica social*; tanto Schutz como Wittgenstein destacan especialmente la naturaleza práctica de los "reservorios del saber". Los reservorios del saber aplicados a la producción y reproducción de la vida social como actividad especializada son mayormente "inconscientes" en la medida en que los actores sociales comúnmente pueden solo ofrecer una explicación fragmentada de lo que "conocen" si se les pide que lo hagan, pero no son inconscientes en el sentido dado al término por los autores estructuralistas.

La discusión de Bordieu sobre la relación del don, a la que se ha aludido anteriormente, señaló muy enfáticamente la importancia del monitoreo reflexivo de la acción contra un trasfondo de conocimiento tácito —fenómenos en el centro de toda actividad social cotidiana, pero territorio ajeno para los estructuralistas—. Es solo si se sucumbe ante lo que podría denominarse una *falacia sociológica genética* que una explicación de la agencia humana aparece incompatible con el inconsciente en el sentido freudiano. La falacia consiste en dar por sentado que, dado que el sujeto y la autoconciencia se constituyen a lo largo de un proceso de

---

[68] Véanse los comentarios de Searle sobre la discusión que lleva a cabo Derrida sobre Austin en "Signature, événement, contexte", en "Reiterating the differences: a reply to Derrida", en *Glyph*, Vol. I, p. 202.
[69] Véase mi *New Rules of Sociological Method*, pp. 81-4, para una discusión más pormenorizada.

desarrollo –y así el actor reflexivo no está "dado" ni en la filosofía ni en la ciencia social–, solo se trata de epifenómenos de estructuras ocultas. El des-centramiento del sujeto es tan peligroso como las filosofías de la conciencia que son atacadas si ese des-centramiento simplemente sustituye una determinación estructural por la subjetividad.

Textos

Una de las principales cuestiones en las que el estructuralismo coincide con la fenomenología hermenéutica[70] en poner énfasis es la insistencia en que el texto, en su carácter de articulación particular de la lengua, está escindido por una brecha que lo separa de cualquier intención que el autor haya tenido al escribirlo. En Lévi-Strauss se considera que la mitología es pertinente al análisis estructural debido a que los mitos "carecen de autor", y "solo existen en tanto estén encarnados en una tradición[71]. Derrida específicamente asocia la autonomía del texto con la separación entre "escritura" y "comunicación" y, por lo tanto, su autor. La suposición de que conocer al autor puede aclarar de manera significativa los significados generados por el texto será descartada como un ejemplo más de la metafísica de la presencia[72]. El grupo *Tel Quel* pone el énfasis en la imposibilidad de abordar la interpretación de un texto como si se tratara de la identificación de un núcleo de significado provisto por su autor, que relaciona ese significado con el "con-texto" de su creación. No hay una lectura de un texto, sino solo lecturas, resultado de la productividad inherente del acto de escribir o, según lo dice Derrida, de "su sentido esencial".

Por supuesto, varias disciplinas, desde la crítica literaria hasta la historia de las ideas, han servido de escenario para el debate sobre la relevancia de las intenciones de los autores en la interpretación de textos, y más ampliamente en la interpretación del significado[73]. No deseo considerar aquí el problema del rol que les puede corresponder a las intenciones de los autores en la validación de inter-

---

[70] Como explicó Gadamer en particular. Hans-Georg Gadamer, *Truth and Method* (Londres: Sheed and Ward, 1975). Gadamer, sin embargo, rechaza la tesis (que él asocia con Valèry) según la cual "cada encuentro con [una] obra posee el rango y la justificación de una nueva producción. Esto me parece un nihilismo hermenéutico insostenible (…) [Valèry] le transfiere al lector y al intérprete la autoridad de la creación absoluta que él mismo ya no desea utilizar" (p. 85).

[71] *The Raw and the Cooked*, p. 18. La última frase recuerda a Gadamer de una forma notable.

[72] "Signature, événement, context", p. 182.

[73] Un foco de debate es el que involucra a Gadamer, Betti y Hirsch. Para ver las últimas contribuciones de Hirsch, véase E. D. Hirsch, *The Aims of Interpretation* (Chicago University Press, 1976).

pretaciones críticas de los textos. En cambio, expresaré mis discrepancias con la conceptualización de la actividad intencional que esa literatura ha dado por sentada. En ese sentido, gran parte de esa literatura debe calificarse como obsoleta a la luz de la crítica wittgensteiniana de las nociones tradicionales sobre la naturaleza intencional de la acción humana. En otras palabras, las intenciones o propósitos han sido consideradas como hechos mentales discretos correlacionados de alguna forma con la creación de textos. Es importante observar que el rechazo de Wittgenstein de esa postura se extendió a otro elemento de la "metafísica de la presencia" también repudiado por Derrida: la existencia de un conjunto limitado de "reglas de interpretación" que rigen las interpretaciones del significado. La "observación de las reglas" identificada por Wittgenstein designa prácticas que expresan el carácter recursivo de la vida social y que están constituidas solo en esas prácticas, y a través de ellas; por lo tanto, esas reglas nunca son presencias dadas o fijas.

Es solo mediante esa recursividad que podemos comprender la naturaleza de las prácticas sociales como en un continuo proceso de producción y reproducción. Desde esta perspectiva, las prácticas sociales no "expresan" las intenciones de los actores sociales; por otra parte, tampoco las "determinan". *Las intenciones solo se constituyen dentro del marco del monitoreo reflexivo de la acción, que a cambio, sin embargo, solo opera en conjunción con las condiciones y los resultados inadvertidos de la acción.*

Desde este punto de vista, podemos comenzar a recuperar el texto, no solo en cuanto involucra la productividad inherente de la lengua, sino en sí mismo, como producción situada, sin negar la "autonomía del texto". El estructuralismo *no ha generado explicaciones del trabajo interpretativo supuesto en la constitución cotidiana de la intersubjetividad.* Una concentración en la estructura interna del texto, despojado de componentes referenciales reemplaza la interpolación participativa y práctica del significado dentro de la realización de juegos del lenguaje. De ahí que se recurra a la intersubjetividad de forma inadvertida, supuesta tácitamente por el análisis textual, pero no teorizada. Indudablemente, esto se debe, en parte, al lugar central que el texto ha ocupado en el pensamiento estructuralista: o, más bien, a la clase particular de textos "con-struidos" como formas relacionales, separadas de lo que Husserl llamó "la intersubjetividad ingenua que es la base no articulada del mundo de la vida".

Debe apreciarse que la perspectiva que propongo no es idéntica al concepto de "competencia literaria" sugerido por Culler en su crítica del estructuralismo. Culler propone que es posible ver a la competencia literaria como compuesta por "conjuntos tácitos de convenciones para la lectura de textos literarios", y como "proceso de generación de significados regido por reglas"[74]. Por cierto, podemos coincidir con Culler en que autores y lectores aportan al texto más que su conocimiento de una lengua. Aportan el conocimiento de una variedad de convenciones sociales; o, para ser más exactos, su propio conocimiento de la lengua es inseparable de las prácticas sociales en cuyo contexto la lengua se constituye y reconstituye. Sin embargo, no se puede comprender al conocimiento simplemente como semántica normada. La propuesta de Culler se asemeja a una especie de etnosemántica de la lectura de textos literarios, siempre que se comprenda a la "etnosemántica" como lo hacen Goodenough y Lounsbury[75]. De acuerdo con Goodenough, la tarea de la etnosemántica consiste en dilucidar el contenido de la cultura, donde "la cultura de una sociedad consiste en todo aquello que uno deba conocer o creer a fin de interactuar de una manera aceptable con sus miembros", y donde este conocimiento se explica como conjuntos definidos de reglas establecidas.[76] Pero, complementar el énfasis característico que pone el estructuralismo en la primacía de la semiótica con un acento en la relevancia de las reglas semánticas no resulta satisfactorio a menos que además hagamos el intento de comprehender la *combinación de reglas y prácticas en las actividades cotidianas*. Esto exige tomar conciencia de los "etnométodos" como medio para sostener el dar explicaciones: los etnométodos tácitamente invocados por todos los teóricos estructuralistas del texto quienes, independientemente de lo que puedan argumentar sobre los textos al análisis o a la "de-construcción", aún suponen que el texto en el que se expresan esas argumentaciones es inteligible para una audiencia indefinida.

Permítanme resumir los elementos principales de mi punto de vista:

1. La producción de un texto, al igual que la producción de una práctica social, no es resultado de una "intención" o de un "conjunto de intenciones". Más bien, debe tratarse al carácter intencional de las actividades involucradas como rasgo crónico del monitoreo reflexivo de la acción. Por lo tanto, un texto no debe ser considerado una "forma inamovible" que luego, de alguna forma, es relacionado *en bloc* con intenciones particulares; debería estudiárselo como medio y como resultado concretos de un proceso de producción monitoreado reflexivamente por su autor o lector.

---

[74] Culler, *Structuralist Poetics*, p. 126.

[75] Ward Goodenough, *Description and Comparison in Cultural Anthropology* (Chicago: Aldine, 1970).

[76] Goodenough, "Cultural anthropology and linguistics", en Dell Hymes (ed.), *Language in Culture and Society* (Nueva York: Harper, 1964) p. 36.

2. El estudio del proceso de producción de un texto debe investigar todo el alcance de lo que en el próximo *paper* denominaré la "racionalización de la acción"[77]: no simplemente su componente intencional, sino las razones y motivos involucradas en esa producción como logro eficiente. El "conocimiento" así referido por un autor será de naturaleza mayormente tácita y práctica: dominio de cierto estilo, percepción de los rasgos particulares de una audiencia esperada o potencial, etc. Más aún, esto deja mucho espacio conceptual para las operaciones del inconsciente.

De mis argumentaciones anteriores surge que la distinción hecha por Kristeva entre "fenotexto" y "genotexto" no es una base adecuada para comprender estos fenómenos. Su identificación de los *chora* que se encuentran en los orígenes de la semiosis parece valiosa, pero los rasgos constitutivos de la conciencia práctica[78] intervienen entre las "operaciones" prácticas del inconsciente y del fenotexto.

3. Todo esto incide en lo que un "autor" *es* como sujeto actuante. Un autor no es ni un manojo de intenciones, ni, por otro lado, una serie de "huellas" que han quedado depositadas de alguna manera en el texto. Foucault dice que la escritura "se ocupa primariamente de crear una abertura por la cual el sujeto que escribe desaparece indefinidamente"[79]. Pero, estudiar la producción de un texto implica a la vez, y de una forma definida, estudiar la producción de su autor. El autor no es simplemente "sujeto" y el texto "objeto". El "autor" contribuye a consituirse a sí mismo a través del texto, a través del proceso de producción de ese texto. Podemos apreciar la importancia de esto muy fácilmente si contrastamos el surgimiento del autor "personalizado" de la novela o poesía modernas con los autores "anónimos" de los mitos o las leyendas medievales.

4. Argumentar que es posible estudiar de una manera esclarecedora los texos en tanto producciones situadas significa insistir en que hay conexiones entre las dos formas en las que se utiliza comúnmente la palabra "significado" o "sentido" (*meaning*) en la lengua inglesa: lo que alguien quiere decir, escribir o hacer, y aquello que se ha dicho, escrito o hecho significa.[80] Pero, esto no implica un regreso a una forma

---

[77] *New Rules of Sociological Method.*

[78] Kristeva escribe: "El texto no es un *fenómeno* lingüístico; en otras palabras, la significación estructurada no aparece en un corpus lingüístico como un único nivel de estructura (…) Puede comprenderse el proceso por el cual se genera el significado de dos maneras: 1. como creación del material del lenguaje, y 2. como creación del "yo" que está en condiciones de hacer aparecer el significado". *Semiotike*, p. 280.

[79] Michel Foucault, "What is an autor?", en *Language, Counter-Memory, Practice* (Oxford: Blackwell, 1977) p. 116; véanse los comentarios de R. Williams sobre los orígenes del término "autor", en Raymond Williams, *Marxism and Literature* (Oxford University Press, 1977) pp. 192-193.

[80] Al respecto, resulta relevante el intercambio algo cómico entre Derrida y Searle en *Glyph*, vols. I y II, en el que Derrida exagera en acrobacias a fin de defenderse de Searle sin tener que emplear la terminología, "Lo que quise decir fue…".

de subjetivismo. Una de las principales tareas del estudio del texto, o de hecho de los productos culturales de cualquier tipo, debe ser, precisamente, examinar las divergencias que pueden quedar establecidas entre las circunstancias de su producción y el significado sostenido por su subsiguiente escape de los horizontes de su creador o creadores. Estos significados nunca están "contenidos" en el texto como tal, sino que se encuentran inmersos en el flujo de la vida social de la misma forma en que lo fue su producción inicial. La consideración de la "autonomía" del texto, o del alejamiento de su significado de lo que su autor tuvo la intención de transmitir originalmente, contribuye a reunir problemas de interpretación textual con asuntos más amplios pertenecientes al terreno de la teoría social. Ya que, más generalmente, en la realización de prácticas sociales, *las consecuencias de las acciones se alejan crónicamente de las intenciones de sus iniciadores en los procesos de objetificación.*

Las siguientes consideraciones nos permiten tomar posición en lo que respecta a la retórica actual sobre la desaparición del sujeto, o el "final del individuo". La apremiante tarea que hoy enfrenta la teoría social no es promover la eliminación conceptual del sujeto sino, por el contrario, fomentar una *recuperación del sujeto* sin caer en el subjetivismo[81]. Esa recuperación, sostengo, implica comprender "lo que no puede decirse" (o pensarse) *como práctica.* La defensa de la necesidad de completar la disolución del sujeto se ve irónica cuando se la contrasta con el trasfondo de la sociología angloamericana que, con algunas excepciones (la más notable, el interaccionismo simbólico), ha sido hasta ahora dominada por el positivismo. Por cuanto las filosofías positivistas carecen de toda explicación del sujeto reflexivo, así como carecen de una teorización de las instituciones y de la historia. El "yo" de la filosofía cartesiana ni siquiera aparece en el positivismo como resultado de sus premisas fenomenológicas: podría señalarse que el intento más radical y exhaustivo de eliminar al sujeto no se encuentra en el estructuralismo, o en el *Anti-Oedipe* de Guattari y Deleuze, sino en el positivismo de Mach. La incapacidad de ver esto está reforzada por la tendencia de algunos autores estructuralistas de mezclar el *cogito* cartesiano, las diferentes formas de idealismo y el positivismo o el empirismo, como todas las corrientes filosóficas basadas en el sujeto. Así, en su afán de disolver al sujeto, estructuralismo y positivismo han encontrado un elemento importante en común, y en el contexto de las ciencias sociales en el mundo angloparlante es muy necesario insistir en que el des-centramiento del sujeto no debe ser equivalente a su desaparición. Toda forma de teoría social que integre el des-centramiento del sujeto como precepto filosófico con una propedéutica del fin del individuo como movimiento

---

[81] Véase Frederic Jameson, "Imaginary and symbolic in Lacan: Marxism, psychoanalytic criticism, and the problem of the subject", en *Yale French Studies*, núm. 55/6 (1977), p. 382 y *pássim*

deseable o inevitable del cambio social contemporáneo queda expuesta a la carga ideológica a la que los críticos suelen acudir para atacar al estructuralismo. Aquí resulta útil hacer un contraste entre Foucault por un lado, y Adorno y Horkheimer por el otro. Tal vez el fin del individuo señale el final de la era del liberalismo burgués, pero no, sin embargo, como transición histórica provechosa, sino más bien como *abrumada por un totalitarismo en expansión*. Si la teoría social sucumbe ante los mismos procesos que debería ocuparse de comprehender, una apreciación crítica de este fenómeno es apenas posible.

El estructuralismo: un resumen y una mirada hacia adelante

Sostengo que la relevancia del pensamiento estructuralista para la teoría social contemporánea consiste primariamente en ciertas cuestiones principales que han contribuido a traer a un primer plano cuestiones cuyo desarrollo ulterior, sin embargo, no puede lograrse satisfactoriamente desde el interior de las premisas estructuralistas, tal como las he identificado en el presente *paper*. En total existen siete aspectos, creo, donde el pensamiento estructuralista resulta particularmente relevante, especialmente cuando se lo considera a la luz de las preocupaciones típicas de la sociología anglosajona. Aquí haré solo un bosquejo rápido de ellas, pero dejarán en claro todos mis reparos en los *papers* subsiguientes de este libro.

En primer lugar, la teoría estructuralista *apunta a la significación del espaciamiento a través de la diferencia* en la constitución tanto de la lengua como de la sociedad. De distintas formas, este énfasis está implícito en la obra de Saussure, Lévi-Strauss y Derrida. La concepción de *différance* de Derrida es de gran interés para la teoría social. Pero, la *différance* de Derrida está demasiado estrechamente ligada al espaciamiento de la escritura; la concepción de espaciamiento que se puede distinguir en Wittgenstein es superior a esta en cuanto a la vinculación de la lengua con las prácticas sociales. Las prácticas sociales suceden no solo como transformaciones de un orden virtual de diferencias (las reglas de Wittgenstein), y de diferencias en el tiempo (repetición), sino también en el *espacio físico*. En el próximo *paper* afirmo que la teoría de la estructuración de los sistemas sociales debería basarse en esta *triple connotación de la différance*.

En segundo logar, y estrechamente ligado al primer punto, el pensamiento estructuralista *intenta incorporar una dimensión en el propio centro de sus diferentes análisis*. En Saussure, esto se encuentra en el aspecto sintagmático de la lengua, aun si la marcada división introducida por la separación entre lo sincrónico y lo diacrónico lo distancia de procesos de cambio lingüístico. El opuesto sintagmático/asociativo no está presente en el funcionalismo, que incorpora al tiempo solo en calidad de diacronía o de "dinámica". La teoría estructuralista ha sido capaz de generar un concepto de estructuración a través de la superación de la distinción entre diacrónico y sincrónico de una manera que no estaba abierta al funcionalismo[82]. Debemos reconocer las limitaciones que esto conlleva. No ha conducido a la capacidad de desarrollar relatos explicativos del cambio social; y, en Derrida se concreta en una forma de historicismo que niega la posibilidad de la historia en su propio nombre. Al intentar escapar de la "metafísica de la presencia", Derrida, al igual que Heidegger, alcanza una perspectiva que suele exorcizar la explicación histórica en el mismísimo reconocimiento de que todo se encuentra crónicamente en estado de movimiento. En Lévi-Strauss la noción de que la comprensión histórica no es más que un código entre otros también evita efectivamente una recuperación de esta comprensión como medio para explicar el cambio social. Por lo tanto, el pensamiento estructuralista no ha desarrollado una "autocomprensión" de las condiciones de su propia producción como tradición intelectual, y es vulnerable a los tipos de ataque que frecuentemente han atraido de parte de autores como Lefebvre y Goldmann, para quienes se trata meramente de una ideología del capitalismo avanzado[83].

En tercer lugar, independientement de las objeciones que pudieran hacerse contra la interpretación que hace Lévi-Strauss de la historia, esta contiene algunas percepciones extremadamente valiosas. En contra del historicismo, que radicaliza la mutación histórica de tal forma que se hace imposible escapar de ella –aun para producir análisis históricos– y que por lo tanto termina típicamente en alguna u otra forma de relativismo, Lévi-Strauss señala que la *"distancia en el tiempo" es en algunos aspectos importantes equivalente a "distancia etnográfica"*. Más aun, al poner énfasis en los contrastes entre aquellas clases de sociedad que operan en el "tiempo reversible" y que, aunque "rodeadas de la sustancia de la historia (…) intentan permanecer refractarias a él, en contraste con aquellas que "se transforman en el motor que impulsa su desarrollo"[84], Lévi-Strauss contribuye a allanar el camino para una teoría de la reproducción social.

En cuarto lugar, la teoría estructuralista ofrece la posibilidad –que hasta ahora no se ha concretado completamente– de formular una *comprensión de la totalidad social más satisfactoria que la propuesta por su principal rival, el funcionalismo.*

---

[82] Véase "Functionalism: après la lutte".

[83] Véase Henri Lefebvre, *L'idéologie structuraliste*. (París: Anthropos, 1971). Aún hoy, una de las discusiones más interesantes sobre el estructuralismo y el marxismo es la de Lucien Sebag, *Marxisme et structuralisme* (París: Payot, 1964).

[84] Charbonnier, *Conversations*, p. 39.

De acuerdo con este último, es posible describir a la sociedad como un patrón de relaciones entre "partes" (individuos, grupos, instituciones). Por el contrario, la lingüística estructuralista de Saussure sugiere que la sociedad, al igual que la lengua, debería considerarse un "sistema virtual" con propiedades recursivas. Sin embargo, sostengo, la elaboración de esta perspectiva exige una distinción conceptual que no ha de hallarse ni en el estructuralismo ni en el funcionalismo: una distinción entre "estructura" y "sistema".

En quinto lugar, en el estructuralismo encontramos una acción enormemente significativa para la teoría social: *un intento de trascender el dualismo sujeto/objeto*. Si bien esto no es exclusivo del pensamiento estructuralista y tanto la hermenéutica fenomenológica como la filosofía del Wittgenstein más tardío lo han abordado desde varias perspectivas, son los autores estructuralistas quienes lo han desarrollado más acabadamente. Podemos reconocer la importancia de este aporte mientras aún insistimos en que es poco lo que se gana si simplemente reemplazamos el subjetivismo por algún tipo de objetivismo. El dualismo sujeto/objeto solo puede ser rechazado adecuadamente si reconocemos que no se trata de un dualismo sino de una *dualidad*.

En sexto lugar, si bien el abordaje de la crítica al humanismo y del *des-centramiento del sujeto* debe ser hecho con precaución, estos son de vital importancia para la teoría social. El des-centramiento del sujeto implica un escape de aquellas perspectivas filosóficas que han considerado a lo consciente como algo dado o transparente para sí mismo. Sin embargo, esto no debe conducir a la desaparición de los componentes reflexivos de la conducta humana, o a su tratamiento como alguna clase de epifenómenos de estructuras más profundas. La reflexividad debe ser reconstruida en el marco del discurso de la teoría social, no solo en lo que se refiere a aquellos miembros de la sociedad cuya conducta es el objeto de estudio, sino también *en lo que se refiere a la ciencia social en sí misma como forma de esfuerzo humano*.

En séptimo lugar, *la teoría estructuralista ha hecho constantes aportes al análisis de la producción de objetos culturales*. Sin embargo, el desarrollo ulterior de esos aportes, y el logro de una integración más íntima de los estudios semióticos con otras áreas de la teoría social exige dejar de lado la mayoría de los opuestos, cuando no de todos ellos, retomados desde Saussure: *langue/parole*, sincronía/diacronía, significante/significado; también exige descartar la concepción de la naturaleza arbitraria del signo. En su lugar, aspiramos a desarrollar una teoría de códigos, y de producción de códigos,[85] basada en una teoría más amplia de la práctica social, y reconectada con la hermenéutica.

---

[85] Umberto Eco, *A Theory of Semiotics* (Londres: Macmillan, 1977) pp. 4ss.

2.
Agencia y estructura

El asunto principal al que dedicaré este *paper* es el de conectar una noción de acción humana con una explicación estructural en el análisis social. Argumentaré que establecer esa conexión exige lo siguiente: una teoría del agente humano, o del sujeto; una descripción de las condiciones y consecuencias de la acción; y una interpretación de la "estructura" en cierta forma enredada en aquellas condiciones y consecuencias.[1]

Teorías de la acción versus teorías institucionales

Normalmente, la "acción" y la "estructura" aparecen en la literatura tanto sociológica como filosófica como antinomias. En términos generales, sería correcto sostener que esas escuelas de pensamiento que se han ocupado de la acción han prestado poca atención a las concepciones de la explicación estructural o de la causalidad social, o no han logrado encontrar la manera de lidiar con ellas. De igual manera, no han podido relacionar la teoría de la acción con los problemas de la transformación institucional. Esto se aplica claramente a la filosofía anglosajona de la acción, tanto en su forma pura wittgensteiniana como en versiones influidas menos directamente por Wittgenstein. Independientemente del gran interés que muestra la filosofía más tardía de Wittgenstein por las ciencias sociales con respecto a las relaciones entre el lenguaje y la *praxis*, nos topamos rápidamente con sus limitaciones respecto de la teorización de las instituciones. Por cierto, las instituciones aparecen en su filosofía y de una manera bastante fundamental. Ya que la transición desde las ideas iniciales de Wittgenstein hasta las del Wittgenstein tardío es una transición desde la naturaleza hacia la sociedad: en *Philosophical Investigations* (*Investigaciones filosóficas*), la convención social y el

---

[1] La mayoría de los conceptos que discuto aquí han sido introducidos de manera preliminar en *New Rules of Sociological Method*, y en "Notes on the theory of structuration", en *Studies in Social and Political Theory*.

lenguaje aparecen inextricablemente entrelazadas, de forma tal que explicar una es explicar la otra. Pero, expresadas como formas de vida, las instituciones son analizadas solo en la medida en que dan forma a un telón de fondo consensuado contra el que se negocia la acción y se constituyen sus significados. La filosofía wittgensteiniana no ha llevado a ningún involucramiento con el cambio social, con relaciones de poder o con el conflicto en la sociedad. Otras vertientes de la filosofía de la acción han operado a una distancia aún mayor de dichos asuntos, y han prestado atención casi exclusivamente a la naturaleza de las razones o las intenciones en la actividad humana.[2]

Dentro de las tradiciones sociológicas más ortodoxas, el interaccionismo simbólico ha colocado gran énfasis en la consideración de la vida social como un logro activo de actores conocedores y decididos; y, también, se lo ha asociado con una "teoría del sujeto" concreta, tal como fue formulada en la explicación que da Mead de los orígenes sociales de la conciencia reflexiva. Pero, lo "social" en la formulación de Mead se limita a figuras familiares y al "orden generalizado"; Mead no elaboró una concepción de una sociedad diferenciada, ni una interpretación de la transformación social. Prácticamente lo mismo sucede con la evolución subsiguiente de esta tradición, que no ha desarrollado con éxito modalidades de análisis institucional. Uno de estos resultados ha sido un acomodamiento parcial entre el interaccionismo simbólico y el funcionalismo en la sociología estadounidense: al primero se lo considera una "microsociología", que se ocupa de relaciones "interpersonales" a pequeña escala, mientras que las tareas "macrosociológicas" más abarcativas quedan en la órbita del segundo.

El funcionalismo y el estructuralismo se parecen en que le dan prioridad al objeto por sobre el sujeto o, en algún sentido, a la estructura por sobre la acción. Normalmente, los autores funcionalistas han pensado en esto en términos de "propiedades emergentes" de la totalidad, que no solo aíslan sus características de aquellas de sus miembros individuales, sino que hacen que ejerza una influencia dominante sobre la conducta de estos. Son bien conocidas las dificultades que Durkheim experimentó con esta noción en la medida en que sus escritos son considerados desde el punto de vista de sus conexiones con el funcionalismo más que con el estructuralismo. Durkheim quiso destacar que las características del todo social están separadas de aquellas de los agentes individuales, y resaltó varios sentidos en los que la "sociedad" es externa a sus miembros individuales:

---

[2] Ver, por ejemplo, G. E. M. Anscombe, *Intention* (Oxford: Blackwell, 1963); Theodore Mischel, *Human Action* (Nueva York: Academic Press, 1969); Richard Taylor, *Action and Purpose* (Englewood Cliffs: Prentice-Hall, 1966); Arthur C. Danto, *Analytical Philosophy of Action* (Cambridge University Press, 1973).

cada persona nace en una sociedad ya constituida, y cada persona es solo un individuo en un sistema de asociaciones que involucra a muchos otros. Pero, Durkheim, ni en sus primeros escritos ni en los más tardíos, no logró conceptualizar la naturaleza objetiva o externa de la sociedad de manera razonable. Su posición inicial queda ilustrada en *The Rules of Sociological Method* (*Las reglas del método sociológico*), y asocia externalidad con restricción. En esta perspectiva es posible identificar dos errores en ella. Fue erróneo entender la restricción social como similar a la restricción física, y fue erróneo considerar la restricción como un criterio de los "social" o de lo "institucional". Considerados en conjunto, ambos errores condujeron a una concepción del sujeto y del objeto que el propio Durkheim debió admitir tenía serias deficiencias. La sociedad se vuelve una especie de entorno inhibidor en el que los actores se mueven, y que hace sentir su presencia mediante los efectos tensionantes que condicionan su conducta. Las analogías a las que Durkheim apeló en su obra inicial con el objeto de ilustrar el "poder externo" de los hechos sociales son claramente deficientes. En ocasiones comparó las propiedades de la sociedad, en contraposición a las de sus miembros, con la combinación de elementos en la naturaleza. La asociación de oxígeno e hidrógeno para formar agua genera propiedades que ni son las de sus elementos constitutivos ni derivan de ellas; lo mismo puede decirse de la relación entre la sociedad y sus actores constitutivos.[3] Pero, esta analogía solo funciona en aquellos tipos de perspectiva que Durkheim se propuso criticar, como por ejemplo el individualismo utilitario. Si los individuos, en tanto seres sociales completamente formados, se unieran para crear nuevas propiedades sociales por el mero hecho de su asociación, como en las teorías de contrato social, la analogía podría funcionar; si lo que se desea es respaldar lo propuesto por Durkheim, la analogía no es válida.

Con posterioridad, Durkheim modificó esta noción de restricción y resaltó la naturaleza social de los hechos sociales, así separó la restricción física de los tipos de presión ejercidos por la sociedad sobre sus miembros. Es este "Durkheim tardío", que reconoció que los fenómenos morales son categóricamente motivadores a la vez que restrictivos en su sentido original, quien fue la inspiración principal de Parsons. El "marco de referencia de la acción" de Parsons está mucho más en deuda con Durkheim que con aquellos cuya obra él afirma haber sintetizado en *The Structure of Social Action* (*La estructura de la acción social*).[4] Parsons entien-

---

[3] Emile Durkheim, *The Rules of Sociological Method* (Londres: Collier-Macmillan, 1964) pp. xlvii-xlix.
[4] Talcott Parsons, *The Structure of Social Action* (Glencoe: Free Press, 1949); véase "Durkheim's contribution to the theory of integration of social systems", en Kurt H. Wolff, *Emile Durkheim* (Nueva York: Harper, 1964).

de la acción en relación con lo que él llama "voluntarismo", y ha buscado reconciliar este último con un reconocimiento de las "propiedades emergentes" de los sistemas sociales. La reconciliación se logra mediante la influencia de los valores normativos en dos niveles: como elementos de la personalidad y como componentes centrales de la sociedad. En tanto "internalizados" en la personalidad, los valores proveen los motivos o disposiciones necesarias que impulsan la conducta del actor; mientras que a nivel del sistema social, en tanto normas institucionalizadas, los valores conforman un consenso moral que sirve para integrar la totalidad. Así, aquí el voluntarismo queda reducido en gran parte a hacer espacio en la teoría social para una explicación de la motivación, vinculada mediante normas a las características de los sistemas sociales. La conducta de los actores en la sociedad es considerada como el resultado de una conjunción de determinantes sociales y psicológicos en la que los primeros dominan a los últimos mediante la influencia clave atribuida a los elementos normativos. Esto efectivamente excluye ciertos componentes esenciales de la teoría de la acción, tal como lo conceptualizaré más adelante.[5]

La antinomia que acabo de esbozar también tiene un lugar de preeminencia en las filosofías marxistas. Es posible rastrear esto, en cierta medida en el ambiguo contenido de los propios escritos de Marx. La herencia hegeliana presente en Marx, con su connotación de conciencia activa y la toma de conciencia de sí mismo del sujeto en la historia, se entremezcla con incomodidad y de una forma irresuelta en las obras de Marx con una lealtad a una teoría determinista en la que los actores son impulsados por leyes históricas. La distancia entre el Lukács de *History and Class Consciousness* (*Historia y conciencia de clase*) y el marxismo de Althusser pone claramente en evidencia la variedad de lecturas discrepantes entre sí que pueden generar los textos de Marx; aunque, como sugeriré más adelante, es posible una comparación más apropiada entre los puntos de vista de Althusser y el marxismo fenomenológico de Paci. Con gran frecuencia se ha señalado que existen similitudes entre el funcionalismo de Parsons y la versión althussiana del marxismo. No es difícil percibir estas similitudes. Hay paralelismos inconfundibles entre la teoría parsoniana de la internalización de valores y la reelaboración althussiana de la noción de ideología. La identificación de la teoría parsoniana de los problemas funcionales que enfrentan los sistemas sociales se asemeja a la concepción althussiana de las regiones que componen las formacio-

---

[5] Sin embargo, según los términos de Hollis, el "marco de referencia de la acción" constituiría una forma de "accionismo débil" definida esta como una perspectiva que "lleva al actor a ser plástico y a sus acciones a ser causadas por las estructuras normativas que las exigen". Martin Hollis, *Models of Man* (Cambridge University Press: 1977) p. 85.

nes sociales –aun cuando para un autor la "determinación en la última instancia" sea cultural y, para el otro, económica–. Pero, seguramente, la similitud más relevante sea que, en tanto a ambos sistemas de pensamiento les interesa la superación del dualismo sujeto-objeto (Parsons a través del marco de referencia de la acción y Althusser a través de su "antihumanismo teórico"), cada uno de esos sistemas llega a un punto en el que el sujeto es controlado por el objeto. Los actores de Parsons son dopados culturales, pero los agentes de Althusser son dopados estructurales de un nivel de mediocridad aún más contundente. Los "verdaderos sujetos" de la *mise-en-scène* de Althusser, como él admite abiertamente, son las "funciones y lugares" que ocupan los agentes[6].

El proyecto de Paci es diametralmente opuesto al de Althusser por cuanto intenta proveer una lectura de Marx informada primariamente por los escritos posteriores de Husserl[7]. El tema de Paci es, precisamente, la alienación de la subjetividad humana en el capitalismo. Al igual que Lukács, dedica gran parte de su atención a problemas de reificación, u objetificación-como-reificación, y darle un lugar central a la reificación en la crítica ideológica (algo imposible de lograr en la estructura althussiana[8]) debe considerarse una de las contribuciones más importantes de los tipos fenomenológicamente informados del marxismo. Pero, la obra de Paci se ocupa principalmente de radicalizar *Crisis of European Sciences* (*La crisis de las ciencias europeas*) de Husserl como crítica de la naturaleza reificante de la razón técnica. Su postura básica está muy ligada a la fenomenología y está abierta a algunas de las objeciones con que (muy legítimamente) Althusser y otros influidos por el estructuralismo arremeten contra estos estilos de pensamiento.

Dicho esto, los escritos de Marx aún representan la reserva de ideas más importante a la que se puede acudir cuando se busca comprender problemas relativos a agencia y estructura. En su *Grundrisse*, Marx afirma que todo elemento social que "posee una forma fija" aparece meramente como un "momento fugaz" en el movimiento de la sociedad. También afirma que "las condiciones y objetificaciones del proceso son en sí mismas igualmente momentos de ese movimiento,

[6] Louis Althusser y Etienne Balibar, *Reading Capital* (Londres: New Left Books: 1970) p. 180.

[7] E. Paci, *The Function of the Sciences and the Meaning of Man* (Evanston: Northwestern University Press, 1972). Para un intento de ubicar los escritos de Paci en un contexto sociológico general, ver Barry Smart, *Sociology, Phenomenology and Marxian Analysis* (Londres: Routledge, 1976).

[8] En la sociología no marxista, *Social Construction of Reality* (Londres: Allen Lane, 1967), de Berger y Luckmann, es lo más cercano a este tipo de perspectiva. No obstante, su abordaje carece por completo de una concepción de la crítica de la ideología. No obstante, independientemente de lo interesante de algunas de sus formulaciones, la obra de estos autores permanece cercana al parsonianismo en cuanto subraya la centralidad de la "internalización" de valores como cruciales para la existencia del "orden".

y sus únicos sujetos son individuos, pero individuos involucrados en relaciones mutuas, las cuales ellos reproducen y vuelven a producir (...)"[9]. Estos comentarios expresan exactamente la perspectiva que deseo presentar en el presente *paper*.

Tiempo, agencia, práctica

Aquí afirmaré que, en teoría social, las nociones de acción y de estructura se *presuponen mutuamente*, pero que el reconocimiento de esta dependencia, que es una relación dialéctica, exige un replanteo tanto de una serie de conceptos vinculados a cada uno de estos términos como de los términos en sí mismos.

En esta sección consideraré algunos asuntos concernientes a la teoría de la acción, antes de intentar conectar agencia con una concepción del análisis estructural. Recurriré a la filosofía analítica de la acción tal como la han desarrollado filósofos británicos y estadounidenses durante las últimas dos décadas. No obstante, como es típico en estos autores, diré que la filosofía de la acción contiene cierta cantidad de lagunas notables. Una de ellas, que ya he mencionado, constituye mi principal preocupación en lo que respecta a lo siguiente: la filosofía analítica de la acción carece de una teorización de las instituciones. Otras dos consideraciones resultan vitales para esa teorización. La primera es la incorporación de la *temporalidad* en la comprensión de la agencia humana; la segunda, la incorporación del *poder* como parte integral de la constitución de las prácticas sociales.

Considero que el tema fundamental de este *paper*, y de este libro en su totalidad, es que la teoría social *debe reconocer, como no lo ha hecho hasta ahora, las intersecciones espaciotemporales como esencialmente imbricadas en toda existencia social*. Todo análisis social debe reconocer (y este análisis en sí mismo se produce allí) no simplemente un sentido doble de *différance*, sino uno triple, como ya he indicado de manera preliminar en el *paper* anterior. La actividad social siempre se constituye en tres momentos de diferencia que se intersectan: temporalmente, paradigmáticamente (invocando a la estructura que está presente solo en su instanciación), y espacialmente. Todas las prácticas sociales son actividades *situadas* en cada uno de esos sentidos.

En un *paper* subsiguiente de este libro retomaré con cierto nivel de detalle el tratamiento de problemas en las relaciones espaciotemporales. En este momento me limitaré a la temporalidad y a los problemas de agencia. Ningún autor ha echado luz sobre estos problemas como Heidegger. Al estudiar las afirmaciones

---

[9] Marx, *Grundrisse* (Harmondsworth: Pelican, 1973) p. 712.

del trascendentalismo kantiano, Heidegger señala que el apriorismo kantiano implica la mutualidad entre el tiempo y el ser: aquello que hace a la cosa lo que es, "precede" a la cosa. Pero, el efecto de la filosofía kantiana es traducir el teorema subyacente en la filosofía clásica –según el cual lo real es el tiempo y el espacio- en la proposición de acuerdo con la que en el espacio y en el tiempo están las *apariencias*. La posición de Leibniz al respecto es más satisfactoria; Leibniz sostenía que no podemos tratar al tiempo y al espacio como receptáculos "contenedores" de la experiencia, porque solo es posible comprender al tiempo y al espacio en relación a objetos y acontecimientos: el tiempo y el espacio son los modos en los que los objetos y los acontecimientos "son" o "suceden". De manera similar, para Heidegger, *seiend* es una forma verbal: cada existente *está siendo* en el tiempo. Como lo señala un comentarista: "El ser, siendo, se nos presenta, en el tiempo, como el 'llegar a ser' de lo posible (…) tomamos conocimiento de lo futuro en términos de posibilidades (…) la cuestión del tiempo es, trascendentalmente, la ontología de lo posible"[10]. Lo que Heidegger parece ignorar es la inserción necesaria de una dimensión paradigmática en las relaciones espaciotemporales, y es esto lo que posibilita las lecturas fuertemente historicistas de su obra. En el enfoque de la teoría social desarrollado más adelante, sostendré que el tiempo, el espacio y el "espacio-tiempo virtual" (o estructura), triple intersección de la *differánce*, son necesarios para la constitución de lo real. O, para expresar esta visión de otra forma, lo sintagmático, que tanto se diferencia como posterga, necesita lo paradigmático, aunque este último sea recursivamente dependiente del primero.

A.N. Whitehead dice que "Aquello que percibimos como lo presente es la vívida periferia de la memoria matizada con la anticipación". Heidegger acentúa el vínculo entre *Andenken* (recuerdo, recordar) y *denken* (pensar) al sostener que la experiencia del tiempo no es la de una sucesión de "ahoras", sino la interpolación de la memoria y de la anticipación en el presente como "siendo". Ni el tiempo ni la experiencia del tiempo son agrupamientos de "instantes". Varios motivos justifican este énfasis. Uno de ellos, que incide directamente en el tratamiento de la acción por parte de los filósofos analíticos, se ocupa de la conceptualización de los actos, intenciones, propósitos, razones, etc. En inglés cotidiano, hablamos como si estas fueran elementos o unidades separadas, de alguna forma agregadas o coordinadas en la acción. La mayoría de los filósofos de la acción de origen británico o estadounidense han aceptado este uso sin cuestionarlo. Al hacerlo, inconscientemente han arrancado a la agencia de su ubicación en el tiempo, de la temporalidad de la conducta diaria. Lo que esta literatura ignora es el momento

---

[10] Charles M. Sherover, *Heidegger, Kant and Time* (Bloomington: Indiana University Press: 1971) p. 284.

reflexivo de la atención, llamado a "ser" en el discurso, que irrumpe en el fluir de la acción que constituye la actividad diaria de los sujetos humanos[11]. Ese momento participa incluso en la constitución de "una acción" o de "un acto" a partir de la *durée* de la experiencia vivida[12].

Así, la "acción" o agencia, como utilizo el término, no se refiere a una serie de actos discretos que se combinan, sino a un *fluir continuo de la conducta*. Si se me permite tomar prestada una formulación de un trabajo previo, podemos definir a la acción como involucradora de un "fluir de intervenciones causales contempladas o reales de seres corpóreos en el proceso permanente de acontecimientos en el mundo"[13]. Es necesario hacer algunos comentarios al respecto. En primer lugar, la noción de acción se refiere a las actividades de un agente y no puede examinarse fuera de una teoría más amplia del ser actuante. Es necesario insistir en esta aparente tautología porque una parte sustancial de la literatura filosófica discute la naturaleza de la acción primariamente en relación con un contraste con los "movimientos": las características del actor en tanto sujeto permanecen inexploradas o implícitas[14]. El concepto de agencia que promuevo aquí, que involucra la "intervención" en un mundo de objetos potencialmente maleable, se relaciona directamente con la noción más generalizada de *praxis*. Más tarde trataré a los actos regularizados como "*prácticas situadas*", y consideraré este concepto como expresión de un modo significativo de conexión entre la teoría de la acción y el análisis estructural. En segundo lugar, es característica necesaria de la acción que, en un momento cualquiera, el agente "podría haber actuado de otra forma": ya sea positivamente en materia de una intervención tentativa en el proceso de los "acontecimientos en el mundo", o negativamente en materia de tolerancia. El significado de "podría haber actuado de otra forma" es, obviamente, difícil y complejo. En el presente *paper* no es importante intentar elaborar una justificación detallada de él. Sin embargo, no es correcto suponer que es posible aclarar completamente el concepto de acción en este caso fuera del contexto de los *modos de actividad históricamente ubicados*[15].

---

[11] Ver *New Rules of Sociological Method*, capítulo 2.

[12] Tal lo señala Schutz. Alfred Schutz, *The Phenomenology of the Social World* (Londres: Heinemann, 1972) pp. 8ss. Para consultar el concepto de *durée*, ver Henri Bergson, *Time and Free Will* (Londres: Swan Sonnenschein, 1910).

[13] *New Rules of Sociological Method*, p. 75; he hecho correcciones menores a la formulación original.

[14] Ver, por ejemplo, R. S. Peters, *The Concept of Motivation* (Londres: Routledge, 1985) pp. 12ss.

[15] Un error cometido por mí. *New Rules of Sociological Method*, p. 75. No percibí que la visión según la cual el "podría haberlo hecho de otra manera" de la agencia es distinto lógicamente del anverso de toda condición de constreñimiento o compulsión social, y contradice lo que demostré posteriormente en cuanto a que el concepto de acción conlleva lógicamente el de poder.

Figura 2.1

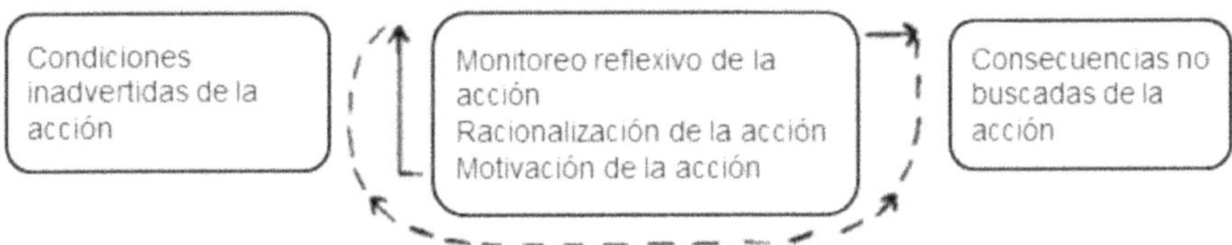

La Figura 2.1 muestra lo que podría considerarse un "modelo estratificado" de la acción, modelo cuyas implicancias, sin embargo, no pueden ser comprendidas por fuera de la discusión sobre las propiedades de la estructura que detallaré en una sección posterior. El monitoreo reflexivo de la conducta se refiere a la naturaleza intencional o deliberada de la conducta humana: pone énfasis en la "intencionalidad" *como proceso*. Esa intencionalidad es un rasgo rutinario de la conducta humana y no implica que los actores tengan objetivos definidos conscientes durante el curso de sus actividades. Que esto último es inusual, de hecho, queda indicado en el uso cotidiano de la lengua inglesa mediante la distinción entre "tener la intención de hacer algo" ("meaning", "intending to do"), y hacer algo "intencionalmente" ("purposefully"), distinción en la que este último término implica un grado poco común de aplicación mental puesto en la persecución de un objetivo[16]. Cuando los actores legos interpelan sobre las intenciones de cada uno con respecto a actos particulares, se sustraen a un proceso continuo de monitoreo rutinario por el que relacionan su actividad con los otros y con el mundo de objetos. El rasgo distintivo del monitoreo reflexivo de los actores humanos, al compararlo con el comportamiento de los animales, es lo que Garfinkel llama dar cuenta de la acción humana. Considero que la locución "dar cuenta de" significa que las explicaciones que los actores están en condiciones de ofrecer se remiten a los mismos reservorios del saber a los que se acude en cada producción y reproducción de su acción. Como Harré lo expresa, "la mismísima habilidad y conocimiento social está involucrada en la génesis de la acción y la responsabilidad (…) la habilidad de un individuo de realizar cada una depende de su reservorio del saber social"[17]. No obstante, debemos hacer una corrección importante en el punto de vista que Harré parece tener. "Dar cuenta" ser refiere a las inclinaciones y capacidades discursivas de los actores, y no agota las conexiones entre los "reservorios del saber" y la acción. El factor faltante en la caracterización de Harré es la *concien-*

---

[16] J. L. Austin, "Three ways of spilling ink", en *The Philosophical Review*, Vol. 75 (1966).

[17] Peter Marsh, Elizabeth Rosser y Tom Harré, *The Rules of Disorder* (Londres: Routledge, 1978) p. 15.

cia práctica: conocimiento tácito habilidosamente aplicado a la implementación de los cursos de conducta, pero que el actor no es capaz de formular discursivamente.

El monitoreo reflexivo de la conducta opera con la racionalización de la acción como trasfondo –con esto me refiero a las capacidades que poseen los agentes humanos de explicar por qué actúan de la manera en que lo hacen mediante una exposición de las razones de su conducta– y dentro del contexto más "inclusivo" de la conciencia práctica. Al igual que las "intenciones", las "razones" solo constituyen explicaciones discretas dentro del contexto de las indagaciones, ya sea iniciadas por otros o como elementos de un proceso de auto examen realizado por el actor. Es muy importante puntualizar que el monitoreo reflexivo de la acción incluye el monitoreo del *escenario de la interacción*, y no simplemente la conducta de los actores particulares tomados por separado. Garfinkel demuestra que esto constituye un rasgo básico de los etnométodos involucrados en la constitución cotidiana de la interacción social[18]. La racionalización de la acción, en tanto rasgo crónico de la conducta humana, es una característica normal del comportamiento de los agentes sociales competentes y es, más aun, la base fundamental sobre la que la "competencia" de esos actores es declarada por otros. Esto no significa que sea posible vincular tan directamente las razones con las normas o convenciones, como han afirmado o implicado algunos filósofos. Las razones no solamente incluyen citar normas o apelar a ellas; suponer que es así en realidad hace retroceder a la filosofía de la acción al marco de referencia de la acción de Parsons, debido a que, entonces, la conducta estaría impulsada por imperativos normativos "internalizados"[19].

Las razones que los actores ofrecen en forma discursiva para explicar su conducta en el curso de indagaciones prácticas, en el contexto de la vida cotidiana, se encuentran en una relación de cierta tensión con la racionalización de la acción tal como encarnada dentro del fluir de la conducta del agente. Los aspectos menos relevantes e interesantes de todo esto son las posibilidades de disimulo deliberado que existen: cuando un actor afirma haber actuado por razones que en realidad no lo orientaban. Más importantes son las zonas grises de la conciencia práctica existentes en la relación entre la racionalización de la acción y los reservorios del saber de los actores; y entre la racionalización de la acción y el inconsciente. Los reservorios del saber, según Schutz, o lo que yo denomino *conocimiento mutuo* utilizado por los actores en la producción de encuentros sociales, rara vez son, para aquellos actores, conocidos de manera explícitamente codifi-

---

[18] Véase Harold Garfinkel, *Studies in Ethnomethodology* (Englewood Cliffs: Prentice-Hall, 1967).

[19] Para una discusión sobre la sociología de Durkheim en este contexto, véase mi artículo "'The individual' in the writings of Emile Durkheim", en *Studies in Social and Political Theory*.

cada; la naturaleza práctica de ese conocimiento se ajusta a la formulación wittgensteiniana de conocer una regla. Las justificaciones que los actores están en condiciones de proveer están ligadas o sujetas a varios grados de articulación posible con respecto al empleo tácito del conocimiento mutuo[20]. El ofrecer razones sobre las actividades cotidianas, algo estrechamente asociado con la explicación de carácter moral, está inevitablemente contenido en las demandas y conflictos implícitos en el marco de los encuentros sociales y los expresa. Pero, la articulación de justificaciones como razones también está influida por elementos inconscientes de la motivación. Esto implica posibilidades de racionalización en el sentido freudiano, en calidad de efectos dislocadores del inconsciente sobre los procesos conscientes de la justificación racional.

Los componentes motivacionales de la acción, que utilizo para hacer referencia a la organización de las necesidades de un actor, abarcan aspectos conscientes e inconscientes de la cognición y de la emoción. Todo el peso de la teoría psicoanalítica sugiere que la motivación posee una jerarquía interna propia. En un *paper* posterior argumentaré que para la teoría social resulta esencial una concepción del inconsciente, aun si el esquema resultante que desarrollaré se aleja en algunos puntos de la visión freudiana clásica. Pero, por supuesto, el inconsciente solo puede ser explorado en relación con el consciente; con el monitoreo reflexivo y la racionalización de la conducta, basados en la consciencia práctica. Debemos cuidarnos de una teoría que reduzca las instituciones a la teoría del inconsciente; es decir, de una teoría que, en su búsqueda de algo que conecte las formas de la vida social con los procesos inconscientes, no logre permitir el suficiente juego a las fuerzas sociales autónomas. Los propios escritos "sociológicos" de Freud dejan mucho que desear al respecto[21]. Pero, a la vez debemos evitar una teoría reduccionista de lo consciente; es decir, una teoría que, al poner énfasis en el rol del inconsciente, sea capaz de captar los rasgos reflexivos de la acción solo como pálido molde de los procesos inconscientes que realmente lo determinan.

La filosofía de la acción, tal como la desarrollaron autores anglosajones, ha eludido temas indicados en los laterales de la Figura 2.1. En lo que respecta al inconsciente, este descuido expresa más que una simple aceptación de las sospechas de Wittgenstein en torno del estatus lógico del psicoanálisis[22]. Es más bien consecuencia de una preocupación por las relaciones entre las razones y la con-

---

[20] Garfinkel, *Studies in Ethnomethodology*: véase también la contribución de Garfinkel a Roy Turner, *Ethnomethodology* (Harmondsworth: Penguin, 1974) pp. 15-18.

[21] Véase Jerome Neu, "Genetic explanation in *Totem and Taboo*", en Richard Wollheim, *Freud, a Collection of Critical Essays* (Nueva York: Doubleday, 1974).

[22] Cyril Barrett, *Wittgenstein: Lectures and Conversations* (Oxford: Blackwell, 1967) pp. 42ss.

ducta intencional; la mayoría de los autores, si es que alguna vez hacen referencia a los "motivos", emplean el término como un equivalente de "razones". Una teoría de la motivación es crucial por cuanto provee los enlaces conceptuales entre la racionalización de la acción y el contexto convencional tal como encarnado en las instituciones (si bien posteriormente argumentaré que hay enormes áreas de la conducta social que pueden ser consideradas como "no directamente motivadas"). Pero, una teoría de la motivación también debe relacionarse con las condiciones inadvertidas de la acción: con respecto a motivos inconscientes que operan dentro del rango de la autocomprensión del agente, o que se encuentran fuera de este. El inconsciente comprende solo un conjunto de esas condiciones que deben estar vinculadas con aquellas representadas del otro lado del diagrama: las consecuencias no buscadas de la acción.

Si la filosofía de la acción ha evitado cuestiones del inconsciente, tampoco ha desplegado virtualmente ningún interés en las *consecuencias no buscadas de la conducta intencional*[23]. Esto ciertamente es parcialmente responsable del abismo que ha separado a la filosofía de la acción de las teorías institucionales en las ciencias sociales. Sin embargo, aun cuando los autores funcionalistas no han sido capaces de desarrollar una explicación adecuada de la conducta intencional[24], han estado muy justificadamente preocupados por la separación entre la actividad y el alcance de los propósitos del actor. Las consecuencias no buscadas de la acción tienen una importancia clave en la teoría social por cuanto son sistemáticamente incorporadas dentro del proceso de reproducción de instituciones. Más adelante discutiré las implicancias de todo esto. Pero, en este momento vale la pena señalar que una de esas implicancias es que las consecuencias no buscadas de la conducta se relacionan directamente con sus condiciones inadvertidas como lo especifica una teoría de la motivación. Ya que, en tanto esas consecuencias no buscadas estén involucradas en la reproducción social, también se vuelven condiciones de la acción[25]. Sin embargo, a fin de continuar y avanzar en el tema, debemos recurrir al concepto de estructura.

---

[23] Un ejemplo muy conocido, discutido por Davidson, es un caso concreto bastante ilustrativo. Toco un interruptor, enciendo una luz, ilumino la habitación, y simultáneamente alerto a un merodeador. El interés de Davidson se circunscribe estrictamente al problema de las descripciones de las acciones: ¿hago cuatro cosas diferentes, o hago solo una, que puede ser descripta de diferentes maneras? "Actions, reasons and causes", en *The Journal of Philosophy*, Vol. 60 (1963). Una de las pocas discusiones filosóficas sobre la acción que se aproxima a una preocupación por las consecuencias no buscadas se encuentra en Alvin I. Goldman, *A Theory of Human Action* (Englewood Cliffs: Prentice-Hall, 1970) pp. 22ss., donde Goldman analiza la "generación" de actos por otros actos o "representaciones de actos".
[24] "Functionalism: après la lutte", pp. 106-9.
[25] En algunas circunstancias es importante reconocer una distinción entre consecuencias no buscadas y consecuencias no advertidas de la acción. Pero, esta distinción concierne a la relación agencia/estruc-

Tiempo, estructura, sistema

En ciencias sociales, el término "estructura" aparece en dos cuerpos bibliográficos principales: el funcionalismo, que frecuentemente se encuentra en versiones contemporáneas como "funcionalismo estructural"; y la tradición de pensamiento que lo ha abarcado más completamente: el estructuralismo. En lo que respecta al primero, "estructura" normalmente aparece en conjunción con "función". Spencer y otros autores del siglo XIX, que emplearon estos términos frecuentemente, lo hicieron en el contexto de analogías biológicas expresadas con bastante claridad. Estudiar la estructura de la sociedad es similar a estudiar la estructura del organismo; estudiar sus funciones es como estudiar la fisiología del organismo. Se lo hace para mostrar cómo "funciona" la estructura. Aunque autores funcionalistas más recientes se han vuelto cautelosos a la hora de emplear paralelos biológicos más o menos detallados, esta clase de relación supuesta entre la estructura y la función es fácilmente visible en sus obras. La estructura se entiende en referencia a un "patrón" de relaciones sociales; la función, a la manera en que esos modelos operan realmente como sistemas. Aquí, "estructura" es básicamente un término descriptivo, y "función" lleva el peso de la explicación. Tal vez es por eso que la literatura del funcionalismo estructural, tanto la empática como la crítica, se ha preocupado tan abrumadoramente del concepto de función, y apenas ha tratado la noción de estructura. En todo caso, esto indica hasta qué punto los críticos del funcionalismo han adoptado los parámetros de su oponente.

Por el contrario, en el estructuralismo "estructura" tiene un rol más explicativo, ligado a la noción de transformaciones. Se considera que el análisis estructural, ya sea aplicado al lenguaje, los mitos, la literatura o el arte, o de forma más general a las relaciones sociales, penetra bajo el nivel de las apariencias superficiales. Una división entre código y mensaje reemplaza aquella entre estructura y función. A primera vista, la estructura (utilizada de esta forma) y otros conceptos asociados con ella parecen tener poco o nada en común con las nociones empleadas por autores funcionalistas. Pero, tal como he intentado demostrar en el *paper* anterior, si bien se trata de corrientes de pensamiento internamente diversas, el estructuralismo y el funcionalismo claramente comparten algunos temas y características generales, algo que en parte refleja la influencia de Durkheim en ca-

---

tura principalmente en tanto lo que es "no buscado" "regresa" para formar condiciones de la acción que operan "antes" de la conciencia discursiva o práctica. Por supuesto, la distinción entre consecuencias "buscadas" y "advertidas" de la acción está cubierta en la diferenciación entre el monitoreo reflexivo y la racionalización de la conducta.

da una de ellas. Aquí vale la pena reiterar dos rasgos comunes: uno es la adhesión inicial de cada una de ellas a una distinción entre la sincronía y la diacronía, o la estática y la dinámica; el otro es su preocupación mutua no solo por las "estructuras" sino por los "sistemas". Obviamente, en ambos casos se trata de perspectivas vinculadas, ya que el aislamiento metodológico de una dimensión sincrónica es la base para la identificación de las características de los sistemas/estructura. La diferenciación entre sincronía y diacronía es un elemento básico tanto del estructuralismo como del funcionalismo; pero, ambos han generado intentos de trascenderla. En lo que respecta al segundo, el más interesante y significativo de esos intentos implica complementar la noción de función con una de disfunción, así, tratando los procesos sociales en función de una tensión entre integración y desintegración. Anteriormente he comentado las deficiencias de este punto de vista[26]. En el marco del pensamiento estructuralista, el intento de superar la distinción entre sincronía y diacronía ha generado un énfasis en la estructuración, o como Derrida lo llama, la "estructuración de la estructura". Por razones que ya he especificado en el marco de la discusión precedente sobre el estructuralismo, esas nociones de estructuración tienden a permanecer como componentes "internos" de las relaciones estructurales.

A continuación elaboraré una concepción del estructuralismo directamente relacionada con el postulado de agencia humana mencionado previamente. Pero, primero es necesario considerar brevemente la relación entre estructura y sistema. En tanto que en los respectivos cuerpos bibliográficos ambos términos, estructuralismo y funcionalismo, están presentes, la distinción entre ambos en cada uno es inestable, de forma tal que uno tiende a solapar al otro. Saussure utilizaba el término "sistema" más que "estructura", y por "sistema" entendía el conjunto de dependencias entre los elementos de la *langue*. La introducción de "estructura" por Hjelmslev y el grupo de Praga no generó un concepto complementario al de sistema, sino que más bien sustituyó el primero por el segundo. El posterior desarrollo histórico del estructuralismo sugiere que uno de los dos términos es redundante debido a la gran superposición en su uso; "sistema" frecuentemente aparece como rasgo definidor de "estructura"[27]. A primera vista, en el funcionalismo parece existir una base que permite distinguir entre estructura y sistema, a raíz del contraste entre estructura y función. Podría considerarse que "estructura" se refiere a "patrones" de relaciones sociales, y "sistema" al verdadero "funcionamien-

---

[26] R. K. Merton, "Manifest and latent functions", en *Social Theory and Social Structure* (Nueva York: Free Press, 1957); buscar comentarios en "Functionalism: après la lutte".

[27] Por ejemplo, la formulación que hace Lévi-Strauss de los principales rasgos del análisis estructural en *Structural Anthropology*, Vol. I.

to" de esas relaciones. Esto es claramente una distinción frecuentemente presente en escritos funcionalistas. Pero, no resulta sorprendente que, por apoyarse en un supuesto paralelo con una diferenciación entre anatomía y fisiología en el estudio del organismo, no sea claramente sostenible. La "estructura" de un organismo existe "independientemente" de su funcionamiento en cierto sentido específico: cuando el organismo muere, es decir, cuando ha dejado de "funcionar", es posible estudiar las partes del cuerpo. Pero, esto no sucede con los sistemas sociales, *que dejan de existir cuando dejan de funcionar*. Los "patrones" de relaciones sociales solo existen en tanto estos últimos estén organizados como sistemas, reproducidos a lo largo del tiempo. De ahí que también en el funcionalismo las nociones de estructura y de sistema tiendan a solaparse.

El concepto de estructuración que deseo desarrollar depende de diferenciar estructura de sistema (sin cuestionar que ambos conceptos deben estar estrechamente ligados); pero, también implica comprender cada uno de los términos de manera diferente a los usos típicos que se le da tanto al estructuralismo como al funcionalismo.

Deseo sugerir que *estructura, sistema* y *estructuración,* conceptualizados de la manera correcta, son todos términos necesarios en teoría social. A fin de comprender por qué es posible descubrir un uso para cada una de estas nociones, debemos volver al tema de la temporalidad que introduje antes. Tanto en el funcionalismo como en el estructuralismo se intenta excluir al tiempo (o, más exactamente, a las intersecciones espacio-temporales) de la teoría social, mediante la aplicación de la distinción entre sincronía y diacronía. Sin embargo, los sistemas sociales son tomados como "fuera del tiempo" de diferentes maneras en ambas tradiciones teóricas. En el funcionalismo, y más generalmente en la antropología y sociología anglosajonas, el intento de poner entre paréntesis al tiempo se hace como si se tomara una fotografía de la sociedad, como si se la "congelara" en un instante. Los efectos lógicos de esta visión deberían ser obvios, y solo conserva la credibilidad que tiene en razón de la comparación implícita subyacente. La anatomía de un cuerpo, o las vigas de un edificio, las imágenes propias de esta concepción de la estructura están perceptivamente "presentes" en un sentido en que la "estructura social" no lo está. Consecuentemente, en el marco de esta forma de pensar, la distinción entre diacronía y sincronía es inestable. El tiempo se rehúsa a ser eliminado. Así, la locución "estructura social" tiende a incluir dos elementos que no se distinguen claramente uno del otro: *los patrones de la interacción*, que implican las relaciones entre actores o grupos; y la *continuidad de la interacción* en el tiempo. Así, en *Elements of Social Organization* (*Los elementos de la organización social*), Firth escribe: "La idea de la estructura de la sociedad (…) debe ocuparse de las relaciones ordenadas de las partes con el todo, del modo en que los elementos de la vida social se encuentran enlazados unos con otros". Pero, luego, al referirse a "los elementos estructurales que atraviesan la conducta humana en su totalidad", agrega que estos realmente consisten en la *"persistencia o repetición de la conducta"*, en la *"continuidad* en la vida social"[28] (énfasis agregado).

Esto se resume en un reconocimiento implícito de una dimensión sintagmática (los patrones en espacio-tiempo) y de una dimensión paradigmática (orden virtual y generador de continuidad de los elementos) en el análisis social, aunque no se dan explicaciones de cómo estos se interconectan. Ahora, esta diferenciación (si bien con algunas confusiones) es exactamente la que utilizó Lévi-Strauss y, por lo tanto, uno podría suponer que podría simplemente adoptarse su concepción de estructura en lugar de la idea de "estructura social" típicamente empleada en las versiones funcionalistas de la ciencia social. Y, yo claramente deseo sugerir un uso de "estructura" más cercano al de Lévi-Strauss que al del funcionalismo. Sin embargo, existen al menos cinco limitaciones que comprometen el grado de utilidad de la noción de aquel.

1- Lévi-Strauss sostiene que la estructura connota un modelo construido por el observador y, de acuerdo con sus propias palabras, "no tiene nada que ver con la realidad empírica"[29]. No deseo aceptar esta curiosa mezcla de nominalismo y racionalismo de la que parece ser partidario. Sostendré que la estructura tiene una "existencia virtual", como instanciaciones o momentos; pero, esto no es lo mismo que identificar la estructura meramente con modelos inventados por observadores antropológicos o sociológicos. Aunque no defenderé el argumento, considero que los conceptos que formulo a continuación son compatibles con una epistemología realista.

2- El estructuralismo de Lévi-Strauss carece de un concepto de "estructura como estructuración". De la manera sugerida por su insistente alusión a las partituras musicales, trata a los procesos de estructuración, en otras palabras, como formas combinatorias producidas por un jugador externo (el inconsciente, en el sentido de Lévi-Strauss). Pero, una teoría de la estructuración interesada en todos los tipos de procesos sociales y modos de reproducción, mientras que no desestima las operaciones mentales inconscientes, debe reconocerle un lugar central a la conciencia práctica y discursiva en la reproducción de prácticas sociales.

---

[28] Raymond Firth, *Elements of Social Organization* (Londres: Watts, 1956) pp. 30 y 39.
[29] *Structural Anthropology*, Vol. I, p. 271.

3- El enfoque de Lévi-Strauss aparece como ambiguo al considerar a la estructura como relaciones entre un conjunto de oposiciones o elementos inferidos y como reglas de transformación que producen equivalencias entre conjuntos. Esta clase de ambigüedad suele aparecer en los conceptos matemáticos de estructura, que generalmente consideran a la estructura como una matriz de transformaciones posibles en un conjunto. Puede entenderse a la "estructura" tanto como la matriz, o leyes de transformación, pero generalmente tiende a fusionar ambas. No consideraré a la estructura cuando esta se refiere (en su sentido más básico) a la forma de los conjuntos sino más bien a las *reglas* (y *recursos*) que, en la reproducción social, "atan" al tiempo. Así, "estructura", como se lo aplica a continuación, es en primera instancia considerado un término genérico; pero, es posible identificar a las estructuras como conjuntos o matrices de propiedades del tipo *reglas y recursos*.

4. La noción de estructura aplicada por Lévi-Strauss está asociada a las deficiencias básicas que he identificado con el pensamiento estructuralista en general, con respecto al espaciamiento semántico como *praxis*. Afirmo que, estrictamente hablando, no existe tal cosa como "reglas de transformación"; toda regla social es transformacional por cuanto la estructura no se manifiesta a través de la similitud empírica de ítems sociales[30].

5. Si en el espacio-tiempo la estructura existe solo en sus instantes, debe incluir, en mi opinión, una referencia a fenómenos completamente ajenos al intento de Lévi-Strauss de superar el formalismo mediante el énfasis sobre la forma en tanto realización del contenido: los fenómenos relativos al *poder*. Deseo agregar que, en los sentidos en los que elaboraré las concepciones de dominación y de poder, estos conceptos están lógicamente presupuestos por el de agencia y por las conexiones entre agencia y estructura caracterizadas a continuación.

Utilizaré el término "estructura" para referirme a "propiedad estructural" o, más exactamente, a "propiedad estructurante" ya que las propiedades estructurantes permiten "vincular" el tiempo y el espacio en los sistemas sociales. Sostengo que esas propiedades pueden comprenderse como reglas y recursos, recursivamente implicados en la reproducción de sistemas sociales. Las estructuras existen paradigmáticamente, como conjunto ausente de diferencias, temporalmente "presente" solo en su instanciación, en los momentos constitutivos de los sistemas sociales. Para considerar a la estructura como algo que implica un "or-

---

[30] El concepto de estructura que propongo me parece cercano al promovido por Bauman, salvo por su uso del término "estructura" como casi sinónimo de "cultura". Zygmunt Bauman, *Culture as Praxis* (Londres: Routledge, 1973).

den virtual" de diferencias, como ya he indicado, no es necesario aceptar la perspectiva de Lévi-Strauss según la cual las estructuras son simplemente modelos postulados por el observador. Más bien implica reconocer la existencia de: (a) el conocimiento —como rastros de la memoria— de cómo los actores sociales "deben hacer (decir, escribir) las cosas"; (b) prácticas sociales organizadas mediante la movilización recursiva de ese conocimiento; (c) las capacidades presupuestas por la producción de aquellas prácticas.

En ciencias sociales, el "análisis estructural" implica examinar la estructuración de sistemas sociales. La connotación de "patrón visible" que comúnmente posee la locución "estructura social" como la utiliza la sociología angloamericana, en mi terminología la tiene la noción de sistema: con la importante salvedad de que a través de las continuidades de la reproducción social los sistemas sociales se hacen patentes tanto en tiempo como en espacio. Así, un sistema social es una "totalidad estructurada". Las estructuras no existen en el espacio-tiempo en los momentos de la constitución de los sistemas sociales. Pero, podemos analizar cuán "profundamente estratificadas" están las estructuras en cuanto a la duración histórica de las prácticas que estas organizan de manera recursiva, y de la "magnitud" espacial de aquellas prácticas: cuán extendidas están a lo largo de una variedad de interacciones. Las prácticas más profundamente estratificadas constitutivas de los sistemas sociales en cada uno de esos sentidos son *instituciones*.

Es fundamental comprender que cuando hago referencia a estructura como reglas y recursos no necesariamente afirmo que nos sea posible estudiar exitosamente tanto las reglas como los recursos en calidad de agrupamientos de capacidades o preceptos aislados. De Saussure a Searle pasando por Wittgenstein el ajedrez está presente en la literatura filosófica como punto de referencia para ilustrar rasgos de reglas sociales y lingüísticas. Sin embargo, tal como sugeriré a continuación —especialmente en la forma en que las emplean los autores del ámbito filosófico—, esas analogías con el ajedrez pueden resultar muy engañosas. Las reglas suelen ser consideradas fórmulas aisladas y relacionadas con "acciones" particulares. Hasta donde sé, ni la historia del ajedrez (que tiene sus orígenes en la guerra) ni el juego en sí han sido objeto de estudio de ningún sector de la literatura filosófica. Sin embargo, ese estudio sería mucho más relevante que las habituales analogías para dilucidar la perspectiva que deseo sugerir, que considera a las reglas como medios y resultado de la reproducción de los sistemas sociales. Solo es posible comprender las reglas en el contexto del desarrollo histórico de las totalidades sociales, como recursivamente implicadas en las prácticas. Este punto es importante en dos sentidos: (a) *no existe relación singular entre una "actividad" y una "regla"*, algo que ocasionalmente se sugiere o implica apelando a declaraciones tales como "la regla que regula el movimiento de la reina" en ajedrez. Se les da existencia a actividades o prácticas en el contexto de conjuntos de reglas conectadas y superpuestas, y se les da coherencia mediante su intervención en la constitución de sistemas sociales a lo largo del tiempo. (b) No es posible describir o analizar exhaustivamente a las reglas en función de su propio contenido, como prescripciones, prohibiciones, etc.: precisamente porque, además de aquellas circunstancias en las que existe un lexicón significativo, *las reglas y las prácticas solo existen vinculadas entre sí.*

Reglas y recursos

Desde el principio podemos establecer rápidamente las conexiones entre los tres conceptos de la Figura 2.2. Los sistemas sociales implican relaciones regularizadas de interdependencia entre individuos o grupos que habitualmente es posible analizar en calidad de *prácticas sociales recurrentes.*

Figura 2.2

ESTRUCTURA	Reglas y recursos organizados como propiedades de los sistemas sociales. La estructura solo existe como "propiedades estructurales".
SISTEMA	Relaciones reproducidas entre actores o colectivos, organizadas como prácticas sociales regulares.
ESTRUCTURACIÓN	Condiciones que rigen la continuidad o transformación de las estructuras, y por lo tanto la reproducción de los sistemas.

Los sistemas sociales son sistemas de interacción social; como tales, contienen las actividades situadas de los sujetos humanos y existen sintagmáticamente en el devenir del tiempo. De acuerdo con esta terminología, los sistemas tienen estructuras o, más precisamente, tienen propiedades estructurales; no son estructuras en sí mismos. Las estructuras son necesariamente (lógicamente) propiedades de los sistemas o los colectivos y *se caracterizan por la "ausencia de un sujeto".* Estudiar la estructuración de un sistema social significa estudiar las formas en las que ese sistema, a través de la aplicación de recursos y de reglas generativas, y en el contexto de los resultados no buscados, se produce y se reproduce en la interacción.

Sin embargo, cada una de estas nociones exige un trabajo de elaboración más detallado, comenzando con las reglas y los recursos. Por supuesto, la idea de "regla" ha sido objeto de considerable debate en la literatura filosófica reciente, y resulta fundamental tener en cuenta algunas precauciones en cuanto a su uso.

1. Rechazo la distinción frecuente entre reglas "constitutivas" y "reguladoras" (cuyo origen puede rastrearse hasta Kant)[31]. En toda regla social se reconocen aspectos constitutivos y reguladores (que implican sanción). La clase de prescripción que generalmente se presenta como instancia de una regla reguladora es, por ejemplo, "no tomar lo ajeno"; lo que contrasta con algo como la ya citada "regla que regula el movimiento de la reina" en ajedrez. Pero, mientras la primera entra en la constitución de ideas en calidad de "honestidad", "decoro", etc., la segunda implica sanciones ("no debes/no puedes mover la pieza de ajedrez de esa manera").

2. Debemos ser muy cuidadosos en cuanto a utilizar reglas de juegos –ajedrez, por ejemplo- para ilustrar las características de las reglas sociales en general. Solo es posible ejemplificar de esta forma algunos rasgos del "conocer una regla", porque juegos como el ajedrez tienen reglas claramente establecidas, formalizadas y detalladas en un lexicón y, también, porque generalmente las reglas del ajedrez no están sujetas a disputas crónicas sobre su legitimidad, como pueden estarlo las reglas sociales. Como dice Wittgenstein, conocer una regla es "saber cómo continuar", cómo jugar de acuerdo con la regla. Esto resulta vital porque vincula reglas con prácticas. Las reglas generan prácticas o son el vehículo para su producción y reproducción. De esta forma, una regla no es una generalización de lo que la gente hace de las prácticas regulares. Estas consideraciones son importantes en lo relativo a los argumentos de esos autores (como Ziff) que ha optado por descartar la noción de regla en favor de la de disposiciones[32].

---

[31] Ver, por ejemplo, John R. Searle, *Speech Acts* (Cambridge University Press, 1969), pp. 33ss. Raymond D. Gumb, *Rule-governed Linguistic Behaviour* (La Haya: Mouton, 1972) llega a la misma conclusión a la que he llegado yo con respecto a las reglas lingüísticas: "toda regla lingüística posee un aspecto regulativo tanto como un aspecto constitutivo" (p. 25). Para otras consideraciones relevantes, ver Joan Safran Ganz, *Rules, a Systematic Study* (La Haya: Mouton, 1971); y Hubert Schwyzer, "Rules and practices", en *Philosophical Review*, Vol. 78 (1969).

[32] Ver Paul Ziff, *Semantic Analysis* (Ithaca: Cornell University Press, 1960); también Pierre Bourdieu, *Outline of a Theory of Practice* (Cambridge University Press, 1977). Podría advertirse que la noción de regla aparece con frecuencia en la literatura interaccionista simbólica, pero con escasa referencia a la literatura paralela en filosofía relacionada con las reglas. Véanse, por ejemplo, las diversas contribuciones a George J. McCall *et al.*, *Social Relationships* (Chicago: Aldine, 1970).

Usualmente, la base de esta perspectiva es la idea de que las reglas son ajenas a casi todas áreas de la vida social, que no están organizadas prescriptivamente. Una versión es la aportada por Oakeshott, quien escribe que, en lo que respecta al lenguaje y a la vida social práctica:

> Sin dudas (…) lo que se aprende (o parte de ello) puede formularse en forma de reglas y preceptos; pero en ninguno de los dos casos (…) aprendemos por aprender reglas y preceptos (…) Y no solo es posible lograr un dominio del lenguaje y de la conducta sin ser conscientes de las reglas, sino que también, si hemos adquirido un conocimiento de las reglas, este tipo de dominio del lenguaje y de la conducta es imposible hasta no haberlos olvidado como reglas y ya no nos veamos tentados a transformar el discurso y la acción en la aplicación de las reglas a una situación[33].

Esto, sin embargo, identifica el conocer reglas con el saber cómo formular reglas, que son dos cosas diferentes. "Saber cómo continuar" no necesariamente (ni normalmente) significa ser capaces de formular claramente cuáles son las reglas. Un niño que aprende inglés como primera lengua, cuando ya puede hablar el idioma, conoce las reglas del uso del idioma inglés, independientemente de que pueda formular alguna de ellas. La afirmación de Oakeshott no compromete la utilidad general de una "regla" aunque sí centra la atención en el énfasis wittgensteiniano sobre la naturaleza práctica de la obediencia de las reglas.

3. Para continuar con las implicancias del punto 2, podemos decir que en algunos aspectos clave las referencias que hace Wittgenstein a las reglas de los juegos de niños son más esclarecedoras que las discusiones sobre juegos con reglas fijas y determinadas, como el ajedrez. De hecho, él pone el énfasis virtualmente donde lo pone Oakeshott cuando afirma que las reglas involucradas en casi todas las formas de vida se parecen más a la primera que a la segunda: "recuerden que en general no utilizamos el idioma de acuerdo con reglas estrictas –tampoco nos han enseñado el idioma mediante reglas estrictas–". En los juegos de niños, por lo menos en aquellos practicados por grupos de niños, o aquellos transmitidos informalmente de generación en generación, no existe un lexicón de reglas formales; y, el hecho de que no puedan ser definidas estrictamente bien puede ser un rasgo esencial de las reglas que sí existen. Wittgenstein afirma que este es el caso de la mayoría de los conceptos utilizados en el lenguaje cotidiano. No podemos delimitarlos claramente en un sentido léxico: "no porque desconozcamos su definición real, sino porque no existe una "definición" real de ellos. Suponer que debería haberla sería como suponer que cada vez que los niños juegan con

---

[33] Michael Oakeshott, *Rationalism in Politics* (Londres: Methuen, 1967).

una pelota, se trata de un juego que sigue reglas estrictas"[34]. En este momento vale la pena repetir lo que hemos afirmado en el *paper* anterior con respecto a la etnosemántica. Las operaciones de la conciencia práctica mezclan las reglas y la interpretación "metodológica" de las reglas en la continuidad de las prácticas[35]. Aquí resulta muy importante la concepción de Garfinkel del trabajo interpretativo siempre temporalmente implicado en el acto de "dar cuenta" cuentas. Lo que Garfinkel llama consideraciones "ad hoc" –la "cláusula etcétera", "dejar pasar", etc. [*sic*]– están crónicamente involucradas en la instanciación de las reglas, y no son independientes de lo que esas reglas "son".

Al poner énfasis en la importancia de los recursos como propiedades estructurales de los sistemas sociales, deseo acentuar la centralidad del concepto de *poder* en *teoría social*. Al igual que una regla, el poder no es una descripción de un estado de cosas, sino que es una capacidad. Me parece correcto decir que pocos de los más relevantes pensadores o corrientes de pensamiento en el área de la sociología le han concedido al poder un lugar en teoría social tan central como sea justificable. Aquellos que han reconocido la importancia esencial del poder, como Nietzsche y Weber, lo han hecho generalmente sobre la base de un irracionalismo normativo que deseo repudiar (aunque no explicaré los motivos aquí). Si no existe una manera racional de pretender la existencia de "valores últimos", como sostenía Weber, entonces el único recurso disponible es aquel del poder o de la fuerza: los más fuertes pueden hacer valer sus valores doblegando a otros[36]. Aquellas perspectivas que consideran al poder como secundario con respecto a la naturaleza significativa o normativa de la vida social, o bien que ignoran al poder por completo son más comunes. Ese es el caso, por ejemplo, de las obras de autores que pertenecen a la tradición fenomenológica (Schutz) o al pensamiento social wittgensteiniano (Winch), tanto como el de las tradiciones a las que estas se oponen en otros aspectos (el funcionalismo de Durkheim o Parsons). En cierto sentido, aunque uno muy diferente, lo mismo sucede con el marxismo en la medida en que Marx vinculaba al poder directamente con los intereses de clase, de lo que puede inferirse que al desaparecer las divisiones de clase también desaparecen las relaciones de poder.

Entre las muchas interpretaciones del poder en teoría política y social aparecen dos perspectivas principales. Una es aquella según la cual el poder está mejor conceptualizado como la capacidad de un actor de hacer su voluntad, aun a

---

[34] Wittgenstein, *The Blue and Brown Books* (Oxford: Blackwell, 1972) p. 25.
[35] Wittgenstein, *Philosophical Investigations* (Oxford: Blackwell, 1972) pp. 80-1.
[36] Véase Georg Lukács, *Die Zerstörung der Vernunft* (Berlín: Aufbau-Verlag, 1965).

costa de la de aquellos que podrían resistírsele (es el tipo de definición utilizado por Weber[37] entre muchos otros autores). La otra es que debe verse al poder como propiedad del colectivo: por ejemplo, el concepto de poder de Parsons pertenece a esta segunda categoría[38]. Deseo destacar, sin embargo, que ninguna de estas formas de concebir el poder es apropiada en forma aislada, y que debemos vincularlas como rasgos de la dualidad de la estructura. Me referiré a los recursos como las "bases" o "vehículos" del poder que abarcan a las estructuras de la dominación empleadas por los protagonistas de la acción y reproducidas a través de la dualidad de la estructura. El poder es generado por formas definidas de la dominación en paralelo con la involucración de las reglas con las prácticas sociales: y, de hecho, como aspecto o elemento integral de esas prácticas.

La teoría de la estructuración

El concepto de estructuración implica el de *dualidad de la estructura*, que refiere a *la naturaleza fundamentalmente recursiva de la vida social, y expresa la dependencia mutua entre estructura y agencia*. Por "dualidad de la estructura" entiendo que las propiedades estructurales de los sistemas sociales son tanto el medio como los resultados de las prácticas que constituyen esos sistemas. Así formulada, la teoría de la estructuración rechaza cualquier diferenciación entre sincronmía y diacronía o estática y dinámica. También rechaza la identificación de estructura con constricción, puesto que la estructura es a la vez facilitadora y constrictiva, y estudiar la organización de sistemas sociales que gobiernan las interconexiones entre ambas es una de las tareas específicas de la teoría social. De acuerdo con esta concepción, los mismos rasgos estructurales participan en el sujeto (el actor) y en el objeto (la sociedad). La estructura forma la "personalidad" y la "sociedad" en forma simultánea pero en ninguno de los dos casos lo hace exhaustivamente: debido a la importancia de las consecuencias no buscadas de la acción, y debido a las condiciones inadvertidas de la acción. Ernst Bloch dice *Homo semper tiro*: el hombre

---

[37] La naturaleza de la conceptualización que Weber hace del poder es aún fuente de cierta controversia. Weber dice: "Macht bedeutet jede Chance, innherhalb einer sozialen Beziehung den eigenen Willen auch gegen Widerstreben durchzusetzen, gleichviel worauf diese Chance beruht" (*Wirtschaft und Gesellschaft* (Tubinga: Möhr, 1956, p. 28). Si bien en la mayoría de las versiones en inglés se traducía *Chance* como "capacidad", se ha discutido que, entendida como "oportunidad" o "posibilidad", la definición resulta menos individualista de lo que parece. Ver Niklas Luhmann, *Macht* (Stuttgart: Enke, 1975).

[38] 'Power' in the writings of Talcott Parsons", en *Studies in Social and Political Theory*.

es siempre un principiante[39]. Podemos estar de acuerdo con esto en el sentido en que cada proceso de acción es generación de algo nuevo, un acto nuevo; pero, a la vez, toda acción existe a continuación del pasado, que le facilita los medios para que suceda. Así, *la estructura no debe conceptualizarse como un obstáculo para la acción, sino como esencialmente involucrada en su producción*: aun en los procesos más radicales de cambio social que, como muchos otros, suceden en el tiempo. Los modelos más disruptivos de cambio social, al igual que las formas más rígidamente estables, implican estructuración. De allí que no haya ni necesidad ni espacio para una concepción de la des-estructuración como la sugerida por Gurvitch[40]. Una noción de des-estructuración solo resulta necesaria si retenemos la idea de que estructura es simplemente equivalente a constricción, contraponiendo así estructura con libertad (como lo hace Gurvitch, y también Sartre).

Es importante resaltar este último punto porque algunos autores que han acentuado la imprevisibilidad de la vida social lo han hecho solo a expensas de haber adoptado una perspectiva abiertamente voluntarista. Un ejemplo de ello, a pesar de sus interesantes contribuciones, es la economía de Shackle. Este ataca el determinismo en las actividades económicas humanas y acentúa su naturaleza temporal e imprevisible; pero, esto lo impulsa a adjudicarle demasiada importancia a lo que él llama "decisión" en la vida social humana. El pasado está muerto y "determinado", pero el presente está siempre abierto a la libre iniciativa de los actores humanos[41]. Esta perspectiva puede ser encomiable en algunos aspectos, pero apenas nos permite comprender cómo el pasado se hace sentir en el presente, aun cuando el presente pueda reaccionar contra el pasado. Con respecto a esto, el punto de vista de Shackle parece tener mucho en común con aquel elaborado por Sartre en *The Critique of Dialectical Reason* (*Crítica de la razón dialéctica*); es más, no sería demasiado inexacto considerar la obra de Shackle como una especie de teoría económica sartreana. Porque a pesar del énfasis que pone en la importancia de la historia para la comprensión de la condición humana, Sartre conserva un abismo entre el pasado y el presente, por cuanto mientras el pasado "está dado y es necesario", el presente es el ámbito de la creación espontánea y libre: en este sentido no logra escapar de un dualismo de "materialidad" y "*praxis*".

De acuerdo con la noción de la dualidad de la estructura los actores emplean reglas y recursos para generar interacción, pero de ese modo las reglas y los recursos también son reconstituidos a través de esa interacción. Así, la estructura

---

[39] Ernst Bloch, *A Philosophy of the Future* (Nueva York: Herber, 1970) p. viii.

[40] Georges Gurvitch, *Déterminismes sociaux et liberté humain* (París: Presses Universitaires, 1955).

[41] G. L. S. Shackle, *Decision, Order and Time* (Cambridge University Press, 1969).

es la forma en la cual la relación entre momento y totalidad se expresa en la reproducción social. Esta relación es diferente de la implicada en la relación entre "partes" y "todos" en la coordinación de actores y grupos en los sistemas sociales como lo plantea la teoría funcionalista. Es decir, las diferencias que constituyen los sistemas sociales reflejan una dialéctica de presencias y de ausencias en el espacio y en el tiempo. Pero, estas solo adquieren existencia y son reproducidas mediante el orden virtual de las diferencias de estructuras, expresado en la dualidad de la estructura. Las diferencias que constituyen las estructuras, y que están constituidas estructuralmente, relacionan la "parte" al "todo" en el sentido en que el enunciado de una oración gramatical presupone el corpus ausente de reglas sintácticas que constituyen el lenguaje como una totalidad. No debe exagerarse la importancia que adquiere para la teoría social esta relación entre momento y totalidad, ya que implica una dialéctica de presencia y de ausencia que ata las formas más triviales o menores de acción social a las propiedades estructurales de la sociedad en general (y, lógicamente, al desarrollo de la humanidad como un todo).

Las ideas desarrolladas aquí en cuanto a que las instituciones no operan simplemente "a espaldas" de los actores sociales que las producen y reproducen constituyen un énfasis esencial. Cada miembro competente de cada sociedad tiene gran conocimiento de las instituciones de esa sociedad; ese conocimiento no es *incidental* al funcionamiento de la sociedad, pero está necesariamente involucrado. Una tendencia de muchas escuelas de pensamiento sociológico, que en otros aspectos son divergentes, es adoptar la táctica metodológica de comenzar los análisis descontando las razones que tienen los agentes para sus acciones (o lo que prefiero llamar la "racionalización de la acción), a fin de descubrir los estímulos "reales" de su actividad, la cual ignoran. Sin embargo, esta postura no solo es defectuosa desde el punto de vista de la teoría social sino que tiene implicancias políticas fuertemente definidas y potencialmente ofensivas. Implica una *derogación del actor lego*. Si los actores son considerados dopados culturales, o simples "portadores de una forma de producción", carentes de una comprensión valiosa de su entorno o de las circunstancias de su acción, queda inmediatamente allanado el camino para la suposición de que sus propios puntos de vista pueden ser descartados de todo programa práctico que pueda iniciarse. Esto no se reduce simplemente a preguntarse "¿de qué lado (en calidad de analistas sociales) estamos?",[42] aunque no hay duda de que son personas en posiciones de poder, o sus "expertos" asociados, los que comúnmente atribuyen incompetencia social a personas pertenecientes a segmentos socioeconómicos bajos.

---

[42] Véase Howard S. Becker, *Sociological Work* (Londres. Allen Lane, 1971).

No es coincidencia que las formas de la teoría social que han dejado poco (o ningún) espacio conceptual a la comprensión que poseen los agentes tanto de sí mismos como de sus contextos sociales, frecuentemente hayan exagerado el impacto que tienen las ideologías o sistemas simbólicos dominantes sobre los de las clases subordinadas, como en Parsons o Althusser. Podemos admitir que solo los grupos de la clase dominante han estado fuertemente comprometidos con las ideologías dominantes[43]. Esto sucede no solo debido al desarrollo de "subculturas" divergentes –por ejemplo, la cultura de la clase obrera en comparación con la cultura burguesa en la Gran Bretaña del siglo XIX– sino también debido a que *todos los actores sociales, no importa cuán modestos, muestran algún grado de penetración de las formas sociales que los oprimen*[44]. En lugares donde las culturas localizadas están parcialmente cerradas, estas se vuelven en su mayor parte inasequibles, como sucede cada vez con más frecuencia con el capitalismo, donde el escepticismo con respecto a las posturas "oficiales" sobre la sociedad generalmente se expresa recurriendo a diversas formas de "distanciamiento" y al humor. El ingenio aplaca la tensión. El humor es utilizado socialmente tanto para atacar la influencia de fuerzas externas que no es sencillo tratar de otra forma como para defenderse de ella.

No se debe sobreestimar el grado de convicción con el que aun aquellos pertenecientes a las clases dominantes o a otras posiciones de autoridad aceptan los sistemas ideológicos de símbolos, pero no es improbable suponer que, en algunas circunstancias, y en algunos otros aspectos, aquellos que ocupan lugares de subordinación en una sociedad podrían mostrar un mayor grado de penetración de las condiciones de reproducción social que aquellos que los dominan de alguna otra forma. Esto se relaciona con la *dialéctica del control* en los sistemas sociales que analizaré luego. Posiblemente, quienes aceptan mayormente sin cuestionamientos ciertas perspectivas dominantes estén más encerrados dentro de sí mismos que otros, aunque estas perspectivas ayuden a los primeros a defender su posición de dominación. Lo que aquí se discute se asemeja mucho a la tesis de Laing sobre la esquizofrenia: independientemente de la naturaleza distorsionada del pensamiento y del lenguaje esquizofrénico, en algunos aspectos la persona esquizofrénica "no se deja engañar" por rasgos de la existencia cotidiana que la mayoría acepta sin objeción alguna.

---

[43] Ver Nicholas Abercrombie y Bryan S. Turner, "The dominant ideology thesis", en *British Journal of Sociology*, Vol. 29 (1978).

[44] Para uno de los más agudos artículos de investigación que estudia este tema, ver Paul Willis, *Learning to Labour* (Westmead: Saxon House, 1977).

Dicho esto debemos expresar nuestras reservas con respecto a lo que queda implícito en la proposición según la cual cada actor competente posee un conocimiento amplio pero también sutil e íntimo de la sociedad a la que pertenece. En primer lugar, el conocimiento debe entenderse en términos de conciencia tanto práctica como discursiva; y aun donde haya una penetración discursiva sustancial de las formas institucionales, esto no está necesaria ni normalmente expresado de manera proposicional. En cierto sentido, Schutz lo demuestra cuando llama "conocimiento de libro de cocina" a las tipificaciones, y contrasta el conocimiento de libro de cocina con la clase de conocimiento teórico y abstracto que amerita la atención del científico social[45]. Pero, esto no logra hacer una distinción satisfactoria entre conciencia práctica, que es conocimiento encarnado en lo que los actores "saben cómo hacer", y discurso, que es aquello que los actores son capaces de "poner en palabras" y de qué forma y manera son capaces de hablar sobre ello.

En segundo lugar, cada actor individual es solo uno entre varios en una sociedad; muchos otros, obviamente, en el caso de las sociedades industrializadas contemporáneas. Debemos reconocer que lo que un actor conoce como un miembro competente –pero histórica y espacialmente ubicado– de la sociedad se "desdibuja" en contextos que van más allá de los de la actividad cotidiana. En tercer lugar, los parámetros de la conciencia práctica y discursiva están limitados en formas especificables que se vinculan con la naturaleza "situada" de las actividades de los actores, pero no son reductibles a esto. En la Figura 2.1 es posible identificar: las condiciones inconscientes de la acción y las consecuencias no buscadas de la acción. Todos estos fenómenos deben ser relacionados con problemas de ideología, tarea a la que me dedicaré en el siguiente *paper*.

Propiedades estructurales de los sistemas sociales

Los sistemas sociales, a diferencia de la estructura, existen en el espacio-tiempo y están constituidos por prácticas sociales. En su sentido más amplio, el concepto de sistema social se refiere a la *interdependencia de la acción* reproducida; en otras palabras, a una "relación en la cual los cambios en uno o más componentes inician cambios en otros componentes, y esos cambios, a su vez, producen cambios en los componentes en los cuales sucedieron los cambios originales"[46]. El

---

[45] Alfred Schutz, *Reflections on the Problem of Relevance* (New Haven: Yale University Press, 1970) pp. 120ss. y pássim.
[46] Amitai Etzioni, *The Active Society* (Nueva York: Free Press, 1968).

sistema social más pequeño es diádico. Sin embargo, debemos cuidarnos de la idea de que los sistemas diádicos muestran el funcionamiento de sistemas sociales en miniatura más inclusivos, de manera que el primero pueda usarse como base para teorizar sobre las propiedades del segundo -que es el tipo de procedimiento empleado por Parsons en *The Social System* (*El sistema social*)[47]–. Una de las razones por las que he decidido adoptar una distinción entre *integración social* e *integración del sistema,* es identificar contrastes entre diversos niveles de la articulación de la interacción.

El término "sistema" debe ser estudiado al igual que se han estudiado los términos "agencia" y "estructura". Dos fuentes principales han hecho ingresar el concepto de sistema al ámbito de la sociología. Por un lado, la noción de sistema (ya sea con ese nombre o con algún otro, por ejemplo ¡estructura!) siempre ha sido un elemento importante en el funcionalismo donde, como ya he sugerido, solo ocasionalmente se ha separado de analogías orgánicas. Se concibe al sistema social en términos de paralelos con sistemas fisiológicos. La otra fuente es la "teoría de los sistemas", que no es fácilmente diferenciable de la "teoría de la información" o de la "cibernética", todas las cuales han surgido mayormente fuera del ámbito de las ciencias sociales.

En una discusión influyente, von Bertalanffy distingue tres aspectos en la teoría de sistemas. La "teoría general de sistemas" se ocupa de explorar las similitudes entre las totalidades en el campo de las ciencias sociales y naturales. De acuerdo con von Bertalanffy, una de las principales tendencias del pensamiento moderno en general implica el redescubrimiento de totalidades en comparación con agrupamientos, de la autonomía como opuesta a la reducción[48]. Este redescubrimiento, admite, ha recibido un impulso directo de los desarrollos en tecnología moderna, que es la segunda categoría: "tecnología de los sistemas". La tecnología de los sistemas no solo se refiere a computadoras, máquinas automatizadas, etc., sino también a la incorporación de seres humanos, o sus actividades, a sistemas de control diseñados. La teoría de la información y la cibernética fueron creadas principalmente asociadas a esos desarrollos tecnológicos. Finalmente, mencionaremos la "filosofía de los sistemas", que se ocupa de las implicancias filosóficas generales de la teoría de los sistemas. El propio von Bertalanffy estima que la filosofía de los sistemas es de una importancia crucial en el contexto moderno, y considera que esta genera una filosofía apropiada para reemplazar al positivismo ló-

---

[47] Talcott Parsons, *The Social System* (Londres: Routledge, 1951).

[48] Ludwig von Bertalanffy, *General System Theory* (Londres: Allen Lane, 1968) p.xvii. Ver también John W. Sutherland, *Systems: Analysis, Administration and Architecture* (Nueva York: Van Nostrand, 1975).

gico: la filosofía de los sistemas puede proveer una nueva base para lograr la unidad de la ciencia por la que tanto han luchado los positivistas lógicos[49].

No diré nada sobre la tercera de estas categorías que, en mi opinión, carece de un interés particular. Pero, la segunda es decisiva ya que la teoría de los sistemas, entendida como una serie de avances tecnológicos, ya ha causado un enorme impacto práctico en la vida social, un impacto cuyos efectos completos solo serán sentidos en el futuro. Cualquier apropiación teórica de conceptos provenientes de la teoría de sistemas en las ciencias sociales debe evitar que la primera categoría se solape con la segunda. En su segundo sentido, la teoría de los sistemas es una fuerza ideológica poderosa en el mundo contemporáneo[50]; solo manteniendo la distinción entre la primera y la segunda categoría es posible someter a la tecnología de los sistemas a la crítica ideológica. Pero, creo, sostener esta posibilidad también implica resistir la clase de reclamos que von Bertalanffy y otros han hecho con respecto a la aplicabilidad de la teoría general de los sistemas a la conducta humana. La posición que propongo adoptar aquí es cercana a la que propuso Richard Taylor: el monitoreo reflexivo de la acción entre los actores humanos no puede comprenderse adecuadamente en términos de principios teleológicos aplicables a los sistemas mecánicos[51]. Los teóricos de la teoría de los sistemas generalmente tratan a la conducta deliberada como retroalimentación[52]. Más adelante aceptaré el argumento de Buckley según el cual vale la pena distinguir los sistemas que involucran procesos de retroalimentación de los mecanismos de los sistemas, que generalmente adquieren relevancia en el funcionalismo y que pertenecen a una clase "inferior"[53]. Pero, también haré una diferencia entre los procesos de retroalimentación del sistema y un orden "superior" de autorregulación reflexiva en los sistemas sociales.

---

[49] Para comentarios al respecto, ver Russell L. Ackoff, "General system theory and systems research: contrasting conceptions of system science", en Mihajlo D. Mesarovic (ed.), *Views on General Systems Theory* (Nueva York: Wiley, 1964).

[50] Véase Jürgen Habermas y Niklas Luhmann, *Theorie der Gesellschaft oder Sozialtechnologie?* (Frankfurt: Suhrkamp, 1973). Bertalanffy subraya la importancia de aproximarse a la teoría de sistemas con "preocupaciones humanistas" en mente, y reconociendo el temor –muy real– de que "la teoría de sistemas sea, de hecho, el último paso hacia la mecanización y la devaluación del hombre y hacia la sociedad tecnocrática" (*General System Theory*, p. xxi). Ver también Bertalanffy, *Perspectives on General System Theory* (Nueva York: Brazillier, 1975).

[51] Richard Taylor, "Comments on a mechanistic conception of purposefulness", y "Purposeful and non-purposeful behaviour: a rejoinder", en *Philosophy of Science*, Vol. 17 (1950).

[52] Ver, por ejemplo, W. Ross Ashby, *An Introduction to Cybernetics* (Londres: Chapman and Hall, 1956).

[53] Walter Buckley, *Sociology and Modern Systems Theory* (Englewood Cliffs: Prentice-Hall, 1967).

Los autores funcionalistas siempre han acentuado la cercanía de las conexiones entre la biología y la sociología; la versión más audaz y abarcativa de esto continúa siendo la jerarquía de las ciencias de Comte. Cuestionar el marco naturalista asociado a esta clase de postura y negarle todo sentido técnico especial al término "función", como lo hago en este libro, no significa negar que puede haber continuidades significativas entre las ciencias sociales y naturales. Más bien, significa reconceptualizar la forma que podrían adoptar estas continuidades. Con respecto a problemas discutidos en este *paper*, las fuentes más relevantes de conexión entre la teoría social y la biológica no involucran a las analogías funcionales tan fuertemente representadas en la historia de la sociología, sino que se ocupan de los sistemas recursivos o *autorreproductores*. Aquí hay dos tipos de teoría relacionados. Uno de ellos es la teoría de autómatas,[54] que tomó forma en la máquina de Turing. Pero, para la conceptualización de la reproducción social, esto no interesa tanto como algunas concepciones recientes de autorreproducción celular (*autopoiesis*), aunque posiblemente sea aún muy temprano para establecer cuán cercanos podrían resultar los paralelismos con la teoría social. Sin duda, la principal conexión es la recursividad, utilizada para caracterizar a la organización autopoiética. Puede entenderse la organización autopiética como relaciones entre la producción de componentes que "participan recursivamente en la misma red de producciones de componentes que producen estos componentes (...)[55]". Varela propone que los asuntos teóricos que han surgido recientemente en la cibernética de los sistemas autopoiéticos sugieren un marco lógico cercano a la dialéctica. El intento de Russell y Whitehead de reducir la teoría de los números a un formato teórico fijo fracasó frente a la definición de conjunto vacío, o cero, como la clase de todas las clases que no tienen miembros, lo que condujo a consecuencias contradictorias. Así, Russell y Whitehead prohibieron las expresiones autorreferenciales. Pero, el fenómeno de la autoindicación es una propiedad lógica de las caracterizaciones teóricas de la organización autopoiética, lo que sugiere que la contradicción también lo es[56]. Independientemente de cómo sea esto en los sistemas biológicos, en un *paper* más adelante planteará en forma

---

[54] Ver M. L. Minsky, *Computation, Finite and Infinite Machines* (Englewood Cliffs: Prentice-Hall, 1967).

[55] F. G. Varela *et al.*, "Autopoiesis: the organisation of living systems, its characterization and a model", en *Systems*, Vol. 5 (1974). Ver también M. Gardner, "On cellular automata, self-reproduction, the Garden of Eden, and the game 'life'", en *Scientific American*, Núm. 224 (1971); M. Zeleny y N. A. Pierre, "Simulation of self-renewing systems", en E. Jantsch y C. H. Waddington (eds.), *Evolution and Consciousness* (Reading: Addison-Wesley, 1976).

[56] G. Spencer Brown, *The Laws of Form* (Londres: Allen and Unwin, 1969). También he recurrido a un *paper* no publicado de Hayward R. Alker, "The new cybernetics of self-renewing systems", Center for International Studies, MIT.

detallada que las propiedades autorreguladoras de los sistemas sociales deben comprenderse a través de una teoría de *contradicción de los sistemas*.

Integración social e integración del sistema

Anteriormente he afirmado que los sistemas de interacción social, reproducidos mediante la dualidad de la estructura en el contexto de condiciones limitadas de la racionalización de la acción, se constituyen a través de la interdependencia de los actores o grupos. Tal como se la emplea aquí, la noción de integración hace referencia al grado de interdependencia de la acción, o "sistemidad", involucrada en cualquier forma de reproducción de sistemas. Por lo tanto, es posible definir "integración" como lazos regularizados, intercambios o *reciprocidad de prácticas* ya sea entre actores o entre colectivos. Debe considerarse a la "reciprocidad de prácticas" como inclusora de relaciones regularizadas de dependencia y autonomía relativas entre las partes involucradas. Es importante destacar que el término "integración", como se lo emplea aquí, *por lo menos, no es sinónimo de "cohesión", ni tampoco de "consenso"*.

La división entre integración social y del sistema, y aquella entre conflicto y contradicción se presenta como medio para enfrentar las características básicas de la diferenciación de la sociedad (ver Figura 2.3). Podemos decir que la integración social se ocupa de la *sistemidad al nivel de la interacción cara a cara*; y la integración del sistema, de la *sistemidad al nivel de relaciones entre sistemas sociales o colectivos*[57].

Figura 2.3

INTEGRACIÓN SOCIAL	**Reciprocidad entre actores (relaciones de autonomía / dependencia)**
INTEGRACIÓN DEL SISTEMA	**Reciprocidad entre grupos o colectivos (relaciones de autonomía / dependencia)**

---

[57] David Lockwood, "Social integration and system integration", en George K. Zollschan y W. Hirsch, *Exploitations in Social Change* (Londres: Routledge, 1964). No obstante, no comprendo la diferenciación de la misma manera en que lo hace Lockwood.

Esta distinción es lo más cercano que llegaré en este libro a admitir la utilidad de una diferenciación entre estudios "micro" y "macro sociológicos". Sin embargo, la especial significatividad de la interacción cara a cara no se encuentra principalmente en que involucre grupos pequeños, o que represente a la "sociedad en miniatura". De hecho, debemos mostrar especial cautela ante esta última connotación ya que lleva implícita la idea de que la sociedad o sistema social más inclusivo puede comprenderse como la relación social a gran escala. La "interacción cara a cara" más bien pone el énfasis en la importancia del *espacio y de la presencia* en las relaciones sociales: en la inmediatez del mundo de la vida, las relaciones sociales pueden estar influidas por factores diferentes de aquellos implicados en otros, espacialmente (y tal vez temporalmente) ausentes.

La sistemidad al nivel de la integración social típicamente se produce mediante el monitoreo reflexivo de la acción en conjunción con la racionalización de la conducta. Más tarde discutiré cómo esto se conecta con las sanciones normativas y con las operaciones de poder. Pero, en beneficio de la perspectiva desarrollada en este libro, es extremadamente importante insistir en que la sistemidad de la integración social *es fundamental para la sistemidad de la sociedad en su conjunto*. No es posible hacer una conceptualización correcta de la integración del sistema mediante las modalidades de la integración social, a pesar de lo cual esto último siempre es el sostén principal de lo primero, *mediante la reproducción de instituciones en la dualidad de la estructura*. Más adelante me explayaré al respecto. La dualidad de la estructura relaciona los elementos más pequeños de la conducta cotidiana con los atributos de sistemas sociales mucho más inclusivos: cuando en una conversación casual digo una oración gramaticalmente correcta en inglés, estoy haciendo una contribución al idioma inglés en su conjunto. Esto es una consecuencia no buscada de mi conducta de hablante, y es una consecuencia indirectamente ligada a la recursividad de la dualidad de la estructura. En este ejemplo, la integración social y la integración del sistema son el mismo proceso, y si todos los procesos de la reproducción de sistemas fueran de esta naturaleza, no sería necesario distinguir entre integración social e integración del sistema en absoluto. Pero, las consecuencias no buscadas de la acción se extienden más allá de los efectos recursivos de la dualidad de la estructura: esto introduce la serie de influencias siguiente que pueden comprenderse en términos de integración del sistema, y es a ellas que se refieren las diferenciaciones que se encuentran en la Figura 2.4.

Figura 2.4

```
SISTEMA =              interdependencia de la acción
concebido como        (1) circuitos causales homeostáticos
                      (2) autorregulación mediante retroalimentación
                      (3) autorregulación reflexiva
```

De acuerdo con el empleo de la locución "interdependencia de las partes del sistema" por parte de los autores funcionalistas, esta generalmente se interpreta como homeostasis[58]. Puede considerarse que la homeostasis involucra la operación de circuitos causales, es decir, de relaciones causales "circulares" en las que un cambio en un elemento inicia una secuencia de hechos que afectan a otros, que finalmente regresan para afectar al elemento que inició la secuencia, y así tienden a devolverlo a su estado original. El uso del término "sistema" en la literatura funcionalista, tanto como su identificación con las propiedades homeostáticas, hace que aparentemente la idea de la homeostasis agote el significado de la interdependencia de la acción en la integración del sistema. Pero, como lo han señalado algunos críticos del funcionalismo influidos por la teoría de sistemas, la homeostasis es solo una forma o nivel de esa interdependencia; es una forma que abreva en un modelo mecánico o fisiológico en el que las fuerzas involucradas operan virtualmente "a ciegas"[59]. No se trata de autorregulación mediante retroalimentación, es un proceso más "primitivo".

Parece lo suficientemente evidente que los procesos causales homeostáticos son un rasgo relevante en la reproducción de los sistemas sociales (aunque sostengo que no es posible comprender correctamente esos procesos utilizando el lenguaje del funcionalismo). Es posible distinguir los rasgos homeostáticos presentes en los sistemas sociales de aquellos pertenecientes a un orden superior, que involucran la autorregulación mediante la retroalimentación a través del funcionamiento de un "filtro de información" selectivo. En los sistemas físicos, el esquema más sencillo de retroalimentación involucra tres elementos: el receptor, el aparato de control y el efector, a través del cual pasan los mensajes. Los mecanismos de retroalimentación pueden promover la estasis; pero, a diferencia de los procesos homeostáticos, también pueden ser direccionales e impulsar el cambio controlado. Podemos bosquejar un paralelo bastante directo entre esos efectos de la retroalimentación y los procesos involucrados en los sistemas sociales. Pero, la autorregulación reflexiva es un fenómeno distintivamente humano con muchas implicancias significativas.

---

[58] "Functionalism: après la lutte", pp. 114ss.
[59] Véase Buckley, *Sociology and Modern Systems Theory*.

Para ilustrar los tres niveles de sistemidad podemos considerar un denominado "círculo de pobreza": por ejemplo, privaciones materiales, escolaridad deficiente, empleo de bajo nivel y privaciones materiales. Un círculo de pobreza forma un circuito homeostático si cada uno de esos factores participa en una serie de influencias recíprocas sin que ninguno actúe como "filtro de control" de los otros. Un circuito homeostático forma sistemidad según el siguiente patrón:

Podríamos descubrir ese circuito al rastrear la influencia de la educación de nivel primario en los otros elementos mencionados anteriormente. Sin embargo, si consideramos la influencia de la formación educativa total de los niños en los otros factores, podría surgir que un examen de ingreso a la escuela de nivel secundario es un filtro crucial que ejerce una influencia determinante en otros elementos en el ciclo (la validez del ejemplo en particular es irrelevante). En este caso, los exámenes pueden considerarse como equivalentes a un aparato de control de la información en un sistema mecánico de retroalimentación. Aquí, el efecto de la retroalimentación podría gobernar un proceso regularizado de cambio de dirección, como por ejemplo la transferencia progresiva de niños desde un entorno de clase obrera a puestos de oficina, en conjunción con una expansión relativa del sector administrativo o de servicios. Ahora supongamos que, sobre la base de estudios hechos en la comunidad, la escuela y el ámbito laboral, el Ministerio de Educación utiliza el conocimiento que posee sobre el ciclo de pobreza con el objeto de intervenir sobre ese ciclo; en este caso, el monitoreo reflexivo de la acción se reincorpora a la organización de los sistemas sociales y se vuelve una influencia orientadora.

Evidentemente, la expansión de los intentos de lograr la autorregulación reflexiva a nivel de la integración de los sistemas es uno de los rasgos principales del mundo contemporáneo. Este fenómeno es subyacente a los dos tipos más generalizados de movilización social en los tiempos modernos: la *organización* social "legal/racional" y el *movimiento social* secular. Pero, es fundamental reconocer que los intentos de lograr la autorregulación reflexiva también generan una difusión más amplia de los procesos de retroalimentación mediante la introducción de la "tecnología de sistemas". Ya he puntualizado que la autorregulación reflexiva entendida exclusivamente como control técnico –como Habermas ha acentuado tan enfáticamente– puede transformarse en una fuerza ideológica poderosa.

He sostenido que es posible considerar a las *instituciones* como prácticas profundamente sedimentadas temporal y espacialmente; es decir, son "lateralmente" inclusivas y duraderas por cuanto están difundidas entre los miembros de una comunidad o sociedad. Aquí deseo introducir una distinción, a la que luego haré referencia bastante a menudo en este libro, entre *análisis institucional* y análisis de la *conducta estratégica*. Esto no se corresponde con la diferenciación entre integración social y del sistema, porque mi intención es que sea metodológica más que sustantiva. El objetivo de la distinción es indicar dos maneras principales en las que es factible abordar el estudio de las propiedades del sistema en las ciencias sociales: cada una de las cuales, sin embargo, está separada solo por una *epojé* metodológica. Examinar la constitución de los sistemas sociales como conducta estratégica es estudiar la forma en que los actores recurren a elementos estructurales (reglas y recursos) en sus relaciones sociales. Aquí, "estructura" aparece como mobilización de la conciencia práctica y discursiva de los actores en encuentros sociales. Por otro lado, el análisis institucional coloca una *epojé* sobre la conducta estratégica al tratar a las reglas y recursos como rasgos de los sistemas sociales, reproducidos crónicamente[60]. Resulta esencial observar que eso es solo una puesta entre paréntesis metodológica: no se trata de dos lados de un dualismo, sino que expresan una dualidad, la dualidad de la estructura. En las sociologías naturalistas, que suelen tratar causación social y constreñimiento estructural como sinónimos, no aparece tal puesta entre paréntesis. Un ejemplo clásico es *El Suicidio* de Durkheim, obra en la que se trata a la conducta suicida como resultado de factores tales como "integración social débil" (en combinación con causas psicológicas). La explicación de Durkheim carece de todo tipo de comprensión de la conducta suicida y de la interacción social que esta implica, en tanto conducta monitoreada reflexivamente[61].

Hagamos un contraste entre la naturaleza de la sociología de Durkheim con la de Goffman. Goffman implícitamente reduce el análisis institucional para concentrarse en la interacción social como conducta estratégica. Puede leerse gran parte de la obra de Goffman como investigación de los reservorios del saber tácitos empleados por actores legos en la producción de encuentros sociales. Goffman analiza el "conocimiento" en el sentido wittgensteiniano de "conocer reglas". La sensación de gran iluminación que el lector experimenta con frecuencia al leer a Goffman deriva del hecho de que este hace explícito lo que reconocemos como ingredientes (una vez que los ha identificado) de la conciencia práctica, normalmente empleados inadvertidamente en la vida social. Por otro lado, la sociología

---

[60] Anthony Giddens, *Class Structure of the Advanced Societies* (Londres: Hutchinson, 1973).
[61] Véase "A theory of suicide", en *Studies in Social and Political Theory*.

de Goffman, al igual que la sociología wittgensteiniana, no ha desarrollado una explicación de las instituciones, de la historia o de la transformación estructural. Las instituciones aparecen como parámetros no explicados dentro de los que los actores organizan sus actividades prácticas[62]. Por lo tanto, finalmente esto es más que una "puesta entre paréntesis" metodológica: refleja el *dualismo* de la acción y la estructura referida anteriormente. La sociología de Goffman, al ser limitada en ese sentido, también ignora la posibilidad de reconocer la dialéctica de la presencia/ausencia que vincula la acción con las propiedades de la totalidad: ya que esto implica la necesidad de generar una *teoría institucional de la vida cotidiana*.

Dualidad de la estructura en la interacción

A partir de lo delineado anteriormente, ahora daremos forma concreta a la dualidad de la estructura en la interacción.

Lo que aquí denomino "modalidades" de estructuración representa las dimensiones centrales de la dualidad de la estructura en la constitución de la interacción. En la producción de la interacción, los actores recurren a las modalidades de la estructuración, que a la vez son los medios para la reproducción de los componentes estructurales de los sistemas de interacción. Cuando el análisis institucional se pone entre paréntesis, se trata a las modalidades como reservorios del saber, y a los recursos empleados por los actores en la constitución de la interacción como logro advertido y hábil, dentro del marco de condiciones combinadas de la racionalización de la acción. Cuando se coloca a la conducta estratégica bajo una *epojé*, las modalidades representan reglas y recursos considerados como rasgos institucionales de los sistemas de interacción social. Así, el nivel de la modalidad provee los elementos unificadores mediante los que la puesta entre paréntesis del análisis institucional o estratégico se disuelve en favor de un reconocimiento de la interrelación entre ellos.

La clasificación que muestra la Figura 2.5 no representa una tipología de la interacción o estructuras, sino que es una descripción de las dimensiones que se combinan de diferentes formas en las prácticas sociales. La comunicación del significado en la interacción no se produce con independencia del funcionamiento de las relaciones de poder, o fuera del contexto de sanciones normativas[63]. Toda práctica social implica estos tres elementos. Sin embargo, es importante tener en

---

[62] Ver, en particular, Erving Goffman, *Frame Analysis* (Harmondsworth: Penguin, 1975).

[63] En discusiones previas, teniendo en mente el análisis que realiza Durkheim de las obligaciones morales, llamé obligación "moral" a la tercera dimensión de la interacción. Ahora estimo que es más acertado describirla como "sanciones normativas" y tratar a las normas morales como un tipo de normas.

cuenta lo que se ha dicho previamente en cuanto a las reglas: ninguna práctica social expresa una regla o tipo de recurso únicos, ni puede ser explicada en términos de una regla o tipo de recurso únicos. Más bien, las prácticas están situadas dentro del marco de conjuntos de reglas y recursos que se intersectan y que en última instancia expresan los rasgos de la totalidad.

Figura 2.5

INTERACCIÓN	comunicación	poder	sanción
(MODALIDAD)	esquema interpretativo	facilidad	norma
ESTRUCTURA	significación	dominación	legitimación

Considerar la discusión de Winch sobre la observación de las reglas en su obra *Idea of a Social Science* (*Ciencia social y filosofía*) es útil para aclarar la distinción entre esquemas interpretativos, en su relación con la comunicación del significado, y las normas, en su relación con la sanción de la conducta. De acuerdo con Winch, puede identificarse la conducta "obediente de las reglas" con la "acción significativa". El criterio detrás de la conducta "obediente de las reglas" es si es posible preguntar, con respecto a esa conducta, si hay una forma "correcta" y una "incorrecta" de hacerlo[64]. Esto combina dos acepciones de la "obediencia de las reglas", o mejor, combina *dos aspectos de las reglas implicadas en la producción de prácticas sociales*: el que se relaciona con la *constitución del significado*, y el que se relaciona con las *sanciones* propias de la conducta social. Existen formas correctas e incorrectas de utilizar palabras en un idioma; esto concierne aquellos aspectos de las reglas implicadas en la constitución del significado. De igual forma, existen formas de conducta correctas e incorrectas con respecto a las sanciones normativas involucradas en la interacción. Aunque es importante separarlos conceptualmente, ambos sentidos de "correcto" e "incorrecto" siempre se intersectan en la constitución real de las prácticas sociales. De esta manera, el uso "correcto" del lenguaje siempre es sancionado; en tanto que la relevancia de las sanciones impuestas sobre otro tipo de conducta distinta del discurso está inevitablemente ligada a la identificación de esa conducta en el plano del significado. El primer sentido, para adaptar un ejemplo utilizado por MacIntyre[65], es aquel en el que una

---

[64] Peter Winch, *The Idea of a Social Science* (Londres: Routledge, 1958) pp. 32-3.
[65] Alasdair MacIntyre, "The idea of a social science", en *Aristotelian Society Supplement*, Vol. 41 (1967).

expresión como "salir a caminar" es utilizada de manera correcta e incorrecta en relación con una actividad en particular: es decir, lo que *cuenta* como "salir a caminar" en el lenguaje de la vida cotidiana. El segundo es el sentido en el que "salir a caminar" tiene que ver con normas de conducta "correcta", "deseable" o "apropiada". En este sentido, salir a caminar por la vereda difiere de vagar por la mitad de la calle desafiando las convenciones o las leyes que gobiernan la conducta en la vía pública y la seguridad personal. El objetivo de distinguir estos dos sentidos de la palabra "regla" (y de descartar la idea de que se trata de dos tipos de regla, constitutiva y regulativa en las prácticas sociales) es, precisamente, poder examinar la forma en que se interconectan. En otras palabras, esta identificación de actos se entrelaza significativamente con las consideraciones normativas (y viceversa). Esto es muy visible, y se encuentra formalmente codificado en la legislación donde, en cuanto a la aplicación de sanciones, mucho gira en torno de distinciones entre "homicidio doloso", "homicidio culposo", etc.

En teoría social, no basta con solo acentuar la necesidad de vincular la constitución y la comunicación del significado con sanciones normativas; en cambio, cada una de ellas debe ser relacionada con transacciones de poder. Esto sucede así en los dos sentidos de la locución "dualidad de la estructura". El poder se expresa a través de las capacidades de los actores de lograr que ciertas "explicaciones cuenten" y de establecer o resistir procesos de sanción. Pero, estas capacidades recurren a modos de dominación que se estructuran en sistemas sociales.

Cuando utilizo la locución "esquemas interpretativos", me refiero a los elementos estandarizados de los reservorios del saber que los actores aplican en la producción de la interacción. Los esquemas interpretativos constituyen el centro del saber mutuo por el que se sostiene un universo explicable de significado durante los procesos de interacción. En el sentido que le da Garfinkel, el "dar cuenta" depende del dominio de los etnométodos implicados en el uso del lenguaje, y resulta esencial para comprender lo que quiso demostrar (de una manera muy diferente a Habermas) en cuanto a que ese dominio no puede comprenderse adecuadamente como "monológico". Esto implica más que la propuesta (de Habermas) por la que un abordaje satisfactorio de la semántica no puede derivar de la sintaxis chomskiana: apunta a rasgos de la relación entre lenguaje y el "contexto de uso" que resultan de vital importancia para la teoría social. En la generación de significado en la interacción no puede tratarse al contexto como simplemente "entorno" o "trasfondo" del uso del lenguaje. *El contexto de interacción es parcialmente formado y organizado como parte integral de esa interacción como encuentro comunicativo.* El monitoreo reflexivo de la conducta en la interacción implica recurrir rutinariamente al contexto físico, social y temporal para posibilitar el "dar cuenta". Pero, a la vez, recurrir al contexto recrea estos elementos como relevancias contextuales. Así empleado, y reconstituido en los encuentros sociales, el "saber mutuo" puede considerarse el medio por el que se ordena el tejido de elementos locucionarios e ilocucionarios del lenguaje.

Como sucede con otros aspectos del contexto, la comunicación de significados en procesos de interacción no simplemente "sucede" en el tiempo. Los actores mantienen el significado de lo que dicen y hacen mediante la incorporación rutinaria de "lo que sucedió antes" y la anticipación de "lo que sucederá a continuación" al presente de un encuentro[66]. Así, los rasgos indexicales de la interacción implican *différance* en el sentido de Derrida. Pero, el uso del lenguaje también se basa en otros rasgos referenciales del contexto, que rozan "lo que no se puede decir". Aquí es importante el análisis del contexto que hace Ziff[67]. Algunos lingüistas han afirmado que en principio el lenguaje puede ser separado de todos los rasgos contextuales debido a que esos rasgos pueden expresarse a través del lenguaje: una perspectiva que converge con algunas de las nociones centrales del estructuralismo. Esto implicaría que ser receptores de un enunciado como "la lapicera que está sobre el escritorio es de oro", utilizado y comprendido en un contexto de comunicación cotidiana, podría ser analizado a través de una afirmación o conjunto de afirmaciones que describen a los elementos contextuales conocidos mutuamente por los participantes y necesario para las propiedades indexicales de la afirmación. Por lo tanto, "la lapicera que está sobre el escritorio es de oro" podría ser sustituido por "la única lapicera que está sobre el escritorio en la habitación trasera de Millington Road 2A, Cambridge, a las 11:30, el día 9 de mayo de 1978". Sin embargo, esta afirmación, de hecho, no es defendible. En realidad, la oración sustituta no verbaliza las características contextuales utilizadas para producir la comprensión mutua del enunciado original y de sus rasgos referenciales. A fin de comprender el enunciado, ninguno de los participantes de la interacción necesita conocer datos tales como la dirección de la casa en la que se encuentran, o la hora o la fecha en que se pronunció la afirmación. Además, como señala Ziff, sería erróneo suponer que, aun si pudiera reemplazarse la primera oración por la segunda, el significado ganaría en precisión; esto no sería así.

Por supuesto, las consideraciones precedentes no son abarcativas de los problemas que surgirían si se intentara elaborar una teoría semántica apropiada para las ciencias sociales. Sin embargo, es importante repetir que el abordaje de la pro-

---

⁶⁶ Véase Astri Heen Wold, *Decoding Oral Language* (Londres: Academic Press, 1968).
⁶⁷ Ziff, *Semantic Analysis*. Ver también Ziff, "About what an adequate grammar could not do", en *Philosophical Turnings* (Ithaca: Cornell University Press, 1966); Yehoshua Bar-Hillel, *Language and Information* (Reading. Addison Wesley, 1964) pp. 175-6.

ducción de significado en la interacción aquí sugerido atribuye iguales consecuencias a cada uno de los sentidos que comúnmente se le da a la palabra "significado" en el uso del idioma inglés: lo que un actor quiere decir/hacer, y cuál es el significado de su afirmación/acto. Esto posee considerable significación a la luz de la tendencia presente en las teorías del significado que le atribuyen una naturaleza reductiva: intentar reducir el significado a lo que los hablantes quieren decir, o por el contrario, suponer que lo que los hablantes quieren decir es irrelevante para dilucidar la naturaleza del significado. En cierta forma, la división separa a aquellos que se han ocupado principalmente de los enunciados, o identificaciones de los actos, por un lado, de aquellos que se han ocupado de la interpretación de textos, por el otro. Algunos autores en el primer grupo (por ejemplo, Grice) han intentado elaborar una teoría del significado en función de intención comunicativa; algunos del segundo grupo (críticos de la "falacia intencional") han buscado evitar toda referencia a la intención comunicativa como relevante para la caracterización del significado. En contraste con cada uno de ellos, considero que es posible que el significado de los actos comunicativos –es decir, actos en los que un elemento del monitoreo reflexivo de la conducta incluye la intención de lograr la comunicación mutua– sea distinguible de otros significados que se les puede atribuir a esos actos. Estos últimos derivan de las diferencias expresadas en la práctica de juegos con palabras, o se sustentan en ellas; pero, esas prácticas, como el logro activo de los sujetos humanos, están organizadas en torno del monitoreo reflexivo de la conducta. La interacción del significado en tanto intención comunicativa, y en tanto *différance*, representa la dualidad de la estructura en la producción de significado.

Normas y prácticas

Al pasar de esquemas interpretativos a normas tal vez sea oportuno poner el énfasis una vez más en el hecho de que la diferenciación entre ambos es analítica, no sustantiva: las convenciones en virtud de las que se logra la comunicación del significado en la interacción contienen aspectos normativos, al igual que todos los elementos estructurales de la interacción. De hecho, el doble sentido de "dar cuenta" en el lenguaje cotidiano es indicador de ello. "Dar cuenta" de la propia conducta está íntimamente ligado al hacerse "responsable" como componente normativo de la racionalización de la acción[68]. Es posible tomar lo que Parsons

---

[68] Véase Andrew McPherson *et al.*, "Social explanation and political accountability: two related problems with a single solution" (*paper* no publicado, Centre for Educational Sociology, University of Edinburgh).

denomina la "doble contingencia" de la interacción social[69] como punto de referencia para la naturaleza normativa de las prácticas sociales. En otras palabras, las reacciones de cada parte protagonista de un proceso de interacción dependen de las respuestas contingentes del otro o de otros; así, la respuesta del otro o de los otros es una sanción potencial de los hechos del primero y viceversa. Sin embargo, la doble contingencia de la interacción se conecta no solo con la institucionalización normativa de la conducta, como afirma Parsons, sino con el ejercicio del poder. Las sanciones normativas constituyen un tipo genérico de recursos al que se recurre en las relaciones de poder.

Puede considerarse a la constitución normativa de la interacción como realización de *derechos* y consumación de *obligaciones*. Sin embargo, la doble contingencia de la interacción implica que *la simetría entre ellos puede romperse fácticamente en la conducta social real*. Es esta un área crucial en la que la contingencia de la "doble contingencia" suele desaparecer del marco de referencia de la acción de Parsons: para él, la institucionalización normativa de los conjuntos recíprocos de expectativas (estructurados como roles) controla las actividades de los actores en los procesos de interacción. Sin embargo, desde el punto de vista de la teoría de la estructuración aquí desarrollada, las normas implícitas en los sistemas de interacción social deben ser constantemente sostenidas y reproducidas en el fluir de los encuentros sociales. Lo que desde el punto de vista estructural –donde la conducta estratégica está puesta entre paréntesis- aparece como orden legítimo normativamente coordinado, en el que derechos y obligaciones son solo dos aspectos de las normas, desde el punto de vista de la conducta estratégica representa pretensiones, cuya realización es contingente sobre la movilización exitosa de obligaciones mediante las respuestas de otros actores.

El funcionamiento de las sanciones a través de la doble contingencia de la interacción es esencialmente diferente de las consecuencias aparejadas por las "prohibiciones técnicas", en las que el vínculo entre un acto y su sanción es "mecánico". Es decir, para la prohibición "no beba agua contaminada", la sanción –el riesgo de intoxicación– implica consecuencias en forma de hechos naturales. Durkheim reconoció esta distinción cuando diferenció sanciones "utilitarias" de sanciones "morales". Pero, la forma en que formuló esa distinción, considerando las sanciones morales como el mismísimo prototipo de las relaciones sociales, le impidió teorizar sobre un sentido muy básico con el que los agentes pueden considerar a las normas de una forma "utilitaria", una manera que debe ser conceptualmente relacionada con la naturaleza contingente de la realización de preten-

---

[69] Parsons, *The Social System*.

siones normativas. Existe una gama de matices posibles entre la aceptación de una obligación normativa como compromiso moral (el caso típico, para Durkheim) y la aceptación basada en el reconocimiento de las sanciones aplicables a la transgresión de prohibiciones normativas. En otras palabras, el hecho de que los rasgos normativos de la vida social impliquen la doble contingencia de la interacción social no necesariamente hace que una forma "utilitaria" de orientación hacia sanciones quede relegada a las consecuencias causales no sociales de la conducta. Un actor puede "calcular los riesgos" implícitos en la puesta en práctica de una determinada forma social de conducta, con respecto a la posibilidad de que las sanciones involucradas sean realmente aplicadas, y puede estar preparado para someterse a ellas como precio por el logro de un fin en particular. La importancia teórica que tiene esta cuestión aparentemente obvia en problemas de legitimación y de conformidad es considerable, en dos aspectos. El primero de ellos es que aleja a la teoría de la legitimación del teorema "consenso internalizado valor-norma-moral", que ha sido el sello del "funcionalismo normativo" de Durkheim y de Parsons[70]. El segundo es que dirige la atención hacia la naturaleza *negociada* de las acciones al relacionar la generación de significado con la producción de un orden normativo. Las actitudes "especuladoras" hacia las normas pueden estar presentes en procesos de "presentación del ser", "negociación", etc., en los que los actores que aceptan o transgreden las prohibiciones normativas pueden negociar hasta cierto punto qué significa "aceptar" o "trasgredir" en el contexto de su conducta, por medio de esa conducta, y de esta manera también afectar las sanciones a las que están sujetos.

Una clasificación de sanciones puede estar basada en los elementos movilizados para producir el efecto sancionador —para que estos últimos sean efectivos siempre deben de alguna forma incidir en las necesidades (conscientes o inconscientes) de los actores (aun en el caso de sanciones que conllevan el uso de la fuerza)—. Sin embargo, de lo que se ha dicho previamente se deduce que sería erróneo suponer que las sanciones existen solo cuando los actores abiertamente intentan forzar el alineamiento entre ellos de alguna manera en particular. La aplicación de sanciones es un rasgo crónico de todo encuentro social, independientemente de lo generalizado o sutil de los procesos mutuos de ajuste en la interacción. Por supuesto, esto se aplica a la generación de significado en un sentido básico. Los reservorios del saber a los que se recurre en la comunicación lingüística, incluyendo las reglas sintácticas, poseen una cualidad altamente "imperativa", y no podrían funcionar fuera del contexto normativo más que cualquier otro rasgo es-

---

[70] Véase "The 'individual' in the writings of Emile Durkheim", en *Studies in Social and Political Theory*.

104

tructural de los sistema de interacción. La aceptación de las reglas lingüísticas queda básicamente asegurada como medio y resultado del uso cotidiano del idioma , en el que los principales compromisos normativos son simplemente aquellos que posibilitan el "dar cuenta" en el sentido de Garfinkel.

El poder: relaciones de autonomía y de dependencia

Al igual que en las otras modalidades de estructuración, el poder puede relacionarse con la interacción en un sentido doble: *como involucrado institucionalmente en los procesos de interacción, y como utilizado para lograr resultados en la conducta estratégica.* Aun el encuentro social más casual ejemplifica elementos de la totalidad en tanto estructura de dominación; pero, esas propiedades estructurales son a la vez tomadas de las actividades de quienes participan de sistemas de interacción, y reproducidas a través de ellas. En otra oportunidad he afirmado que el concepto de acción está vinculado al de poder *de una manera lógica*, comprendiendo la noción de poder como capacidad transformadora[71]. Generalmente, esto ha sido reconocido solo de forma indirecta en la filosofía de la acción, donde es común hablar de acción en términos de "poder", "ser capaz de" o "poderes". Sin embargo, la literatura encargada de analizar la agencia humana en términos de "poder" rara vez (si lo hace) se intersecta con las discusiones sociológicas sobre las relaciones de poder en la interacción. A nivel de la conducta estratégica, las relaciones entre los conceptos de acción y de poder se pueden exponer de la siguiente forma. La acción implica intervención en acontecimientos que suceden en el mundo, y así produce resultados definidos; aquí las acciones buscadas son una categoría de lo que hace un agente, o de lo que se abstiene de hacer. *Entonces, el poder como capacidad transformadora puede utilizarse para referirse a las capacidades de los agentes de lograr esos resultados[72]*.

Aun un relevamiento casual de la masiva literatura que se ocupa del concepto de poder y de su implementación en las ciencias sociales indica que el estudio del poder refleja el mismo dualismo de la acción y la estructura que he diagnosticado en abordajes de la teoría social en general. Una noción de poder, presente en Hobbes, un poco diferente en Weber, y más recientemente en los escritos de Dahl, considera al poder como un fenómeno de acción deliberada o intencionada.[73]

---

[71] *New Rules of Sociological Method.*

[72] Véase Bertrand Russell, *Power: a New Social Analysis* (Londres: Allen and Unwin) p. 25.

[73] La primera version que realizó Dahl de esta perspectiva era que: "A tiene poder sobre B al punto que puede hacer que B haga algo que de otra forma B no haría" (Robert A. Dahl, "The concept of power", en *Behavioural Science*, Vol. 2 (1957). Pero, esto fue corregido y elaborado detalladamente con posterioridad

Aquí, el poder está definido en función de la capacidad o posibilidad de los actores de lograr resultados deseados o buscados. Por otra parte, de acuerdo con otros autores –incluyendo figuras tan diversas en otros aspectos como Arendt, Parsons y Poulantzas–, el poder es específicamente una propiedad de la comunidad social, un medio por el cual se realizan los intereses comunes o los intereses de clase. Estas son, efectivamente, dos versiones de cómo están constituidas las estructuras de poder, y dos versiones de "dominación" (cada una de las cuales *puede* vincular la noción de poder a la de conflicto de manera lógica, pero ninguna de las cuales necesariamente lo hace). La primera suele considerar a la dominación como una *red de toma de decisiones*, que opera sobre un trasfondo institucional no examinado; la segunda considera a la dominación como un fenómeno institucional en sí mismo, ya sea desestimando al poder como relacionado con los logros activos de los actores, o considerándolo en cierta forma determinado por las instituciones.

Como es bien sabido, ha habido varios intentos de reconciliar ambos abordajes mediante la exposición de las limitaciones del poder como enfoque de "toma de decisiones"[74]. De acuerdo con Bachrach y Baratz, la capacidad de los actores de asegurar los resultados deseados en la interacción con otros es solo "una cara" del poder; el poder tiene otra cara, la movilización del prejuicio arraigado en las instituciones. El segundo es el ámbito de la "no toma de decisiones", de prácticas incuestionadas e implícitamente aceptadas.

Sin embargo, la idea de "no toma de decisiones" no es más que una forma parcial e inadecuada de analizar cómo se estructura el poder en las instituciones, y cómo se enmarca en el abordaje de la acción que supuestamente está sujeto a la crítica. La "no toma de decisiones" aún es considerada básicamente propiedad de los *agentes* más que de las instituciones sociales.

Tal vez sea Lukes[75] quien hace la mejor evaluación crítica de estos asuntos. Según él, el poder es más que simplemente esquizoide; no solo tiene dos caras sino tres. Hay una parte clave de la argumentación de Lukes que rechazaré desde el inicio: siguiendo a Gallie[76], él afirma que el poder es un concepto "esencialmente impugnado" y que es "inherentemente evaluativo". Creo que esta perspectiva está equivocada, o bien es confusa. Está equivocada si lo que implica es que algu-

---

[74] Peter Bachrach y Morton S. Baratz, "The two faces of power", en *American Political Science Review,* Vol. 56 (1962); "Decisions and non-decisions: an analytical framework", en *American Political Science Review,* Vol. 57 (1963); *Power and Poverty* (Nueva York: Oxford University Press, 1970).

[75] Steven Lukes, *Power, a Radical View* (Londres: Macmillan, 1974).

[76] W. B. Gallie, "Essentially contested concepts", en *Proceedings of the Aristotelian Society,* Vol. 56 (1955-6). Gallie (pp. 171-2) presenta cinco criterios de "impugnación esencial".

nas nociones en las ciencias sociales son *esencialmente* impugnadas, mientras que otras no lo son, de modo que podríamos elaborar una (¿no impugnada?) lista de conceptos esencialmente impugnadas, separados de otros. La lucha o disputa crónica en el ámbito de conceptos y teorías en ciencias sociales se debe parcialmente al hecho de que tales conceptos y teorías se encuentran atrapados en aquello que describen, es decir, la vida social en sí misma, que es una línea de pensamiento que desarrollaré en el *paper* final en la presente obra. Ciertamente, la noción de poder suele provocar controversias profundamente arraigadas. Pero, hay otra serie de términos que también tienen un lugar importante en este libro (clase, ideología, intereses, etc.) y que son igualmente potentes. Me gustaría agregar que no solo unos pocos conceptos especialmente cuestionados (como estos) sino todo el aparato conceptual de la teoría social son en algún sentido "inherentemente evaluativos". Por supuesto que esto no necesariamente pone en peligro la sugerencia de Lukes según la cual las tres caras del poder que él analiza pueden estar más o menos relacionadas con posturas políticas diferentes. Sin embargo, sostengo que en realidad no es útil distinguir tres dimensiones del poder, como intenta hacer Lukes.

Lukes acepta que el enfoque de la "no toma de decisiones" es un avance con respecto al de la "toma de decisiones" (o lo que él denomina perspectiva "pluralista"). El primer enfoque, contrariamente al segundo, es bidimensional porque no simplemente se concentra en la toma efectiva de decisiones sino que además apunta a formas en las que se evita por completo que haya asuntos "decisionables". Como afirma muy acertadamente Lukes, la limitación específica de la perspectiva bidimensional es que está aún demasiado vinculada al punto de vista al que se opone. Lukes señala que "no es simplemente una serie de actos elegidos individualmente lo que sostiene a la base del sistema (social), sino también, y más importante aún, la conducta grupal socialmente estructurada y culturalmente modelada, y las prácticas de las instituciones (…)"[77]. En consecuencia, en lugar de la perspectiva bidimensional, Lukes introduce su concepto tridimensional. La perspectiva tridimensional invoca la noción de intereses: en concordancia con esto, Lukes redefine el poder como la capacidad de un actor o grupo de influir sobre otro de la manera contraria a los intereses del otro. Ahora, esto no parece funcionar. O por lo menos intuitivamente parece no haber razón para suponer que el poder solo es ejercido si A afecta a B de manera contraria a los intereses de B —en contraposición con la noción de que A afecta a B de una manera irrelevante a los intereses de B o, lo que es más importante, que A afecta a B de manera coincidente con

---

[77] Lukes, *Power, a Radical View*, pp. 21-2.

los intereses de B[78]–. La segunda opción solo podría ser excluida como un caso de poder si B siempre se comportara de acuerdo con sus propios intereses, independientemente de la intervención de cualquier otra persona; pero, no siempre la gente tiende a actuar de acuerdo con sus intereses. Me gustaría agregar que, al contrario de lo que afirma Lukes, el concepto de interés, al igual que el concepto de conflicto, no se relaciona con el de poder desde el punto de vista lógico; aunque fundamentalmente, en la vida social, los fenómenos a los que se refiere estén muy relacionados unos con otros. En cualquier caso, apelar a los intereses constituye un giro extraño en la argumentación, debido a que añadir la idea de "intereses" a las perspectivas unidimensional y bidimensional, que es esencialmente la estrategia de Lukes, en realidad no hace frente al problema de cómo incorporar la "conducta socialmente estructurada" dentro de un tratamiento general del poder; ya que Lukes no sugiere que el término "intereses" se refiera a un fenómeno estructural o grupal más que a un fenómeno relacionado con actores individuales. Más que agregar otra "dimensión" a los enfoques de "toma de decisiones" y de "no toma de decisiones", necesitamos hacer lo que Lukes recomienda, pero en realidad no logra; esto implica intentar superar la división tradicional entre las nociones "voluntarista" y "estructural" del poder.

Sin embargo, Lukes ha abordado el problema en una publicación posterior[79]. Sostiene, al igual que yo, que en teoría social el poder está involucrado centralmente con la agencia humana; una persona o grupo que detenta el poder *podría* "haber actuado de otra manera", y el concepto implica que la persona o grupo sobre la que el poder es detentado *habría* actuado de otra manera si no se hubiese ejercido el poder. "Al hablar así, uno supone que, aunque los agentes operen dentro de límites determinados estructuralmente, gozarán, sin embargo, de cierta autonomía y podrían haber actuado de manera diferente"[80]. Sin embargo, cuando Lukes representa la estructura como una entidad que pone límites o restricciones a las actividades de los agentes, suele repetir el dualismo de agencia y estructura al que ya he hecho referencia en *papers* anteriores. De ahí que él hable de "dónde termina el determinismo estructural y dónde comienza el poder[81], y no logre en-

---

[78] Lukes discute esta cuestión solo superficialmente, y en mi opinión de manera inadecuada, en la página 33 de su libro. Para leer sobre un intento de utilizar la obra de Lukes sin establecer una conexión lógica entre el poder y el interés, véase Peter Abell, "The many faces of power and liberty: revealed preference, autonomy and teleological explanation", en *Sociology*, Vol. 11 (1977); y un comentario en K. Thomas, "Power and autonomy: further comments on the many faces of power", en *Sociology*, Vol. 12 (1978).

[79] "Power and structure", en Lukes, *Essays in Social Theory* (Londres: Macmillan, 1977).

[80] Ibíd., pp. 6-7.

[81] Ibíd., p. 18.

frentar satisfactoriamente a la estructura como implicada en relaciones de poder, y a las relaciones de poder como implicadas en la estructura.

Estimo que esto solo se puede lograr si se reconoce que el poder debe ser tratado en el contexto de la dualidad de la estructura; es decir, si los recursos implicados en la existencia de la dominación y a los que recurre el ejercicio del poder son a la vez considerados componentes estructurales de los sistemas sociales. El ejercicio del poder no es un tipo de acto; más bien el poder está instanciado en la acción como fenómeno rutinario y regular. Es más, es erróneo tratar al poder *mismo* como un recurso, como hacen muchos teóricos del poder. Los recursos son los medios a través de los que se ejerce el poder y se reproducen las estructuras de dominación, como se ve en la Figura 2.6.

La noción de recursos, como componentes estructurales de los sistemas sociales, es clave en el tratamiento del poder en el marco de la teoría de la estructuración. El concepto de poder tanto como capacidad transformadora (típica perspectiva de aquellos que tratan al poder en función de la conducta de los agentes) como en calidad de dominación (principal foco de los que se concentran en el poder como cualidad estructural), depende de la utilización de los recursos.

Figura 2.6

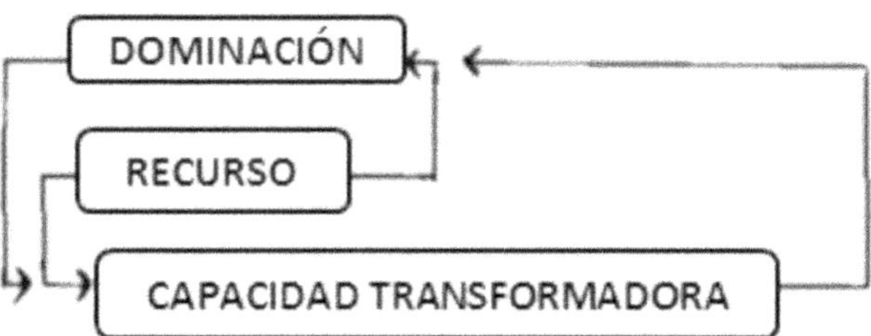

Sin embargo, considero que cada perspectiva implica a la otra. Los recursos son los medios por los que la capacidad transformadora se emplea como poder en el curso rutinario de la interacción social; pero, a la vez son elementos estructurales de los sistemas sociales como sistemas, reconstituidos a través de su utilización en la interacción social. Por lo tanto, este es el correlato, con respecto al poder, de la dualidad de la estructura con respecto a la comunicación del significado y de las sanciones normativas: los recursos no son solo elementos adicionales a estas, sino que incluyen los medios por los que se concreta el contenido normativo y significativo de la interacción. El "poder" interviene conceptualmente entre las nociones más amplias de capacidad transformadora, por una parte, y la de dominación, por la otra: el poder es un concepto relacional, pero solo opera como tal mediante la utilización de la capacidad transformadora como es generada por las estructuras de dominación.

Para repetir lo que ya ha sido dicho con anterioridad, el poder, entendido como capacidad transformadora, está intrínsecamente relacionado con la agencia humana. El "podría haber actuado de otra forma" de la acción es un elemento necesario de la teoría del poder. Como he indicado en otra obra,[82] no es posible definir el concepto de agencia mediante el de intención, como lo da por sentado tanta literatura relacionada con la filosofía de la acción; considero a la noción de agencia, como yo la aplico, lógicamente previa a una diferenciación sujeto/objeto. Lo mismo sucede con el concepto de poder. La noción de poder carece de conexión inherente con la intención o la "voluntad" (que sí tiene en Weber y en muchas otras formulaciones). Al principio parecería algo extraño sostener que un agente puede ejercer el poder sin tener la intención de hacerlo, o siquiera el deseo de hacerlo; sostengo que la noción de poder no tiene ningún lazo lógico ni con la motivación ni con el deseo. Pero, no es en absoluto idiosincrásico; si parece serlo, tal vez se deba a que se ha discutido mucho sobre el concepto de poder en un contexto político, donde las "decisiones" están claramente articuladas en relación a los fines perseguidos por los actores. Al igual que con la esfera de la agencia en términos más generales, aquellos aspectos del poder contenidos en las acciones intencionales, o dentro del marco del monitoreo reflexivo de la conducta, poseen una forma particular; un rango de nociones como "cumplimiento", "negociación", etc., son aplicables solo en un contexto de esas características.

Aunque en el sentido de la capacidad transformadora el poder está implicado en la mismísima noción de acción, en adelante utilizaré el término "poder" como subcategoría de "capacidad transformadora", para referirme a la interacción en la que la capacidad transformadora es *aprovechada para facilitar los intentos que hacen los actores de persuadir a otros a actuar de acuerdo con las necesidades de esos actores*. En este sentido relacional, el poder se ocupa de la capacidad de los actores de asegurar resultados donde el logro de estos resultados depende de la agencia de otros. Así, el uso del poder en la interacción puede entenderse en función de las prestaciones que los participantes aportan y movilizan como elementos de la producción de esa interacción, de esta manera influyendo su curso. Los sistemas sociales se constituyen como prácticas regularizadas: de esta forma, dentro de los sistemas sociales puede considerarse que el poder *implica relaciones repro-*

---

[82] *New Rules of Sociological Method*, pp. 110-13 y pássim.

ducidas de autonomía y de dependencia en la interacción social[83]. Por lo tanto, las relaciones de poder son siempre *bidimensionales*, aun cuando en una relación social el poder de un actor o grupo comparado con otro sea mínimo. Las relaciones de poder son relaciones de autonomía y de dependencia, pero aun el agente más autónomo es en cierta medida dependiente, y el actor o grupo más dependiente en una relación conserva cierta autonomía.

Las estructuras de dominación implican *asimetrías en los recursos empleados* en el sostenimiento de las relaciones de poder no solo en sistemas de interacción sino entre ellos.

Figura 2.7

En toda forma institucionalizada de interacción social, como indicaré en el *paper* siguiente, es posible distinguir dos recursos principales; a ellos les podemos agregar dos categorías principales de sanción, como lo indica la Figura 2.7. Podemos asociar autoridad y asignación con cualquiera de las dos categorías de sanción, o, para expresarlo mejor, dos modalidades de sanción, o con ambas. Obviamente no hay una división clara entre los tipos de sanciones y se los puede combinar de varias maneras. La distinción es esencialmente una distinción entre sanciones positivas y negativas, o entre recompensas y castigos; pero, la amenaza de retener una recompensa prometida puede ser un gesto punitivo y, a la inversa, la posibilidad de evitar una acción coercitiva o de liberarse de ella puede servir como aliciente.

Es importante poner el acento en que no se debe definir al poder en función del conflicto, ya que en ocasiones la ampliamente usada definición de "poder" de

---

[83] Es importante separar la aproximación que aquí se sugiere de la teoría del intercambio (en especial, Blau). La teoría del intercmabio analiza las relaciones de autonomía y de dependencia en la interacción en términos de los recursos que el *alter* posee y que el *ego* necesita para lograr sus fines. Sin embargo, esto no incorpora al poder en el contexto de una teoría de la dualidad de la estructura, y tiende a permanecer atado a un marco de individualismo utilitario.

Weber, a la que hemos hecho referencia anteriormente, se ha interpretado que da por sentado que poder y conflicto están necesariamente vinculados; como si el poder solo existiera, o solo fuera ejercido, cuando debe doblegarse la resistencia de otros. Es muy claro que eso no es lo que Weber intentó decir; sea como fuere, la formulación que proponemos aquí no implica esto en absoluto. Por supuesto, frecuentemente el uso del poder estimula el conflicto, o se da en un contexto de lucha. Esto no se debe a ninguna clase de conexión inevitable entre poder y conflicto, sino a las relaciones sutantivas que existen frecuentemente entre poder, conflicto e intereses. Consideraré que los intereses se basan en necesidades, independientemente de si un actor es consciente de esas necesidades (es decir, actores y grupos pueden tener intereses de los que no son conscientes). El poder y el conflicto, al igual que el poder y la realización de los intereses, están frecuente aunque contingentemente asociados el uno con los otros.

Individualismo metodológico: un breve paréntesis

Como conclusión, podría ser útil realizar un breve comentario sobre la relevancia de las ideas propuestas en este *paper* en el debate sobre el individualismo metodológico en teoría social. Por supuesto, no existe un punto de vista unitario que pueda identificarse como "individualismo metodológico": la frase se ha usado para abarcar una variedad de ideas diferentes. En las obras de Weber se destaca una versión, pero aquí consideraré brevemente lo formulado por Popper, quien ha sido uno de los principales promotores de esta idea en los tiempos modernos. Popper ha descripto sucintamente esta perspectiva de la siguiente manera: "todo fenómeno social, y especialmente el funcionamiento de toda institución social, siempre debería entenderse como resultado de decisiones, acciones, actitudes, etc., de los individuos humanos (…) jamás debería satisfacernos una explicación que gire en torno de los llamados 'colectivos'"[84]. Esta afirmación contiene tres términos clave que ameritan cierta explicación: *individuos*, *colectivos*, y lo implícito en instituciones *resultante* de decisiones, etc. En lo que concierne al primero de ellos, la afirmación de Popper refleja una tendencia característica en la literatura del individualismo metodológico (a favor y en contra): la de suponer que el término "individuo" no necesita explicación. Puede pensarse que es una obviedad sostener que las sociedades solo consisten de individuos, que es una

---

[84] Karl Popper, *The Open Society and its Enemies*, Vol. 2 (Londres: Routledge, 1966) p. 98.

posible lectura de la afirmación de Popper[85]. Pero, solo se trata de una obviedad (que es verdadera en un sentido trivial o poco interesante) si entendemos la palabra "individuo" como "organismo humano". Sin embargo, si "individuo" significa "agente" en el sentido en que lo he empleado en el presente *paper*, la situación es totalmente diferente. La primera parte de la afirmación de Popper, entonces, refleja las deficiencias de la teoría de la acción que he analizado anteriormente. De hecho, las instituciones resultan de la agencia humana, pero resultan de la acción solo en tanto y en cuanto estén recursivamente involucradas como medio para su generación. Por lo tanto, en el sentido de "institución", el "colectivo" está ligado al mismísimo fenómeno de la acción.

Podemos resumir de la siguiente forma la posición que hemos adoptado aquí:

1. Los sistemas sociales se producen como transacciones entre agentes y pueden analizarse en calidad de tales al nivel de la conducta estratégica. Esto es "metodológico" por cuanto el análisis institucional queda puesto entre paréntesis, aunque necesariamente los elementos estructurales entran dentro de la caracterización de la acción como modalidades a las que se recurre a fin de generar interacción.

2. Por otro lado, el análisis institucional deja a la acción entre paréntesis, y se concentra en modalidades como medios de la reproducción de los sistemas sociales. Pero, esto es también puramente una puesta entre paréntesis metodológico, que no es más defendible que el primero si descuidamos la importancia esencial de la concepción de la dualidad de la estructura[86].

---

[85] Como argumenta Lukes en "Methodological individualism reconsidered", en *British Journal of Sociology*, Vol. 19 (1968).

[86] Cutler *et al.*, en su *Marx's "Capital" and Capitalism Today* (Londres: Routledge, 1977), han ofrecido recientemente una contribución idiosincrásica a estas cuestiones. Afirman que "no hay nada en el concepto de agente que asegure que todos los agentes deben concebirse como seres humanos (…)" (p. 266). Así, el capitalista es reconocido como agente en el derecho empresarial; no obstante, tal categoría no se limita a los individuos humanos, sino que puede incluir a la firma comercial. "La compañía por acciones es un agente legal tanto como un *locus* de decisión económica distinto de sus accionistas (…) En cuanto a los otros atributos que se le exigen a una entidad si esta ha de funcionar como un agente de posesión capitalista, queda claro que estos no exigen que el agente sea un individuo humano" (p. 277). Estos comentarios son inobjetables, pero también para nada esclarecedores; no abordan el problema filosófico de la agencia en absoluto. Es totalmente cierto que una corporación puede ser un agente legal. Pero, las leyes deben ser interpretadas y aplicadas; se necesitan agentes humanos para hacerlo, tanto como para elaborarlas, en primer lugar. Allí donde los autores sí abordan la cuestión de la agencia en forma más directa hacen afirmaciones que me parecen sencillamente erróneas. En este sentido dicen que, si le atribuimos cualquier atributo universal a sujetos humanos, de eso se deprende que las relaciones sociales "son relaciones entre sujetos y se dan en la voluntad y la conciencia de los sujetos, y a través de ellas" (p. 268). Pero, eso no se desprende en absoluto; aunque por cierto es improbable que ninguna aproximación que *ignore* la voluntad y la conciencia de los sujetos humanos pueda resultar de mayor utilidad en teoría social.

3.
Instituciones, reproducción, socialización

En el *paper* anterior postergué la consideración de problemas relativos al análisis institucional, y es en ellos que me concentraré en las siguientes secciones. Distinguiré "institución" de "sistema social" o "colectivo". Citando a Radcliffe-Brown diré que las instituciones pueden definirse como "formas estandarizadas de conducta[1]" que tienen un rol básico en la constitución espaciotemporal de los sistemas sociales. Como he puntualizado en la discusión precedente, la estandarización de la conducta en el espacio-tiempo implica su *reconstitución* crónica en contextos contingentes de la actividad social cotidiana. La temporalidad ingresa en la reproducción de sistemas sociales de una manera triple:

1. En el *nexo inmediato de la interacción*, como logro de los actores, la reproducción social en su sentido más elemental.

2. En la *reproducción del plantel* de los sistemas sociales, en tanto seres con una vida limitada, *Sein zum Tode*, anclada, por supuesto, en la reproducción biológica.

3. En la *reproducción de instituciones*, sedimentada en la *longue durée* del tiempo histórico.

En las secciones finales de este *paper* me ocuparé de demostrar cómo se pueden vincular estos contextos temporales de reproducción social con una explicación de la socialización. En esas secciones del *paper* desarrollaré más detalladamente ciertos elementos del "modelo de estratificación" de la personalidad. Pero, antes de comenzar a estudiar esos temas, ampliaré la discusión sobre la estructura, iniciada previamente, y sobre esta base esbozaré una clasificación de las instituciones.

---

[1] A. R. Radcliffe-Brown, "On social structure", en *Journal of the Royal Anthropological Institute*, Vol. 70 (1940) p. 9.

Significación y codificación

En el estudio de la significación, en tanto rasgo estructural de los sistemas sociales, las reglas, o aspectos de las reglas, que interesan son *códigos*, o modos de codificar. El análisis de las formas de denominación implica considerar las conexiones entre lo que llamaré *autoridad* y *asignación*. El estudio de la legitimación necesita una comprensión de los modos de la *regulación* normativa gracias a los que se sostienen las "órdenes legítimas" (ver Figura 3.1).

Figura 3.1

SIGNIFICACIÓN	Teoría de la codificación
DOMINACIÓN	Teoría de la autoridad y de la asignación
LEGITIMACIÓN	Teoría de la regulación normativa

Al discutir la teoría de la significación limitaré lo que tenga que decir a un nivel bastante abstracto o formal. Deseo acentuar la importancia de incorporar algunas nociones centrales de la semiótica a la teoría social. A la vez, pondré énfasis en la necesidad de conectarlas con una explicación de agencia más satisfactoria que la ofrecida por la tradición estructuralista, y con un examen de las formas de dominación y de legitimación.

El signo puede aceptarse como elemento básico de la significación con las mismas reservas que he aplicado a la estructura: los signos solo existen como producidos y reproducidos en la significación, de la misma forma en que la estructura solo existe en los procesos de estructuración y a lo largo de ellos. La teoría de la significación debe ser liberada de los dualismos sujeto/objeto que, como he indicado anteriormente, han hostigado gran parte de las áreas de las ciencias sociales. En lo que respecta a la significación, estos dualismos se han presentado por sí mismos de una manera particularmente aguda: en concepciones divergentes de la lengua, y en diferentes perspectivas filosóficas. Desde el punto de vista del idealismo subjetivo, la lengua en particular y, por lo tanto, la significación en forma más general, se consideran medios para la comunicación entre los actores: los signos son información sobre significados que es transmitida. Lo que está ausente aquí es la comprensión de la significación como *rasgo constitutivo del contexto de la comunicación*[2]. Por otra

---

[2] Véase Dean MacConnell, "The past and future of 'symbolic interactionism'", en *Semiotica*, Vol. 16 (1976): "la version interaccionista simbólica del significado se reduce a una psicología social del significado, y

parte, las teorías estructuralistas del lenguaje han tomado a los signos como propiedades constitutivas "ya dadas" de los sistemas de signos. En ocasiones esta visión ha implicado que los signos tienen propiedades "fijas" o "limitadas" (aun si son metodológicamente determinadas por abstracción sincrónica): de esta forma suelen omitir la distinción entre signos y señales[3]. Contra estas perspectivas, una vez más debemos sustituir dualismo por dualidad: la significación, relacionada con las propiedades generativas de la estructura, está ligada recurrentemente a la comunicación del significado en la interacción. La significación se refiere a los rasgos estructurales que poseen los sistemas sociales y que son reproducidos por los actores (y a los que estos recurren) en forma de esquemas interpretativos. Por lo tanto, no puedo estar de acuerdo con Eco cuando define a la semiótica como "una disciplina que estudia todo lo que puede utilizarse para mentir", ya que mentir es necesariamente una acción intencional, y así opera exclusivamente en el nivel de la conducta estratégica. Sin embargo, el carácter general de la postura de Eco concuerda con la que hemos adoptado aquí: "Un sistema de significación es una construcción semiótica autónoma con una forma de existencia abstracta independiente de cualquier acto comunicativo posible que esta posibilita. Por otra parte (…) *cada acto comunicativo entre seres humanos (…) presupone la existencia de un sistema de significación como condición necesaria*."[4]

No debería tomarse esto para atribuirle prioridad a la semiótica por sobre la semántica, o para aceptar las doctrinas saussurianas de la naturaleza arbitraria del signo y la constitución de la "diferencia pura". Por el contrario, considero que lo semántico tiene prioridad por sobre lo semiótico[5]. Es necesario clarificar las implicancias que esto tiene. No implica reducir el significado al nivel subjetivo de la comunicación, como generalmente afirman los teóricos estructuralistas que le conceden primacía a lo semiótico; en cambio, debe tratarse al significado como fundado en los "contextos del uso" del lenguaje.[6] El núcleo más legítimo de la tesis de la naturaleza arbitraria del signo debe ser localizado en la naturaleza convencional de los signos: las diferencias que constituyen la significación se basan en el "espaciamiento" de las prácticas sociales. Esto en sí no resuelve un problema tradicional en la literatura de la semiótica: la cuestión de si la semiótica debe-

---

no conduce a investigar sobre la lógica y el orden en las relaciones entre signos" (p. 101). La perspectiva interaccionista simbólica es en teoría social la más cercana a las teorías intencionalistas del significado como han sido desarrolladas por filósofos (Grice, *et al.*).

[3] Raymond Williams, *Marxism and Literature* (Oxford University Press, 1977) pp. 38ss.

[4] Umberto Eco, *A Theory of Semiotics*, p. 9.

[5] Ver Giddens, *New Rules of Sociological Method*, pp. 104-7.

[6] Véase la discusión interesante y significativa en Edmond Wright, "Sociology and the irony model", en *Sociology*, Vol. 12 (1978) pp. 528ss.

ría ser vista como un estudio exhaustivo de los signos o sistemas de signos, de los que el estudio del lenguaje es solo una parte, o si, por el contrario, se la debe considerar más precisamente como una subcategoría de la lingüística. Mi perspectiva está más en consonancia con el último punto de vista: es posible suponer que el signo lingüístico, como dice Barthes, es el "eslabón fatal" de todos los modos de significación, ya que el lenguaje es un rasgo tan permeable de la actividad social humana. Por supuesto, esto no va en detrimento de reconocer la contribución más importante que emana de la semiótica: poner el acento en que todo tipo de contenido, no solo las palabras habladas o escritas, puede quedar atrapado en la significación.

Es posible distinguir signos tanto de señales como de símbolos. Utilizaré la palabra "símbolo" de una forma que definiré más tarde. Podemos tratar a la señal como estímulo fijo que provoca una respuesta o una gama de respuestas interpretativas dadas. Por lo tanto, las señales pueden operar en sistemas puramente mecánicos, aunque se las pueda incorporar como elementos de significación: como tales, tienen obviamente solo una importancia marginal cuando se las compara con las formas genéricas de los signos. Previamente he sostenido que debería reformularse el dualismo significante/significado de Saussure. No resulta útil hablar de significantes que de alguna forma "se corresponden" o "se articulan" con significados, ni de "cadenas de significantes" que de alguna forma se articulan con cadenas de significados. Sin embargo, la noción de la articulación de cadenas de significantes y de significados no señala el camino más allá de la presunción de que los signos son elementos "ya dados", de la forma en que lo son las señales.

En esto, la distinción sintagmático/paradigmático es relevante en forma directa, debido a que estas relaciones son multiformes en un eje vertical tanto como en uno lineal o temporal.[7] En tanto propiedades estructurales de los sistemas sociales, los códigos encarnan rasgos multivalentes, y en cierto sentido deben leerse "textualmente". Es decir, el concepto código-mensaje, que fácilmente puede encargarse de la generación de comunicación dentro de sistemas cerrados y mecánicos, necesita ser elaborado muy cuidadosamente cuando se lo aplica a la explicación de la comunicación en la interacción social. No podemos simplemente identificar códigos preexistentes generadores de mensajes, debido a que los "mensajes" también entran en la reconstrucción de "códigos" en la dualidad de la estructura en la interacción; pero, además, en la interacción social los mensajes siempre son "textos" en el sentido en el que son generados, y expresan una pluralidad de códigos.

---

[7] Eco, *Theory of Semiotics*, p. 49.

La noción de código, entendida en el marco de tal contexto, presupone necesariamente la de transformaciones. Esto, por supuesto, se aplica tanto a las reglas sintácticas involucradas en la producción de signos lingüísticos como a los demás sistemas semióticos que interesan directamente al análisis social. Sin embargo, hay buenas razones para negar la tesis que propone que toda forma de codificación en última instancia puede estar fundada en opuestos binarios de cualquier tipo[8]. En cambio, los opuestos binarios se convierten en el centro de atención mediante una concentración metodológica en un segmento de diferencia, como generalmente constituidos en redes de opuestos.

Recursos: de autoridad y asignación

Al distinguir autoridad de asignación intento separar conceptualmente dos grandes tipos de recursos que constituyen estructuras de dominación, y que son utilizados y reproducidos como relaciones de poder en la interacción. Utilizo la palabra "autoridad" para referirme a las capacidades generadoras de dominio sobre las *personas*, y utilizo la palabra "asignación" para referirme a las capacidades generadoras de dominio sobre *objetos* u otros fenómenos materiales.

La distinción analítica entre ambos términos es muy importante, por cuanto puede ayudarnos a evitar algunas deficiencias tradicionales de la literatura sociológica: deficiencias que pueden relacionarse con la influencia de dos vastas corrientes de pensamiento social y político[9]. Según una de esas corrientes de pensamiento, el marxismo (sería muy acertado acotar cautelosamente y hablar más bien de ciertas formas de marxismo), la dominación está asociada principalmente con los recursos de asignación (propiedad). Los comentarios críticos dirigidos contra esas formas de marxismo resultan contundentes por cuanto no logran darle atención suficiente a la autoridad como recurso (autoridad). Frecuentemente, la autoridad recibe un tratamiento reduccionista, como si fuera un derivado de la asignación. Esto no solo resulta en una comprensión defectuosa del sistema político del capitalismo industrial, sino también en una incapacidad para confrontar el problema de la naturaleza de la autoridad en las sociedades socialistas. Es este el tipo de comentario crítico que suelen utilizar contra el marxismo aquellos que escriben desde una tradición alternativa: la de la *teoría de la sociedad industrial*. Aquí, la autoridad no queda reducida a la asignación, sino lo

---

[8] Véase Edmund Leach, *Culture and Communication* (Cambridge University Press, 1976) pp. 52ss.
[9] Véase mi discusión en "Classical social theory and the origins of modern sociology", en *American Journal of Sociology*, Vol. 81 (1976).

contrario: la asignación es considerada como un caso especial de autoridad[10]. Más que acentuar los posibles contrastes entre capitalismo y socialismo, este tipo de aproximación los minimiza; se da por sentado que la autoridad posee una forma más o menos constante en cada sociedad industrial. La significación de la asignación como medio de dominación es subestimada en la misma medida, en sentido tanto analítico como histórico. En un sentido analítico está subestimada porque se la considera un mero subtipo de autorización; y en un sentido histórico, porque al poder que deriva de la asignación (propiedad) se le atribuye una importancia primordial solo en la estructura de la dominación durante el período del capitalismo clásico o empresarial. De ahí que este tipo de pensamiento haya estado estrechamente asociado con la argumentación gerencial sobre la separación del poder económico de la posesión de propiedad

Vale la pena acentuar que, más allá de sus diferencias manifiestas, estas corrientes de pensamiento tienen puntos en común. Ambas contemplan la "obsolescencia de la propiedad"; una como resultado del cambio revolucionario, la otra como resultado de un proceso evolutivo más gradual. Por lo tanto, en ambas, sostengo, existe una subestimación de la importancia perdurable de la asignación como rasgo genérico de la dominación. Indudablemente, esto se debe, en parte, a la asimilación que típicamente se hace entre "propiedad" y "propiedad privada", con la implicancia de que, con la trascendencia de la última, la propiedad como concepto pierde su relevancia para el análisis social. Esta no es la perspectiva que adopto aquí, aunque reconozco cuán importante es diferenciar propiedad privada de propiedad colectiva (tanto como reconocer otras diferencias que se podrían encontrar en ambas).

Legitimación y normas

Por el momento, postergaré una discusión más exhaustiva sobre estos temas y comenzaré una breve evaluación inicial de problemas propios de la regulación normativa. La teoría de la regulación normativa ocupa una posición particularmente central en el análisis social contemporáneo, principalmente como resultado de los énfasis que la sociología de Durkheim y de Parsons ha puesto de relieve. En otros trabajos los he rastreado y criticado con cierto detalle[11]. No es accidental que dentro de este tipo de tradición teórica haya resultado difícil hallar espacio

---

[10] Ralf Dahrendorf, *Class and Class Conflict in Industrial Society* (Stanford University Press, 1958).

[11] Varios *papers* reimpresos en *Studies in Social and Political Theory*.

conceptual para una noción de legitimación, a pesar del esfuerzo inicial de Parsons de integrar ideas adoptadas tanto de Durkheim como de Weber. Ya que Parsons esencialmente subsumió el concepto weberiano de "órdenes legítimas" en el de la *conciencia colectiva* de Durkheim como parte de la solución al "problema del orden de Thomas Hobbes"[12]. Al definir el problema del orden, Parsons consideró que este se ocupa de dilucidar cómo puede existir la sociedad, con cierto grado de estabilidad a lo largo del tiempo, en vista de la lucha de voluntades individuales, la guerra de todos contra todos. Como consecuencia de haberse adoptado este punto de partida, las propias teorías de Parsons han quedado muy fuertemente atadas a una posición en la que los intereses se comprenden primariamente en términos del *opuesto individuo/sociedad*. El consenso moral que hace posible la unidad del todo social incorpora valores "internalizados" como disposiciones necesarias en la personalidad, y así asegura un ensamble entre el individuo y la sociedad. El tema de los "valores comunes" reemplaza al de la legitimación siempre y cuando se entienda que esta última se relaciona con los intereses sectoriales de los grupos dominantes (y por lo tanto con la ideología).

Hay dos razones por las que la noción de legitimación es preferible a una de consenso normativo: en primer lugar, no implica ningún grado particular de acuerdo sobre los valores estándar realizados como derechos y obligaciones; en segundo lugar, permite una apreciación mucho más clara de la interacción entre los valores estándar y los intereses sectoriales en la sociedad. Por "valores estándar" entiendo toda clase de prescripción normativa que pueda ser movilizada como rasgo sancionador en el marco de la interacción. Debemos sospechar de cualquier teoría que sostenga que toda sociedad relativamente estable necesariamente descansa sobre un paralelismo, o "interpretación" cercano entre los valores estándar involucrados en la legitimación y los motivos coordinados en la conducta de los miembros de esa sociedad. Esto es relevante para el relato de Parsons relativo tanto a su interpretación general de la personalidad y el *consensus universel*, como a su apropiación de la teoría psicoanalítica como parte de este sistema.

Para Parsons, existe una convergencia clara entre Durkheim y Freud: hay elementos de la concepción freudiana del desarrollo de la personalidad que pueden utilizarse para clarificar la resolución del problema del orden basada en "consenso de valores–norma–disposición necesaria internalizada". Pero, este es un Freud mayormente despojado de antagonismos o tensiones. Parsons argumenta que las principales características de la personalidad humana se "organizan en derredor de la internalización de sistemas de objetos sociales que se originaron

---

[12] Talcott Parsons, *The Structure of Social Action*.

como unidades de rol de las sucesivas series de sistemas sociales a los que el individuo ha llegado a integrarse en el curso de su historia[13]. Parsons distingue esto específicamente de una perspectiva del desarrollo de la personalidad que implica la represión de impulsos instintivos; la formación de la personalidad sucede mediante la internalización de "sistemas de objetos" que se van diferenciando progresivamente a lo largo del tiempo a medida que el individuo se incorpora más estrechamente a la sociedad. Sugerir que existe una armonía o compatibilidad intrínseca entre la motivación y los estándares de valores en un área en la que –si se sigue el rumbo principal del pensamiento freudiano– existen tensiones inherentes de un tipo fundamental es consecuencia de esa interpretación.

Hay otras disyuntivas posibles entre la conducta de los actores en la sociedad y las estructuras de legitimación que comprometen el teorema de la necesaria interpenetración de la motivación y el consenso de valor. Por supuesto, para que las órdenes legítimas tengan alguna clase de fuerza vinculante, deben representarse como condiciones estructurales de la acción por lo menos para cierta proporción de los miembros de un colectivo o de una sociedad. Pero, no se justifica la presunción de que, para que el colectivo o la sociedad gocen de una existencia con cierto grado de estabilidad, esto debe extenderse a la mayoría de esos actores. El nivel de la integración normativa de los grupos dominantes dentro de los sistemas sociales puede ser mejor influencia en la continuidad general de esos sistemas que la medida en la que la mayoría ha "internalizado" los mismos valores estándar.

Estas consideraciones no son significativas simplemente al nivel de la sociedad en general, o de las sociedades a gran escala, sino que se aplican a todas las circunstancias de la interacción. Cualquiera sea el contexto de interacción, lo que para un actor constituye un "valor estándar" legítimo, para otro puede no ser más que un rasgo "fáctico" del entorno de la acción. Este es verdaderamente un principio característico del funcionamiento de las sanciones, aun donde los elementos normativos involucrados son relativamente "débiles" solo en cuanto a su forma.

Propiedades estructurales

Deseo sugerir que cada uno de estos tres aspectos de la estructura que he distinguido puede entenderse como ordenado en términos de *mediaciones* y de *transformaciones* que estos hacen posible en la constitución espaciotemporal de

---

[13] Talcott Parsons y Robert F. Bales, *Family, Socialisation and Interaction Process* (Nueva York: Free Press, 1955) p. 54.

los sistemas sociales. El sentido más básico de mediación es aquel implicado en "atar" el tiempo y el espacio, la mismísima esencia de la reproducción social. "Atar" el tiempo y el espacio, para anticipar un tema que desarrollaré en detalle más adelante, puede entenderse en términos de lo que es posible denominar "disponibilidad de la presencia" de los actores dentro de los sistemas sociales. Toda interacción social implica mediación en la medida en que siempre hay "vehículos" que "transportan" el intercambio social por las brechas temporales y espaciales. En sociedades o comunidades con una alta disponibilidad de la presencia —en otras palabras, donde la interacción es predominantemente cara a cara—, los vehículos mediadores son aquellos provistos por las facultades de la presencia física. La escritura y otros medios de comunicación (teléfono, televisión, formas mecanizadas de transmisión) unen en el tiempo y en el espacio distancias mucho más grandes.

En el *paper* anterior he propuesto que no existen cosas tales como reglas de transformación: todas las reglas sociales (códigos y normas) son transformacionales. De acuerdo con la terminología que utilizo en este libro, decir que las reglas son transformacionales es decir que generan una gama indefinida de contenidos empíricos que se identifican unos con otros solo en su relación con aquellas reglas. En tanto esto puede ser bastante obvio en lo que respecta a códigos y a normas, tal vez no resulte tan claro ver cómo los recursos involucran mediaciones o bien transformaciones. Ya que los recursos (por ejemplo, la riqueza o la propiedad) podrían parecer existir en un sentido espaciotemporal, lo que no sucede con las reglas. Pero, deseo expresar que las existencias materiales involucradas en los recursos (a) son el contenido, o el "vehículo" de los recursos paralelamente a la "sustancia" de los códigos y normas, y (b) en calidad de instanciadas en las relaciones de poder en los sistemas sociales solo operan en conjunción con códigos y normas. La asignación es solo "propiedad" en calidad de instanciada en conjunción con reglas de significación y legitimación. La naturaleza transformacional de los recursos es tan básica como la de las reglas; es por esto que utilizo la locución "capacidad transformacional" como rasgo intrínseco de la agencia humana. Sin embargo, los recursos proveen los *instrumentos materiales* de todas las transformaciones de contenidos empíricos, incluyendo aquellos involucrados en el funcionamiento de códigos y normas.

Las nociones de transformación y de mediación no solo se aplican a la estructuración de la interacción en el espacio-tiempo real, sino que también están esencialmente involucradas en el análisis de las estructuras. Cuando se toma a la mediación y a la transformación en conjunto, puede decirse que se refieren a la *convertibilidad* de reglas y recursos. Aquí daré un ejemplo que realmente es solo ilustrativo, pero en cierto sentido prepara el camino para la discusión más sustancial sobre las instituciones que sigue a continuación: la importancia de la propiedad privada como componente estructural del capitalismo moderno. Algunas relaciones estructurales clave instanciadas en el sistema capitalista pueden representarse en el espacio-tiempo virtual de la siguiente forma:

(1) propiedad privada: dinero: capital: contrato laboral: rentabilidad.

(2) propiedad privada: dinero: capital : contrato laboral: autoridad industrial.

(3) propiedad privada: dinero: ventaja educativa: posición ocupacional.

Si bien la propiedad privada no es en modo alguno específico del capitalismo moderno, ciertos modos definidos de la convertibilidad de la propiedad privada lo son (lo que, por supuesto, es relevante para el significado de "propiedad privada" como tal). Los componentes estructurales centrales del modo capitalista de producción implican las relaciones de convertibilidad indicadas en (1). El dinero, la "prostituta universal", como el medio del valor de cambio puro, posibilita la convertibilidad de los derechos de propiedad en capital (en el contexto de la totalidad). La universalización de la economía monetaria es la condición para el surgimiento de la sociedad capitalista, como opuesta a la existencia de sectores capitalistas dentro de los sistemas de producción agraria. En calidad de estándar universal de valor de cambio, el dinero permite tanto la transformación de la propiedad privada en capital como, asociado a esto, la mercantilización de la fuerza laboral como la única "propiedad" que posee el trabajador asalariado. A su vez, la existencia de la unidad propiedad/dinero como capital facilita la convertibilidad de capital en rentabilidad mediante la extracción de la plusvalía.

Es posible esbozar una serie interconectada de relaciones de transformación-mediación como componentes estructurales de la convertibilidad de la propiedad privada en autoridad industrial en (2). La convertibilidad de las dos propiedades estructurales en el extremo derecho del conjunto depende, por supuesto, de transformaciones diferentes a las de (1). Sin embargo, estas transformaciones son, una vez más y en cierto grado, rasgos particulares del capitalismo: la legitimación de la autoridad en la empresa capitalista se organiza mayormente mediante el contrato laboral (comparado, por ejemplo, con el juramento de lealtad entre el señor feudal y el siervo). Las relaciones estructurales indicadas en (3) simplemente ilustran otra gama de elementos convertibles. Obviamente, la transformación del dinero, o más generalmente de la riqueza, en ventaja educativa puede adoptar varias formas, pero en muchas sociedades contemporáneas una educación privilegiada todavía puede comprarse directamente en escuelas privadas como cualquier otra mercancía. De manera similar, la transformación de la ventaja educativa en posición ocupacional puede instanciarse en varias formas: una vez más, algunas de ellas son bastante directas (por ejemplo, los contactos obtenidos a través de exalumnos).

El estudio de las estructuras, como he dicho anteriormente, siempre es el estudio de la *estructuración*. La cautela aconsejada por Eco en cuanto a la noción de código se aplica a los tres componentes de la estructura que distingo:

> Uno puede (…) sostener que no es verdad que un código organice los signos; más correcto es decir que los códigos proveen las reglas que *generan* signos como ocurrencias concretas en el intercambio comunicativo. Por lo tanto, la noción clásica de "signo" se *disuelve* en un complejísimo entramado de relaciones cambiantes. La semiótica sugiere una suerte de paisaje molecular en el que lo que estamos acostumbrados a reconocer como formas cotidianas resulta ser consecuencia de agregados químicos transitorios, y las denominadas "cosas" no son sino la apariencia superficial adoptada por una red subyacente de unidades más elementales. O, más bien, la semiótica nos da una especie de explicación fotomecánica de la semiosis que revela que donde pensábamos que veíamos imágenes no había más que agregados de puntos blancos y negros estratégicamente dispuestos, una alternancia de presencia y ausencia (…).[14]

Para analizar la estructuración es indispensable aislar conjuntos estructurales del tipo que he discutido anteriormente, pero siempre debemos tener en cuenta que esto solo se justifica por motivos metodológicos. Por supuesto, los conjuntos que he utilizado para ilustrar son descriptos de una manera relativamente simple: las redes más complejas de relaciones estructurales podrían fácilmente ser representadas y analizadas de una forma similar.

De ninguna manera puede considerarse que la identificación de estructuras es el único propósito de la investigación sociológica. La instanciación de la estructura en la reproducción de sistemas sociales, como su medio y resultado, es el foco de atención apropiado del análisis sociológico. Así, cada uno de estos tres conjuntos mencionados anteriormente debe ser interpolado como elementos de ciclos de reproducción social productores de sistemidad en las relaciones sociales. En el contexto de tal interpolación podemos identificar elementos estructurales muy profundamente integrados en las dimensiones espaciotemporales de los sistemas sociales: en el siguiente *paper*, en el que estableceré la relación entre el análisis de la estructuración y la contradicción de los sistemas, me referiré a esos elementos estructurales como *principios estructurales*. Los principios estructurales rigen los posicionamientos institucionales básicos en una sociedad.

---

[14] Eco, *Theory of Semiotics*, p. 50.

Clasificación de instituciones

A fin de evitar malos entendidos, vale la pena destacar una vez más que la diferenciación entre significación, dominación y legitimación es analítica. Si la significación está estructurada fundamentalmente en el lenguaje, y a través de él, *a la vez el lenguaje expresa aspectos de* dominación; *y los códigos involucrados en la significación tienen fuerza normativa.* La autoridad y la asignación solo se movilizan en conjunción con elementos significativos y normativos; y, finalmente, la legitimación necesariamente involucra a la significación y también tiene un papel muy relevante en la coordinación de formas de dominación. Sin embargo, estas conexiones hacen del modelo significación-dominación-legitimación una base útil para clasificar a las instituciones –modelo que pone el énfasis en la interrelación dentro de la totalidad social.

Figura 3.2

S – D – L	Órdenes simbólicos / modos de discurso
D (aut) – S – L	Instituciones políticas
D (asig) – S – L	Instituciones económicas
L – D - S	Leyes / modos de sanción

- S = Significación
- D = Dominación
- L = Legitimación

En la Figura 3.2, las líneas que conectan significación-dominación-legitimación no son, por supuesto, conexiones causales, sino que simplemente indican interdependencia. La primera letra en cada línea indica la dirección del foco analítico. Así, toda vez que nos concentramos en esas formas institucionales a través de las que se organiza la significación, nos ocupamos del análisis de *los órdenes simbólicos* y de *las modalidades del discurso.* Ningún análisis de este tipo puede ignorar las formas en las que los sistemas de símbolos y las modalidades del discurso están entrelazados con formas de dominación y de legitimación. Un argumento paralelo se aplica a los otros tipos de institución: *política, económica, y legal/represiva.*

La distinción que hago entre "signo" y "símbolo" se asemeja a la sugerida por Ricoeur, quien concede categoría de símbolo a "cualquier estructura de significación en la que un significado directo, primario y literal designa, además, otro significado que es indirecto, secundario y figurativo y que solo puede ser aprehendido a través del primero". Los símbolos se sirven del "exceso de significado" inherente a la significación como una totalidad: parece razonable afirmar que es posible entender ese exceso de significado como conjunción de la metáfora y la metonimia dentro de órdenes simbólicos[15]. Esa concepción del simbolismo es considerablemente relevante cuando se la compara con la que generalmente prevalece en la sociología, donde frecuentemente la palabra *"símbolo" es utilizada como mero equivalente de "representación"* y, por lo tanto donde se presume que los símbolos tienen límites rígidos. Se trata de una perspectiva estática y conservadora del simbolismo, incapaz de dar una explicación satisfactoria de la intimidad y de la sutileza con que los órdenes simbólicos son orientados hacia procesos de cambio social. Sin embargo, si aceptamos que el simbolismo relaciona, como dice Ricoeur, "la multiplicidad de significados con la equivocidad del ser", estamos en condiciones de ver que el "avance del lenguaje hacia algo más que sí mismo", marcado por el simbolismo, expresa la potencia de los símbolos en la estimulación de nuevos significados[16]. Las asociaciones metafóricas y metonímicas de los símbolos son tan importantes en la ciencia como en otros tipos de discurso; la metáfora, de hecho, bien puede estar presente en los orígenes de la innovación en teorías científicas[17].

La literatura define lo "político" y lo "económico" de numerosas maneras. En el esquema presentado en la Figura 3.2 considero al ámbito de lo político como algo que en un sentido genérico se interpreta de manera útil como a cargo de la movilización de la *autoridad* como recurso; y, al ámbito de lo económico como a cargo de la movilización de *recursos de asignación*. Así, en todos los sistemas sociales existen aspectos políticos y económicos con cierta existencia duradera. En lo que respecta a la esfera de lo político, este uso difiere de dos tipos comunes de interpretación: el que vincula lo político específicamente con el surgimiento del estado moderno[18], y el que asocia lo político inherentemente con la resolución de conflictos de valores o intereses. El primero de ellos supone que el término "político" es intrínsecamente dependiente de la formación de una entidad política claramente diferenciada. Esta concepción dificulta el reconocimiento de continuidades significativas entre sociedades pre-estatales y estatales; implícita-

---

[15] Paul Ricoeur, "Existence and hermeneutics", en *The Conflict of Interpretations* (Evanston: Northwestern University Press, 1974) pp. 12-13. Ver también las posteriores correcciones de su postura en *Interpretation Theory: Discourse and the Surplus of Meaning*.

[16] "(…) un símbolo es un término, un nombre o incluso una imagen que puede resultar familiar en la vida cotidiana, pero que sin embargo posee connotaciones específicas además de su significado convencional obvio". Carl Jung *et al., Man and His Symbols* (Londres: Pan, 1978) p. 3.

[17] Véase Donald A. Schon, *Displacement of Concepts* (Londres: Tavistock, 1963).

[18] Véase Max Weber, *Economy and Society*, Vol. 2 (Nueva York: Bedminster, 1968) pp. 901-10.

mente suele dar por sentado un rasgo básico del gobierno democrático liberal: la separación entre una entidad política y la economía. El mismo principio se aplica en forma inversa a lo económico, que en ocasiones se entiende de forma tal que se limita a aquellas sociedades con una "economía" definida y clara. Algunas otras definiciones que son más inclusivas también se inclinan fuertemente hacia la sociedad capitalista en la medida en que lo económico se conceptualiza como relaciones de intercambio. Rechazo estas definiciones, al igual que aquellas que tienen alguna afinidad con la segunda concepción de lo político a la que se ha hecho referencia anteriormente: tengo en mente la clase de definición que equipara lo económico con la puja que deriva de la escasez de recursos (consultar la crítica de Polanyi sobre la "economía formal").

De manera similar, no intento circunscribir el ámbito de las instituciones legales a esas sociedades poseedoras de leyes formalizadas. Generalmente, las leyes formalizadas, como ya lo ha expresado un autor, difieren de las reglas jurídicas en cuanto a "claridad, fijeza y finalidad"[19]. Es decir, las leyes se presentan como fórmulas definidas, son de aplicación invariable, y rigen universalmente para aquellas infracciones contempladas por ellas. Pero, en sociología es una cuestión obvia —y muy difícil— que los procedimientos legales y los elementos formalizados solo puedan estudiarse a través de su intersección con elementos normativos más difusos de la sociedad; y, debemos agregar, con las sanciones asociadas a ellos.

Al examinar con más detenimiento algunos rasgos generales de las instituciones de las sociedades industriales, debemos considerar algunos problemas básicos del análisis de clases. En *La estructura de clases en las sociedades avanzadas* (*The Class Structure of the Advanced Societies*) elaboré una perspectiva con respecto a tales problemas; y si bien es cierto que esa obra adolece de algunas serias limitaciones, aún estimo que esa perspectiva es correcta[20]. Con frecuencia, algunas tradiciones de la teoría social —más comúnmente aquellas que se atribuyen una ascendencia marxista— han tratado a las "clases" como si estas fueran grupos o colectivos. Por otro lado, existen aproximaciones opuestas —muy especialmente asociadas con Max Weber y quienes lo han seguido— en las que el término "clase" se utiliza en referencia a una categoría de cualidades agregadas (oportunidades en el mercado, o características de las ocupaciones). Ninguno de estos dos tipos de conceptualización parece satisfactorio. El primero enfrenta una gama de dificultades. Parece relativamente sencillo identificar colectivos tales como fa-

---

[19] Alan Wells, *Social Institutions* (Londres: Heinemann, 1970) p. 133.
[20] *The Class Structure of the Advanced Societies*.

milia, escuela, etc., pero no es sencillo identificar las clases sociales. De esta forma, quienes optan por este enfoque en ocasiones suelen argumentar que solo podemos hablar de una "clase" cuando quienes pertenecen a esa clase muestran algún grado de conciencia de clase: una perspectiva que ha encontrado algún respaldo textual en Marx pero que, sin embargo, es claramente inconsistente con el cuerpo principal de sus obras. Por otra parte, quienes han adoptado el segundo tipo de perspectiva, incluyendo a Weber, han encontrado grandes dificultades para hacer algún tipo de conexión entre categorías de clase y formas verdaderas de organización grupal: así, la relación entre las nociones de "situación económica de clase", por un lado, y de "clase social" por el otro, propuestas por Weber, permanece oscura[21].

Por lo tanto, propongo abandonar ambas aproximaciones y sugerir que solo es posible dilucidar satisfactoriamente una teoría de clases si involucra la influencia que ejerce un orden institucional de "sociedad de clases" en la formación de colectivos. Esta comprensión de estructuración de clases implica conectar (mediante lo que ahora llamaría "dualidad de la estructura") una teoría de sociedad de clases, como forma institucional, con una explicación de cómo las relaciones de clase se expresan en tipos concretos de conciencia y formación de grupos. Es posible identificar los orígenes de la sociedad de clases en ciertas características estructurales de la sociedad capitalista referida previamente: la formación de esferas diferenciadas de la economía y de la entidad política por las que la actividad económica queda a salvo del control político directo. Por consiguiente, existe una relación inmediata e integral entre los conceptos de estado capitalista y de sociedad de clases. Aislar la economía y la entidad política, en términos de la clasificación de instituciones descripta anteriormente, es el rasgo fundamental de la sociedad capitalista, que en nuestra época también se refiere al sector dominante de la sociedad mundial. En tanto que su organización está aún arraigada en las estructuras del estado-nación, sus ramificaciones son obviamente internacionales. Las relaciones entre los estados y las corporaciones multinacionales en los mercados mundiales de bienes son su expresión concreta.

Lo que se aplica como teorema con respecto a la dominación de clases también se aplica genéricamente a todo tipo de análisis institucional: solo será posible comprender las formas institucionales en tanto se demuestre cómo las instituciones, en su calidad de prácticas sociales regularizadas, se constituyen y reconstituyen en el vínculo entre la *durée* del momento pasajero y la *longue durée* de las relaciones es-

---

[21] Max Weber, *Economy and Society*, Vol. 1, pp. 302ss.

paciotemporales profundamente sedimentadas. Esto lleva a una cuestión de la mayor importancia sobre la que ya hemos puesto énfasis en el *paper* anterior: la relación totalidad/momento con una variedad de "capas" diferentes (para utilizar un término de Gurvitch) de relaciones de autonomía y de dependencia entre colectivos. Este énfasis debe su relevancia a que nos permite evitar las dificultades que siempre han estado asociadas con las visiones estructuralistas de la totalidad o, más ampliamente, esas visiones en las que la totalidad es una combinación "presente" de partes. Estas aproximaciones solo han logrado encargarse de la participación de la parte en la totalidad dando por sentado que una comparte ciertos rasgos de la otra y que existe entre ellas una homología. De esto resulta una tendencia a ir directamente desde la parte hacia la totalidad en el análisis social: suponer que la respuesta a la pregunta "¿Qué integra al individuo a la sociedad?" explica *ipso facto* lo que integra a la sociedad. Esta clase de concepción (que recibe refuerzo adicional de parte de las analogías orgánicas que virtualmente siempre la informan, de manera manifiesta o más subrepticia) excluye efectivamente la posibilidad de tratar a la sociedad como *conjunto de grupos en tensión*, como grupos inmersos en relaciones de poder y en distintos tipos de conflicto. Por otra parte, aquellas formas de funcionalismo, por ejemplo la desarrollada por R. K. Merton, con mayores posibilidades de advertir la centralidad del poder y del conflicto en la sociedad han renunciado a comprender la totalidad como de alguna forma implicada en sus partes[22]. Así, para Merton, se puede analizar el todo social como simplemente una "suma neta de consecuencias funcionales" de la interacción entre individuos y colectivos[23].

El funcionalismo y la reproducción social

No basta con solo rechazar las teorías funcionalistas de la totalidad; además debemos rechazar las interpretaciones funcionalistas de la reproducción social (en cada uno de los sentidos en los que ya he indicado que puede comprenderse el concepto de reproducción social). Aquí debemos diferenciar entre dos tipos de funcionalismo, aun cuando existan entre ellos ciertas continuidades y paralelos. La concepción funcionalista de la totalidad en tanto unidad orgánica se vincula particularmente con aquello a lo que frecuentemente se hace referencia como "funcionalismo normativo",[24] e incluye ciertos elementos principales que es

---

[22] Robert K. Merton, *Social Theory and Social Structure*.

[23] "Functionalism: après la lutte".

[24] Véase David Lockwood, "Social integration and system integration", en Zollschan y Hirsch, *Social Change*.

posible rastrear con relativa facilidad desde Comte hasta Durkheim o Parsons. Obviamente, esta perspectiva no ha de encontrarse comúnmente en las tradiciones marxistas, que en cierto sentido necesariamente reconocen la división de la sociedad en clases. Por otra parte, las interpretaciones marxistas-funcionalistas de la reproducción social (o de la reproducción económica, la reproducción del capital) son, por cierto, muy comunes. En la literatura marxista no resulta difícil encontrar teoremas de corte abiertamente funcionalista, independientemente de cuánto sus autores renieguen de toda connotación funcionalista. Así, cuando Poulantzas escribe que al estado le cabe "la particular función de constituir el factor de cohesión entre los niveles de una formación social",[25] ofrece una definición funcional que en cuanto a su forma no difiere de muchas otras comparables que existen en la literatura de las ciencias sociales no marxistas. Al estado no se lo define solo en función de lo que hace, o de cómo funciona, sino de cómo lo que hace contribuye a las "necesidades del sistema". La interpretación de la naturaleza del estado construida sobre esta conceptualización explica las actividades del estado mediante su imprescindibilidad o utilidad para la existencia ininterrumpida del sistema capitalista. Gran parte de la literatura marxista contemporánea se centra en el análisis de la reproducción, y el tono dominante es funcionalista. Los análisis que realiza Marx sobre la reproducción simple y expandida se prestan muy fácilmente a lecturas funcionalistas, y así lo han interpretado con frecuencia quienes los han considerado una fuente de comprensión de las relaciones entre el capital y el trabajo en el desarrollo capitalista[26]

Estos rasgos son particularmente notables en las obras de aquellos influidos por Althusser; ya que al igual que el marxismo de aquel, como he señalado anteriormente, el "funcionalismo normativo" es ciego al hecho cotidiano de que todo agente social comprende, práctica y discursivamente, las condiciones de su acción. Tanto en el marxismo de Althusser como en la sociología de Parsons, la reproducción de la sociedad se da "a espaldas de" los agentes cuya conducta constituye a esa sociedad. Ambos carecen del involucramiento de la propia conducta deliberada de los actores con la racionalización de la acción: la sociología de Parsons, como resultado del teorema valor consensuado-norma-disposición necesaria internalizada, y las obras de Althusser como consecuencia de su explicación

---

[25] Nicos Poulantzas, *Political Power and Social Classes* (Londres: New Left Books, 1973) p. 44. Para una discusión crítica del funcionalismo en la literatura marxista reciente, ver R. W. Connell, "Complexities of furies leave (…) a critique of the Althusserian approach to class", en *Macquarie University Paper* (junio de 1978).

[26] Ver, por ejemplo, Manuel Castells, *The Urban Question* (Londres: Arnold, 1977), especialmente pp. 461ss.

determinista de la agencia; de ahí que la teleología del sistema rija (en la primera) o suplante (en la segunda) la de los actores.

En lugar de cada uno de estos abordajes, deseo insistir en que la única teleología implicada en los sistemas sociales es aquella comprendida dentro de la conducta de los actores sociales.[27] Esta teleología *siempre* opera dentro de las condiciones limitadas de la racionalización de la acción. Toda reproducción social se produce en el contexto de "mezclas" de consecuencias buscadas y no buscadas de la acción; *cada* rasgo de cualquier continuidad que una sociedad experimente a lo largo del tiempo deriva de esas "mezclas", con el trasfondo de condiciones limitadas de racionalización de la conducta. De accuerdo con esta concepción la noción de sistema *presupone* la de reproducción social; la reproducción no es un misterioso logro alcanzado por los sistemas sociales mediante las actividades de sus "miembros".

En este punto es importante dejar en claro esta argumentación, y la mejor forma de hacerlo es a través de un ejemplo. Consideremos la discusión de Marx sobre el ejército de reserva en la economía capitalista. Esta argumentación marxista puede leerse, y con frecuencia lo ha sido, desde una postura funcionalista. El capitalismo tiene sus propias "necesidades", y el funcionamiento del sistema las satisface. Debido a que el sistema necesita un ejército de reserva, se crea uno. En ocasiones esto se plantea a la inversa. Debido a que el funcionamiento del capitalismo lleva a la creación de un ejército de reserva, seguramente esto se debe a que lo necesita. Ninguna de las dos versiones de la argumentación del ejército de reserva es defendible. Ni siquiera los rasgos institucionales más profundamente arraigados de las sociedades surgen porque las sociedades necesitan que esto suceda. Se producen *históricamente*, como resultado de condiciones concretas que es necesario analizar individualmente; lo mismo se aplica a su persistencia.

Es posible expresar la argumentación del ejército de reserva como una serie homeostática de relaciones de reproducción social en conformidad con el esquema delineado en el *paper* anterior. Es decir, podría demostrarse que la existencia de un conjunto de trabajadores desempleados conforma un circuito causal con otros factores en el sistema de producción. Ahora, un funcionalista lo expresaría mediante este enunciado: "la función del ejército de reserva es estabilizar la producción capitalista". Pero, excluiré de las ciencias sociales el término "función" –al menos en su sentido técnico–. De la manera en que aparece en el enunciado anterior, el término "función" es nocivo en dos sentidos.

---

[27] Ver "Functionalism: après la lutte", si se desea un desarrollo más completo de esta proposición.

1. Al decir "función" en vez de "efecto" (dentro de un circuito causal), el intérprete implica que se ha ofrecido algún tipo de explicación de por qué el ejército de reserva está allí, o de cómo contribuye a la reproducción del sistema capitalista. Sin embargo, el enunciado en cuestión no es explicación de nada. En el mejor de los casos es un abordaje preliminar de una explicación de algunos aspectos de la reproducción social. Esta explicación debe mostrar concretamente cuáles son las relaciones involucradas entre cada uno de los elementos comprendidos en el circuito causal.

2. El uso del término "función" implica la tradicional dicotomía entre la dinámica y la estática: que la función del ejército de reserva puede analizarse "fuera del tiempo". Pero, no podemos poner al tiempo entre paréntesis al estudiar la estabilidad social más de lo que podemos hacerlo cuando estudiamos el cambio social. Equiparar al tiempo con el cambio es algo a lo que debemos resistirnos.

Al rechazar las concepciones funcionalistas según las cuales los sistemas sociales tienen "necesidades" o "razones" propias, que pueden utilizarse para explicar cualquier cosa que suceda *en* esos sistemas o *a* esos sistemas, existe un tipo de afirmación que no intento excluir del análisis social. Se trata de una afirmación contrafáctica: "lo que debe suceder para que las características dadas de un sistema social nazca, persista o sea alterado". Debemos emplear estas conjeturas con cierta cautela ya que se pueden prestar a cierta interpretación de corte funcionalista. Tomemos el siguiente enunciado como ejemplo: "a fin de perdurar de manera relativamente estable, la economía capitalista debe mantener cierto nivel general de rentabilidad". Aquí, la fuerza del verbo "deber" es contrafáctica: implica la identificación de condiciones que deben cumplirse para que se produzcan ciertas consecuencias. El verbo "deber" no es ni una propiedad ni una "necesidad" del sistema y carece de fuerza explicativa, *a menos que* los actores dentro del sistema conozcan las condiciones en cuestión y las incorporen activamente en un proceso de autorregulación reflexiva del sistema de reproducción.

Toda reproducción social se basa en la aplicación y reaplicación fundadas de reglas y recursos por parte de actores en contextos sociales situados: toda interacción en este sentido siempre debe ser llevada a cabo contingentemente por aquellos que son parte de ella. En principio, el cambio está vinculado con la reproducción social –una vez más, en su sentido básico tanto como en su sentido "generacional"– en su contingencia: los sistemas sociales son crónicamente producidos y reproducidos por los participantes que los constituyen. *Así, el cambio, o su potencialidad, es inherente a todos los momentos de la reproducción social.* Resulta vital ver que todos y cada uno de los cambios en un sistema social lógicamente involucran a la totalidad y así implican una modificación estructural, independientemente de cuán trivial o insignificante pueda resultar. El cambio lingüístico lo ilustra: toda modificación en la naturaleza fonética, sintáctica o semántica de las palabras de una lengua se lleva a cabo mediante el uso de la lengua, es decir, mediante la reproducción de la lengua; ya que la lengua existe solo mediante su reproducción, esas modificaciones involucran a la totalidad.

Cuando relacionamos instituciones con cambio social, resulta necesario vincular las bases de la formación de grupos con la contradicción del sistema: en las sociedades capitalistas esta vinculación está mediada fundamentalmente por la dominación de clases. La contradicción más profunda del capitalismo industrial, así sostendré luego, es la existente entre la apropiación privada y la producción socializada: esta contradicción se expresa institucionalmente a través de las relaciones entre la economía y la entidad política a las que nos hemos referido anteriormente, que a su vez, son la base de la estructura de clases. Sin embargo, la relación entre estructura de clases y la formación de clases, como ya he señalado, es complicada. Aunque se pueda considerar a la "sociedad capitalista" como tipo genérico que conlleva un alineamiento definido de las instituciones, puede haber enormes variaciones en los tipos de formación de clases entre sociedades concretas diferentes. Existen dos tipos generales de factores que ejercen influencia sobre esas variaciones: la conjunción de formas particulares de contradicciones primarias y secundarias; y la conjunción de clase con otras bases de formación de grupos.

Si se aceptara que el concepto de clase se refiere sobre todo a una forma de organización institucional, más que a colectivos como tales, se desprende que la dominación de clases no descarta otras influencias en la estructuración de colectivos.[28] Otras formas de dominación pueden trascender la dominación de clases, o alternativamente pueden tener el efecto de acentuarla, en vez de disminuirla o debilitarla. Aquí hay dos fuentes de escisión particularmente relevantes: las diferencia étnicas (o su atribución) y las divisiones de género, aunque no me propongo emprender ninguna clase de análisis general de las conjunciones entre clases y dominación étnica o de género en este contexto. Al igual que antes, debemos ser cautelosos y evitar toda argumentación funcional que sugiera, cuando la dominación étnica o de género no converge con formas de dominación de clases, que esa convergencia pueda explicarse mediante su necesidad funcional en una sociedad capitalista. Pero, indudablemente existen convergencias im-

---

[28] Véase Pierre Bordieu y J. C. Passerron, *Reproduction in Education, Society and Culture* (Londres: Sage, 1977).

portantes de ambos tipos en el capitalismo contemporáneo, y no es difícil encontrar ejemplos de ello. De esta forma, en muchos países contemporáneos la discriminación étnica resulta en que quienes están sujetos a esa discriminación terminen en mercados laborales segmentados, y así ayuden a consolidar la formación de subclases claramente definidas. Por lo tanto, se trata de una especie de "doble discriminación". Algo similar sucede con la situación de la mujer en todos los niveles de la fuerza laboral: es más, las mujeres con un origen étnico sujeto a la discriminación pueden ser víctimas de "triple discriminación".[29]

Problemas de la teoría de los roles

En las teorías funcionalistas (no marxistas) de los sistemas sociales, el concepto de rol ha tenido un lugar preponderante. Así, para Parsons los sistemas sociales consisten de roles interconectados; y el rol "es el punto primario de articulación directa entre la personalidad del individuo y la estructura del sistema social"[30]. Pero, por supuesto, la noción de rol ha sido utilizada extensamente por autores pertenecientes a tradiciones diferentes al funcionalismo, en particular aquellos influidos por el interaccionismo simbólico. El concepto de rol ha recibido diversas críticas[31]. No haré comentarios sobre ellas, pero mencionaré tres grandes tipos de objeción que pueden hacerse contra el uso de la noción de rol en el análisis social. En primer lugar, aunque la noción de rol que suele aparecer en la literatura le permite cierta "libertad de acción" al actor social, es decir, evita la reducción de la conducta humana al determinismo de las causas sociales, en su mayor parte la teoría de roles pone gran énfasis en la naturaleza "dada" de los roles. Es el "desempeño" individual en el rol sobre el que él o ella pueda tener influencia o dominio, no el rol en sí mismo. Por lo tanto, el análisis del rol suele perpetuar el dualismo acción/estructura tan profundamente arraigado en teoría social: la sociedad les proporciona a los actores los roles a los que ellos se adaptan lo mejor que les es posible. Ese énfasis suele persistir aun entre algunos de esos autores que le asignan un espacio conceptual considerable a la agencia humana. De acuerdo con Goffman, por ejemplo: "Al ingresar en la posición, el incumben-

---

[29] *The Class Structure of the Advanced Societies.*

[30] Parsons, *Sociological Theory and Modern Society* (Nueva York: Free Press, 1967) p. 11.

[31] Para discusiones en alemán que giran principalmente en torno de *Homo Sociologicus*, de Dahrendorf, ver, por ejemplo, Friedrich H. Tenbruck, "Zur Deutschen Reception der Rollenanalyse", en *Kölner Zeitschrift für Soziologie*, Vol. 1(1961); en inglés, Margaret A. Coulson, "Role: a redundant concept in sociology?", en J. A. Jackson, *Role* (Cambridge University Press, 1972).

te descubre que debe encargarse de toda la gama de acciones comprendidas en el rol correspondiente, por lo que el rol implica un determinismo social y una doctrina sobre la socialización (…) El rol es, entonces, la unidad básica de la socialización. Es a través de los roles que se asignan las tareas en la sociedad y se hacen los arreglos necesarios para implementar su realización"[32].

En segundo lugar, la idea de rol suele utilizarse de tal forma que este significa una unidad de expectativas normativas que se unen para dar forma al rol, tanto como un consenso en el sistema social sobre cuáles son esas expectativas. El primero de estos supuestos es estimulado con frecuencia por la idea de que para cada posición en un sistema social hay un rol correspondiente, o "conjunto de roles". Revela una visión particular y deficiente de la sociedad (y, se podría agregar, del teatro[33]) de acuerdo con la cual la estabilidad y la "regulación ordenada de las expectativas" son naturales, y para la que el cambio es desconocido. "Tanto como amo al teatro, tanto, y por esa razón, soy su enemigo" (Artaud). El vínculo entre el rol y el consenso normativo, que es un rasgo particularmente central de la sociología de Parsons, ha sido debatido por aquellos teóricos del rol (por ejemplo, Merton, Dahrendorf, Goode) que desean distanciarse del carácter consensual de la descripción parsoniana de la sociedad. Pero, los conflictos o tensiones advertidos por esos autores tienden principalmente a ocuparse de la relación entre el actor individual y las expectativas de rol que la "sociedad" los llama a cumplir. La "tensión de roles" deriva de las disyunciones entre los rasgos psicológicos de un individuo y lo que el rol exige.

En tercer lugar, la concepción según la cual el rol es el elemento constitutivo básico de los sistemas sociales representa un respaldo más que considerable a la perspectiva parsoniana de la importancia primordial de los valores o normas en el análisis social. El rol es un concepto normativo; por lo tanto, la afirmación de que los sistemas sociales consisten de roles puede fácilmente ser utilizada para sostener la primacía de la normativa en teoría social.

Si bien no rechazaré completamente la noción de rol, por cierto rechazaré la idea de que los sistemas sociales pueden comprenderse convenientemente si se considera que consisten de roles o de la conjunción de estos, y que la tesis asociada según la cual el rol, para citar una vez más a Parsons, es "el punto primario de articulación directa entre la personalidad del individuo y la estructura del sistema social". Es fundamental afirmar que *los sistemas sociales no están constituidos*

---

[32] Erving Goffman, *Where the Action Is* (Londres: Allen Lane, 1969) p. 41.
[33]Véase Stanford Lyman y B. M. Scott, *The Drama of Social Reality* (Nueva York: Oxford University Press, 1975).

por roles sino por prácticas (reproducidas); y son las prácticas, no los roles, las que (mediante la dualidad de la estructura) deben ser consideradas como los "puntos de articulación" entre actores y estructuras.

Figura 3.3

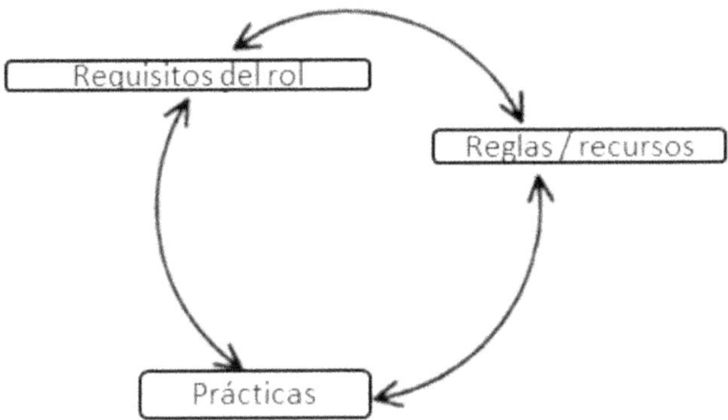

De acuerdo con la concepción de teoría social que he sugerido en los *papers* anteriores, los sistemas sociales –pero no las estructuras– están situados en el espacio y en el tiempo. Por lo tanto, no es difícil pensar en los sistemas sociales como "campos" estructurados en los que (reproducidos en la temporalidad de la interacción) los actores ocupan posiciones claras que los ponen uno frente a otros. A la noción de posición social no se le ha concedido nada similar a la extensa discusión que ha merecido la noción de rol, aun cuando la mayoría de los actores que se han ocupado del análisis de roles la han empleado en unión estrecha con el rol. Aquí definiré posición social como una identidad social que lleva consigo cierto rango de prerrogativas y de obligaciones que un actor a quien se le ha concedido esa identidad (o es un "incumbente" de esa posición) puede activar o llevar a cabo: estas prerrogativas y obligaciones constituyen los requisitos del rol asociados a esa posición. Una identidad social es esencialmente una categoría, o una tipificación, hecha sobre la base de ciertos criterios sociales definidos: ocupación, relaciones de parentesco, grupo etario, etc. Una vez que hemos rechazado la tesis de que los sistemas sociales consisten de posiciones o bien de roles, y reconocemos que los roles solo son conceptualizables satisfactoriamente en relación con las prácticas, como se indica en la Figura 3.3, parece no existir razón alguna por la que la noción de rol no sería eximida de las debilidades mencionadas que han obstaculizado su uso en teoría social. Pero, de este modo el concepto también se vuelve menos relevante en el análisis social de lo que muchos de sus defensores han afirmado.

Insistir en que solo es posible analizar los roles en relación con reglas y recursos significa acentuar la necesidad de no tomar los requisitos del rol ni como "dados" ni como consensuados, ya que los requisitos del rol pueden incorporar contradicciones, y concentrarse en conflictos, que expresan rasgos estructurales generales de la sociedad. El rol, como he puntualizado anteriormente, es un concepto normativo y, por lo tanto, se vincula más generalmente con el de norma: los requisitos del rol son preceptos normativos organizados en términos de la diferenciación de las identidades sociales y, por ello, obviamente se funden en tipos más generalizados de regla normativa. Del mismo modo, todo requisito del rol es actualizado, al igual que todo otro componente de la actividad social, mediante la utilización de recursos, y así se conecta con las estructuras de dominación. Finalmente, los requisitos del rol deben ser estudiados en su interrelación con las prácticas reales que constituyen la "sustancia" de la vida social; pueden existir varios tipos de dislocación entre lo exigido por los requisitos del rol y lo que los actores hacen habitualmente en su calidad de ocupantes de posiciones sociales particulares.

Teniendo en mente las cuestiones anteriores, resulta relativamente fácil identificar formalmente algunas fuentes posibles de tensión o de conflicto que, en el nexo inmediato con la puesta en práctica de los requisitos del rol, puedan contribuir a tal dislocación. Por supuesto, no consideraremos ninguna de ellas desde el punto de vista del funcionalismo normativo como desvíos de algún presunto modelo de consenso; sino, como he indicado en el párrafo precedente, como habitualmente fundadas en considerables contradicciones de la totalidad. Estimo valedero distinguir cuatro tipos (que no necesariamente se excluyen mutuamente) de "estrés de rol".

1. Tensión entre las necesidades y deseos de los actores y los requisitos del rol asociados a las identidades sociales que estos poseen (buena parte de la literatura sobre teoría social se concentra en este primer tipo). Sin embargo, es importante observar que esto no necesariamente es ni de naturaleza exclusivamente psicológica ni "irracional". Estas perspectivas suelen originarse en la suposición de la "dación" de roles, a la que los individuos se ajustan correcta o incorrectamente.

2. Tensión entre los elementos de los "complejos de roles" de los actores. Merton ha analizado esta cuestión en forma detallada[34]. Pero, hemos de tener ciertas reservas respecto del análisis de Merton. Una de ellas es que cuando escribe de disyunciones dentro de los complejos de roles lo hace desde una línea funcionalista: aun cuando su perspectiva no acentúa el consenso tanto como el "funcio-

---

[34] R. K. Merton, "Continuities in the theory of reference groups and social structure", en *Social Theory and Social Structure*, p. 370.

nalismo normativo" de Parsons, sin embargo, dice del conflicto que este interfiere con la "eficiencia funcional" de los sistemas de roles[35]. La otra reserva que debemos tener en cuenta es que Merton no relaciona las tensiones existentes dentro de los complejos de roles con rasgos más generales de los sistemas sociales: los conflictos arraigados en las dislocaciones de los complejos de roles, al igual que aquellos relacionados con el tercer tipo (a continuación) que expresan "en miniatura".

3. Tensión entre los requisitos del rol de identidades sociales diferentes que se le asignan a un individuo, que este adopta o se ve forzado a asumir. Se puede coincidir con Merton en cuanto a lo atinado de hacer una distinción conceptual entre "complejos de roles" y "múltiples roles", en la que los "complejos de roles" son los requisitos del rol asociados con una única posición, y los "múltiples roles" se refieren a la intersección entre diferentes identidades sociales.

4. Tensión derivada de la naturaleza impugnada de los requisitos del rol. Los requisitos del rol, como todo otro elemento normativo, están potencialmente sujetos a varias "interpretaciones" en el contexto de la puesta en práctica de la vida social y de las relaciones de poder que esta implica. Todas las posiciones sociales son, dentro de los sistemas sociales, "posiciones de poder por cuanto están integradas dentro de relaciones reproducidas de autonomía y de dependencia"; la impugnación de los requisitos del rol es un rasgo característico de las luchas de poder en la sociedad.

Estos comentarios sobre la teoría de roles pueden fácilmente conducir a una discusión sobre la socialización, ya que la noción de rol frecuentemente ha aparecido como un vínculo primordial en la literatura sociológica –una vez más, especialmente en la literatura funcionalista- entre el desarrollo de la personalidad, por un lado, y las estructuras institucionalizadas de la sociedad, por el otro. Gran parte de esta literatura da por sentado un punto de vista que encuentro reprochable: que la "socialización" se ocupa solo de que el niño se adapte y adopte los roles que se le exige desempeñar en la sociedad. Aquí la temporalidad aparece solo a nivel del desarrollo psicológico del niño, confrontado por una sociedad ya formada a la que el niño es amoldado "exitosamente" o no "exitosamente".

Esta temporalidad debe ser comprendida en conjunción con dos de los otros sentidos en los que, como ya he dicho, la temporalidad participa de la reproducción social: como parte integral de la interacción social, y como implicada en la reproducción del plantel de los sistemas sociales.

---

[35] Ibíd., p. 380.

La socialización y el inconsciente

En *papers* anteriores he argumentado que es tarea de la teoría social tratar de superar los dualismos tradicionales de sujeto y objeto en el análisis de la reproducción social. El análisis social no debe fundarse ni en la conciencia o las actividades del sujeto ni en las características del objeto (sociedad), sino en la dualidad de la estructura. Pero, si el dualismo sujeto/objeto ha de ser trascendido con respecto al nexo inmediato de la interacción, también debe ser superado en la forma algo diferente en que aparece en teorías de la socialización. Es decir, debemos evitar toda explicación de la socialización que supone que el sujeto está determinado por el objeto social (el individuo como simplemente "moldeado" por la sociedad); o bien, por contraste, dando por sentada la subjetividad, como rasgo inherente de los seres humanos, sin necesidad de explicación. Ambas aproximaciones carecen de una "teoría del sujeto", por cuanto la primera reduce la subjetividad al resultado determinado de las fuerzas sociales, mientras que la segunda supone que lo subjetivo no está abierto a ningún tipo de análisis social.

Cuando se la plantea en términos de desarrollo, una teoría del sujeto exige una teoría del inconsciente. Al explicar los rudimentos de tal teoría, podemos recurrir (con espíritu crítico o moderado) al "Freud de Lacan". Uno de los rasgos más importantes del psicoanálisis lacaniano es que Lacan reconoce la significancia esencial del énfasis freudiano que dice que "'esto' piensa en el lugar en el que aún debe hacerse presente el 'yo'": que él vincula el surgimiento del 'yo', y así de una relación de objetos predicativa, con rasgos básicos de la lengua como el Otro. Lacan lee *Wo es war soll Ich werden*, no como requerimiento terapéutico de la práctica psicoanalítica (consultar, por contraste, el modelo de Habermas del psicoanálisis como teoría crítica) ni tampoco como implicando que "el ego debe desplazar al ello"[36], sino como una fórmula del desarrollo: "esto" precede al "yo", y el "yo" siempre permanece atado al Otro.

Las concepciones lacanianas de la ruptura y de la fase del espejo tienen algunas afinidades con la interpretación de los orígenes de la subjetividad que tal vez ha tenido una enorme influencia en la sociología de habla inglesa: la de G. H. Mead. Ambas ponen énfasis en que un "sujeto posicionado" solo surge en el curso del desarrollo psicológico del individuo y, por lo tanto, en que la reflexividad del *cogito* no es propiedad inherente de los seres humanos. Pero, al comparar el enfoque de Mead con la perspectiva de Lacan –y más generalmente con la de la teoría psicoanalítica–, el enfoque de aquel, y el de otros autores influidos por ella,

---

[36] Jacques Lacan, *The Four Fundamental Concepts of Psychoanalysis* (Londres: Hogarth Press, 1977) p. 43.

muestra serias deficiencias. En primer lugar, Mead no logra romper finalmente con un punto inicial arraigado en el sujeto, como lo muestra la naturaleza del "yo" en su obra. El "yo", en otras palabras, aparece como un componente dado o no explicado de las psiquis humana –aun si la persona solo se reconoce a sí misma como "yo" en relación con la formación del "mi" o "sí mismo" social–.

Para Lacan, el "yo" está concebido en una relación imaginaria con el cuerpo: el "posicionamiento" narcisista del niño durante la fase del espejo es la condición para comprender una dialéctica entre "yo/mi". Mientras que tanto Lacan como Mead ponen énfasis en la "posicionalidad", Lacan considera que esto es necesario para la constitución del "yo" en sí mismo, y lo relaciona con las cualidades deícticas de la lengua: "yo" "no es sino el *deíctico* o indicador que designa al sujeto de un enunciado siempre y cuando se encuentre hablando en ese momento"[37]. En segundo lugar, el modelo "yo/mi" de Mead se presenta claramente armonioso: queda cierto espacio para una división interna y para el conflicto dentro del sí mismo social, pero a Mead no parece preocuparle. El proceso de "tomar el rol del otro", por el que emerge el sujeto reflexivo, se describe como relativamente progresivo y ordenado; y ya que el "yo" queda sin analizar, necesariamente se lo trata como indiferenciado. Si Lacan está en lo correcto, la inserción del niño en la relación sujeto/objeto se logra mediante la fase del espejo y el complejo de castración, ambos implican represión; y el "yo" ya ha sido "internamente dividido" durante el proceso de lograr ese estado.

No es mi intención sugerir que la concepción de socialización que deseo delinear aquí depende de aceptar el cuerpo principal de la obra de Lacan. Sí sostengo que en cuanto a la interpretación del surgimiento de la subjetividad, podemos recurrir provechosamente al Freud de Lacan. En otros aspectos, me parece importante acercarnos a por lo menos algunos de los elementos relevantes de las propias obras de Freud más de lo que parece hacerlo Lacan. Entonces, aunque Lacan rechaza específicamente la acusación de que su teoría es una "intelectualización" que ignora los impulsos, de hecho, su enfoque basado en una concepción cuasi estructuralista del lenguaje no parece ser capaz de incorporar adecuadamente las bases orgánicas de la motivación humana. De todas formas, creo que es importante afirmar algo más cercano a las preocupaciones tradicionales de la teoría psicoanalítica, de acuerdo con la cual el período temprano del desarrollo del niño implica la formación de lo que Kardiner llama un sistema de seguridad básico: las capacidades de manejo de la tensión en relación con las necesidades orgánicas que conforman la primera y más abarcativa adaptación del niño al mundo social y al material.

---

[37] Lacan, *Écrits*, p. 26.

De hecho, dada la esencia elusiva y crítica de la naturaleza de muchas de las formulaciones de Lacan, aún no queda del todo claro hasta qué punto es posible lograr separar con éxito algunos de sus teoremas del esquema general de su teoría. Pero, debemos tener serias reservas sobre su interpretación del inconsciente en función de la fórmula saussuriana . Lacan considera al inconsciente como equivalente al "lo que no se puede decir" de la lengua; entendiendo por este último las características del significante (mediado por el corpus completo de signos lingüísticos). Sin embargo, esta concepción está abierta a la crítica que he hecho de otros tipos de filosofía y teoría social influidos por la lingüística estructuralista. Una de las principales argumentaciones de Lacan es que el significante "insiste" en el inconsciente[38]. La forma literal del significante es un elemento estructurante del inconsciente, separado del grupo consciente de significados, y la línea entre ellos es resistente a la significación. Las oraciones constituyen los *points de capiton*[39] que vinculan las dos cadenas de significación. Es innegable que al aplicar los dos principios gemelos de metáfora y metonimia, Lacan ofrece reelaboraciones brillantes (o, como preferiría decir Lacan, lecturas atentas) de la teoría psicoanalítica del inconsciente. Pero, estas no parecen depender esencialmente de la apropiación que hace Lacan de la lingüística estructuralista como tal. Los efectos nocivos de la distinción significante/significado son tan evidentes en la obra de lacan como en la de otros autores estructuralistas[40]. Puede considerarse al *rebus* no como instancia gráfica de las propiedades generadoras de significado propia de las formas no significativas, sino como intersección de dos parámetros ya significativos. Sin ahondar en el caso, deseo argumentar que el significado se constituye a nivel del inconsciente tanto como a nivel del consciente, cualesquiera sean las dislocaciones que puedan existir entre ambos.

Un modelo "estratificado" de la personalidad, en el que se considere que las necesidades humanas están conectadas jerárquicamente e implican un sistema básico de seguridad mayormente inaccesible al sujeto consciente, no resulta en

---

[38] "Puntos de anclaje" (N. de la T.).

[39] "The agency of the letter in the unconscious", en *Écrits*. Véase también Anika Lemaire, *Jacques Lacan* (Londres: Routledge, 1977); Anthony Wilden, *The Language of the Self* (Nueva York: Dell, 1975).

[40] Por ejemplo, con frecuencia elide el "significado" y el "objeto significado" en *Écrits*. Estimo que las argumentaciones de Ricoeur son relevantes para la postura que deseo promover. La afirmación "el inconsciente está estructurado como un lenguaje", sostiene, "no debe ser separada de la observación de Benveniste en el sentido de que los mecanismos freudianos son infralingüísticos tanto como supralingüísticos. Los mecanismos del inconsciente no son tanto fenómenos lingüísticos particulares sino que son, más bien, distorsiones paralingüísticas del lenguaje común" (p. 404). Asimismo, al subrayar el aspecto "económico" de la finalización del discurso del inconsciente, Ricoeur acentúa la relación entre la represión y el dinamismo de la práctica.

142

absoluto incompatible con un acento equivalente en la significación del monitoreo reflexivo de la acción, ya que este último solo se hace posible con posterioridad al "posicionamiento" del actor en el sentido lacaniano. Aún hay brechas considerables entre la teoría psicoanalítica (en todos sus aspectos), la teoría de la acción, y las explicaciones psicológicas más ortodoxas de la socialización. Pero, en la fase post conductista hacia la que parece encaminarse ahora la psicología académica existen claros indicios de las probables conexiones que es posible hace entre ellas. Así, si el monitoreo reflexivo de la acción solo se hace posible mientras el niño se transforma en un "sujeto posicionado", hay, sin embargo, una gama de competencias que preceden ese desarrollo como una clase de condición necesaria para su logro: es posible suponer que esas competencias están conectadas con los procesos contemporáneos en la conformación del sistema de seguridad básico. No sin sorpresas podemos decir que la biología humana puede ser la base inmediata de esas conexiones. La literatura psicoanalítica siempre se ha concentrado principalmente en el manejo de los impulsos orgánicos, como lo ha hecho (aunque de una forma diferente) gran parte de la teoría conductista. Pero, trabajos más recientes en psicología sugieren que hay "órdenes seriales" en los procesos de aprendizaje que podrían tener una base biológica definida: una base de competencias innatas más que de necesidades. Chomsky lo ha sostenido en el caso de la adquisición de los rasgos sintácticos de la lengua; él y otros han sugerido además que es posible encontrar ciertos paralelismos en el caso de una diversidad de otras habilidades.

Situaciones críticas y la rutina

Podemos aprender mucho sobre la vida cotidiana en escenarios rutinarios a partir del análisis de las circunstancias en las que esos escenarios sufren perturbaciones extremas: algo semejante al método de Freud en psicología. Deseo considerar brevemente una gama de materiales similares a esto. Un área que podría inicialmente parecer poco prometedora puede ofrecer un punto de partida apropiado: el estudio de la conducta de las masas, como la formularon Le Bon, Sighele y otros a fines del siglo XIX. Son varias las razones por las que las obras de esos autores son realmente de gran interés. Esas obras representan una de las fuentes de lo que se ha llamado "psicología social"[41]. También forman parte de una crítica conservadora de la democracia liberal que tiene similitudes con la "teoría de las

---

[41] Al igual que en los libros publicados en 1908, cada uno titulado *Social Psychology*, por William Mac-Dougall y E. A. Ross.

elites" desarrollada por Pareto y Mosca; a la vez, sin embargo, se las puede leer como anticipación temprana y crítica del fascismo. Pero, aparte de esas consideraciones, estos escritos conservan un interés intrínseco por cuanto proveen varios análisis ejemplares de una clase particular de *situación crítica*. Con "situación crítica" me refiero a un conjunto de circunstancias que, por cualquier razón, alteran radicalmente las rutinas habituales de la vida cotidiana. Debemos señalar que este no es el marco dentro del que Le Bon y los demás vieron sus propias obras. Le Bon veía a la conducta de masas como una especie de prototipo de conducta en los colectivos en general; yo, más bien, interpreto que la actividad de las multitudes se produce en condiciones sociales que se alejan de la naturaleza rutinizada de la producción social característica de casi todos los escenarios de la vida social.

En *La psicología de las multitudes*, Le Bon se ocupa de la significación del inconsciente en la conducta de las multitudes, y no es sorprendente que posteriormente el libro fuera objeto de una evaluación crítica aunque moderada por parte de Freud[42]. De acuerdo con Le Bon, es una "verdad de la psicología moderna"

> que a los fenómenos inconscientes les corresponde una parte absolutamente preponderante no solo de la vida orgánica sino también en las operaciones de la inteligencia (…) Detrás de las causas reconocidas de nuestros actos hay indudablemente causas secretas que no reconocemos, pero detrás de esas causas secretas hay otras más secretas aun, que nosotros mismos ignoramos. La mayor parte de nuestras acciones cotidianas son resultado de motivos ocultos que escapan a nuestra observación[43].

La conducta de masas hace que esto se manifieste, ya que con el estímulo de las acciones de las multitudes (el ejemplo principal aportado por Le Bon son las masas revolucionarias de 1789) las respuestas inconscientes salen a la luz de maneras que no han de hallarse en las actividades sociales habituales. Cuando a los individuos se los sorprende en acciones propias de las multitudes, ellos pierden las "facultades críticas del intelecto" que sí son capaces de mostrar en la vida social cotidiana. Se vuelven altamente sugestionables a influencias que, fuera de la atmósfera cargada de la masa, se mostrarían proclives a evaluar en forma más razonada. Le bon comparó la sugestionabilidad de la masa con la del sujeto hipnotizado, el estado de "fascinación" en el que se encuentra el individuo hipnotizado, a la merced del hipnotizador[44]; se trata, efectivamente, de un estado de pérdida

---

[42] S. Freud, *Group Psychology and the Analysis of the Ego* (Londres: Hogarth Press, 1959).

[43] Gustave Le Bon, *The Crowd* (Londres, 1925) p. 7. Sin embargo, Le Bon sostenía que el inconsciente está mayormente compuesto de un "legado arcaico" de naturaleza racial.

[44] Ibíd., p. 11.

del sector consciente de la personalidad. Bajo la influencia de la masa, los individuos retroceden a formas de reacción más "primitivas": "En forma individual, una persona puede ser un individuo cultivado; en una multitud, es un bárbaro; es decir, una criatura que actúa por instinto. Posee la espontaneidad, la violencia, la ferocidad, como así también el entusiasmo y el heroísmo de los seres primitivos"[45]. En una situación así, los miembros de una multitud son fácilmente explotados por líderes o demagogos: la influencia del líder de la multitud es un fenómeno al que Le Bon dedicó una parte considerable de su obra.

A los efectos de la presente discusión, no me dedicaré a la conducta de masas como tal, sino que me centraré en rastrear la importancia de algunos fenómenos hacia los que Le Bon dirigió su atención, en particular a la sugestionabilidad, la regresión y la importancia del líder de la multitud. Mi planteo es que es posible percibir respuestas similares a estas en un número de circunstancias con poco en común entre sí, salvo que en cada una de ellas las rutinas habituales de la vida cotidiana estén fuertemente alteradas. Consideremos la descripción propuesta por Bettelheim de las respuestas de los prisioneros en campos de concentración nazis (parcialmente basada en su propia experiencia)[46]. De acuerdo con Bettelheim, quienes estuvieron recluidos en los campos de concentración y sobrevivieron el tiempo suficiente, experimentaron diversos cambios (más o menos universales) en su conducta y actitudes. En la primera etapa del confinamiento, y frente a las privaciones y crueldades de la vida en el campo de concentración, los prisioneros intentaban preservar la conducta habitual asociada a su forma de vida anterior. Estas penurias incluían torturas físicas, hacinamiento de día y de noche, otros tipos de abusos, sumado a una severa escasez de alimentos. La exposición a estas condiciones hacía que cualquier esfuerzo para mantener formas preexistentes de conducta fuera destruido; el marco de referencia del "mundo exterior" perdía fuerza, y los prisioneros se sumían en una única preocupación: el mundo "interno" del campo de concentración. Durante esta etapa los prisioneros experimentaban lo que Bettelheim describe como una regresión a las actitudes infantiles de dependencia. La conducta regresiva incluía acortamiento del período de experiencia fenoménica, concentración en los hechos inmediatos y pérdida de las perspectivas a largo plazo; rápida oscilación emocional que fluctuaba entre la euforia y la depresión; e inversión entre lo serio y lo trivial, por lo que a acontecimientos ostensiblemente menores se les atribuía mayor relevancia que a otros realmente mucho más importantes para los individuos afectados. En una etapa pos

---

[45] Ibíd., p. 12.
[46] Bruno Bettelheim, *The Informed Heart* (Glencoe: Free Press, 1960).

terior, se producía algo así como un proceso de "resocialización", pero basado en la identificación con los opresores, los guardias del campo de concentración. Dice Bettelheim que "Todos estos cambios, que de ninguna manera afectaban completamente a los prisioneros más antiguos, resultaban en una estructura de la personalidad deseosa y capaz de aceptar la conducta y los valores de las SS como propios".[47]

El relato de Bettelheim puede compararse con la amplia discusión sobre las situaciones críticas presentada por Sargant[48]. Él describe esas distintas interrupciones de la existencia rutinaria como conducta en el campo de batalla: bajo fuego, interrogatorios violentos y conversión religiosa. Es cierto que tengo muchas reservas con respecto a la naturaleza de las interpretaciones que hace Sargant de estos fenómenos[49], pero hay algunas coincidencias interesantes con Le Bon y Bettelheim. En cuanto a modalidad y resultado, el interrogatorio violento tal vez sea lo que más se parece a la situación de los prisioneros en un campo de concentración tal como la describe Bettelheim. En todo el mundo, los prisioneros son objeto de formas de degradación física y mental que, aun cuando rara vez se equiparen a las temibles condiciones del campo de concentración, se le acercan en mayor o menor medida. Las reacciones que se producen durante un interrogatorio severo y prolongado son sorprendentemente similares a las que describió Bettelheim. En las etapas iniciales, el individuo intenta resistir las presiones que se le imponen. Si el proceso de interrogación continúa durante un período largo de tiempo, las fases de la alteración de la personalidad resultan similares a las que se aprecian en el análisis de Bettelheim. La conducta regresiva que caracteriza a cada uno de los tres aspectos antes mencionados es un rasgo predominante: una vez más, se da la identificación con el agresor, el interrogador. Sargant explica: "Una de las consecuencias más terribles de estos interrogatorios, tal como los describen las víctimas, es que repentinamente comienzan a sentir un afecto real por el interrogador que los ha tratado con tanta crueldad (...)".[50]

Estos parecen ser los elementos comunes implicados en situaciones críticas: la alteración radical de la rutina produce una especie de efecto corrosivo sobre la conducta habitual del actor, asociado con el impacto de la ansiedad y del temor. Esta circunstancia genera una vulnerabilidad o sugestionabilidad exacerbada a

---

[47] Ibíd., p. 169.

[48] William Sargant, *Battle for the Mind* (Londres: Pan, 1959).

[49] El libro tiene un color muy propio de la "Guerra fría" (fue publicado por primera vez en 1957). Sargant se muestra más preocupado por los procesos de alteración radical de la creencia que por situaciones críticas como yo las conceptualizo; y, aspira a explicar las respuestas que él analiza primariamente en términos fisiológicos.

[50] Sargant, *Battle for the Mind*, p. 192.

las indicaciones de otros, cuyo correlato es la conducta regresiva. Como consecuencia, se da un nuevo proceso de identificación (transitoria en el caso de la multitud, más permanente en el caso de situaciones críticas más prolongadas) con una figura de autoridad.

Freud aporta una interpretación convincente del último de estos fenómenos, y es esta interpretación la que deseo interpolar en mi descripción de las implicancias del estudio de situaciones críticas en la reproducción social cotidiana y rutinizada. Según Freud, la identificación es "la expresión más temprana de un lazo emocional con otra persona", es parte esencial de la etapa edípica del desarrollo de la personalidad. La identificación es siempre ambivalente, y "puede transformarse en expresión de ternura con tanta facilidad como en un deseo de eliminar a alguien"[51]. En tanto la forma más temprana de lazo emocional, la identificación subyace en capacidades más maduras de selección de objetos; así, en los adultos, la pertenencia mediante la identificación es una formación regresiva que se puede producir en alguien a quien se ama tanto como en alguien a quien se detesta. La identificación con un demagogo en una multitud, que inicialmente puede recibir emociones tanto positivas como negativas[52], es un proceso en el que el líder de la multitud se transforma en sustituto temporario del superyó o del yo ideal.

Esto nos proporciona una explicación útil de los elementos psicológicos involucrados en situaciones críticas. En tales situaciones, la *ansiedad exacerbada* vuelve a los actores vulnerables a *formas regresivas de pertenencia de los objetos* que implican una gran proporción de ambivalencia. Un análisis de este tipo nos ayuda a comprender el proceso de hechos involucrados en las dos clases de situaciones críticas prolongadas que he analizado: el confinamiento en los campos de concentración y los interrogatorios forzosos. Su significación sociológica también se relaciona con fenómenos cercanos a los discutidos por Le Bon: no la conducta en masas como tal, sino *la dinámica sociológica de los movimientos sociales*, particularmente en relación con la demanda de un "líder fuerte".

Sin embargo, para comprender su opuesto (lo rutinario y cotidiano) en el contexto actual también me preocupan las implicancias de la conducta en situaciones críticas. ¿Podría ser una de esas implicancias el hecho de que la sinrazón generalmente prevalezca por sobre la razón, que nuestros actos conscientes estén dominados por impulsos o sentimientos de los que somos totalmente inconscientes? Ya que un rasgo notable de las situaciones críticas prolongadas es

---

[51] Freud, *Group Psychology*, p. 37.

[52] Véase Sargant, *Battle for the Mind*, pp. 95-6. Sargant afirma que es más fácil resistir el impacto de los rituales de conversión religiosa si se es indiferente o adopta una actitud burlona hacia ellos; una actitud decididamente hostil, por otro lado, puede producir una experiencia de conversión

que los cambios ocurren en la personalidad de aquellos expuestos a ellas a pesar de su decisión consciente de resistir, aunque el período de tiempo involucrado pueda variar considerablemente, presumiblemente en gran medida como resultado de la relativa fortaleza de la decisión de resistir que posea un individuo. Pero, una situación crítica prolongada es precisamente una situación alejada de los contextos habituales de reproducción social; no debemos permitirnos llegar a la conclusión de que lo consciente es comúnmente sobrepasado por lo inconsciente. De hecho, el estudio de situaciones críticas propone un análisis de la interacción social rutinizada que nos permite conectar dos rasgos de la teoría de la estructuración: la concepción de un modelo de estratificación del agente, por un lado, y el énfasis en el conocimiento que tengan los actores de las condiciones de su acción, por el otro.

El esquema de este análisis es el siguiente. El monitoreo reflexivo de la acción recurre a formas de conocimiento tácito y discursivamente disponible, y las reproduce: *la continuidad de la reproducción social implica la "reactualización" continua de actitudes establecidas y de perspectivas cognitivas* que comprimen fuentes potenciales de ansiedad en el sistema básico de seguridad. Debería entenderse a la "socialización" como elemento de la continuidad de la reproducción social (de la temporalidad inherente de los procesos sociales) más que solo como relacionada con la temporalidad de la formación de la personalidad del niño. Sin embargo, debemos reparar en que la personalidad es un "módulo temporal", en el que la historia pasada del individuo se encuentra sedimentada, o almacenada, lista para ejercer su influencia en el presente. La rutinización de las relaciones sociales es la forma en que se sostiene la estratificación de la personalidad: es decir, la forma en la que están contenidos los efectos potencialmente corrosivos de la ansiedad. Lo familiar es reconfortante; y *lo familiar en escenarios sociales se crea y se recrea mediante la agencia humana, en la dualidad de la estructura*. Esto no debería entenderse como un himno a la estabilidad social. Por el contrario, propongo que ciertas escuelas de teoría social han sido propensas a sobreestimar el nivel y el detalle del compromiso motivacional con las prácticas sociales que constituyen un sistema social dado. La mayoría de los elementos de las prácticas sociales no están directamente motivados. Con mayor frecuencia, el compromiso motivacional involucra la integración generalizada de las prácticas habituales, en tanto producciones de agentes interactuantes, monitoreadas reflexivamente, con el sistema básico de seguridad de la personalidad. La rutinización implica la "continuidad etnometodológica" más que la reproducción del contenido empírico de las prácticas.

Socialización: comentarios finales

Durkheim consideraba a la socialización como una de las formas en que las propiedades restrictivas de los hechos sociales se hacen sentir. Él proponía que la "externalidad" de la sociedad con relación al individuo se manifiesta mediante el hecho de que la sociedad existe antes del nacimiento de cada uno de sus miembros, y que constriñe o moldea el proceso de su desarrollo. Pero, un planteo mejor consiste en considerar esta tesis como interacción entre las dos formas de reproducción social antes mencionadas. Podemos aceptar que los procesos de socialización son básicos para una explicación de la organización institucional de los sistemas sociales, siempre que se tengan en cuenta tres puntos importantes, cada uno de los cuales suele quedar opacado, o no adecuadamente confrontado, en la perspectiva de Durkheim tanto como en los escritos de aquellos influidos por ella.

En primer lugar, la socialización nunca es una marca pasiva que deja la "sociedad" en cada "individuo". Desde sus experiencias más tempranas, el bebé es partícipe activo de la doble contingencia de la interacción y de un "involucramiento progresivo con la sociedad". En segundo lugar, la socialización no simplemente se detiene en algún punto particular de la vida del individuo cuando este se transforma en miembro maduro de la sociedad. Que la socialización está circunscripta a la niñez, o a la niñez más la adolescencia, es una suposición explícita o implícita de buena parte de aquellos que han utilizado el término. Pero, la socialización debería entenderse en su relación con el ciclo de vida completo de un individuo. Esta afirmación no ahonda lo suficiente si simplemente se refiere a la continuidad o temporalidad de la trayectoria de la vida. Ya que esta visión aún ve a la "sociedad" como orden terminado o estático, en vez de aceptar que reconoce la *mutualidad del proceso temporal*, que relaciona la trayectoria de la vida con la temporalidad inherente de la reproducción social.

En tercer lugar, no podemos hablar adecuadamente de *el* proceso de socialización, sino solo superficialmente. Una frase como esta implica un exceso de estandarización o de uniformidad en dos lados: como si existiera un tipo único de "proceso" planificado sencillamente que cada individuo atraviesa, y como si hubiera una unidad consensuada en la que se socializa cada individuo.

Resulta claro que buena parte del trabajo hecho en el desarrollo psicológico del individuo resulta deficiente como explicación de la socialización en la medida en que el punto de atención dominante esté en la diferenciación de la personalidad dentro de una "sociedad" indiferenciada. Esto también se aplica en grado apreciable a la teoría que durante mucho tiempo ha dominado la psicología infantil en lo que respecta al desarrollo cognitivo: la teoría asociada a Piaget. Si deseamos evitar las deficiencias de esas perspectivas, debemos tener en cuenta ciertos asuntos particularmente. Debemos reconocer que no es posible entender el "volverse un ser social" en términos "monológicos", como serie de competencias simplemente "almacenadas" en el aprendiz[53]. En cambio, volverse un ser social implica, en el nivel de la cognición, dominio de los contextos "dialógicos" de la comunicación. De ninguna manera este dominio es enteramente discursivo, sino que implica la acumulación del conocimiento práctico de las convenciones a las que se recurre durante la producción y reproducción de la interacción social. Más aún, no será suficiente con poner énfasis en el hecho de que el niño es partícipe activo de los procesos de socialización (independientemente de la importancia de ese proceso) y dejar la cuestión allí. Para comprender el porqué, resulta útil percibir la estrecha conexión existente entre la "socialización" (consultar el término alemán *Vergesellschaftung,* empleado con frecuencia por Simmel) y la concepción de producción y reproducción de la sociedad que he propuesto en cada uno de estos *papers*. La socialización solo suena como un término distintivo bastante especial, que pone el énfasis en el proceso y en el tiempo, si se lo emplea como lo he planteado previamente, en el que se trata a la sociedad como forma estática, a la que el individuo es incorporado progresivamente. *El desarrollo de la niñez no consiste en tiempo que pasa solamente para el niño*, sino en tiempo que pasa para las figuras parentales, y para todos los demás miembros de la sociedad; la socialización involucrada no es simplemente la del niño, sino la de sus padres y de otros con los que el niño está en contacto y cuya conducta es influida por el niño en la misma medida en que la conducta del niño es influida por ellos en la continuidad de la interacción[54]. Debido a que el bebé recién nacido es tan indefenso y tan dependiente de los demás, normalmente de los padres, suele olvidarse que así como los padres "hacen" a los niños, los niños "hacen" a los padres. La llegada de un niño, y su desarrollo, reordena las vidas de los adultos que lo cuidan e interactúan con él. La categoría de "madre" se concede con la llegada del niño, pero la práctica y el ejercicio de la maternidad implica procesos de aprendizaje que se remontan a antes del nacimiento del niño, y continúan después de este. Así, una definición más apropiada de la socialización no es la "incorporación del niño a la sociedad", sino la *sucesión de generaciones*.

---

[53] Véase Jerome S. Bruner, "The organisation of early skilled action", en Martin P. Richards, *The Integration of a Child into a Social World* (Cambridge University Press, 1974).
[54] Daniel Bertaux, *Destins personnels et structure de classe* (París: Presses Universitaires, 1977), el autor argumenta en favor de una versión de teoría de clases que incorpora "trayectorias sociales".

4.
Contradicción, poder, materialismo histórico

En el presente *paper* desarrollaré una interpretación de una serie de asuntos agrupados en torno de problemas de contradicción y conflicto en la sociedad, en el contexto de los elementos de la teoría de la estructuración presentados en los *papers* precedentes. Propondré un método de análisis social que puede considerarse virtualmente el anverso del funcionalismo. Su principio rector: ¡no buscar las funciones que cumplen las prácticas sociales; buscar las contradicciones que estas representan!

Figura 4.1

CONFLICTO	Lucha entre actores o colectivos expresada en términos de prácticas sociales claramente definidas
CONTRADICCIÓN	Disyunción de principios estructurales de la organización del sistema

Como lo indica la Figura 4.1, mi intención es proponer una separación conceptual clara entre contradicción y conflicto. Como varios autores han señalado, debemos reconocer dos acepciones del término "conflicto". Una de ellas consiste en definir al conflicto como oposición o división de intereses; la otra considera al conflicto como una lucha real entre actores o grupos: tal como yo aplico el término, "conflicto" es el que se produce en el nivel de las prácticas sociales. La dilucidación de la naturaleza del conflicto en su carácter de lucha activa no involucra problema conceptual alguno. Sin embargo, lo mismo no es aplicable a los conceptos de interés o contradicción; dejaré para el *paper* siguiente la discusión sobre el concepto de interés, y ahora me concentraré en la noción de contradicción.

El concepto de contradicción en Marx

Considerar el concepto de contradicción en las ciencias sociales presenta problemas que son complejos, pero cuya resolución, no obstante, cobra enorme relevancia. Debemos comenzar por la relación Marx-Hegel. Con frecuencia se dice que Hegel tomó la idea de "contradicción" de la lógica, y la aplicó ontológicamente. Pero, en realidad, esto es un error de concepto, ya que Hegel deseaba demostrar que la lógica y lo real no pueden separarse uno del otro, como si pertenecieran a esferas muy diferentes. Él no se limitó a insertar la contradicción dentro de lo real, sino que también intentó demostrar cómo la contradicción se encuentra en la raíz tanto de la lógica como de la realidad. La contradicción está relacionada con la finitud del ser y, por lo tanto, con la omnipresencia del devenir. De ahí que en la filosofía de Hegel "lo contradictorio" sea la fuente de la motilidad ontológicamente inherente a la naturaleza de todos los existentes: la expresión de la negación de la negación.

Desde una etapa temprana, Marx rechazó la tesis según la cual habrá de encontrarse la negatividad en la esencia de lo real. Siguiendo a Feuerbach, aspiraba a recuperar la "positividad" de las cosas: la identificación hegeliana de la fuente de la disolución y de la transformación de lo real en negatividad era impugnada como idealismo inaceptable.

> Al concebir la negación de la negación a partir del aspecto de la relación positiva inherente a ella como el único y verdadero positivo, y a partir del aspecto de la relación negativa inherente a ella como el único acto verdadero y como el acto de autoafirmación de todo ser, Hegel simplemente ha descubierto una expresión *abstracta, lógica* y *especulativa* del proceso histórico, que aún no es la verdadera historia del hombre, como tema dado (…)[1]

Por lo tanto, Marx le negó a la contradicción un estatus ontológico en la constitución de las cosas. Para Marx, la contradicción y la negatividad son todavía fuerzas impulsoras del cambio, pero de cambio en el movimiento histórico de la "verdadera historia del hombre" (un énfasis que luego habría de ser parcialmente revertido por Engels, aunque de una manera relativamente descarnada, en *Anti Dühring* y *La dialéctica de la naturaleza*). "Lo contradictorio" se encuentra en la naturaleza de la sociedad de clases. El capitalismo maximiza las contradicciones inherentes a las relaciones de clase, y a la vez prepara el escenario para la trascendencia de la contradic-

---

[1] Marx, "Critique of Hegel's dialectic", en T. B. Bottomore, *Karl Marx, Early Writings* (Nueva York: McGraw-Hill, 1964) p. 198.

ción en una sociedad sin clases. El "choque de contradicciones recíprocas", como Marx lo expresa, es el enfrentamiento del capital con el trabajo. El proletariado es "negatividad radical", que padece una "total pérdida de humanidad", el peso acumulado de contradicciones. Al redimirse a sí mismo, el proletariado redime a toda la sociedad de la naturaleza contradictoria de la sociedad de clases.[2]

Por lo tanto, para Marx, la contradicción y la negatividad no reflejan la finitud del ser, en tanto condición ontológica universal de lo real, sino que en cambio hacen referencia a la finitud de la sociedad de clases: no como tipo de orden social humano universal, sino transicional.[3] La contradicción juega su papel en la historia al movilizar las transformaciones sociales entre la naturaleza sin clases de la sociedad tribal y la naturaleza sin clases del socialismo; la contradicción pertenece solo a aquello a lo que Marx se refería como la "prehistoria" del hombre, y por lo tanto puede ser trascendida, y lo será.

¿Cómo emplea Marx el término "contradicción" en sus obras? No resulta difícil descubrir una coherencia general en el uso que de él hace, a pesar de que en la superficie pueda hallarse una variedad considerable. Debido a que Marx interpola la noción de contradicción en su explicación de conflicto de clases, tal vez no sorprenda que emplee "contradicción" (*Widerspruch*), "antagonismo" (*Gegensatz*) y "conflicto" (*Konflikt*) como términos intercambiables. Tal vez en toda la obra de Marx el fragmento más célebre en el que aparece el término "contradicción" sea el prólogo de *Contribución a la crítica de la economía política*. Vale la pena citar con cierto detenimiento las líneas más relevantes:

> En cierta etapa de su desarrollo, las fuerzas productivas materiales de la sociedad entran en conflicto (*Widerspruch*) con las relaciones de la producción existentes (…) Esas relaciones pasan de formas de desarrollo de las fuerzas productivas a ser sus propios grilletes. Entonces comienza una época de revolución social. Con el cambio del basamento económico, toda la inmensa superestructura sufre una transformación más o menos rápida (…) Así como nuestra propia opinión sobre un individuo no se basa en lo que él piensa de sí mismo, nos es imposible juzgar un período de transformación de esta índole a partir de su propia conciencia; por el contrario, esta conciencia debe más bien explicarse a partir de las contradicciones (*Widersprüchen*) de la vida material, a partir del conflicto (*Konflikt*) existente entre las fuerzas productivas sociales y las relaciones de producción. No existe un orden social que perezca antes de que todas las fuerzas productivas que ese orden puede contener se hayan desarrollado; de la misma forma, no aparecen nuevas relaciones de producción superiores

---

[2] "Economic and philosophical manuscripts", ibíd., p. 144.
[3] "Contribution to the critique of Hegel's Philosophy of Right", ibíd., pp. 58-9.

antes de que las condiciones materiales de su existencia hayan madurado en el seno de la misma vieja sociedad. Por lo tanto la humanidad siempre emprende solo tareas que puede completar (...) En líneas generales, los modos de producción asiáticos, antiguos, feudales y burgueses modernos pueden ser señalados como épocas progresivas en la conformación económica de la sociedad. Las relaciones burguesas de producción constituyen la última forma antagónica (*antagonistische*) del proceso social de producción (antagónica no en el sentido de antagonismo individual, sino de un antagonismo que surge de las condiciones sociales de la vida de los individuos); a la vez, las fuerzas productivas que se desarrollan en el seno de la sociedad burguesa generan las condiciones materiales que habrán de resolver ese antagonismo.[4]

El fragmento reúne todos los elementos principales del esquema de contradicciones y de su resolución que Marx aplicó al desarrollo social; indica tanto el dinamismo de la contradicción como la visión progresiva de Marx del curso de la historia a través de la formación secuencial de los tipos de sociedad. El precepto "la humanidad siempre emprende solo tareas que puede completar" expresa muy atinadamente esta visión progresiva: cada etapa genera no solo la posibilidad sino también los medios para avanzar hacia un orden "superior".

Este esquema, aun cuando se lo presente exclusivamente dentro del contexto de las propias ideas de Marx desarrolladas en otras de sus obras, presenta varias dificultades. Ubicar el tipo asiático como etapa previa a los tipos de sociedad que se desarrollaron en Europa es algo que el propio Marx habría de rechazar posteriormente: llegó a adoptar la idea de que el modo asiático de producción y la sociedad clásica son desarrollos independientes que partieron de la sociedad tribal. Y, entonces, nos preguntaremos: ¿en qué sentido podemos decir que la sociedad del mundo antiguo "emprendió solo tareas que podía completar"? El análisis de la desintegración del imperio romano sugiere que este colapsó precisamente como resultado de sus contradicciones internas, que no lo condujeron a una etapa superior de síntesis debido a ciertos factores (el más notorio, la esclavitud) que impidieron una mayor expansión de la manufactura y del comercio.[5] Por supuesto, podría argumentarse que en cierto sentido la decadencia del imperio romano generó las condiciones necesarias para el surgimiento del feudalismo, que a su vez generó las condiciones necesarias para la aparición del capitalismo moderno. Pero, esta clase de razonamiento elíptico no resulta muy convincente, y a continuación propondré una perspectiva diferente.

---

[4] Marx y Engels, *Selected Works* (Londres: Lawrence and Wishart, 1968) pp. 182-3.
[5] Generalmente se subraya que los comentarios de Marx sobre la decadencia de Roma son paralelos a la discusión posterior y más detallada de Weber. Véase "Marx, Weber and the development of capitalism", en *Studies in Social and Political Theory,* pp. 197-8.

Si pasamos por alto la diversidad terminológica de Marx, puede decirse que existen dos contextos principales en los que el concepto de contradicción está presente en sus obras. El primero, como en la cita mencionada, se relaciona con descripciones generales del materialismo histórico como aproximación a la explicación de cambio social. Aquí Marx habla de contradicciones "de la vida material", o invoca lo que ha sido denominado la "fórmula canónica del marxismo": la contradicción entre las fuerzas y las relaciones de producción.[6] El sistema fuerzas/relaciones de producción aparece en las obras de Marx en varias ocasiones, tanto antes como después de la aparición de *Una contribución a la crítica de la economía política* (1859). En el *Manifiesto del partido comunista* de 1848, por ejemplo, Marx aplica la fórmula "fuerzas/relaciones de producción" al feudalismo y al capitalismo. "En cierta etapa" del desarrollo del primer tipo de sociedad mencionado, dice Marx, "las relaciones feudales de propiedad dejaron de ser compatibles con las fuerzas productivas ya desarrolladas": el resultado fue la transformación revolucionaria que condujo al establecimiento de la sociedad burguesa. Pero, en el segundo tipo de sociedad mencionado, "tenemos ante nuestros ojos un movimiento similar". Marx continúa: "En el pasado, por muchas décadas, la historia de la industria y del comercio no es sino la historia de la rebelión de las fuerzas productivas modernas contra las condiciones modernas de producción, contra las relaciones de propiedad que son las condiciones necesarias para la existencia de la burguesía y su gobierno".[7] En el volumen 1 de *El capital* Marx regresa al mismo tema, con particular énfasis en el desarrollo del capital monopólico. "La centralización de los medios de producción y la socialización del trabajo", escribe, "alcanzan finalmente un punto en el que se vuelven incompatibles (*unverträglich*) con su tegumento capitalista". Siguen estas famosas frases: "El tegumento es hecho trizas. Ya suena el final de la propiedad capitalista. Los expropiadores son expropiados".[8]

Claramente, resulta imposible discutir el sistema fuerzas/relaciones de producción con independencia de asuntos generales concernientes a la "interpretación materialista de la historia" de Marx. Luego me explayaré sobre la "concepción materialista". El segundo tipo de contexto en el que Marx hace frecuentes referencias a la contradicción social será más relevante en el *paper* que sigue. Es este el tipo de contexto en el que él se ocupa de examinar la naturaleza específica de las contradicciones de la producción capitalista.

---

[6] Gary Young, "The fundamental contradiction of capitalist production", en *Philosophy and Public Affairs*, Vol. 5 (1976) p. 196.

[7] "Manifesto of the Communist Party", en Marx y Engels, *Selected Works*, p. 40.

[8] *Capital*, Vol. 1, p. 763.

El término "contradicción" aparece frecuentemente a lo largo de las tres obras principales del "período de madurez" de Marx: los *Grundrisse*, *El capital* y *Teoría de la plusvalía*. Se dice que varios aspectos del sistema capitalista son contradictorios. Estas son algunas de las contradicciones:

1. La relación entre capital y trabajo asalariado, como relación de clases. Sin embargo, aunque en las versiones en lengua inglesa esto aparece como "contradicción", cuando hace referencia a esta relación Marx normalmente utiliza el término *Gegensatz*, y no *Widerspruch*.
2. La conexión entre valor de uso y valor de cambio, entre las "propiedades naturales específicas" y las "propiedades sociales universales" de las mercancías.
3. Las circunstancias involucradas en la generación de plusvalía, en especial en tanto implican la baja en la tendencia de la tasa de rentabilidad.
4. La naturaleza del proceso de trabajo, tal como lo expresa la alienación del trabajador que no participa de la riqueza generada por el capitalismo.[9]

La consecuencia es que, cuando se lo compara con modelos previos de sistemas de producción, el capitalismo multiplica las contradicciones. Pero, ¿reconoce Marx que en el capitalismo existe una fuente o tipo de contradicción subyacente a las demás? ¿Existe una *contradicción primaria* involucrada en el modo capitalista de producción? Si así fuera, ¿cuál es? La mayoría de los marxistas han dado por sentado que la hay, y creo que están en lo cierto, tanto en lo que respecta a la exégesis de Marx como en lo que respecta al análisis estructural del capitalismo moderno. No obstante, los intérpretes de Marx no siempre han estado de acuerdo con la manera de caracterizar la contradicción primaria del capitalismo. Por ejemplo, en una discusión reciente sobre la contradicción, Young argumentó que "estrictamente hablando" la contradicción primaria del capitalismo no se da entre las fuerzas y las relaciones de producción, sino que se la encuentra totalmente inserta dentro de las "relaciones productivas capitalistas".[10] De acuerdo con Young, ha de encontrarse esta contradicción en el proceso de intercambio: es una contradicción entre la compra y la venta de mercancías en el proceso de circulación, arraigado en la categoría 2 de la clasificación propuesta anteriormente.

---

[9] "El límite del *capital* consiste en que todo este desarrollo se da de una manera contraditoria, y que el funcionamiento de las fuerzas productivas, de la riqueza general, etc., del conocimiento, etc., se presenta de tal forma que el individuo que trabaja se *aliena* a sí mismo; se relaciona con las condiciones que su trabajo le ha quitado como si estas no fueran *propias*, sino pertenecientes a una *riqueza ajena*". *Grundrisse* (Harmondsworth: Pelican, 1973) p. 451.

[10] Young, "Fundamental contradictions of capitalist production", p. 201.

Pero, esto resulta improbable debido a que no se vincula directamente con un rasgo primordial de la perspectiva de Marx, rasgo que defenderé. Se trata de que la contradicción social manifiesta una forma inmanente del orden social cuyo desarrollo es estimulado por un orden social existente. Con toda certeza, la contradicción primaria en el capitalismo tiene que ser la que presagia un nuevo tipo de sistema económico y social, el socialismo. Estimo que solo existe un candidato para ese puesto: la contradicción entre la *apropiación privada* y la *producción socializada*. Más tarde explicaré esto detalladamente. Sin embargo, su significado principal puede encontrarse en algunas citas de obras posteriores de Marx, como las que siguen a continuación:

> La división del trabajo trae como consecuencia la concentración, coordinación, cooperación, relaciones antagónicas entre intereses privados e intereses de clase, competencia, centralización del capital, monopolios y sociedades por acciones; tantas formas contradictorias de unidad que a su vez engendran a todas estas contradicciones. De la misma forma, el intercambio privado es generador de comercio internacional, la independencia privada da lugar a la dependencia total del llamado mercado mundial, y los actos fragmentados de intercambio generan la necesidad de que exista un sistema bancario y crediticio (...) Integradas a la sociedad actual (podemos encontrar) las condiciones materiales de producción y las relaciones comerciales de la sociedad sin clases.[11]

Dos visiones posteriores

En gran parte de la literatura marxista posterior a Marx el término "contradictorio" es utilizado libremente pero de una manera irreflexiva, lo que acrecienta el uso algo imprudente de la terminología encontrada en aquel. El intento de llevar a cabo un relevamiento de los usos del término por parte de autores marxistas posteriores no implicaría un gran avance, y aquí solo haré referencia a dos discusiones recientes que intentan hacer un análisis directo del concepto de contradicción en teoría social; estas discusiones contrastan tanto entre sí como con las perspectivas que deseo desarrollar.

La primera de estas discusiones se encuentra en un famoso artículo de Godelier, quien elabora un punto de vista influido por Lévi-Strauss y Althusser.[12] De

---

[11] *Grundrisse*, p. 77.

[12] Maurice Godelier, "Structure and contradiction in *Capital*", en Robin Blackburn, *Ideology in Social Science* (Londres: Fontana, 1972).

acuerdo con Godelier, podemos encontrar dos sentidos primarios en los que Marx habla de las contradicciones en la sociedad capitalista. El primero de ellos es aquel en el que Marx sostiene que capital y trabajo asalariado, como dos clases, se hallan en una relación contradictoria el uno con el otro. Se trata de contradicción dentro del marco del modo de producción capitalista o, como lo expresa Godelier, "las contradicciones internas de una estructura".[13] La contradicción entre capital y trabajo asalariado expresa la naturaleza distintiva del capitalismo, en comparación con otros tipos de sistemas productivos. Está allí, afirma Godelier, desde el inicio del modo de producción capitalista, y en este aspecto tanto como en otros se la puede distinguir de la segunda forma en que Marx utiliza el término "contradicción". Es en este segundo sentido que Marx habla de la antinomia emergente entre apropiación privada y producción socializada, por un lado, y la creciente madurez del capitalismo por el otro. Tal como lo expresa Godelier, esta no es una contradicción dentro de una estructura, sino más bien una contradicción entre dos estructuras: una que es característica del capitalismo, y otra que anuncia el advenimiento del socialismo. La contradicción existente entre la apropiación privada y la producción socializada solo se produce en una etapa relativamente tardía del desarrollo del capitalismo, ya que en sus fases iniciales las relaciones de producción capitalistas resultan "funcionales" a las fuerzas de producción. De acuerdo con Godelier, el segundo tipo de contradicción, en contraste con el primero, es "no buscado" y "sin teleología";[14] y, basada en diferentes principios, deja al descubierto las limitaciones funcionales del capitalismo −límites más allá de los que no puede expandirse sin introducir nuevas relaciones de producción−.

En mi opinión, el interés específico de la explicación de Godelier, como él lo expresa, no consiste en que muestra la importancia de diferenciar entre dos sentidos o dos tipos de contradicción; sino en que indica que deberíamos distinguir entre conflicto y contradicción (aun cuando Marx no lo hizo de manera explícita, aunque es cierto que tampoco distinguió explícitamente dos tipos de contradicción).[15] Carece de sentido utilizar la noción de contradicción de forma tan difusa que resulte más o menos equivalente a la de conflicto. Por lo tanto, diré que la relación entre capital y trabajo asalariado, como relación de clases entre capitalistas y trabajadores, *es una relación de conflicto inherente, en el sentido de oposición de intereses*, y de una lucha activa más o menos continua.

---

[13] Ibíd., p. 350.

[14] Ibíd., p. 353.

[15] Introduje una diferenciación entre conflicto y contradicción en *The Class Structure of the Advanced Societies*; sin embargo, ahora veo que la interpretación de contradicción que allí ofrezco resulta limitada y defectuosa.

Afirmar, como he hecho previamente, que el conflicto como lucha opera en el nivel de las prácticas sociales parece asemejarse a uno de los puntos que Godelier desea demostrar. Pero, el autor no logra en absoluto formular ese punto de manera satisfactoria: muestra varios de los rasgos principales del argumento funcionalista que me he propuesto rechazar en este libro. Tanto énfasis pone Godelier, a la manera de Althusser, en que las concepciones hegelianas de contradicción y de negatividad son irrelevantes para las desarrolladas por Marx, que se ve forzado a rechazar la idea de que en Marx la contradicción tiene alguna similitud con la contradicción en el campo de la lógica. En consecuencia, entiende a la contradicción como incompatibilidad funcional, en contraste con la integración como correspondencia funcional de elementos sociales. La ecuación entre contradicción e incongruencia funcional es una ecuación frecuentemente hecha en la literatura funcionalista de la sociología estadounidense,[16] pero que por cierto deseo negar. Godelier afirma que su segundo tipo de contradicción, la "contradicción entre estructuras", es "no teleológica", pero en realidad no lo es, como lo demuestra claramente su texto. La teleología de la "contradicción entre estructuras" es la de la necesidad funcional: la necesidad de la estructura o sistema, inadvertida por los actores sociales. De hecho, la formulación de Godelier es sorprendentemente semejante a la distinción entre funciones manifiestas y latentes que ha sido tan prominente en la literatura funcionalista. Lo que él denomina "racionalidad conductual intencional de los miembros de una sociedad" está separada de la "racionalidad no intencional de la estructura jerárquica de las relaciones sociales que caracterizan a esa sociedad", en donde estas últimas expresan la necesidad funcional de regir el cambio desde una estructura a otra.[17]

Una discusión de Elster sobre la contradicción proporciona un complemento útil e interesante para la perspectiva expuesta por Godelier.[18] Elster cuidadosamente intenta distinguir conflicto de contradicción, y a la vez relaciona estrechamente contradicción social y contradicción lógica, aunque lo hace de forma de no quedar en deuda con Hegel.[19] El análisis de Elster es complejo y ambicio-

---

[16] Ver Pierre van den Berghe, "Dialectic and functionalism. Toward a theoretical synthesis", en *American Sociological Review*, Vol. 28 (1863).

[17] Op. cit., p. 367. Ver también van den Berghe, *Rationality and Irrationality in Economics* (Londres: New Left Books, 1972).

[18] Jon Elster, *Logic and Society, Contradictions and Possible Worlds* (Chichester: Wiley, 1978).

[19] Elster específicamente critica a Althusser y a Godelier en la página 90; allí afirma que no debería emplearse el término contradicción para hacer referencia a la relación capital/trabajo asalariado. Sin embargo, le atribuye a Marx una consistencia terminológica mayor a la justificada, y sostiene erróneamente que Marx nunca se refiere a la contradicción (*Widerspruch*) entre capital y trabajo asalariado.

so, y me limitaré a hacer referencia solo a algunas partes. Él relaciona contradicción con dos clases de situación, una de las cuales se ocupa de lo que él denomina la "falacia de composición", y la otra es aquella a la que se refiere como "subaprovechamiento"; pero, debido a que se considera que la segunda es menos relevante que la primera, no la tendré en cuenta. Con "falacia de composición" Elster se refiere a la tesis, o la suposición, de que lo que un actor es capaz de hacer, dado un conjunto de circunstancias, debe poder ser hecho en forma simultánea por un número indefinido de actores. Por ejemplo, es erróneo suponer que, simplemente porque un inversor individual cualquiera pueda extraer dinero de un banco en cualquier momento, todos los inversores puedan hacerlo. Elster discute la falacia de composición en conjunción con la "contrafinalidad", que constituye la base principal de su interpretación de la contradicción. La contrafinalidad hace referencia a las consecuencias no buscadas que sobrevienen cuando la totalidad de los miembros de un grupo actúa sobre premisas que implican la falacia de composición. Tal situación, propone Elster, cumple los requisitos especificados para la contradicción en el ámbito de la lógica, a la vez que preserva la racionalidad de cada actor individual, ya que, tomadas por separado, no se objetan las causas de las acciones de cada persona.[20] Si bien Elster proporciona una serie de ejemplos de contrafinalidad como contradicción, aquí tal vez sea más apropiado citar uno que se ajuste a la contradicción en Marx: el ejemplo asociado a la tasa decreciente de rentabilidad en el capitalismo. Según las propias palabras de Elster: "Marx explicó la caída de la tasa de rentabilidad como resultado de medidas (mecanismos que tienden reducir el trabajo) tomadas con el objeto de contrarrestar la caída de la tasa de rentabilidad".[21]

Soy de la opinión de que la relevancia de la obra de Elster es muy diferente de la de Godelier. Independientemente de las limitaciones de la explicación de Godelier, esta se enmarca en problemas sustantivos: los procesos dinámicos implí-

---

[20] Debería mencionarse que Elster rechaza la concepción de que ya sea la persistencia o bien el cambio en un elemento social pueda explicarse en términos de necesidad funcional, un acento con el que estoy completamente de acuerdo. "Si (...) fuera posible demostrar que la neutralidad aparente del estado en las sociedades capitalistas modernas realmente resulta más apropiada para los propósitos capitalistas de lo que podría haber sido un gobierno abiertamente parcial, entonces un conocido argumento marxista-funcionalista suele concluir que este efecto beneficioso *explica* la neutralidad del estado" (p. 121). No lo explica, a menos que se muestre de qué manera la postura neutral del estado realmente sucede y se reproduce; "la retroalimentación debe ser *demostrada* más que simplemente postulada" (p. 122). Véase también la discusión de Elster sobre un ejemplo de la obra de E. P. Thompson, pp. 119ss.

[21] Ibíd., p. 113. Sin embargo, Elster argumenta que Marx cometió un error al caer él en la falacia de composición. "A partir del hecho de que una innovación dada ahora mano de obra cuando todos lo demás es constante, Marx concluye ilegítimamente que esto es aún cierto cuando se consideran todas las innovaciones en forma simultánea" (p. 188).

160

citos en el desarrollo capitalista, como los describe Marx. Por otra parte, a Elster le preocupa más un análisis formal del concepto de contradicción (entre otros conceptos), y los ejemplos que ofrece, aunque detallados, son más incidentales en el marco de esta discusión que en el caso de Godelier; se podrían haber elegido otros ejemplos. La importancia del análisis de Elster es la contundencia con que asevera que conflicto y contradicción no deberían fusionarse conceptualmente, y que no es necesario que la contradicción en teoría social quede demasiado alejada de la contradicción en el ámbito de la lógica.

Sin embargo, tengo ciertas reservas con respecto a la postura de Elster. Mediante la contrafinalidad, Elster vincula la contradicción social a las consecuencias no buscadas de la conducta de los actores individuales (aunque toma la precaución de limitar esas consecuencias a las que realmente se producen en vez de abarcar a las consecuencias que se buscaban, excluyendo las que resultan adicionales a lo que se buscaba). No objetaré en absoluto la afirmación según la cual los ejemplos de contradicción que Elster utiliza para ilustrar sus argumentaciones merecen ser llamados contradicciones; más bien, lo que sí es incorrecto en la perspectiva de Elster es el tipo de aproximación al que recurre para analizar esos ejemplos, ya que trata a la contradicción como un resultado agregado de actos individuales. Consideremos el caso mencionado anteriormente: Marx sobre la caída de la tasa de rentabilidad. Elster hace que esto se ajuste a su noción de contrafinalidad como contradicción, y lo hace tomándola, por así decirlo, solo "desde un lado": una declinación en la tasa de rentabilidad es el resultado general de cantidades de actores que toman medidas con el fin de incrementar su tasa de rentabilidad. Pero, esto no *es*, como sostiene Elster, la forma en que "Marx explicó la caída de la tasa de rentabilidad". Vista "desde el otro lado", la tendencia a la baja de la tasa de rentabilidad genera las circunstancias (o una de ellas) que empujan a los capitalistas individuales a producir un aumento en la plusvalía. En otras palabras, la contradicción es un *rasgo estructural* del sistema de producción capitalista; la contrafinalidad, tal como se manifiesta a través de las actividades de los emprendedores capitalistas, es expresión de la *contradicción del sistema*, y debe ser explicada en esos términos (como espero haber dejado claro en el *paper* anterior, aquí "explicada" no significa "reducida a", sino que implica una referencia a la dualidad de la estructura).

La exposición de Godelier puede ser deficiente, pero es innegable que intenta elaborar una noción de contradicción que se vincule con las tendencias inmanentes del cambio estructural en la sociedad. Todas las contradicciones de Elster se encuentran entre resultados buscados (o deseados) y resultados no buscados (o no deseados): esto no deja lugar para el "lado positivo de lo negativo", que es un rasgo fundamental en la interpretación del cambio social de Marx (rasgo que creo importante apoyar). Elster define informalmente, como relacionado con la contradicción de todos modos, el segundo sentido de la contradicción en el capitalismo de Godelier: entre la apropiación privada y la producción socializada. Esto, afirma Elster algo precipitadamente, es "una frase frecuente del marxismo vulgar", que en realidad no tiene lugar en los propios escritos de Marx. Por cierto, no es este el caso, aun cuando Engels se mostraba más propenso que Marx a referirse de manera terminante a "la contradicción entre apropiación capitalista y producción socializada"[22]. Como he dicho anteriormente, hay muchos pasajes en la obra de Marx que documentan la misma visión, y definitivamente es mi intención aceptar este hecho, no como uno entre otros, sino como instancia suprema de la naturaleza contradictoria de la producción capitalista.

Contradicción y conflicto

El concepto de contradicción en teoría social, entonces, debería relacionarse con los componentes estructurales de los sistemas sociales, pero, a la vez, deberían diferenciarse de cualquier versión de "incompatibilidad funcional". Definiré la contradicción social como una *oposición o disyunción de principios estructurales* de los sistemas sociales, donde aquellos principios operan *en términos de mutualidad* pero, a la vez, *se transgreden mutuamente*.[23] Propondré que las contradicciones surgen en medio de la estructuración de los modos de los sistemas de reproducción, y como resultado de ella. Por "principio estructural" o "principio de la organización del sistema" entiendo un conjunto institucionalizado de interconexiones que rigen la reproducción del sistema; dichas interconexiones pueden operar en cualquiera de los tres niveles de la integración de los sistemas previamente distinguidos, o en todos ellos: homeostasis, retroalimentación o autorregulación reflexiva.

Para explicar lo implicado afirmando que los principios estructurales pueden operar en términos de mutualidad y que a la vez se transgreden mutuamente, es conveniente recurrir a lo que queda involucrado cuando se trata a la disyunción entre la apropiación privada y la producción socializada como contradictoria. En algunos casos, es preferible utilizar el adjetivo "contradictorio" en vez del sus-

---

[22] Engels, "Socialism: utopian and scientific", en Marx y Engels, *Selected Works*, p. 421.
[23] Estimo que esta formulación es superior a aquella propuesta en *New Rules of Sociological Method*, p. 125, y nuevamente en "Functionalism: après la lutte", pp. 127-8, donde yo aún no había separado la contradicción tan categóricamente de la oposición de intereses como debiera haberlo hecho.

tantivo "contradicción" debido a que este último suele implicar relaciones estáticas de una naturaleza fija, en tanto que las contradicciones sociales siempre se encuentran en movimiento o en proceso. La apropiación privada es una forma abreviada para referirse al ciclo inversión-producción-rentabilidad-inversión, dominado por el capital privado, que está involucrado en la relación entre la reproducción de la relación capital/trabajo asalariado. No estoy de acuerdo con el punto de vista de Godelier, o con su interpretación de Marx, cuando afirma que la contradicción entre apropiación privada y producción socializada no está presente en los comienzos del capitalismo, o no es inherente al modo capitalista de producción. Por el contrario, la producción capitalista es, en este sentido, *intrínsecamente contradictoria*, aunque las consecuencias de su naturaleza contradictoria son acentuadas mientras el desarrollo del capitalismo sigue la trayectoria delineada por Marx. Creo que la mejor manera de expresar la argumentación de Marx es diciendo que, en las etapas relativamente iniciales del surgimiento del capitalismo moderno, la contradicción inherente que representa la formación de la producción capitalista en sí *dentro del sistema feudal* opaca en gran medida la naturaleza contradictoria del modo capitalista de producción como tal. El capitalismo es intrínsecamente contradictorio porque la operación del modo de producción (apropiación privada) *supone* un principio estructural que lo niega (producción socializada). Desde sus comienzos, la producción capitalista, al involucrar la acumulación de capital privado en un ciclo de inversión-producción-rentabilidad-inversión, presupone y tiende a promover la existencia de elementos estructurales que lo transgreden. El punto focal de estos elementos que se contradicen es la "anarquía" de la acumulación capitalista versus el control socializado de los procesos productivos. Esta cualidad de "lo contradictorio" se expresa, como Marx lo afirmó en una cita precedente, como "formas contradictorias de unidad". Los modos de esa negación son complejos; la relación contradictoria entre la apropiación privada y la producción socializada es cambiante, y altera su forma a medida que se producen cambios dentro de la naturaleza general del sistema capitalista.

No tengo intención de cuestionar –y la acepto como un teorema básico– la postura marxista según la cual en la contradicción subyace la posibilidad del movimiento progresivo de la historia. Tampoco tengo intención aquí de transformar el término "progresivo" en moralmente neutro. Pero, sí me propongo incluir un concepto de *degeneración del sistema*: en otras palabras, si aceptamos completamente la contingencia de la historia, debemos aceptar la posibilidad de que *la contradicción puede ser subyacente o estimular movimientos retrógrados de cambio histórico*.

Figura 4.2

CAPITALISMO MODERNO

CONTRADICCIÓN PRIMARIA	**Apropiación privada / producción socializada**
CONTRADICCIÓN SECUNDARIA RELEVANTE	**Hegemonía internacionalización del capital/nación/estado**
TIPO DE DEGENERACIÓN DEL SISTEMA	**Totalitarismo de derecha (fascismo)**

Debido a que Marx utilizó el término "contradicción" de una manera bastante difusa, no hizo explícita una distinción adicional que deseo hacer aquí, y que ya introduje previamente: se trata de una distinción entre principios de organización primarios y secundarios y, por lo tanto, entre contradicciones *primarias* y *secundarias*.[24] Por contradicciones primarias entiendo aquellas que es posible identificar como fundamental o inextricablemente involucradas en la reproducción del sistema de una sociedad o tipo de sociedad –no sobre una base funcional, sino porque participan de la estructuración misma de lo que el sistema *es*–. Por contradicciones secundarias entiendo aquellas que se producen como consecuencia de la existencia de contradicciones primarias y que, en cierto sentido, son resultado de ellas. Por ejemplo, la contradicción primaria del capitalismo –la disyunción entre apropiación privada y producción socializada– puede conectarse con otros elementos contradictorios dentro del sistema que derivan de este (por ejemplo, ciclos de renovación y de decadencia urbanas). Las contradicciones secundarias no son "intentos que hace el sistema de enfrentar las contradicciones primarias". Como he repetido varias veces, de acuerdo con la perspectiva desarrollada aquí, los sistemas no intentan hacer frente a nada; tales aseveraciones simplemente no se aplican a sistemas o a colectivos.

Aquí no intentaré explicar la Figura 4.2. En el volumen que sigue a este, analizaré con cierto nivel de detalle la naturaleza contradictoria de las sociedades del estado socialista (que, en todo caso, operan dentro de un contexto económico mundial aún dominados por mecanismos económicos capitalistas). Sostengo que las sociedades del estado socialista manifiestan un tipo genérico de degeneración del sistema: el *totalitarismo de izquierda* (estalinismo).

---

[24] Véase Mao, "On contradiction", en *Selected Works of Mao-Tse-Tung* (Pekín: Foreign Languages Press, 1967) pp. 331ss.

Vale la pena acentuar que las distinciones entre integración social/conflicto social e integración de sistemas/contradicción de sistemas no son simplemente opuestos, o los "polos" de dos dimensiones. La conceptualización que deseo hacer es más dialéctica que esto. La contradicción solo se produce *mediante* la integración del sistema debido a que la noción de contradicción, tal como la he formulado, involucra la de integración del sistema.

Propongo la idea de que, *ceteris paribus*, conflicto y contradicción tienden a coincidir, pero existen varios conjuntos de circunstancias que pueden servir para distanciarlos uno del otro. Aquí el análisis de la contradicción y del conflicto converge con el de dominación: cualquiera de estos tipos de circunstancia, o todos ellos, pueden ser incorporados como rasgos de estructuras de dominación. Distinguiré tres de esos conjuntos de circunstancias que pueden recibir el nombre de *opacidad* de la acción, *dispersión de contradicciones*, y *represión directa*. Con el término "opacidad" hago referencia a un bajo grado de penetración, por parte de los actores, en las condiciones de la acción de esos actores, y su intervención en la reproducción de sistemas sociales. De acuerdo con la teoría de la estructuración, no existe circunstancia alguna en la que las condiciones de la acción puedan volverse totalmente opacas para los agentes, debido a que la acción se constituye mediante la posibilidad de dar cuenta de las prácticas; los actores siempre conocen el marco estructural dentro del cual su conducta se desarrolla, porque al llevar a cabo su acción recurren a ese marco a la vez que lo reconstituyen mediante esa acción. Pero, la penetración que permite este "conocimiento" está característicamente limitada en términos de los límites de la acción identificados en el *paper* precedente: la naturaleza situada de la acción; el grado en el que el conocimiento tácito puede articularse en el discurso; las fuentes inconscientes de la motivación; y las consecuencias no buscadas de la acción incorporadas dentro del sistema de reproducción. No discutiré aquí los modos en los que estos límites pueden resultar opacos, ya que esto supone un tratamiento ideológico extenso, que realizaré en el próximo *paper*.

Cuando hablo de la dispersión de contradicciones, intento indicar que la tendencia propia de la contradicción de involucrar conflicto queda debilitada hasta el punto de que las contradicciones son mantenidas lejos entre sí. Por el contrario, a mayor fusión o "solapamiento" de contradicciones, mayor es la probabilidad de conflicto, y mayor la probabilidad de que ese conflicto sea intenso. Claramente, la dispersión de las contradicciones está relacionada con la opacidad de la acción, ya que cuanto mayor es esa dispersión, menos tenderá cualquier elemento particular de "lo contradictorio" a volverse una fuente movilizadora de conflicto.

Poco hace falta mencionar aquí sobre la represión directa. Sin embargo, ha de reconocerse que algunas de las tradiciones primordiales en ciencia social son proclives a subestimar hasta qué punto pueden emplearse exitosamente la fuerza y la violencia (o la amenaza de violencia) para impedir el surgimiento del conflicto como lucha abierta.

Figura 4.3

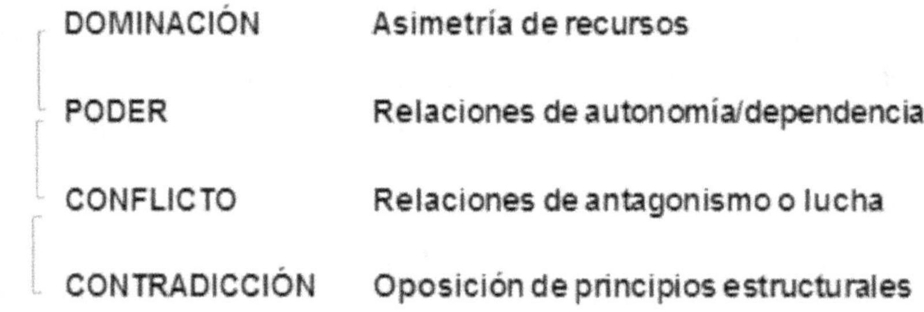

En la Figura 4.3 reúno de una manera abstracta ideas presentadas en este *paper* y en los otros anteriores. Tanto la dominación como la contradicción son conceptos estructurales, pero no son equiparables. La dominación es reproducida en la contradicción, y a través de ella; y se la puede estudiar desde el punto de vista de sus consecuencias en las conexiones entre contradicción y conflicto. Existe una vinculación directa entre contradicción y conflicto, aunque hay un área de contingencia entre ambos. Sin embargo, la contradicción está vinculada con el poder solo a través de la dominación, como la forma en la que se estructuran los recursos dentro de la reproducción de la interacción social. Dominación y poder se encuentran estrechamente relacionados, pero las conexiones entre dominación y conflicto están mediadas por las relaciones de poder.

Poder, control, subordinación

En este capítulo discutiré lo que denomino *dialéctica del control* en los sistemas sociales. Es esta una de las áreas centrales en las que es posible relacionar fácilmente el teorema según el cual los actores sociales tienen conocimiento, y deben tenerlo, de las circunstancias de su acción, por un lado, con la dominación y el poder por el otro. Si bien los problemas en cuestión son de amplio alcance, mi aproximación a ellos será en un contexto particular: la crítica hecha a la concepción de burocracia de Max Weber.[25] El análisis hecho por Weber sobre la burocracia es tan bien conocido que virtualmente no es necesario hacer ningún tipo de descripción aquí. De acuerdo con el tipo ideal, se distingue a la burocracia por: su orden racional-legal de legitimación; una jerarquía de cargos en una pirámide de autoridades; la existencia de reglas escritas; la especialización vocacional de funcionarios asalariados de tiempo completo; y, lo que es muy relevante para otros temas incluidos en el análisis histórico hecho por Weber, la separación entre los funcionarios y la posesión de sus medios de administración.

Aquí no me interesa discutir la naturaleza lógica de los tipos-ideales, y solo me ocuparé de comentar ciertos aspectos del tratamiento que da Weber a la organización burocrática.[26] Los dos elementos de la concepción weberiana que he seleccionado y en los que me concentraré, particularmente, son el de la jerarquía de cargos y el de la relevancia de las reglas burocráticas. De acuerdo con la perspectiva de Weber, en las burocracias tanto la autoridad como el poder –en el sentido que él les da a esos términos– decrecen a medida que se asciende, de modo tal que el avance de la burocratización significa, más o menos inevitablemente, una declinación progresiva de la autonomía de la acción de aquellos en los estamentos inferiores. Esto sirvió de estímulo para la aún más sólidamente elaborada "ley de hierro" de la oligarquía dentro de las organizaciones de Michels. Semejante pérdida de la autonomía de la acción, en los escritos de Weber, se enmarca en una visión del mundo ostensiblemente sombría: la expansión de una civilización industrial genera "especialistas carentes de espíritu, sensualistas vacíos de corazón". No es necesario hacer una búsqueda exhaustiva para encontrar otros autores, más recientes, y más radicales que el propio Weber, que han desarrollado perspectivas que contienen aspectos paralelos a los suyos. Independientemente de las diferencias entre Weber[27] y Marcuse, la sociedad unidimensional de este último se asemeja, de alguna forma, a la burocracia de Weber, pero a gran escala: una sociedad organizada de manera cerrada y conformista en derredor de una jerarquía férrea.[28] En un contexto algo diferente, el análisis que hace Braverman de la división del trabajo dentro de la empresa industrial sugiere que la pérdida gradual (conforme se asciende), por parte del trabajador, del control sobre las tare-

---

[25] Propuesto de manera general en Weber, *Economy and Society*, Vol. 1. Pero, véanse varios de los artículos en *Gesammelte politische Schriften* (Tubinga: Möhr, 1958), que son virtual e igualmente relevantes.

[26] Si se desea una discusión contextual útil, véase Martin Albrow, *Bureaucracy* (Londres: Pall Mall, 1970).

[27] Herbert Marcuse, "Industrialism and capitalism in the work of Max Weber", en Otto Stammer, *Max Weber and Sociology Today* (Oxford: Blackwell, 1971).

[28] Marcuse, *One-dimensional Man* (Londres: Sphere, 1968).

as laborales, constituye un proceso progresivo (y además aparentemente irresistible) en el desarrollo tecnológico del capitalismo moderno.[29] No cuestiono la importancia de estos escritos, ni la naturaleza imperiosa de los asuntos a los que apuntan sus autores. Pero, uno de sus rasgos sobresalientes es que las tendencias diagnosticadas son presentadas de forma tan arraigada y difícil de revertir, especialmente para quienes son más afectados, que las esperanzas expresas de transformación radical aparecen como meros deseos piadosos. Bien podría sugerirse que el pesimismo de Weber concuerda mejor con las implicancias de su análisis, que las perspectivas expresadas por autores cuyas interpretaciones de la "jaula de hierro" de la división moderna del trabajo son semejantes a las de aquel, pero quienes anticipan no solo una huida generalizada de la jaula, sino una disolución total de sus barrotes.

Sin embargo, ni las sociedades del capitalismo occidental ni las del socialismo estatal del bloque oriental son de hecho unidimensionales, ni tampoco existe necesidad alguna de aceptar ciertos rasgos importantes del análisis de Weber que parecen reforzar esa perspectiva.

1. En el nivel de la filosofía de la historia (que, a pesar de las negaciones de Weber siempre surge en sus obras)[30], Weber marcó un contraste generalizado, aunque en gran medida implícito, entre la autonomía de la acción de la que gozan los actores en las comunidades tradicionales, y la organización "férrea" de los sistemas burocráticos desarrollados. Pero, seguramente es erróneo contraponer de esta forma la burocracia y la autonomía de la acción. Algunos tipos de colectivos tradicionales y en pequeña escala apenas le han permitido un poco de autonomía a sus miembros, o a los más subordinados: considérese, por ejemplo, la posición de las mujeres en los sistemas familiares patriarcales.

2. Tenemos buenas razones para suponer que, en los sistemas burocráticos modernos, existen muchas más oportunidades para que aquellos que ocupan posiciones formalmente subordinadas adquieran o recuperen el control de sus tareas organizacionales que lo que Weber reconoció. Él trató al avance de la burocratización como a una fuerza que producía una jerarquía de poder rídiga dentro de una organización. Pero, como puntualizó Crozier, las relaciones entre cargos en las organizaciones generalmente proveen espacios de control potencial que no están disponibles en colectivos más pequeños y más tradicionales.[31] Cuanto más inflexibles y rígidas sean las relaciones de autoridad formales dentro de una organización, mayor será, de hecho, la posibilidad de que surjan oportu-

---

[29] Harry Braverman, *Labour and Monopoly Capital* (Nueva York: Monthly Review Press, 1974).

[30] Véase Wolfgang Mommsen, *The Age of Bureaucracy* (Oxford: Blackwell, 1974).

[31] Michel Crozier, *The Bureaucratic Phenomenon* (Londres: Tavistock, 1964).

nidades de burlarlas. Weber solía escribir como si las relaciones formales de autoridad dentro de las burocracias fueran aceptadas de forma consensuada en todos los niveles de la organización. Pero, normalmente los sistemas dominantes de símbolos son aceptados (con algún grado de adhesión) predominantemente por aquellos que ocupan las posiciones superiores de autoridad. Pero, la lucha exitosa en pos de la preservación de los elementos de control por parte de los subordinados es mucho más prevalente de lo que Weber parecía sostener: como también lo es la accidentada resistencia cotidiana o "distanciamiento" de las tareas opresivas.[32] El distanciamiento no es control *ipso facto*, pero puede ser un factor importante para permitir el tipo de penetración de la visión autorizada de las cosas –una conciencia infeliz– que estimula los intentos prácticos de extender el control.

Indudablemente, Weber estaba en lo cierto cuando acentuó la importancia de la existencia de reglas escritas dentro de las organizaciones burocráticas. Pero, las reglas no se obedecen ni se interpretan a sí mismas y suelen proveer un mayor espacio para el conflicto de lo que Weber pudo advertir. Las reglas escritas, al igual que las relaciones formales de autoridad que nominalmente coordinan, con frecuencia se cumplen en el incumplimiento. El "trabajo a reglamento" es más que simplemente un lema esgrimido en los conflictos entre el capital y el trabajo. Pero, si solo fuera esto, es una ilustración lo suficientemente clara de un distanciamiento deliberadamente semi irónico de los grupos subordinados y de los preceptos que supuestamente obedecen, que se vuelven contra aquellos que parecen beneficiarse más con su implementación.

Confundir la participación distanciada pragmática/irónica/humorística en las rutinas del trabajo alienado con el consenso normativo fue uno de los grandes errores de la sociología normativa ortodoxa de los años 50 y 60. El error no carecía de relación con la *derogación del actor lego* a la que ya he hecho referencia en el nivel de la (más general) teoría de la agencia: derogación que, sin embargo, no ha quedado, por cierto, circunscripta a la ciencia social no marxista. Tres factores han llevado a los observadores sociológicos a imaginar que, en la mayoría de los casos, aquellos que trabajan en puestos mortalmente monótonos y repetitivos frecuentemente están "adaptados" a lo que hacen. Uno de los factores es que el nivel de penetración discursiva en esas circunstancias solo es comprendido a través de lo que los participantes ofrecen "seriamente" sobre ellos; o en términos de lo que el observador "busca", o está dispuesto a encontrar aceptable. Muy posiblemente, las bromas agresivas en la fábrica permitan una percepción, a través de

---

[32] Véase Laurie Taylor y Stanley Cohen, *Escape Attempts* (Londres: Allen Lane, 1976).

su *forma* tanto como de su contenido manifiesto, de cómo se experimenta y se comprende al trabajo, que es mayor que las respuestas a cualquier cuestionario o largas entrevistas. Un segundo factor es que con frecuencia la observación queda confinada solo al discurso, cualquiera sea la forma en que se lo interprete; pero, los estilos opuestos también se expresan en términos de conciencia práctica. El tercer factor, sin embargo, no es más que la ausencia total de cualquier alternativa disponible. Es necesario poner un fuerte énfasis en este punto, que conecta directamente con problemas de ideología. Con la locución "alternativas disponibles" me refiero no solo a la posibilidad de mobilidad lateral entre ocupaciones de una naturaleza similar, sino a concepciones de "de qué otra manera podrían ser las cosas".[33] En este punto podríamos advertir el vínculo entre la agencia humana como tal –que contrafácticamente implica la posibilidad de hacerlo de otra manera– y el trabajo alienado. El "hacer las cosas de otra manera" en circunstancias que crudamente circunscriben esa posibilidad puede adoptar formas que no sean inmediatamente identificables como oposición en sentido obvio.[34]

La dialéctica del control opera aun en tipos de colectivos, u organización, altamente represores. Ya que sostengo que la dialéctica del control se construye dentro de la propia naturaleza de la agencia, o para decirlo más correctamente, en las relaciones de autonomía y dependencia reproducidas por los agentes en el contexto de la puesta en práctica de prácticas definidas. *Un agente que no participa (aunque sea mínimamente) de la dialéctica del control deja de ser un agente.* Como he puntualizado anteriormente, todas las relaciones de poder, o las relaciones de autonomía y dependencia, son recíprocas; independientemente de la amplitud de la asimetría de la distribución de los recursos involucrados, toda relación de poder manifiesta autonomía y dependencia "en ambas direcciones". Una persona a quien se ha mantenido bajo confinamiento y supervisión estrictos, al igual que un individuo en chaleco de fuerza, tal vez ha perdido toda capacidad de acción y no participa de una relación de poder recíproca. Pero, en todos los demás casos, es decir en todos aquellos casos en los que se ejerce la agencia humana en el marco de una relación de cualquier tipo, las relaciones de poder son bilaterales. Esto explica el estrecho vínculo existente entre agencia y suicidio.[35] La autodestrucción es una opción (virtualmente) siempre disponible, la negación final que cancela de-

---

[33] Esto constituyó la base de la distinción que hice entre conciencia del conflicto y conciencia revolucionaria en *The Class Structure of the Advanced Societies.*

[34] Véase Richard Sennett y Jonathan Cobb, *The Hidden Injuries of Class* (Cambridge University Press, 1977).

[35] Albert Camus, *The Myth of Sisyphus* (Nueva York: Knopf, 1955).

finitiva y absolutamente el poder opresivo de los otros; de ahí que sea posible entender los actos suicidas en sí como relacionados con el ejercicio del poder.[36]

No es mi deseo convertir la dialéctica del control en un principio metafísico, una versión moderna de la dialéctica amo/esclavo. La dialéctica del control es simplemente un rasgo intrínseco de las relaciones de poder regularizadas dentro de los sistemas sociales. En su calidad de rasgo intrínseco, sin embargo, resulta necesariamente relevante para el análisis del conflicto de clases en el capitalismo moderno. Aquí no intentaré un análisis de este aspecto. Pero, podemos considerar los inicios del movimiento laboral casi como el caso típico del funcionamiento de la dialéctica del control. El contrato laboral "libre" introducido con el advenimiento del capitalismo, como demostró Marx en su crítica de la economía política clásica, sirvió para consolidar el poder de los empleadores por sobre los trabajadores. Pero, los trabajadores lograron transformar el contrato laboral en un recurso propio a través de la negativa colectiva a trabajar: a partir de allí nació el movimiento laboral.

La interpretación materialista de la historia

La teoría de la contradicción en Marx se desarrolló en el contexto de una interpretación del cambio histórico, una "interpretación materialista de la historia". En esta sección consideraré algunos (solo algunos) de los asuntos que se manifiestan en el materialismo de Marx.

Podemos encontrar una variedad de versiones de la concepción materialista de la historia de Marx en las obras de quienes se pronunciaron a favor de él tanto como en las de sus críticos. Tal vez esto no resulte particularmente sorprendente, ya que varias descripciones y comentarios de la concepción materialista provista por Marx no son inequívocas o mutuamente consistentes en absoluto. Aquí me interesa menos lo que Marx pudo haberse ocupado de expresar que el análisis de la medida en la que pueda considerarse potencialmente válida cualquiera de estas perspectivas supuestamente basadas en las obras de Marx.

Podemos distinguir las siguientes explicaciones (sin dudas puede haber más) de la interpretación materialista de la historia, que tienen por lo menos alguna mínima verosimilitud en fragmentos de las obras de Marx. A esa interpretación podemos considerarla:

---

[36] Ver "A theory of suicide", en *Studies in Social and Political Theory*.

1. Una *prescripción metodológica*, o un tipo de acercamiento al análisis histórico. Marx desarrolló sus ideas de forma específicamente opuesta a formas de filosofía e historiografía idealistas, especialmente la de Hegel y sus seguidores. "En contraste directo con la filosofía alemana que desciende desde el cielo a la tierra, aquí ascendemos desde la tierra hasta el cielo. Es decir, para llegar a los hombres de carne y hueso no partimos de lo que los hombres dicen, imaginan o conciben, ni partimos de lo que se ha dicho, imaginado o concebido sobre los hombres. Partimos de hombres activos, reales (…)"[37]. La concepción materialista, como comentó Marx con frecuencia, sustituye la investigación histórica concreta de las condiciones actuales de la vida social humana por dogmas abstractos que hipostasían tendencias históricas.

2. Una *concepción de praxis humana*, que pone el énfasis en el hecho de que los seres humanos no deben ser tratados como objetos pasivos, ni como sujetos completamente libres. La concepción materialista de la historia, en este contexto, se opone tanto al idealismo como al materialismo "mecánico" o "pasivo". La exposición más famosa y más brillantemente suscinta de esto se encuentra en las tesis sobre Feuerbach, donde Marx argumenta que la deficiencia principal de las formas previas de materialismo (y, se podría agregar de muchos otros tipos subsiguientes también) es que las relaciones entre los actores humanos, y entre los actores humanos y el mundo material, son consideradas relaciones de contemplación pasiva, y no relaciones activas y prácticas. Marx pone el acento en que el estudio de la vida humana es el estudio de prácticas sociales definidas, adaptadas a las necesidades humanas. La interacción de los seres humanos con la naturaleza es una interacción de apropiación activa: "La historia toda es una preparación para que el 'hombre' se vuelva objeto de percepción sensorial, y para el desarrollo de las necesidades humanas (las necesidades del hombre como tal)".[38]

3. Una perspectiva estrechamente relacionada con el punto 2, pero distinguible de este en ciertos aspectos, acentúa *la relevancia del trabajo en el desarrollo de la sociedad humana*. El trabajo aparece en Marx en un sentido doble, no siempre diferenciado claramente. Uno de esos sentidos es aquel por el que está en deuda con Hegel; aquí el trabajo hace referencia a la interacción entre la actividad humana y la naturaleza material: una interacción que se encuentra arraigada en la naturaleza histórica de la cultura humana cuando se la contrapone con la vida "inmóvil" o instintiva de los animales. El trabajo se funde en la *praxis*, en calidad

---

[37] *The German Ideology* (Londres: Lawrence and Wishart, 1965). He corregido esta y otras traducciones más adelante.

[38] "Economic and philosophical manuscripts", en Bottomore, *Karl Marx: Early Writings*, p. 164).

de producción y reproducción genéricas de la vida social humana. Pero, el trabajo también es utilizado por Marx para denotar el proceso laboral, es decir, la esfera más acotadamente prescritpta de la actividad económica. Considerar el análisis del trabajo en el primer sentido como portador de la llave de la comprensión histórica de la sociedad humana claramente difiere de intentar explicar la historia en términos de la superioridad del segundo sentido. Este último raya en un cuarto sentido de la interpretación materialista en calidad de:

4. Una *teoría de cambio social*, que en algún sentido sostiene la superioridad de los factores económicos en la determinación del desarrollo social. Por supuesto, existen varias formas en las que es posible formular la concepción marxista, así comprendida, dependiendo de cómo se conciba a la "economía" o a "lo económico". Como es bien sabido, no es para nada difícil encontrar en Marx declaraciones que se acercan a alguna forma de determinismo económico o incluso tecnológico; en especial el pasaje tan debatido de *La miseria de la filosofía:* "Las relaciones sociales están íntimamente ligadas a las fuerzas de producción. Al adquirir nuevas fuerzas de producción los hombres cambian su modo de producción, su forma de ganarse la vida; cambian todas sus relaciones sociales. El molino manual genera una sociedad con el señor feudal; el molino de vapor, una sociedad con el capitalista industrial".[39] Como es igualmente bien sabido, hacia el final de sus carreras tanto Marx como Engels estaban deseosos de restar importancia a aquellas interpretaciones de sus ideas que pusieran un desmedido énfasis en la influencia de la infraestructura económica y acentuaran la interdependencia de la infraestructura y de la superestructura (más específicamente en la famosa definición de Engels del rol decisivo de la economía "en última instancia"). Esto ha estimulado a algunos comentaristas a tratar sus ideas como si estas implicaran:

5. Una *teoría funcional de las relaciones entre infraestructura y superestructura*, acentuando, una vez más en oposición al idealismo, la necesidad de conectar instituciones ideológicas y políticas con instituciones económicas como elementos de una totalidad. De acuerdo con esta perspectiva, si rechazamos cualquier versión del punto 4, por considerarla sostenible, nos queda una perspectiva que pone el acento en la interdependencia funcional de las diferentes esferas de la actividad social humana. Una interpretación funcionalista aún puede salvar la naturaleza "especial" de la actividad económica, tratando a esta última como el primer prerrequisito funcional más fundamental para la existencia de la sociedad. En Marx se encuentra por lo menos una clase de justificación posible de esta táctica:

---

[39] *The Poverty of Philosophy* (Londres: Lawrence and Wishart, s./f.) p. 92.

> Debemos comenzar por declarar la primera presuposición de toda la existencia humana, y por lo tanto de toda la historia, es decir, que los hombres deben estar en condiciones de vivir para poder "hacer historia" (…) Por lo tanto, el primer acto histórico es la generación de vida material en sí misma. Esto es, de hecho, un acto histórico, una condición fundamental de toda la historia, que hoy, al igual que hace miles de años, debe lograrse cada día y a cada hora simplemente para sostener la vida humana.[40]

6. Una *teoría reduccionista de la conciencia*, que trata el contenido de la conciencia humana como de alguna forma determinado por "factores materiales". Esta visión puede verse desde distintos puntos de vista. Pero, la tesis básica, formulada con diferentes grados de énfasis, es que las "ideas" tienen poca (o ninguna) autonomía en relación con la "realidad material o económica" en la determinación del desarrollo social; las ideas "reflejan" las condiciones materiales de la vida social. La clase de fragmenteo de Marx que podría considerarse que se presta a esta lectura es: "La conciencia nunca puede ser más que existencia consciente, y la existencia de los hombres es su real proceso de vida (…) Comenzamos con hombres reales y activos, que desde su real proceso de vida muestran el desarrollo de los reflejos ideológicos y de los ecos de este proceso de vida".[41]

7. Una *teoría de la centralidad de las divisiones de clase*, de acuerdo con la cual las relaciones de clase en gran medida determinan o gobiernan el alineamiento de otras instituciones, de forma tal que el conflicto de clases constituye el motor fundamental del cambio social (por lo menos en las sociedades de clase). El *Manifiesto comunista*, por supuesto, anuncia que "La historia de toda sociedad existente hasta el momento es la historia de las luchas de clase".[42] Se encuentra subyacente la tesis según la cual las relaciones de propiedad, coordinadas dentro de los modos de producción, constituyen la base de los dos tipos de acuerdo con los que se clasifica a las sociedades (como en *La ideología alemana* y más tarde en los *Grundrisse*) tanto como de la explicación de los principales procesos de cambio social.

Claramente, estas no son mutuamente excluyentes, aunque algunas de ellas sí lo son. No discutiré aquí los puntos 1, 2, la primera parte del punto 3, ni los puntos 5 y 6, por diferentes motivos: los primeros tres porque expresan una posición que acepto, y que ciertamente he intentado explicar en los *papers* precedentes; los dos segundos, porque son representativos de ideas que –como también se desprende de mis otras discusiones– son inaceptables. Insisto en que las dos interpretaciones restantes, 4 y 7, contienen importantes ingredientes de va-

---

[40] *The German Ideology*, p. 39.
[41] Ibíd., pp. 37-8.
[42] *The Communist Manifesto*, en Marx y Engels, *Selected Works*, p. 35.

lidez, aunque su identificación implica considerar con mayor precisión la forma en que deberían formularse tanto como la manera en que se relacionan entre sí.

En la clasificación precedente, no he citado (aunque sí lo he hecho en una sección anterior de este *paper*) el pasaje más famoso en el que Marx expuso su enfoque: el prólogo de su *Contribución a la crítica de la economía política*. Este contiene algunas ideas diferentes presentadas en términos sumamente generales, pero, deseo destacar y considerar las siguientes aseveraciones:

> En determinado momento de su desarrollo, las fuerzas materiales de la producción en la sociedad entran en conflicto con las relaciones de producción existentes o –lo cual no es más que una expresión legal de lo mismo– con las relaciones de propiedad dentro de cuyo marco se han desarrollado. Estas relaciones dejan de ser formas de desarrollo de las fuerzas de producción para pasar a ser sus grilletes. Luego sigue un período de revolución social. Al cambiar el basamento económico toda la inmensa superestructura se transforma con mayor o menor velocidad (...)[43]

Al evaluar la significación de este pasaje, a la luz de los problemas que surgen en virtud de los puntos 4 y 7, habrán de formularse dos preguntas: ¿puede, de hecho, el sistema de fuerzas/relaciones de producción aplicarse tan ampliamente como sugiere Marx, como algo cercano a un marco general que sirva de encuadre a la explicación de la transformación social radical? ¿De qué manera se relaciona el sistema de fuerzas/relaciones de producción con las divisiones de clase, tanto como con el conflicto de clases?

Proseguiré a analizar la segunda pregunta en la sección final de este *paper*. Estimo que a efectos prácticos es posible reformular la primera pregunta de la siguiente forma: ¿se da la evolución de las fuerzas de producción particularmente a nivel de las fuerzas de producción? Con esto me pregunto, ¿hasta qué punto son los desarrollos en las fuerzas productivas, en diferentes períodos de la historia o en diferentes tipos de sociedad, resultado de procesos relativamente "autónomos" de cambio económico? En la próxima sección discutiré la respuesta de Althusser a esta pregunta, aunque la perspectiva que me interesa defender difiere de ella. Althusser procura evitar las explicaciones "economicistas" del desarrollo social –aquellas que implican una versión del punto 7– y, para ello, hace una distinción entre "lo determinante" y "lo dominante" en formaciones sociales. De esta forma está en condiciones de reconocer que, antes del capitalismo, la economía no es dominante. Permanece determinante en la "última instancia". Pero, la concepción de "última instancia" tal como la formula Althusser, como sugeriré a

---

[43] Marx y Engels, *Selected Works*, pp. 182-3.

continuación, no parece defendible, y no parece más que una concesión a la ortodoxia. Parece más razonable ser lo suficientemente audaces como para descartar completamente la "última instancia" y sugerir que Marx dedicó tanto esfuerzo al estudio del capitalismo que subestimó su singularidad, en contraposición a otras formas históricas de sociedad. Es decir, podemos sugerir que *no es sino con el advenimiento del capitalismo* que se produce la evolución de las fuerzas de producción particularmente a nivel de las fuerzas de producción. Ya que el capitalismo (como lo indica el mismísimo hecho de que el nombre puede aplicarse tanto a un tipo de sistema de producción como a un tipo general de sociedad) *transforma la explotación de la naturaleza en una fuerza impulsora del cambio social.* El desarrollo del capitalismo pone en marcha una fuerza que impulsa la innovación técnica continua y expande las fuerzas productivas: esto es "autónomo" por cuanto la reproducción expandida del capital es promovida por la operación propia de la producción capitalista en sí.

Althusser sobre la causalidad estructural

Las obras de Althusser representan una fuerte reacción tanto contra las interpretaciones "tecnicistas" o "economicistas" de Marx, por un lado, como contra las interpretaciones "historicistas", por el otro; esta última categoría incluye, particularmente, versiones de Marx fuertemente influidas por Hegel.[44] De ahí que, de acuerdo con el uso que le da Althusser, se busca que la "totalidad" se diferencie claramente del uso que le dan autores como Lukács en sus primeros escritos. La totalidad es una unidad de "niveles objetivos" que operan entre sí en forma relativamente autónoma como elementos constitutivos de una formación social. Estos niveles no son simétricos en lo que respecta a su influencia dentro de una formación social: podemos hablar de una "estructura de dominación". La infraestructura económica es uno de estos niveles, pero no "determina" a los otros niveles en la formación de las maneras en las que dicho término ha sido interpretado con frecuencia. La infraestructura económica solo determina, y en ese caso lo hace "en última instancia", qué elementos son dominantes en una formación social.

---

[44] Me abstraigo lo más posible de la perspectiva filosófica más amplia de Althusser. Si se desea consultar un ejemplo de las imprecisiones que esta perspectiva puede ocasionar, véase el deambular de Hirst y Hindess por sus diversas obras: Barry Hindess y Paul Q. Hirst, *Pre-Capitalist Modes of Production* (Londres: Routledge, 1975); *Mode of Production and Social Formation* (Londres, Macmillan, 1977); Anthony Cutler, Barry Hindess, Paul Hirst y Athar Hussain, *Marx's "Capital" and Capitalism Today*, 2 volúmenes (Londres: Routledge, 1977, 1978).

> En *estado puro*, la dialéctica económica nunca es activa; en la historia, no se ve a estas instancias, las superestructuras, etc., apartarse respetuosamente una vez que han cumplido su misión o cuando llega el momento, como su fenómeno puro, de desplegarse a los pies de "su majestad la economía" mientras se desliza por el camino regio de la dialéctica. Desde el principio hasta el fin, la hora solitaria de la "última instancia" nunca llega.[45]

Así, de acuerdo con Althusser, la contradicción entre fuerzas y relaciones de producción no puede en sí misma ni por sí misma propiciar una situación de transformación social radical. En su carácter de la contradicción más básica en toda formación social, se expresa la asimetría de los otros niveles dentro de la totalidad. Althusser lo explica en función de sus conceptos de sobredeterminación y de causalidad estructural. Cada uno de ellos es relevante para apreciar cómo Althusser procura escapar de la acusación de haber reemplazado una teoría marxista de la infraestructura/superestructura por una teoría que vuelve a caer en la categoría que he distinguido en el punto 5 más arriba. De acuerdo con Althusser, las contraducciones nunca son simples, sino sobredeterminadas: la estructura de dominación está presente en cada una de las contradicciones que constituyen el todo. La contradicción presente en la contradicción fuerzas/relaciones de producción se expresa en las relaciones desiguales de los niveles de la totalidad; pero, a su vez, estas "resuenan" entre sí para multiplicar las contradicciones, que luego pueden reproducir mediante la contradicción fuerzas/relaciones de producción, y así sucesivamente. En tanto y en cuanto estas contradicciones se dispersen o se desplacen, no hay una fuerza impulsora de cambio revolucionario; por el contrario, si se fusionan, puede producirse una "ruptura" con la constitución preexistente de la formación social. Así, el desarrollo desigual no resulta simplemente incidental a una formación social, sino que es integral a ella: de hecho, Althusser justifica su aplicación de la noción de sobredeterminación mediante una generalización del análisis que Lenin hace de Rusia como el eslabón más débil en la cadena de países capitalistas.

La idea de sobredeterminación, en opinión de Althusser, no puede explicarse en términos de visiones tradicionales de causalidad. Él distingue dos de esas visiones, cada una de las que contrapone a las propias. Una es una concepción "mecánica", que está particularmente asociada con Descartes, pero que presumiblemente incluye también la visión de Hume, en la que se trata a la causalidad como relación "transitiva" entre causas y efectos vistos como acontecimientos, o

---

[45] Louis Althusser, *For Marx* (Londres: Allen Lane, 1969) p. 113.

clases de acontecimientos. La otra es una visión que Althusser atribuye a Leibnitz, aunque la considera desarrollada especialmente por Hegel: esto implica un concepto de causalidad "expresiva". En tanto que la primera visión carece de una forma de conceptualizar los efectos de un todo sobre sus partes, el concepto de causalidad expresiva implica exactamente eso, representa la tesis según la cual cada uno de los elementos de una totalidad son expresiones o momentos de la "esencia" del todo: "el principio interno de la esencia está presente en cada punto en el todo".[46] Althusser asocia ambas visiones con los enfoques marxistas que rechaza: la primera, con las visiones economicistas de Marx; la segunda, con las historicistas. La categoría de "causalidad estructural" (de Althusser) se asemeja a la última más que a la primera, por cuanto esta categoría también se relaciona con la influencia recíproca de la parte y con el todo; pero, en una totalidad estructurada, de acuerdo con él, no podemos pensar en términos de esencias.

Althusser afirma que la causalidad estructural o metonímica es un concepto que puede descubrirse en Marx y en Freud. De ahí que el préstamo del término "sobredeterminación" de este último no constituye una importación exótica en teoría social; tanto Marx como Freud intentaban resolver un asunto similar: la forma en que una estructura y sus efectos se determinan mutuamente. Althusser toma la causalidad estructural a fin de denotar la existencia de una estructura a través de sus efectos:

> Por lo tanto, esto implica que los efectos no están fuera de la estructura; no son un objeto, elemento o espacio preexistente al que la estructura llega para *dejar su impronta*: por el contrario, implica que la estructura es inmanente en sus efectos, una causa inmanente en sus efectos en el sentido que Spinoza le da al término, y que *la existencia completa de la estructura consiste de sus efectos*; en pocas palabras, que la estructura, que no es más que una combinación específica de sus elementos particulares, no es nada fuera de sus efectos.[47]

No podemos dar por terminada esta breve exposición de las ideas de Althusser sin antes hacer algunos comentarios sobre su discusión con respecto a lo relevante que es la causalidad metonímica para la agencia humana. Si entendemos la totalidad social como una estructura, de acuerdo con Althusser, y por lo tanto como "autodeterminante" o, en sus palabras, como "determinante de sus elementos", se desprende que los actores humanos nunca son más que ocupantes de posiciones dentro de una estructura: son, así los llama, "sostenes" o "abanderados" de la estructura.

---

[46] Louis Althusser y Ethienne Balibar, *Reading Capital* (Londres: New Left Books, 1970) pp. 186ss.
[47] Ibíd., pp. 188-9.

No es posible reducir las "*relaciones* de producción (tanto como las relaciones sociales ideológicas y políticas) a ninguna intersubjetividad antropológica, debido a que estas solo combinan agentes y objetos en una estructura específica de distribución de relaciones, lugares y funciones, ocupada y 'respaldada' por objetos y agentes de producción".[48] Althusser afirma que la categoría de sujeto, o más exactamente la diferenciación sujeto/objeto, solo se constituye en la ideología. Es este uno de los sentidos principales en que la noción de superestructura es mantenida en la teoría de Althusser: la ideología integra lo "individual" en la "sociedad" transformando los "sostenes" de los verdaderos motores de la historia –rasgos estructurales de formaciones sociales– en sujetos con formas definidas de conciencia y necesidades.

Por el momento, no consideraré la idea de ideología de Althusser, pero sí intentaré una discusión al respecto en el marco de un tratamiento integral de la ideología en el próximo *paper*. Aquí me concentraré en la noción de sobredeterminación, como la utiliza Althusser; la concepción de determinación "en última instancia" por el sistema de fuerzas/relaciones de producción; la noción de causalidad metonímica; y, finalmente, regresaré brevemente a cuestiones relativas a la estructura y la agencia. Al evaluar el uso que hace Althusser de la "sobredeterminación", vale la pena seguir el proceso de razonamiento por el que Althusser conecta esa noción con la idea leninista del eslabón más débil. Rusia era un país listo para la revolución debido a que había una concentración de grandes contradicciones derivadas de la conjunción de sectores avanzados de desarrollo capitalista con un orden atrasado y semi feudal. Althusser argumenta que este ejemplo demuestra de forma particularmente clara que la contradicción "fuerzas/relaciones de producción" no inicia el cambio social en forma directa; debe darse una acumulación de otras contradicciones que se "funden en una unidad de ruptura". En otras palabras, según Althusser, la "ruptura revolucionaria" está sobredeterminada. De ser esto así, en este conjunto inusual de circunstancias, agrega, ¿por qué deberíamos suponer que se limita a ellas? De hecho, en la situación de la Rusia revolucionaria apreciamos un caso especial de lo que resulta genérico en las formaciones sociales en la contradicción sobredeterminada.

Ahora, la idea de analizar el cambio social en términos de una fusión de contradicciones, como he argumentado anteriormente, es importante. También es posible defender la introducción de la noción de sobredeterminación en teoría social, pero solo con dos grandes salvedades:

---

[48] Ibíd., p. 180.

1. Como lo señalan Laplanche y Pontalis, la "sobredeterminación" en Freud tiene dos significados visiblemente diferentes. Uno es que una formación psicológica dada expresa una pluralidad de elementos inconscientes expresados en secuencias divergentes de significados, cada uno coherente en diferentes niveles de interpretación. El otro significado es que una formación psicológica resulta de la convergencia de distintos tipos de causas, ninguna de las cuales es suficiente, en forma individual, para explicarla.[49] Solo el segundo significado de estos, que no es en realidad el uso más característico que Freud hace de él, parece relevante para la sobredeterminación en el sentido en que Althusser utiliza el término.

2. El uso del concepto de "sobredeterminación" en el análisis social presupone una explicación adecuada de la "determinación" del cambio social –de causalidad y agencia–. Pero, son estas las partes más defectuosas de todo el entramado teórico de Althusser.

Indudablemente, la crítica que hace Althusser del "economicismo" tanto como de las versiones hegelianas de la totalidad no carece de mérito. En lo que respecta al economicismo, intenta romper con las interpretaciones de Marx que consideran que los elementos ideológicos o políticos ejercen poca influencia en el desarrollo de la sociedad, o buscan explicarlos de una manera reduccionista. En cuanto a las versiones hegelianas de la totalidad, Althusser muy acertadamente aspira a poner énfasis en la diferenciación de "niveles" o "regiones" que componen el todo, con especial acento en las tensiones existentes entre ellos, aun cuando esta concepción de ninguna manera esté tan alejada de las versiones de la totalidad hegelianas o influidas por Hegel como él parece creer. Por otra parte, la tesis según la cual la contradicción fuerzas/relaciones de producción está determinada en la "última instancia" (no temporal) permite un grato reconocimiento de la importancia de las instituciones no económicas en la organización de la sociedad. Pero, esto tiene un alto costo debido a que seguramente la idea de "última instancia" permanece oscura en Althusser y oscila curiosamente entre un dogma metafísico por un lado, y una interpretación incómodamente cercana a una especie de funcionalismo pluralista por el otro.[50] A modo de defensa de la distinción infraestructura/superestructura, o del rol de los factores económicos en el cambio social, diré que es a la vez demasiado fuerte y demasiado débil. Es demasiado fuerte por cuanto se afirma que es una especie de principio inequívoco (aunque a la vez es oscura, ya que no resulta claro en qué sentido la última ins-

---

[49] J. Laplanche y J.-B. Pontalis, *The Language of Psycho-analysis* (Londres: Hogarth Press, 1973) pp. 292-3.
[50] Si se desea consultar comentarios recientes de Althusser sobre este tema, ver Louis Althusser, *Essays in Self-criticism* (Londres: New Left Books, 1976) pp. 176ss.

tancia es, finalmente, determinante). Es demasiado débil por cuanto la naturaleza de la economía está en gran parte no especificada o, por lo menos, la forma en que la contradicción en las fuerzas/relaciones de producción realmente ejerce su influencia determinante.[51] En ocasiones Althusser compara la influencia de la economía con el inconsciente en el psicoanálisis: no se lo puede observar en forma directa y solo existe refractado a través de otras estructuras. Pero, esto ni aclara nada sobre la naturaleza de la determinación económica, ni justifica la tesis de que las relaciones económicas determinan qué niveles son dominantes en una formación social.

Estas dificultades provienen parcialmente de las limitaciones de la concepción de Althusser sobre la causalidad metonímica. Al evaluar este punto debemos mencionar la deuda del autor para con el estructuralismo. Con frecuencia a Althusser se lo considera un estructuralista, a pesar de reiteradas desmentidas.[52] No es necesario que nos detengamos en este tema demasiado tiempo, ya que se trata principalmente de una cuestión terminológica. Si definimos el término con cierto nivel de precisión, la teoría de Althusser no es más estructuralista, tomando un ejemplo paralelo de otro contexto, de lo que Popper es un "positivista" en la filosofía de la ciencia.[53] Althusser es particularmente crítico de algunas de las doctrinas cardinales de Lévi-Strauss. Por otra parte, es absolutamente indudable que, al igual que Popper y el positivismo, Althusser comparte algunas de las perspectivas generales adoptadas por otros autores, incluyendo a Lévi-Strauss, a los que normalmente se agrupa como "estructuralistas". Estas incluyen una predilección por la noción de estructura en sí, una actitud rigurosamente crítica hacia el "humanismo", y cierta concepción del todo social. Este último punto es de especial importancia aquí. Como ya he indicado anteriormente en este libro, en su explicación de la lingüística Saussure recurrió a una concepción de la totalidad que discrepa de las nociones del todo que han sido las más destacadas en ciencias sociales. La dialéctica de la presencia/ausencia formulada por Saussure y adoptada por las ciencias sociales ofrece una idea de enorme importancia cuando se la desarrolla adecuadamente. Uno de sus rasgos principales es la noción de que la totalidad solo existe en sus momentos o, como manifiesta Althusser, en sus efectos. No hay duda de que podemos encontrar esta concepción en Marx, aunque a pesar de lo que afirma Althusser, tampoco hay duda de que por esta concepción está en deuda principalmente con Hegel. Lo que hace Althusser es interpretar es-

---

[51] Véase Miriam Glucksmann, *Structural Analysis in Contemporary Social Thought* (Londres: Routledge, 1974) pp. 129ss.

[52] Véase *Essays in Self-criticism*, pp. 126-31.

[53] Theodor Adorno, *The Positivist Dispute in German Sociology* (Londres: Heinemann, 1976).

ta concepción de la totalidad en términos de causalidad, y lo hace al hablar de la "estructura existente en sus efectos". Pero, esta no es una medida útil. La dialéctica de la presencia/ausencia no es una relación de causalidad como se la concibe comúnmente, ni tampoco tiene sentido intentar que lo sea; en efecto, es una medida contraproducente por cuanto es excluyente de la causalidad "transitiva", como la llama Althusser. Su teoría se ajusta a las perspectivas más destacadas del estructuralismo por carecer de una distinción entre estructura y sistema; si adoptamos tal distinción, he intentado demostrarlo en el *paper* anterior, estaremos en condiciones de advertir la fundamental importancia de la dialéctica de la presencia/ausencia sin sacrificar el análisis de la causalidad "transitiva" implicada en la reproducción social.

Las discusiones de Althusser sobre la subjetividad también reflejan la sólida impronta de los énfasis estructuralistas, aunque el espacio que le permite a la autocomprensión del actor humano es aún menor que el espacio típico que permiten los autores estructuralistas. Ni el tratamiento de los agentes como "sostenes" de las relaciones que constituyen las formaciones sociales, ni la tesis de que la subjetividad se forma enteramente en la ideología habrá de resistir tal análisis. La concepción de estructura en Althusser, en la que la única fuerza en movimiento es la contradicción sobredeterminada, tratada como causalidad metonímica, carece de una forma de comprender la dualidad de la estructura y la agencia.

Contradicción y dominación de clases

Para concluir este *paper* deseo esbozar una aproximación al vínculo entre la contradicción y la dominación de clases, y presentaré someramente los rasgos esenciales de una explicación más extensa que intentaré ofrecer en el volumen que sigue a este.

En su reacción contra Hegel, Marx asoció las nociones de contradicción y de negatividad primariamente con el conflicto social. Argumentaré que Marx estaba en lo correcto (aunque esa no era una idea por la que reclamara originalidad) cuando suponía que el surgimiento de la dominación de clases le inyecta una nueva dinámica a la historia. Pero, fue erróneo, sugiero, vincular la contradicción y la negatividad exclusivamente con la dominación de clases en vez de considerar a la dominación de clases como una de las formas en que la sociedad humana expresa una forma contradictoria.

Como teorema fundamental planteará lo siguiente: en todas las formas de la sociedad, los seres humanos existen en *relación contradictoria con la naturaleza*.

Los seres humanos existen en relación contradictoria con la naturaleza porque están en la naturaleza y son parte de ella, como seres corpóreos que existen en entornos materiales; y, sin embargo, a la vez, se los pone contra la naturaleza, como poseedores de una "segunda naturaleza" propia, irreductible a objetos o a acontecimientos físicos. Esta contradicción, que tal vez se encuentra en el corazón de todas las religiones, tiene su expresión universal en la finitud del *Dasein* como negación de la finitud evidente del espacio-tiempo en el que cada vida humana hace su fugaz aparición. Resulta contradictorio en un sentido genuino porque la negación de la naturaleza por la "segunda naturaleza", la "unidad contradictoria" que es lo que diferencia al hombre de la naturaleza, respalda los acuerdos alcanzados con ella y los modos de control a los que la naturaleza es sometida. Pero, la relación entre el *Dasein* y la continuidad del Ser es siempre mediada por la sociedad o las instituciones en función de las que, en la dualidad de la estructura, se lleva a cabo la reproducción social. Así, la contradicción existencial de la existencia humana se traduce en contradicción estructural, que es, en realidad, su único medio.

La mediación institucional de la contradicción, deseo afirmar, toma una forma diferente (si hemos de adoptar las denominaciones de Lévi-Strauss) en sociedades "frías" si se las compara con sociedades "calientes" –donde estas últimas son movilizadas por el impulso dinámico de las divisiones en clases–. En las sociedades frías, la relación contradictoria entre el hombre y la naturaleza se expresa *mediante su incorporación interna*. Acepto que es este uno de los temas principales sobre los que Lévi-Strauss desea poner el énfasis: la naturaleza no se separa de las categorías del pensamiento y de la acción humanas, sino que es parte integral de su constitución. *Christophorus Christum, sed Christus sustulit orbem: Constiterit pedibus dic ubi Christophorus?* La contradicción está mediada en la forma propia de las instituciones –especialmente en aquellas de parentesco y mito–. Solo a partir de la aparición de la división de clases queda mediada la contradicción a través de la formación transversal de grupos o formación de grupos transversales. Esto no es la tautología que podría parecer.

No constituye una tautología porque en el origen de las sociedades divididas en clases se dan condiciones más allá de la aparición de clases. Utilizo la locución *sociedad dividida en clases* como una expresión distinta de *sociedad de clases*. Una sociedad dividida en clases es una sociedad en la que existen clases (inherentemente una relación de clases es siempre una relación de conflicto en el sentido de oposición de intereses); pero, no es una sociedad en la que el análisis de clases nos proporciona la clave para revelar todos los rasgos más significativos del orden institucional. El único tipo de sociedad que sí es una sociedad de clases en este sentido es aquella en la que, como he sugerido anteriormente, se aplica el sistema de fuerzas/relaciones de producción: el capitalismo. Puede interpretarse al sistema de fuerzas/relaciones de producción de Marx como afirmación de la primacía universal de la asignación por sobre la autorización, en la constitución de la sociedad tanto como en la dinámica del cambio social (en todos los tipos de sociedades divididas en clases). Pero, deseo sugerir que, de hecho, sucede algo semejante a lo opuesto: en las sociedades divididas en clases, en contraposición con las sociedades de clases, la *autoridad tiene prevalencia sobre la asignación*. Una vez más, a causa de la naturaleza específica del modo de producción capitalista que pone en marcha un proceso de acumulación dominado en última instancia por el capital privado, solo en el capitalismo el primer motor es el mecanismo de la actividad económica

Toda sociedad dividida en clases y toda sociedad de clases es una *sociedad administrada*: Marx nunca pudo reconocer completamente la relevancia de esto. Escribió durante la época de los más grandes triunfos del capitalismo empresarial, en un país donde la dirección estatal de la empresa económica probablemente alcanzó el nivel más bajo en el orden capitalista moderno. En una sociedad administrada el control centralizado del "conocimiento" o de la "información" es un modo de dominación. La importancia de este hecho podría haber sido más visible si Marx hubiese considerado las civilizaciones divididas en clases del Cercano Oriente que surgieron en el tercer milenio antes de Cristo. En estas civilizaciones el control administrativo sobre los seres humanos, dirigido hacia la explotación de la naturaleza, era ejercido con una crueldad sin parangón hasta los tiempos modernos.[54] Mi planteo es que las características estructurales de las sociedades divididas en clases y de las sociedades de clases están gobernadas básicamente por la naturaleza de *las conexiones entre autoridad y asignación*; especialmente por las conexiones entre *autoridad y propiedad*. Estas se combinan de diferentes formas no solo en relación unas con otras, sino en relación con la explotación de la naturaleza.

Las civilizaciones más primitivas y el capitalismo moderno comparten una relación instrumental o "externalizada" con la naturaleza. En ambos, una *actitud explotadora hacia la naturaleza* se asocia a la *explotación social* directamente vinculada con ella. Considero que es este un punto fundamental. En el feudalismo, la obtención de un excedente de producción mediante *levée* (recaudación), diezmo, etc., *no constituía en sí misma parte del proceso inmediato de producción*. Posiblemente un siervo tuviera que asignar parte de la producción a su señor feudal

---

[54] Ver especialmente Lewis Mumford, *The Myth of the Machine* (Londres: Secker and Warburg, 1967).

local, pero mientras esta relación de explotación se encuentra en la base de la dominación de clases, no es parte integral de la producción en sí. Eso no sucedía en las civilizaciones más antiguas, y esto no sucede en el capitalismo contemporáneo: en cada una de estas instancias la relación de clases que ejercen la explotación es parte del mecanismo de producción, y en cada caso la relación sociedad/naturaleza es predominantemente una relación de control instrumental. Sin embargo, en las sociedades más antiguas era la autorización más que la asignación lo que constituía el medio principal que facilitaba la organización de la explotación de la naturaleza tanto como de la explotación de los seres humanos: ni el avance tecnológico en la calidad de las herramientas de producción ni el control de la propiedad tenían una importancia primordial en esto. Lo que resultaba decisivo era la movilización de "máquinas humanas" en un sistema autoritario de división del trabajo. El capitalismo moderno asocia la explotación de la naturaleza y del trabajo humano de una manera diferente –una manera que debe ser vista como resultado característico de la desintegración de la sociedad feudal en Europa–. El capitalismo se desarrolló en las comunas urbanas, en el contexto de un sistema de clases de reciente aparición que existía tanto dentro como fuera del marco institucional de la sociedad feudal. Los primeros capitalistas no disponían de los medios para coordinar masas de seres humanos y convertirlos en "máquinas humanas"; su innovación fue la coordinación de *la empresa productiva inmediata*, como división del trabajo que vinculaba al hombre con la máquina.

El capitalismo es una sociedad de clases, en contraposición a las sociedades divididas en clases, porque en la empresa capitalista la propiedad se transforma en el principio organizador de la producción y, a la vez, constituye la fuente de la división de clases. Solo en el capitalismo las fuentes de contradicción y el conflicto de clases son idénticos. La posesión de la propiedad privada es tanto el medio para apropiarse de un excedente de producción, como sucede en las sociedades divididas en clases, como, en forma simultánea, el medio por el cual se moviliza el sistema económico. Es por esto que es tan relevante el acento que pone Marx en el proceso mediante el cual el poder propio del trabajo se vuelve una mercancía: porque es en el contrato laboral que la contradicción y el conflicto de clases coinciden en el modo capitalista de producción.

5.
Ideología y conciencia

Ideología: Comte y Marx

La historia del concepto de ideología ha sido analizada con frecuencia.[1] Sin embargo, debido a que sostengo que resulta indispensable para evaluar la forma en que debe entenderse la "ideología" en ciencias sociales, se justifica comentar su historia aquí. Solo me concentraré en ciertas fases de la evolución de la noción: su uso por parte de Marx, que es aún el punto de partida inevitable de toda discusión contemporánea sobre la ideología; la versión de la "sociología del conocimiento" de Mannheim; y las más recientes explicaciones del término sugeridas por Habermas y Althusser.

La mayoría de las historias de la ideología comienzan con Destutt de Tracy, debido a que a ese autor se le reconoce haber sido el primero en utilizar dicho término en una publicación; pero, algunos (incluyendo a Mannheim) ven un anticipo en los "idola" de Bacon. Una asociación con los "ídolos", impedimentos para el conocimiento válido, le daría un tono peyorativo a "ideología". Sin embargo, el propio Destutt de Tracy utilizaba el término con connotación positiva en su obra *Éléments d'idéologie*, publicada entre 1817 y 1818, para sancionar una nueva "ciencia de las ideas". Pero, Destutt se basó ampliamente en las obras de Condillac, quien a su vez había sostenido la necesidad de expandir la crítica que hace Bacon de los "ídolos" como base para la reforma de la conciencia: los "prejuicios" serían transformados por la razón.

Como es bien sabido, la polémica de Napoleón contra los "ideólogos" contribuyó a establecer el término "ideología" en un sentido peyorativo, connnotación que se ha mantenido hasta la actualidad. Pero, el repudio por la ideología adoptó

---

[1] Ver, por ejemplo, George Lichtheim, *The Concept of Ideology and Other Essays* (Nueva York: Vintage, 1967); Martin Seliger, *Ideology and Politics* (Londres: Allen and Unwin, 1976); Bhikhu Parekh, "Social and political thought and the problem of ideology", en Robert Benewick, *Knowledge and Belief in Politics* (Londres: Allen and Unwin, 1973).

posteriomente dos formas divergentes, manifiestas en los contrastes entre las perspectivas de Comte y de Marx.[2]

Las críticas que hace Comte de los ideólogos se centraron en la naturaleza radical del ataque de estos ideólogos contra la tradición y la metafísica. Sin embargo, cuando Comte sustituye el "negativismo radical" de los ideólogos por el "positivismo", mantiene los énfasis de esos ideólogos, mientras los hace parte de una visión que acentuaba la necesidad de moderar el cambio con "orden". Debido a que Comte concebía una sociología que se ocupaba de sintetizar el progreso y el orden, consideraba que el objetivo práctico principal de la nueva ciencia de la sociedad era el de completar la trascendencia de la metafísica mientras se forjaban nuevos vínculos de unidad social. En la tradición de pensamiento desarrollada por Comte, y apropiada en grado sustancial por Durkheim, el concepto de ideología no aparece como central. Comte conservó el programa de los ideólogos para estudiar la evolución natural de la mente humana, pero rechazó la forma en que Destutt lo había expresado, que era de una naturaleza individualista: los individuos y sus ideas, pensaba, son todos los que son reales.[3] Comte desechó esta última noción, y también abandonó el término "ideología".

Por supuesto, la cuestión era muy diferente para Marx, cuyo pensamiento tiene lazos intelectuales directos que lo llevan nuevamente a los ideólogos, pero cuya incorporación del término a sus propias obras fue fuertemente influida por Hegel y por la "inversión de Feuerbach". Feuerbach intentó escapar del idealismo de Hegel y de su "teología mística" no solo sustituyendo el "materialismo" por el "idealismo", sino restaurando los principios de estudio del iluminismo francés. Sin embargo, Marx llegó a considerar a Bauer, y a otros de entre sus primeros colaboradores (y, más tarde, al propio Feurbach) como "ideolólogos". La postura de Marx implicaba un rechazo de Hegel tanto como un rescate de ciertos rasgos de la filosofía de Hegel que hacía largo tiempo habían desaparecido en la "inversión" de Feuerbach. En Hegel, los seres humanos aparecen como los creadores de su propia historia, pero en condiciones que les son reveladas solo parcialmente en términos de su propia conciencia: condiciones que solo habrán de ser comprendidas de manera retrospectiva. Al rechazar la última aseveración, y al sostener que el análisis social (como opuesto a la filosofía) puede discernir y ayudar a concretar las tendencias inmanentes en el desarrollo social contemporáneo, Marx introdujo una perspectiva radicalmente novedosa en teoría social. En adelante, el

---

[2] Indicado por Lichtheim, *Concept of Ideology*, p. 154; y por Alvin W. Gouldner, *The Dialectic of ideology and Technology* (Nueva York: Seabury Press, 1976) pp. 11ss.
[3] Véase Hans Barth, *Wahrheit und Ideologie* (Zürich, 1945).

diagnóstico de la ideología se volvió una forma de penetrar más allá de la conciencia de los actores humanos, y de revelar las "bases reales" de su actividad -todo esto en pos de la transformación social–. Lo que en Comte era la yuxtaposición de la ciencia y de la metafísica, en Marx se transformó, hasta cierto grado, en una yuxtaposición de ciencia e ideología. El estudio empírico y científico de la sociedad haría posible despejar las distorsiones de la conciencia ejemplificadas en la ideología: *pero solo en tanto la crítica de la ideología pudiera realizarse mediante una intervención social real,* ya que la "crítica de la conciencia por la conciencia" es exactamente aquello por lo que Marx castigaba a los "ideólogos alemanes".

El primer capítulo de *La ideología alemana* es, de hecho, la única sección de los escritos de Marx en los que se discute ampliamente la noción de ideología. Uno de los aspectos notables de la discusión en la obra mencionada son las metáforas utilizadas en varias de las ocasiones en las que Marx hacía referencia a la ideología: metáforas que, sin embargo, no se encuentran confinadas a esta obra relativamente inicial, sino que también aparecen ocasionalmente en los escritos posteriores de Marx. Es la metáfora de la *camera obscura*, del mundo al revés, o de reflejos o ecos:[4]

> La conciencia nunca puede ser sino existencia consciente, y la existencia de los hombres es su real proceso de vida. Si en todas las ideologías los hombres y sus circunstancias aparecen en forma invertida, como en la cámara oscura, este fenómeno surge de su proceso de vida histórico de la misma forma en que la inversión de los objetos en la retina surge de su proceso de vida físico.[5]

Si bien esto le debe mucho a Feuerbach, no obstante fue presentado por Marx como crítica a ese filósofo, debido a que la inferencia que Marx extrae no es simplemente que las cosas deben volver a su posición normal: debemos, mediante un estudio histórico empírico, revelar las circunstancias que han llevado a la formación de diferentes clases de ideología.

Existe otro contexto en el que la ideología se hace presente en *La ideología alemana*, un contexto que inicialmente podría no parecer particularmente cercano al primero. Aquí es donde Marx afirma que las ideologías expresan o justifican los intereses de las clases dominantes:

---

[4] Véase Sarah Kofman, *Camera obscura. De L'idéologie* (París: Éditions Galilée, 1973) para una discusión sobre la importancia cultural de la cámara oscura. Véase también J. Mepham, "The theory of ideology in *Capital*", en *Radical Philosophy*, Vol. 2 (1972) para comentarios sobre la ideología en los primeros y los últimos escritos de Marx.

[5] Marx y Engels, *The German Ideology* (Londres: Lawrence and Wishart, 1965) p. 37.

> Las ideas de la clase dominante son las ideas dominantes en cada época; es decir, la clase que constituye la fuerza *material* dominante de la sociedad, es a la vez, su fuerza *intelectual* dominante. La clase que dispone de los medios para la producción material tiene a la vez control sobre los medios de producción mental, de forma que, en términos generales, las ideas de quienes carecen de los medios de producción mental están sujetas a esa clase (…) Por ejemplo, en una época y lugar donde el poder de la realeza, la aristocracia y la burguesía compiten por el dominio, y donde, por lo tanto, el dominio es compartido, la doctrina de la separación de poderes resulta ser la idea dominante y se expresa como "ley eterna".[6]

Sin embargo, la desmitificación de la ideología sugerida por la alusión a la cámara oscura provee la conexión entre ambos: la historia no debe ser escrita "al revés" –como lo hacen los ideólogos– desde dentro del poder de esas ideas dominantes.[7] Los historiadores o analistas sociales que no han logrado examinar las bases materiales de la ideología en ninguna época en particular han caído en manos de las "ilusiones de la época". De acuerdo con Marx, la filosofía hegeliana ejemplifica a la perfección esa tendencia.

Aquí, Marx establece una conexión entre dos usos del término "ideología" que reaparecen constantemente en la literatura posterior. Es importante reconocer ciertas diferencias centrales entre ellos. La primera diferencia suele operar en torno de una polaridad ciencia/ideología; la segunda, en torno de una polaridad entre intereses sectoriales/ideología. La locución "falsa conciencia" (introducida por Engels en vez de Marx) es ambigua entre ellas, dependiendo de cómo se interprete el término "falsa". Si se lo entiende como un contraste con las proposiciones "válidas" o "verdaderas", la locución se acerca más a la primera concepción; sin embargo, si lo que es "falso" es la comprensión que tienen los actores de sus propios intereses o motivos, se acerca más a la segunda. Prácticamente lo mismo se aplica a la distinción entre estructura y superestructura. Si esta diferenciación se relaciona con el primer significado de la ideología, los asuntos que surgen tienen que ver con la determinación social de las ideas –y conducen a la clase de problemas en los que Lukács se concentró, y que Mannheim discutió bajo el rótulo "sociología del conocimiento"–. Por otra parte, donde la distinción entre estructura y superestructura se interpreta fundamentalmente en el contexto de la segunda connotación del término ideología, se encamina más esta distinción en dirección a la cuestión sociológica de la "cultura hegemónica" más que, como en el caso anterior, al abordaje directo de cuestiones epistemológicas.

---

[6] Ibíd., p. 61.

[7] Muchos de los que hicieron comentarios posteriores sobre la noción de ideología de Marx se apoyan en gran medida en las primeras secciones de *The German Ideology*, pero ignoran la mayor parte del libro – que, después de todo, es un prolongado ataque a ciertos *ideólogos*–.

Mannheim y la sociología del conocimiento

La preocupación de Mannheim con la "sociología del conocimiento" no surgió directamente como resultado de un "diálogo con Marx". Parece haber sido parcialmente estimulada por *Historia y conciencia de clase* de Lukács (la influencia que ejerció Lukács sobre Mannheim ha sido objeto de cierta controversia). Pero, la obra de Mannheim estaba impregnada con las tradiciones del historicismo alemán en el que abrevaron Dilthey, Weber y el propio Lukács, tradiciones estas que, en su versión hegeliana, habían influido las obras de Marx. Resulta interesante observar cómo Mannheim delineó lo que él denominó la "transición" de la "ideología" a la sociología del conocimiento. Argumentaba que "el marxismo no hizo sino descubrir una clave para comprender y una forma de pensar en la síntesis gradual de la que participó todo el siglo XIX". Esta "clave para comprender" consiste en que cuando el análisis de las perspectivas de nuestros oponentes las juzga ideológicas, hace que esas perspectivas queden desacreditadas. Pero, una táctica semejante no puede ser monopolizada por el marxismo; los críticos del marxismo pueden enfrentarla con su fuente y tratar así al marxismo como una ideología. Cuando se ha llegado a la situación en la que todos pueden analizar los reclamos de los adversarios que la ven como ideología, nos vemos obligados a "reconocer que nuestros axiomas, nuestra ontología, y nuestra epistemología han sufrido una profunda transformación".[8] De ahí que toda discusión sobre ideología deba reintegrarse a las tradiciones de pensamiento que contribuyeron a generarla –ya que al historicismo alemán siempre le ha preocupado la naturaleza "producida" y en desarrollo de conocimiento situado en la historia–.

El proceso mediante el que se generaliza el uso del término "ideología" es, utilizando la terminología de Mannheim, un movimiento que va desde la concepción "particular" de la ideología hasta su concepción "total". Mannheim aplicó el primero de estos conceptos a situaciones en las que un grupo es escéptico ante las ideas propuestas por otro porque esas ideas han sido diseñadas para ocultar intereses a los que el otro grupo responde, pero no admitirá: un ocultamiento que puede ser calculado o mayormente involuntario. La concepción total hace referencia a la ideología general de un grupo, clase o período histórico. El concepto particular y el concepto total de la ideología están vinculados por el hecho de que cada uno de ellos implica pasar más allá o "por debajo" del contenido manifiesto de las creencias o ideas: ambas visiones de la ideología consideran a las ideas, en cierto modo, como pro-

---

[8] Ambas citas de Karl Mannheim, *Ideology and Utopia* (Nueva York: Harcourt, Brace and World, 1936) p. 76; ver también *Essays on the Sociology of Knowledge* (Londres: Routledge, 1952).

ducto del entorno social de quienes las profesan. Sin embargo, el concepto particular implica considerar como ideológicas solo parte de las declaraciones de un antagonista, en tanto que el concepto total cuestiona todo el aparato conceptual del otro. El primero, sostiene Mannheim, se ocupa solo del individuo y opera a nivel psicológico; el segundo se ocupa de la organización de grupos. Y, es el concepto total el que ha logrado el predominio en los tiempos contemporáneos: en la política, en teoría social y en filosofía, donde genera problemas típicos del *relativismo*.

En tanto el concepto total de la ideología solo se aplique a las ideas de un oponente, entendía Mannheim, aún queda dar un paso más: reconocer que nuestra propia visión del mundo puede estar legítimamente sujeta al análisis ideológico. Una vez que se ha dado este paso, la teoría de la ideología evoluciona y se convierte en la sociología del conocimiento. "Analizar, sin tener en cuenta los prejuicios de los grupos, todos los factores en la situación social verdaderamente existente que pueden ejercer influencia sobre el pensamiento se vuelve, entonces, tarea de la historia sociológica del pensamiento. Esta historia de las ideas, sociológicamente orientada, está destinada a suministrar a los hombres una visión revisada de la totalidad del proceso histórico".[9] Entonces, el problema en torno de "qué es lo que constituye conocimiento confiable" admite dos soluciones posibles. Una, que por supuesto fue rechazada por Mannheim, consiste concretamente en adoptar algún tipo de perspectiva relativista; la otra, que él aceptó, es optar por el "relacionismo" y no por el relativismo. El relacionismo implica aceptar, y luego estudiar, la influencia de los contextos históricos o sociales en la formulación de ideas, pero reconociendo que no solo podemos sino también debemos discriminar entre pretensiones de conocimiento válidas y erróneas. Mannheim diferenció dos ramas de la sociología del conocimiento. En virtud de lo que él denominó "determinación social del conocimiento", es factible concebir a la sociología del conocimiento simplemente como el análisis empírico de la manera en que las formas de la vida social influyen en la producción de ideas. Esto bien *podría* fundirse con la investigación epistemológica (segundo tipo de preocupación de la sociología del conocimiento), pero Mannheim consideró que es posible mantener estas dos formas de investigación en forma separada.

En vista de la tendencia constante entre los comentaristas de la obra de Mannheim, que suponen que él consideraba que los "intelectuales independientes" eran fuente de una perspectiva epistemológicamente privilegiada que escapa a la potencial disolución del "relacionismo" dentro del relativismo, vale la pena señalar que la esencia de sus ideas se hallaba en la posición de los intelectuales. De

---

[9] Mannheim, *Ideology and Utopia*, p. 78.

acuerdo con Mannhein, a los intelectuales nadie les garantiza el acceso privilegiado a la verdad, o una forma de escapar a la determinación social de las ideas. Pero, sostenía Mannheim, su educación, que en cierto sentido les permite trascender las posturas clasistas (como, podríamos suponer, logró hacer Marx), les brinda más oportunidades de descubrir conocimiento válido sobre ideologías totales. Independientemente de lo que podamos pensar sobre las aseveraciones de Mannheim, tal como estas son, no son necesariamente paradójicas.[10] La esencia de las ideas de Mannheim está expresada en la crítica que hace del positivismo, que él considerada tenía las siguientes características:

> Se desconfiaba de todo tipo de conocimiento que pudiera ser adquirido solo por ciertos grupos sociales históricos. Solo se buscaba la clase de conocimiento libre de toda influencia de la *Weltanschauung*[11] de los sujetos. Lo que no se advertía era que el mundo de lo puramente cuantificable y analizable solo podía ser descubierto sobre la base de una *Weltanschauung* definida. En forma semejante, tampoco se advertía que una *Weltanschauung* no constituye, necesariamente, una fuente de error, sino que con frecuencia permite el acceso a áreas de conocimiento que de otra forma estarían vedadas.[12]

Aquí no me ocuparé de comentar la concepción de Mannheim de la sociología del conocimiento salvo cuando esta resulte relevante para los problemas de ideología. Como he mencioando previamente, sería engañoso considerar la forma en que Mannheim aborda la ideología sobre la base de una crítica de Marx, aun cuando a aquel jamás le interesó acentuar esa conexión.[13] Marx compartía con Mannheim una formación en historicismo alemán, pero nunca se mostró particularmente interesado en los problemas del relativismo.[14] Por otra parte, estos problemas fueron el punto de partida de Mannheim, y hemos de comprender tanto su análisis social como su teoría política en función de esos problemas. En el nivel del análisis social, Mannheim argumentaba que el historicismo es una corriente intelectual que expresa el rasgo principal de la cultura moderna: todo se encuentra en proceso de cambio o de devenir.[15] Fue este el telón de fonde de su

---

[10] Esto lo demuestra Seliger en *The Marxist Conception of Ideology* (Cambridge University Press, 1977) pp. 136-7.

[11] "Visión del mundo" (N. de la T.).

[12] Mannheim, *Ideology and Utopia*, p. 168.

[13] En otras ocasiones prefirió repudiarla. Véase Gunter W. Remmling, *The Sociology of Karl Mannheim* (Londres: Routledge, 1975) pp. 74-5.

[14] Si se desea uno de los pocos comentarios de Marx sobre estas cuestiones, véase su breve discusión de por qué la literatura griega conserva su interés y atractivo en la actualidad. *Grundrisse*, pp. 110-11.

[15] Mannheim, "Historicism", en Gunter W. Remmling, *Towards the Sociology of Knowledge* (Londres: Routledge, 1973).

esbozo del movimiento de la concepción de la ideología desde lo particular a lo general, de la que ya hemos hablado. En el nivel de la política, Mannheim procuró llegar a una síntesis que podría reconciliar o trascender las ideologías particulares de la arena política. Esta era la base de su idea del rol crucial que les cabría a los intelectuales.

Como ha subrayado Merton,[16] aunque Mannheim negó que su abordaje de la sociología del conocimiento estuviera fuertemente influido por el neokantismo en absoluto, esto último dejó una impronta decisiva en la conformación de su pensamiento. En efecto, podría argumentarse razonablemente que es la combinación de nociones derivadas del neokantismo con otras que recibieron la influencia de Hegel y de Marx lo que se encuentra en el origen de la naturaleza ambigua y vacilante de buena parte de la obra de Mannheim. Dos cuestiones de la filosofía de la historia se les presentaron de manera grave y crítica a los filósofos neokantianos: el relativismo, por un lado, y la relación entre las ciencias naturales y las sociales, por el otro. Autores como Rickert y Max Weber intentaron resolver la cuestión del relativismo mediante la separación de dos maneras de abordar la "realidad" (sea esta de orden natural o social): la orientación hacia una "materia de estudio", regida por la "pertinencia del valor", y el examen o análisis de esa materia de estudio una vez constituida. Todo conocimiento es relativo, pero solo con respecto a los valores que determinan qué aspectos de una realidad potencialmente infinita son "identificados" y, por lo tanto, hechos disponibles para su estudio. Una vez constituida una materia de estudio existen reglas intersubjetivas que posibilitan la formación de conocimiento válido y el descarte de hipótesis erróneas.

En mi opinión, esta perspectiva presenta dificultades insuperables. Sin embargo, parece en realidad más fuerte que el "relacionismo" de Mannheim, al que de hecho se asemeja bastante. El concepto de "pertinencia del valor", diferenciado de la validación de las pretensiones de conocimiento, ofrece por lo menos una base para reconciliar de manera convincente la historia con la posibilidad de "conocimiento" abstracto. Debido a que Mannheim, mientras sí separa relacionismo de relativismo, no defiende un concepto de "pertinencia del valor", su tesis de que la sociología del conocimiento es relacionista más que relativista se reduce a poco más que una aseveración infundada.

En los escritos de Mannheim, la combinación de elementos derivados de Hegel y de Marx con una visión neokantiana trae consecuencias particulares para el

---

[16] R. K. Merton, "Karl Mannheim and the sociology of knowledge", en *Social Theory and Social Structure* (Glencoe: Free Press, 1963) pp. 491ss.

194

supuesto movimiento que va desde la concepción particular a la concepción total de la ideología. En Mannheim, lo que se considera una transición desde una versión limitada de la ideología a una más abarcativa es en cierta medida una transición desde una perspectiva filosófica a otra. Por más fragmentado y poco desarrollado que pudo haber sido, el tratamiento que hace Marx de la ideología no fue un intento de "contextualizar" y, por lo tanto, de relativizar, la conciencia. Como ya he indicado, cada uno de los dos sentidos principales en los que Marx utilizó el término "ideología" estaba orientado hacia una crítica de los "ideólogos", como él los veía: aquellos que escribían la historia como si estuviera "al revés", y que interpretaban los acontecimientos solo desde el punto de vista de las clases dominantes. Cada uno de estos sentidos es de relevancia inmediata para las interpretaciones idealistas de la historia, pero hacerles los ajustes necesarios para que tomaran como objetivo la economía política clásica –ese conjunto de ideas que preocuparon a Marx durante el último período de su carrera– no presenta mayores dificultades. La economía política no es idealismo sino que, en cambio, intenta suprimir completamente a la historia al tratar a los "individuos que entran en el intercambio libremente" como punto de partida para el análisis social más que como un estado de cosas que resulta del cambio histórico en el pasado y que está abierta al cambio en el futuro. De esta forma, si bien la economía política no actúa como cámara oscura, no obstante, vuelve a poner a la historia "al derecho", resultando así ideológica de manera similar al idealismo.

Marx no se consideraba vulnerable a la acusación de que sus propios escritos eran ideológicos, pero no porque era incapaz de ver que eran producto de un contexto social. La "contextualidad" de las ideas, por lo menos no como tesis generalizada, no era la base por la cual identificaba los modos de pensamiento como "ideológicos". Para Marx, los modos de pensamiento son ideológicos en la medida en que no describen a las cosas tal como son, y esta equivocación sirve a ciertos intereses sectoriales. Nunca escribió en profundidad sobre los criterios o formas de validación a utilizarse para demostrar "cómo son realmente las cosas"; la mirada más plausible parece ser que simplemente sostenía que la aplicación de los procedimientos de la ciencia nos permiten atravesar las fachadas ideológicas. Pero, hay más que un indicio de una visión alternativa (o tal vez, según cómo se la interprete, complementaria): esa teoría debe validarse en la práctica. Esto implica dos polos en cuya dirección pueden gravitar los análisis de corte marxista. La perspectiva de Lukács se orientaba hacia la segunda alternativa, y mediaba entre Marx y la traducción de Mannheim del estudio de la ideología en la sociología del conocimiento. Pero, en tanto estaba influido por el abordaje de Lukács (que también estaba muy en deuda con Max Weber), Mannheim por supuesto repudiaba tanto la concepción de Lukács del rol del partido como la noción de "verdad" de Weber. De ahí que las discusiones de Mannheim sobre la "verdad" y el "conocimiento" oscilen entre diferentes posturas que no han sido dilucidadas satisfactoriamente.

Mannheim no parece haber tomado una decisión en cuanto a qué cuenta como una pretensión de conocimiento válida, o por lo menos en cuanto a dónde está el límite entre el conocimiento y una mera creencia partisana. La clase de pensamiento que utiliza en realidad con el fin de ilustrar los problemas de la sociología del conocimiento son principalmente ideas políticas, o filosofías de la historia, más que "ciencia".[17] De acuerdo con Mannheim, las perspectivas sociales penetran la "mayoría de los dominios del conocimiento". Pero, no todos los dominios: el "conocimiento formal" no está condicionado por las circunstancias sociales. En ocasiones, Mannheim parece entender al "conocimiento formal" solo como aquel conocimiento que se puede considerar analítico (lógica y matemática). Sin embargo, en otras oportunidades esta categoría parece extenderse al conocimiento de una naturaleza más amplia desarrollado en las ciencias naturales y en la sociología (pensamiento sociológico formal y otros tipos de conocimiento puramente formalizado"[18]). A veces, en contraste con cada una de estas posturas, y en el estilo de la tradición de las *Geisteswissenschaften*[19], Mannheim implica que existe una diferencia radical entre las ciencias naturales y las ciencias sociales en que estas son atravesadas por situaciones históricas, cosa que no sucede en las ciencias naturales. Ambigüedades similares aparecen con respecto a la noción de "verdad". En algunos casos, Mannehim parece sugerir, o dar por sentado, que existe una concepción de verdad (no dilucidada) aplicable a todas las áreas del conocimiento humano. Sin embargo, en los demás ámbitos, llama la atención de aquellos que "toman sus criterios y modelo de verdad de otras áreas de conocimiento", y que "no logran darse cuenta de que cada nivel de realidad posiblemente tenga su propia forma de conocimiento"[20]. Aparentemente, la noción de "verdad" asociada con estos "niveles" se ocupa en cierto sentido de la práctica (la actitud favorable de Mannheim hacia el pragmatismo en las últimas etapas de su carrera es bien conocida), y es más "restringida" que los conceptos tradicionales de "verdad"; pero, aún permanece en la oscuridad qué es lo que involucra cada uno de estos elementos.

No podemos desestimar las ideas de Mannheim sobre las tareas de los intelectuales en la época contemporánea simplemente rechazando la idea de que los intelectuales pueden ocupar un "punto cero" epistemológico, noción que, como

---

[17] Merton, ibíd., pp. 501ss.
[18] *Ideology and Utopia*, p. 188.
[19] "Humanidades" (N. de la T.).
[20] Ibíd., p. 186.

ya he sugerido, no fue planteada por Mannheim. Su visión está abierta a la crítica precisamente en lo que respecta a la perspectiva de su discusión, que es política. Se da por sentado que los intelectuales son capaces de elevarse por sobre las luchas partidarias de la vida política, y están deseosos de hacerlo, y así están en condiciones de arbitrar entre protagonistas en conflicto. No me encargaré de este tema aquí, pero seguramente en la actualidad son pocos los que se muestran tan optimistas como Mannheim con respecto a las habilidades conciliadoras o las inclinaciones de la *intelligentsia*.[21]

Habermas: la ideología como comunicación distorsionada

Alejarse de Mannheim para dirigirse a una concepción más contemporánea de la ideología, como la que se encuentra en los escritos de Habermas, no significa abandonar totalmente las tradiciones de pensamiento con las que Mannheim trabajó, por cuanto las fuentes intelectuales que han preocupado a Habermas incluyen la mayor parte de aquellas a las que también recurrió Mannheim. Pero, Habermas no fue influido por Mannheim, y su acercamiento a los problemas de la ideología no tiene mucho en común con el de Mannheim: la obra de este último, en efecto, ha causado un impacto considerablemente mayor en el mundo angloparlante que en Alemania.

Hay dos aspectos en los escritos de Habermas que son relevantes para caracterizar la ideología, y para criticarla. Uno es más sustantivo; el otro, más abstracto. El primero forma parte de la discusión de Habermas sobre el desarrollo de la sociedad y la política modernas; el segundo ubica a la ideología en el nivel del análisis metodológico. Sin embargo, en cada caso *la noción de ideología se encuentra intrínsecamente ligada a la crítica de la ideología*. Habermas argumenta que el concepto de ideología no surgió simplemente con el ascenso de la sociedad burguesa; en realidad solo es relevante para las circunstancias del debate público forjadas por esa sociedad. Estas circunstancias involucran la creación de una "esfera pública" en la que (en principio) es posible debatir abiertamente asuntos que preocupan a la comunidad, y tomar decisiones basadas en la razón más que en la tradición o en el consentimiento de los poderosos.[22] De acuerdo con Habermas, el desarrollo del concepto de ideología es "contemporáneo de la crítica de la ideología",[23] por cuanto

---

[21] Véase A. Neusüss, *Utopia. Bewusstein und freischwebende Intelligenz* (Meisenheim, 1968).

[22] Jürgen Habermas, *Strukturwandel der Öffentlichkeit* (Neuwied: Luchterhand, 1962).

[23] Habermas, "Technology and science as ideology", en *Towards a Rational Society* (Londres: Heinemann, 1971) p. 99.

identificar al pensamiento como ideológico presupone revelar modos en los que las ideas son regidas por fuerzas que no son procesos racionales conscientes. Habermas no contrasta a la ideología directamente con la ciencia, ya que desea demostrar que, en el mundo contemporáneo, ciencia y tecnología se vinculan estrechamente con la ideología. Habermas argumenta que los procesos de secularización disuelven formas tradicionales de legitimación, a la vez que liberan el contenido de la tradición para reorganizarlo de manera formalmente racional (en el sentido de Weber). Nuevas formas de legitimación

> emergen de la crítica del dogmatismo de las interpretaciones tradicionales del mundo y exigen que se les reconozca una naturaleza científica. Sin embargo, retienen funciones legitimantes, y así logran que las relaciones de poder mantengan su inaccesibilidad al análisis y a la conciencia pública. Es de esta forma que las ideologías en sentido restringido se manifiestan por primera vez. Aparecen bajo el manto de la ciencia moderna y derivan su justificación de la crítica de la ideología,[24] y así reemplazan las legitimaciones tradicionales del poder.

Habermas afirma que en la era contemporánea, como resultado de la fusión de la ciencia y la tecnología y del debilitamiento de las ideas burguesas del "intercambio equitativo", la ideología dominante se vuelve una ideología de "conciencia tecnocrática". El cumplimiento de los imperativos tecnológicos llega a ser el principal *ethos* legitimador de la política. Así, la evaluación que hace Habermas del problema de la ideología en la sociedad moderna aparece, en cierto sentido, casi opuesto al de Mannheim. A este lo preocupaba, fundamentalmente, la "babel de lenguas", el choque de múltiples ideologías. Al igual que Marcuse, Habermas observa que la tendencia preeminente es la de acallar ese clamor en favor de una reducción generalizada de las normas a decisiones técnicas. Pero, Habermas y Mannheim comparten una orientación similar subyacente, por cuanto cada uno de ellos contrapone el estudio de la ideología a la posibilidad de lograr un consenso no contaminado con distorsiones ideológicas. Para Habermas, esto no debe analizarse en términos de una concepción "no evaluativa" de la ideología, sino mediante la presentación contrafáctica de una situación en la que la comunicación es "irrestricta" o "fuera del alcance de la dominación".

El planteo de Habermas de cómo conceptualizar tal situación tal vez pueda comprenderse mejor en el contexto de la crítica de Habermas sobre la aseveración de Gadamer en torno de la "universalidad de la hermenéutica".[25] El debate

---

[24] Ibíd.

[25] Véase mi artículo "Habermas's critique of hermeneutics", en *Studies in Social and Political Science*.

entre Gadamer y Habermas nos recuerda algunas cuestiones planteadas por los filósofos del iluminismo: la misma clase de cuestiones que originalmente estimularon la formulación de la noción de ideología. Gadamer identifica a la hermenéutica con la riqueza de la tradición, en contraste explícito con la crítica iluminista del "prejuicio". La tradición es la fuente necesaria de toda comprensión y conocimiento humanos, y los "preconceptos" son, por tanto, su base necesaria.[26] Habermas rechaza la postura de Gadamer precisamente porque esta no provee una perspectiva integral para la crítica de la tradición como ideología, o como "comunicación sistemáticamente distorsionada". Para Habermas, la crítica de la ideología implica, por lo tanto, la revelación de las fuentes de la comunicación distorsionada, proceso que es posible esclarecer mediante el desarrollo de un paralelo entre el psicoanálisis y las ciencias sociales. El propósito de la terapia analítica es superar las barreras que se interponen entre el paciente y el terapeuta: liberar al paciente de las represiones que inhiben la comprensión racional de su propia conducta y así la capacidad de comunicarse con otros. Las represiones que distorsionan la comunicación son equivalentes a las fuentes sociales de la ideología. De acuerdo con Gadamer, puede considerarse que la hermenéutica se ocupa de generar diálogo a partir del encuentro de las tradiciones. Pero, a los ojos de Habermas tal concepción no logra brindar medios para comprender la vinculación de las tradiciones con las formas de dominación que producen desequilibrios en modalidades posibles de diálogo.

Parecería que la visión de Habermas amenaza con reincidir en un relativismo no muy alejado de aquel que tanto preocupó a Mannheim: si las estructuras de significado encarnadas en la tradición se encuentran en el origen de toda comprensión humana, ¿cómo podemos ubicar una posición "fuera" de esas estructuras de significado desde la cual podría criticarse a esas estructuras por ideológicas? La respuesta que Habermas da a esa pregunta implica su concepción de una "situación ideal de habla" inmanente en toda comunicación, en función de la que es posible diagnosticar distorsiones en la comunicación. De acuerdo con Habermas, toda comunicación en el contexto de la interacción social lleva implícitos cuatro tipos de "aseveraciones de validez": que lo que se comunica es mutuamente inteligible; que su contenido proposicional es verdadero; que cada colaborador tiene derecho a hablar y a actuar como lo hace; y que cada uno habla y actúa con sinceridad. En la medida en que cualquier circunstancia de interacción social dada no sostenga de hecho estas aseveraciones de validez, la comunicación es distorsionada.[27]

---

[26] H. -G., Gadamer, *Truth and Method* (Londres: Sheed and Ward, 1975).

[27] Habermas, "Was heist Universalpragmatik?, en K.-O. Apel, *Sprachpragmatik und Philosophie* (Frankfurt: Suhrkamp, 1976).

La concepción de Habermas de la ideología está tan estrechamente implicada en estos temas generales de sus obras que sería imposible discutirla adecuadamente aquí. Podemos aplicar el mismo comentario a la teoría althussiana de la ideología, que consideraré en la sección siguiente. Por lo tanto, en cada caso, solo ofreceré comentarios breves que sean relevantes al abordaje de la ideología, que me propongo desarrollar en las partes finales del *paper*.

1. Habermas usa la "ideología" de dos formas. Lo que él denomina el "sentido restringido" del término se refiere a ideas de un tipo definido: las que introdujeron el concepto de ideología dentro del discurso político, y que exigen ser defendidas mediante la "razón", en contraposición a los modos tradicionales o acostumbrados de legitimación.[28] En este sentido, la ideología surge en un período particular de la historia y se la justifica "internamente" porque ataca a los prejuicios. Según la connotación más general asignada a este término en las obras de Habermas, se la considera no como un tipo de sistema de ideas en sí, sino como *un aspecto o una dimensión de símbolos involucrados en la comunicación*: todo tipo de sistema de símbolos es ideológico por cuanto opera en condiciones de comunicación distorsionada. Parece lo suficientemente evidente que el sentido restringido constituye un subtipo dentro del tipo más general, pero no creo que resulte totalmente clara la naturaleza de las relaciones entre ellos. El primer sentido evidentemente le concede alguna significación positiva a la ideología, por estar esta involucrada en la expansión del discurso en la evolución social. En su segundo sentido, la ideología aparece como totalmente negativa. No podemos considerar a la "ideología" como un tipo de sistema de símbolos, distinto de otros tipos, y a la vez como conjunto de características aplicables en principio a todas las formas de sistemas de símbolos.

2. Habernas también utiliza el término "interés" de dos formas diferentes, práctica que en el mejor de los casos es terminológicamente engañosa. En su obra *Conocimiento e interés*, Habermas usa "intereses" en lo que él denomina un sentido "cuasitrascendental" para referirse a la naturaleza "ligada a los intereses" de las diferentes formas de conocimiento. Pero, en otras secciones de sus obras recurre al término "interés" en un sentido más convencional, para referirse a los intereses específicos de actores o grupos definidos. Una vez más, no queda totalmente claro qué conexiones se supone existen entre estos dos sentidos de "interés". A continuación sugeriré que deberíamos entender el concepto de ideología en relación con los intereses, teniendo en cuenta el segundo sentido del término más que el primero.

---

[28] Este tema se encuentra desarrollado en Alvin W. Gouldner, *The Dialectic of Ideology and Technology* (Londres: Macmillan, 1976).

3. Al analizar la ideología como comunicación distorsionada, Habermas sugiere que la crítica que se le hace a esta puede compararse con la traducción de lo inconsciente en lo consciente. Esta perspectiva parece poner en relación de igualdad la represión *en bloc* con distorsiones de la comunicación. Pero, esto no parece satisfactorio en más de una forma: (a) podemos señalar que la represión parece ser una parte necesaria del desarrollo de la personalidad tanto como un medio para lograr la identidad propia (Lacan), y no solo una barrera para la autocomprensión; (b) el *contenido* real de los elementos inconscientes de la personalidad es importante para la teoría de la ideología. Lo que resulta relevante para la crítica de la ideología no es solo el "acto" de represión, sino *lo que es* reprimido. Habermas suele ignorar esto porque ve al psicoanálisis como un modelo de crítica de la ideología en el análisis social, más que como una teoría sustantiva.

4. El modelo psicoanalítico no contribuye a clarificar la forma en la que puede relacionarse a la ideología con la dominación social o el poder.[29] La teoría psicoanalítica, en la interpretación de Habermas, se orienta a la liberación del paciente de las influencias que lo "dominan" tanto como a la subordinación de esas influencias al control consciente, lo que expande la autonomía de la acción de la persona. Pero, es difícil ver que en este sentido la "dominación" se asemeja mucho a lo implícito en las relaciones de poder entre colectivos.

La teoría de la ideología de Althusser

La concepción althussiana de la ideología contrasta notablemente con la de Habermas. Para Althusser la ideología no es específicamente creación de la sociedad burguesa, ni es comunicación distorsionada; más bien es un *rasgo funcionalmente necesario de la existencia de cada tipo de sociedad*. De acuerdo con Althusser, la ideología "es indispensable en toda sociedad, a fin de dar forma a los hombres, transformarlos y capacitarlos para responder a las exigencias de la existencia".[30] Althusser distingue "ideología" como tal, o "ideología en general", de ideologías de existencia empírica encontradas en formaciones sociales particulares. Mientras las ideologías cambian en conjunción con procesos de desarrollo de

---

[29] Véase la introducción de Habermas a la cuarta edición alemana de *Theory and Practice* (Londres, Heinemann,m 1974).

[30] Louis Althusser, *For Marx* (Londres: Allen Lane, 1969) p. 235 (he modificado la traducción). Sin embargo, el uso del término "ideología" por Althusser no siempre es coherente. Si se desea una discusión relevante, véase Gregor McLennan *et al.*, "Althusser's theory of ideology", en *Working Papers in Cultural Studies,* Vol. 10 (Centre for Contemporary Cultural Studies, 1977).

las sociedades, no puede haber un "final de la ideología", aun después de que el socialismo trascendiera el capitalismo. Con cierta frecuencia, Althusser compara la ideología con el inconsciente, pero con consecuencias diferentes a las descriptas por Habermas: argumenta que "la ideología es eterna, como el inconsciente".[31]

La principal preocupación de Althusser es combatir esas interpretaciones de la ideología que tratan al inconsciente como "reflejo" de lo real (como lo sugieren varios comentarios de Marx). Pero, Althusser está concentrado con igual intensidad en rechazar la concepción alternativa de la ideología como una especie de expresión de los intereses de los grupos o clases dominantes. Cada uno coloca a la ideología en el marco de una relación sujeto/objeto, y está, para Althusser, vinculada al "empirismo". El estudio de la ideología no es un camino para obtener una represantación verídica de la realidad social; en cambio, a la ideología debe tratársela como parte de esa realidad, esencial para la constitución de la vida social. El error de muchas teorías previas consiste en suponer que la ideología no es más que una representación pasiva, "imaginaria" de las condiciones económicas y políticas. Según Althuser, lo imaginario en la ideología no habrá de hallarse en las representaciones ideológicas, sino en las relaciones con lo real respaldadas mediante la ideología. Utilizando la frase de Althusser, la ideología es el "cemento social", la fuente indispensable de cohesión social: es a través de la ideología que los seres humanos viven como "sujetos conscientes" dentro de la totalidad de relaciones sociales. La ideología no es la creación consciente de sujetos humanos. Los sujetos conscientes solo existen a través de la ideología y en la ideología. En el sentido althussiano, lo imaginario no se refiere a ideas o creencias como tales sino a la organización práctica de la conducta cotidiana como la experimentan los agentes sociales. Como ha señalado Karsz, la "ideología no es un ámbito imaginario, sino el ámbito en el que lo imaginario se raliza a sí mismo".[32]

Estas consideraciones son relevantes para la perspectiva althussiana de la relación entre ciencia e ideología. La ciencia y la ideología están vinculadas en función de su conexión con lo real: la ciencia no es un medio para disolver las distorsiones de la ideología sino una forma diferente de iniciativa para esta última. Al igual que todo otro tipo de actividad humana, la ciencia existe solo a través de la ideología; pero, la ciencia rompe con la ideología al instituir su propio nivel autónomo de discurso, generando así conocimiento nuevo que pueda luego volverse contra la ideología.

---

[31] Althusser, "Ideology and the state ideological apparatuses", en *Lenin and Philosophy and Other Essays* (Londres: New Left Books, 1977). La comparación de la interpretación de Lacan de *Wo es war, soll Ich werden*, con la que fue adoptada por Habermas resulta relevante en este punto (ver pp. 120-1).
[32] Saul Karsz, *Théorie et politique: Louis Althusser* (París: Maspero, 1974) p. 82.

Como elementos de formaciones sociales concretas, las ideologías son "regiones" cuya forma es determinada por su articulación dentro del todo social, y que, así, expresan modos de dominación de clases (en sociedades de clases). Las ideologías están directamente imbricadas en las luchas políticas y económicas: en un tipo dado de sociedad una ideología dominante proporciona el marco general del significado dentro del cual se producen las objeciones. Una ideología de este tipo no puede válidamente ser tildada de "falsa" ya que esa categoría no se aplica a formas ideológicas. Solo puede ser evaluada de manera funcional: dejando en claro cómo lo real y lo imaginario se entrelazan en la práctica ideológica. Podemos utilizar el ejemplo de la ideología liberal del individualismo para ilustrar esta idea:

> En la ideología de la *libertad*, la burguesía vive de manera directa su relación con sus condiciones de existencia; es decir, su verdadera relación (la ley de la economía capitalista liberal), *pero incorporada* a una relación imaginaria (todos los hombres son libres, incluyendo los trabajadores libres). Su ideología consiste en este juego de palabras sobre la libertad, que traiciona de la misma manera la voluntad burguesa de mistificar a aquellos a quienes explota (¡libres!) a fin de mantenerlos atados, por medio del yugo de la libertad, como necesidad de la burguesía de *vivir* su dominación de clases como la libertad de los explotados.[33]

La aproximación de Althusser a la ideología no puede ser evaluada sin hacer referencia a su teoría de la ciencia y a la *coupure épistémologique*[34]. La *coupure* marca la diferenciación entre una problemática científica y una ideológica, donde la segunda se constituye en forma de "ideología teórica"; es decir, ideología formulada discursivamente (por ejemplo, como economía política, o como "ciencia social burguesa"); las "ideologías teóricas" aún permanecen atadas a los contextos prácticos de las ideologías de las que derivan. A primera vista, esta postura parece escapar a las cuestiones del relativismo a las que Mannheim puso en un lugar central del análisis de la ideología. En realidad no lo hace en absoluto, o lo logra solo mediante una aseveración dogmática. Una ciencia se forma cuando construye su "objeto teórico", pero como han señalado muchos críticos, Althusser no brinda criterios plausibles a los que recurrir cuando surgen las disputas en torno de qué es científico y qué no lo es. Los dos ejemplos a los que se refiere como "ciencias" en el ámbito del análisis social, el marxismo y el psicoanálisis, han sido considerados por otros (por ejemplo, Popper) como excelentes ejemplos de iniciativa intelectual cuyo estatus científico es particularmente dudoso. Las ca-

---

[33] *For Marx*, pp. 234-5 (traducción corregida).
[34] "Ruptura epistemológica" (N. de la T.).

racterísticas de una ciencia que Althusser menciona con más frecuencia -su naturaleza relacional y sistemática- carecen de relevancia a la hora de evaluar esas controversias.[35] Aunque Althusser procura escapar de la polaridad de la ideología como "falsa", y de la ciencia como "válida", su postura de hecho se apoya en una versión particularmente infundada de tal diferenciación. El marxismo (como lo entiende Althusser) es una ciencia, y la economía política, etc., no lo es, ya que permanece arraigada a la "ideología práctica". Otros, no obstante, declaran exactamente lo contrario y, una vez más nos encontramos en la lucha de las "ideologías particulares" de Mannheim.

Así, podría afirmarse que la visión de Althusser no se aleja tanto de los temas establecidos por Mannheim como podría parecer a primera vista. Ya que Mannheim también deseaba escapar de la presunción de que la ideología es, simplemente, "falsa": esto explica el contraste que hace entre la concepción particular y la concepción total de la ideología. La concepción total de la ideología, como la "ideología en general" de Althusser, es la condición necesaria de la existencia de la sociedad humana, y el medio de la conciencia individual. Podríamos recordar la afirmación de Mannheim según la cual, estrictamente hablando, es incorrecto decir que la persona piensa en forma individual. En cambio, sería más correcto decir que participa pensando más allá de lo que otros hombres han pensado antes que él: "por un lado, se encuentra con una situación ya establecida, y por el otro, descubre en esa situación modos preformados de pensamiento y de conducta".[36] Mannheim también hizo hincapié en el hecho de que es erróneo tratar a las ideologías totales como meros "sistemas de ideas" o "sistemas de pensamiento": están incorporadas en la conducta práctica cotidiana de los actores sociales, y la hacen posible.

Algunas cuestiones básicas sobre la ideología

El concepto de ideología tuvo sus orígenes en la crítica que el iluminismo hizo de la tradición y del prejuicio: el conocimiento racional y fundado habría de reemplazar a los modos de conocimiento preexistentes.

Comte se apropia de esta perspectiva, y en esa apropiación queda abandonado el término "ideología"; no solo por su deseo de alejar sus ideas del individualismo de Destutt, sino porque no había un lugar significativo para el término en su sistema. *La sociología, como la formuló Comte, reemplazó a la ideología en su senti-*

---

[35] Véase McLennan, "Althusser's theory of ideology".
[36] *Ideology and Utopia*, p. 3.

do original, como triunfo del método positivo, o ciencia, en el campo de la conducta social humana. La supervivencia de la noción de ideología en las ciencias sociales se debe a que Marx la incorporó con los dos usos de ella que identifiqué con anterioridad. Si bien Marx le dio al concepto un giro particular en sus críticas a los "ideólogos alemanes", respaldó el acento puesto en el reemplazo de la mistificación por la "ciencia positiva y real". Pero, a esto le hizo un agregado crucial al vincular la ideología a los intereses sectoriales de los grupos dominantes en la sociedad. Desde ese momento, la crítica de la ideología ya no podría quedar librada exclusivamente a la "inevitable" victoria de la ciencia por sobre los prejuicios tradicionales, sino que debería ser aprovechada para derrotar en forma práctica a la dominación de clases. La unión del contraste ciencia/ideología con el de interés sectorial/ideología es responsable de lo beneficioso del enfoque marxista –y, a la vez, es la principal fuente de los caprichos experimentados por el concepto de ideología desde entonces–. Abocado principalmente a atacar "ideologías" específicas, con forma de filosofías idealistas de la historia y, más tarde, de la economía política, Marx prestó poca atención al desarrollo de las posibles implicancias generales de su tratamiento de la ideología.

Cada uno de los tres autores cuyas ideas acabo de discutir brevemente han tomado diferentes caminos a partir de Marx, a la vez que, por supuesto, han introducido sus propias perspectivas. Pero, cada uno de ellos ha debido enfrentarse a un fenómeno que no incidió de manera significativa sobre Marx, debido a que el marxismo no adquirió una importancia política considerable durante la vida de Marx: *la interpretación del marxismo en sí mismo como ideología*. Ya que latente en los escritos de Marx se hallaba la cuestión: ¿cómo puede el marxismo escapar de las críticas que este dirige a otros sistemas de ideas arraigadas en intereses definidos, lo que las hace, por lo tanto, ideológicas? El problema se vuelve particularmente agudo cuando se lo ve en el contexto del historicismo alemán, como lo vieron Lukács y Mannheim. Entonces, la ideología se fusiona con cuestiones relativas a la determinación histórica del conocimiento o de la verdad. De los dos, Lukács fue el más consistente, por cuanto intentó reconciliar el historicismo con la defensa de una versión de la verdad mediante la posición privilegiada del Partido como "vanguardia de la historia". Pero, Lukács no tenía mucho que decir sobre la objetividad de las ciencias naturales y de sus posibles divergencias de la naturaleza del historicismo alemán, históricamente determinada. Mannheim se hizo cargo de aspectos de la división postulada entre ciencias naturales y ciencias sociales, pero lo hizo de manera ambigua e inconsistente.

Mannheim presentó su distinción entre ideologías particulares y totales como si se tratase mayormente de un desplazamiento desde una versión "restringida" de la ideología a una versión integral. Es importante apreciar una diferenciación oculta, pero que desde Marx ha estado crónicamente involucrada en discusiones sobre ideología, entre la ideología *en referencia al discurso* por un lado, y la ideología *en referencia al involucramiento de creencias en el marco de los "modos de existencia vivida"* –la puesta en práctica concreta de la vida en sociedad– por el otro. Una vez más, esta diferenciación queda implícita, aunque no explícitamente desarrollada, en las polaridades ciencia/ideología e interés sectorial/ideología encontradas en Marx. La primera suele tratar a la ideología en el nivel del discurso, como barrera contra la generación de conocimiento válido; la segunda implica considerar a la ideología como incorporada dentro del comportamiento práctico en la vida social. Marx no las considera completamente separadas ya que, como he señalado, los escritos de los "ideólogos" según el primer sentido forman parte de la "ideología" entendida según el segundo sentido. La distinción entre ideología como discurso e ideología como experiencia vivida aparece nuevamente en las obras de Habermas y de Althusser. De hecho, cada uno de estos autores reconoce explícitamente su importancia. La explicación de Habermas, sin embargo, tal vez tienda a concentrarse más en la ideología como discurso, en tanto que la mayor contribución de Althusser consiste en concentrarse en la ideología como rasgo inherente del comportamiento en la vida social.

De lo precedente surgen tres preguntas básicas: ¿de qué manera debemos abordar la relación entre ideología y ciencias, tanto naturales como sociales? ¿Qué conexiones deben establecerse entre la polaridad ciencia/ideología y la polaridad interés sectorial/ideología? ¿Debería interpretarse a la ideología en relación con el discurso, con el comportamiento práctico social, o con ambos? A esto podemos agregarle otras dos. Según la visión iluminista de la ideología, la razón habría de disipar los errores y las deficiencias de la tradición y del hábito: en la medida en que esto se transformó en una confrontación entre ideología y ciencia, una implicancia que podría derivarse de ello es que la ciencia, o "conocimiento fundado válidamente", ocupa una esfera diferente del de la ideología, como dos tipos de sistemas de creencias, o dos tipos de "pretensiones de conocimiento". Tal concepción de la ideología persiste fuertemente en las obras de Althusser, en el contraste entre ideología, tanto "práctica" como "teórica", y ciencia. Aquí, la ideología excluye a la ciencia, aun cuando sea la base de la que deriva la ciencia, mientras, por otra parte, se hace imposible tratar a la ciencia como ideológica en sí misma. En el abordaje de Habermas, la ideología (según una de las versiones que aparecen en sus obras) se refiere a aspectos de sistemas de símbolos, incluyendo a la ciencia, más que a un tipo de sistema. Así, puede plantearse una pregunta adicional: ¿debería considerarse a la ideología como una clase de idea, o de sistema de creencias, en cierto sentido distinta de la ciencia, o solo deberíamos hablar de *aspectos ideológicos de los sistemas de símbolos*?

No resulta muy difícil desenterrar una quinta pregunta de entre la literatura discutida previamente: ¿puede existir el "final de la ideología"? La cuestión, por supuesto, ha sido discutida extensamente de varias formas. En los propios escritos de Marx, el final de la dominación de clases parece señalar el final de la ideología, y la mayoría de los marxistas han estado de acuerdo, aunque Althusser es una excepción. Pero, la frase "final de la ideología" normalmente ha estado asociada a los críticos del marxismo. De acuerdo con esos críticos, el marxismo es una ideología destacada, pero en decadencia: el final de la ideología representa el final del marxismo (tanto como de las creencias radicales de derecha) como fuerza política significativa.

El concepto de ideología

Abordar el tema de la relación entre ciencia e ideología sería también comenzar una vez más a partir del iluminismo y de su impacto en Comte. La razón habría de reemplazar al prejuicio: para Comte, como para muchos otros, el ascenso de la razón era equivalente al dominio de la ciencia.[37] La ciencia iba a repetir, según nuestra comprensión de la sociedad humana, la desmitificación que aparentemente había alcanzado en lo que se refiere al mundo de la naturaleza.[38] El mismo punto de vista fue destacado por Marx, pero su fusión con temas extraídos de Hegel y de la filosofía alemana lo hizo más complejo y sutil. En Comte, y más difusamente en Marx, la capacidad de la ciencia de "corregir" creencias preexistentes encarnadas en la tradición o en el hábito asimilaba dos elementos, dos sentidos en que puede comprenderse el "prejuicio": como "preconcepto" y como "irracionalidad".

Solo llevó un paso más radicalizar la oposición ciencia/ideología, e intentar *definir* a la ideología como "no-ciencia", que implica pretensiones de conocimiento "inválidas", o bien que se diferencia de las ciencias (naturales y sociales) de alguna otra forma claramente comprobable. Nadie que haya adoptado esta postura ha logrado defenderla satisfactoriamente. La razón principal es clara. Intentar conceptualizar a la ideología de ese modo coloca una carga demasiado pe-

---

[37] E. Husserl, *The Crisis of European Sciences and Transcendental Phenomenology* (Evanston: Northwestern University Press, 1970)
[38] Véase *New Rules of Sociological Method*, p. 162.

sada sobre sus defensores, quienes deben separar ciencia o "conocimiento válido" clara e incuestionablemente de las excusas o pretensiones de la ideología. Naturalmente, quienes han adoptado ese abordaje de la ideología con frecuencia se han ocupado de las pretensiones ideológicas de las "pseudo ciencias", aspirantes falsas al trono de la ciencia, más que de la religión, etc. (aunque ha resultado mucho más difícil llegar a criterios filosóficos plausibles para separar ciencia de religión que lo que cualquier pensador de finales del siglo XVIII o principios del siglo XIX habría reconocido). En años recientes, Althusser y Popper han elaborado las defensas más eficaces en apoyo de la idea de que es posible separar a la ciencia de otros tipos de sistemas de símbolos de manera rigurosa. Pero, como he destacado anteriormente, lo que para Althusser, el marxismo y el psicoanálisis constituyen instancias fundamentales de las ciencias, para Popper son los ejemplos más perfectos de las "pseudo ciencias". Ni la versión de "criterios de demarcación" de Althusser ni la de Popper tienen mucho sustento[39].

Mannheim debe cargar con gran parte de la responsabilidad por el avance de la visión según la cual los problemas de la ideología están necesariamente ligados a la epistemología. Su versión de la oposición ciencia/ideología dependía fundamentalmente de la noción de que la ideología es "contextual" de una manera en que la ciencia (o "conocimiento formal") no lo es. He intentado señalar cómo, combinando las inquietudes de Marx con respecto a la crítica de la ideología con las tradiciones del historicismo y de la hermenéutica, fue llevado en esa dirección. Mannheim aceptó lo que consideró las implicancias de la discusión marxista de la ideología en función de la contextualidad de los sistemas de símbolos. Para Mannheim el problema de la ideología era equivalente al problema de cómo evitar el relativismo tanto en el nivel de la epistemología como en el de la lucha entre perspectivas ideológicas en la esfera política. Así, Mannheim interpretó la crítica que hace Marx de la ideología principalmente como subvaloración de la validez o del carácter de justificable de las ideas mostrando que están asociadas con ciertas condiciones históricas y sociales. De acuerdo con el pensamiento de Mannheim, de los dos aspectos del legado marxista a la teoría de la ideología -la diferenciación entre ciencia/ideología e intereses sectoriales/ideología- el primer par de opuestos es definitivamente el más sobresaliente. Entonces, el estudio de la ideología se funde sin una transición abrupta en la sociología del conocimiento; la única diferencia entre los dos es que la sociología del conocimiento reconoce que todo tipo de visión del mundo está condicionada por el contexto de su producción.

---

[39] Véase "Positivism and its critics", en *Studies in Social and Political Theory*, pp. 57ss.

Pero, las dificultades que encontró Mannheim para separar la ciencia de la ideología mediante la naturaleza contextual del conocimiento son tan insuperables como las que debieron enfrentar otros que procuraron definir a la ideología en contraste con la ciencia. Mannheim no logró producir ningún criterio claro que permitiera distinguir relacionismo de relativismo, y su caracterización del "conocimiento formal", que en cierta forma escapa a la determinación contextual a la que están sujetas otras ideas, es menos que convincente.

Estas consideraciones sugieren que en realidad debemos descartar el legado de los prejuicios implícitos en la crítica que hace el iluminismo del prejuicio: la visión de que habrá de conceptualizarse a la ideología en función de la oposición ciencia/ideología. No es mi intención negar la importancia, ni subestimar la dificultad, de asuntos epistemológicos relativos a la "contextualidad" o a la "circularidad" del conocimiento. No quiero afirmar que el análisis de la ideología puede escapar a los problemas epistemológicos en absoluto. No deseo argumentar (a modo de anticipo de mi respuesta a la cuarta pregunta formulada anteriormente) que si nos liberamos de la concepción de que la ideología es un claro sistema de símbolos, separado de la ciencia, podemos afirmar que el análisis de la ideología no enfrenta dificultades epistemológicas *especiales* cuando se lo compara con otras áreas de análisis social. El enfoque de la ideología que propondré implica, por cierto, aceptar que las ciencias sociales pueden producir conocimiento objetivamente válido. Pero, implica rechazar la línea de argumentación de acuerdo con la cual la relación entre ese "conocimiento válido" y las "pretensiones de conocimiento inválidas" es el rasgo *definidor* de la ideología.

Podemos separarnos de la orientación a la que acabamos de hacer referencia *si consideramos a la polaridad intereses sectoriales/ideología como esencial para la teoría de la ideología*, y no a la oposición entre ideología y ciencia. Esta es la connotación presente en la obra de Habermas, que en este aspecto está más cerca de Marx que la de Althusser. Por cuanto ubicar a la teoría de la ideología ante todo en función de la diferenciación intereses sectoriales/ideología *es insistir en que la principal utilidad del concpeto de ideología implica la crítica de la dominación*. Ciertamente, fue esta la principal preocupación de Marx, presente tanto en sus primeras como en sus posteriores críticas de la ideología. Al criticar a los "ideólogos alemanes", Marx se apropió de la oposición entre ideología y ciencia mediante la metáfora de la *camera obscura*, pero la reconectó a la ideología como dominación en función de las contribuciones de los ideólogos a la "ilusión de la época". Al intentar una crítica extendida de la economía política, en *El capital*, a Marx no le interesó condenar a la economía política como "no ciencia", sino que le interesó relacionar las deficiencias de ella con el hecho de haber permitido que se escabulleran casos de dominación de clases.

Como ya he mencionado, repudiar la concepción de que identificaremos los rasgos básicos de la ideología por contraste con las ciencias implica pronunciarse categóricamente a favor de la cuarta pregunta mencionada anteriormente: si debe considerarse a la ideología como un tipo de sistema de símbolos o no. La posición a favor de hacerlo normalmente implica una oposición explícita entre ideología y ciencia, como en Althusser. Sin embargo, una variante es la que aparece en uno de los usos que le da Habermas, ya indicado previamente, según el cual la ideología es tratada como una forma específica de sistema de ideas característico de la política moderna: aquí el contraste se plantea con la religión como tipo tradicional de sistema de legitimación. Con frecuencia, el término ideología también se usa como equivalente de lo que Mannheim llamó "utopía", como modos de creencia que movilizan la actividad política dirigida contra el *estatus quo*[40]. Mientras esto difiere del concepto anterior por cuanto suele asociar estrechamente religión y movimientos políticos modernos, la ideología aún aparece aquí como un tipo de sistema de ideas (una vez más, generalmente contrastada con la ciencia de manera implícita o de otra forma). No obstante, en el enfoque que deseo proponer no existe, estrictamente hablando, *una* ideología: solo hay aspectos ideológicos de sistemas de símbolos. La tesis, o la suposición, de que las ideologías son tipos de sistemas de símbolos generalmente se basa en la división ideología/ciencia, que ya he descartado. Pero, asimismo rechazo la noción de que la ideología está limitada al foro de debate de la política moderna: todo tipo de sistema de ideas puede ser ideológico. No puede haber objeción particular alguna a seguir hablando de la "ideología", o aun de "una ideología", en tanto se comprenda que se trata de algo un tanto elíptico: *tratar a un sistema de símbolos como ideología equivale a estudiarlo como ideológico.*

Ideología, intereses

Por supuesto, todo esto no muestra cómo deberá relacionarse la ideología con los intereses o con la dominación. Podemos aspirar a clarificar las cuestiones involucradas, sin embargo, definiendo una respuesta a las demás preguntas formuladas anteriormente. Intentaré hacerlo recurriendo también a nociones introducidas en otros *papers*. Argumentaré que analizar los aspectos ideológicos de

---

[40] Ver, por ejemplo, Lewis S. Feuer, *Ideology and the Ideologist* (Oxford: Blackwell, 1975). Si se desea un studio y análisis de los usos de la ideología, ver Norman Birnbaum, "The sociological study of ideology (1940-1960)", en *Current Sociology*, Vol. 9 (1960); George A. Huaco, "On ideology", en *Acta Sociologica*, Vol. 14 (1971).

los órdenes simbólicos es examinar *cómo las estructuras de significado son movilizadas para legitimar los intereses sectoriales de grupos hegemónicos.*

El concepto de interés ha sido tan polémico como cualquier otro concepto en teoría social, y suscita una serie de problemas difíciles. No pretendo tratar esos problemas con el nivel de detalle que merecen; más bien deseo proponer algunas observaciones en cuanto a cómo es posible abordar cuestiones de intereses a la luz de la perspectiva que he intentado establecer en este libro. He formulado cinco preguntas básicas que deben ser respondidas por una teoría de la ideología; permítanme también emplear la misma división numérica en la discusión sobre los intereses. Siguiendo a Barry, podemos considerar tres tipos de definición de "interés" que se han presentado en ocasiones.[41] Una vez que las hayamos leído, consideraré brevemente en qué sentido podemos hablar de "intereses objetivos" y de "intereses grupales" o "colectivos".

Existe un razonamiento que iguala intereses con necesidades; de modo que afirmar que un curso de acción dado está del lado de los intereses de alguien equivale a decir que el actor desea llevar a cabo ese curso de acción. Pero, esto no es así, por cuanto excluye la posibilidad de que haya circunstancias en las que lo que un actor desea hacer no esté en línea con sus intereses; y, no parece haber razones para negar que puedan existir tales circunstancias. Un segundo uso del término "interés" procura dilucidar la idea mediante la sustitución del término "necesidad" por la locución "reclamo justificado" en esa equiparación.[42] Pero, esto es objetado de manera similar al razonamiento inicial: justificar reclamos parece convenientemente separable de actuar de acuerdo con intereses. Una tercera propuesta es de corte utilitario: podría considerarse que un curso de acción responde a los intereses de una persona si resulta más placentero que cualquier otro curso de acción alternativo. Muchas son las objeciones que pueden presentarse contra una concepción de este tipo, y convergen con dilemas tradicionales de cálculo utilitario. Si entendemos el término "placentero" con su significado común, ciertamente es falsa, por cuanto hay ocasiones en las que poner en marcha una acción que sea fuente de dolor para un individuo puede fácilmente considerarse a favor de sus intereses.

Sostengo que los intereses están estrechamente relacionados con las necesidades, aun cuando sea erróneo identificar el concepto de interés con el de necesidad. Atribuirle intereses a un actor o a varios actores implica, lógicamente, imputarles necesidades también. Las necesidades (o la "necesidad") son la "base" de

---

[41] Brian Barry, *Political Argument* (Londres: Routledge, 1965) p. 174.
[42] S. I. Benn, "Interests in politics", en *Proceedings of the Aristotelian Society*, Vol. 60 (1960).

los intereses: afirmar que A tiene un interés en un determinado curso de acción, hecho o situación equivale a afirmar que ese curso de acción, hecho o situación allana el camino para que A satisfaga sus necesidades.[43] Por lo tanto, ser consciente de los propios intereses va más allá de ser consciente de las necesidades: significa saber cómo arbitrar los medios para intentar satisfacerlas.

Si los intereses están lógicamente conectados con las necesidades, y las necesidades solo pueden ser atributos de sujetos (esta es una postura que he defendido: los sistemas sociales no tienen necesidades o carencias), ¿podemos hablar seriamente de la existencia de "intereses objetivos"? Podemos hacerlo, porque los intereses solo serían "subjetivos" (hasta cierto punto, de todos modos) si fueran *equiparados* con las necesidades. Los intereses presuponen necesidades, pero el concepto de interés no se refiere a las necesidades como tales sino a las formas posibles de satisfacerlas dentro de determinados conjuntos de circunstancias; y, es posible definir esas circunstancias con tanta "objetividad" como cualquier otra cosa en ciencias sociales. Con frecuencia, la noción de intereses objetivos se vincula con la de "intereses colectivos": es la tesis según la cual los intereses son propiedades estructurales de los colectivos, que no están en absoluto relacionados con las propias necesidades de los actores. ¿Podemos afirmar que los grupos que no tienen necesidades o carencias sí tienen intereses? La respuesta debería ser negativa. Sin embargo, los actores tienen *intereses en virtud de su pertenencia a clases, comunidades o grupos particulares*. Es por ello que resulta tan importante no tratar a los términos "necesidades" e "intereses" como conceptos equivalentes: los intereses implican cursos potenciales de acción en circunstancias sociales y materiales contingentes. Una persona comparte ciertos intereses con otras (dando por cierta la presunción de que existen necesidades en común), por ejemplo, por el hecho de ser miembro de la clase obrera; entre capitalistas y trabajadores existen conflictos de interés que integran la esencia de la producción capitalista.

En mi opinión, una teoría plenamente elaborada de la ideología exige una antropología filosófica. *No debemos limitarnos a identificar necesidades con "necesidades empíricas"* (aquello que la gente realmente necesita en determinado lugar y momento), debido a que estas últimas se encuentran condicionadas, y confinadas, por la naturaleza de la sociedad de la que un individuo es miembro. Las cues-

---

[43] A primera vista, esta formulación es cercana a la ofrecida por Barry, y algunas de las reservas que expresa con respecto a su uso (*Political Argument*, pp. 178ss.) resultan relevantes aquí, aunque no las discutiré. Sin embargo, Barry parece entender a las necesidades mayormente en términos de "necesidades empíricas", lo que definitivamente no concuerda con mi postura; y, también limita la noción de necesidades a aquellas concernientes a las "necesidades privadas" del individuo, lo que hace que su perspectiva se retrotraiga a una forma de utilitarismo. Para una crítica al respecto, véase William E. Connolly, *The Terms of Political Discourse* (Lexington: D.C. Heath, 1974) pp. 53ss.

tiones que esto origina son complejas, y de gran importancia para la naturaleza de la teoría crítica en sociología; sin embargo, no las confrontaré en el presente contexto. Si bien es cierto que son significativas, aún es posible mantener fácilmente el hilo de la presente discusión sin intentar resolverlas. Existe un único interés sectorial, o "ruedo de intereses sectoriales", de grupos dominantes, que es peculiarmente universal: el interés por mantener el orden de dominación existente, o sus rasgos principales, por cuanto este orden de dominación *ipso facto* implica una distribución asimétrica de los recursos a los que se puede recurrir con el fin de satisfacer las necesidades.

Discurso y experiencia vivida

Podemos formular un sistema para analizar los aspectos ideológicos del discurso y los órdenes simbólicos más "profundamente arraigados" mediante el uso de distinciones propuestas en *papers* anteriores. Tal como lo muestran las figuras 5.1 y 5.2, es posible llevar a cabo el análisis ideológico en dos niveles, que metodológicamente se corresponden con la diferenciación entre acción estratégica y análisis institucional. Estudiar a la ideología como acción estratégica significa concentrarse en el extremo superior izquierdo de las figuras 5.1 y 5.2 (que deben considerarse yuxtapuestas). En su forma más "consciente" y "superficial", como discurso, aquí la ideología implica el uso de artificios o de manipulación directa de la comunicación por parte de las clases o grupos dominantes para promover sus intereses sectoriales. Los tipos de estrategia política a los que Maquiavelo ha dado su nombre son los casos típicos. Sin embargo, con frecuencia se trata de ideología en su forma más fácilmente penetrable por quienes son objeto de manipulación política –independientemente de cuán sutil e inteligente pueda ser el príncipe–.

Figura 5.1

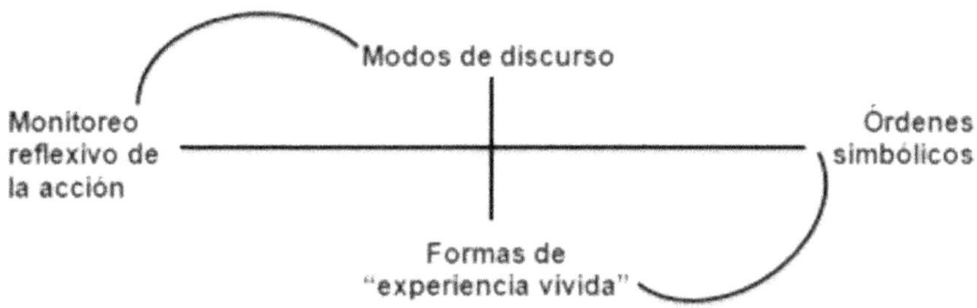

Figura 5.2

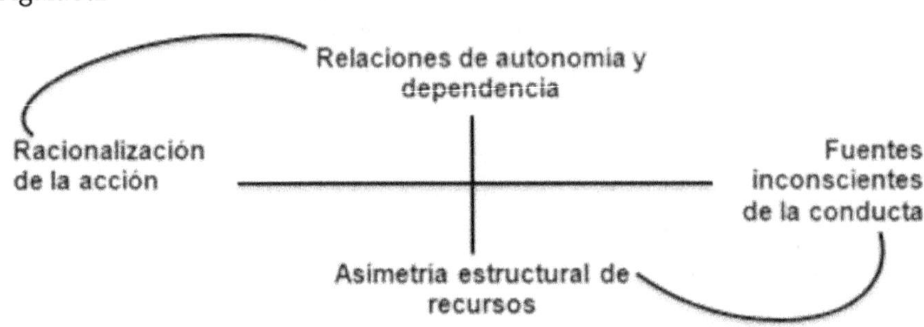

La existencia de regiones frontales y posteriores, en los escenarios espaciales de la interacción, que discutiré en el próximo capítulo en relación con la presencia y la ausencia espaciotemporales resulta de particular relevancia para los aspectos más discursivos y manipuladores de la ideología. Mantener las diferenciaciones entre los aspectos "exhibidos públicamente" de las actividades sociales y aquellos que se mantienen ocultos es un elemento fundamental tanto para la utilización ideológica de los sistemas de símbolos por parte de las clases o grupos dominantes, como para la respuesta de quienes se encuentran en posiciones o clases subordinadas. Todos los tipos más discursivos de fenómenos ideológicos poseen "escenarios de visualización", frecuentemente de un tipo parcialmente ritualizado, que se prestan fácilmente a las divisiones frontal/posterior.

Es obvio que el análisis ideológico de los modos de discurso (entre los que incluyo los discursos formalizados de las disciplinas intelectuales) no pueden ser confinados a la *epojé* metodológica de la conducta estratégica. Examinar a la ideología desde lo *institucional* significa mostrar cómo los órdenes simbólicos sostienen formas de dominación en el contexto cotidiano de la "experiencia vivida". El análisis institucional de los aspectos ideológicos de los sistemas de símbolos está representado en el extremo inferior derecho de las Figuras 5.1 y 5.2. Estudiar a la ideología desde este aspecto es intentar identificar los elementos estructurales más básicos que vinculan la significación y la legitimación de manera tal que favorezcan los intereses dominantes. Las formas más "ocultas" de la ideología se ubicarían en el arco exterior del diagrama, y conectan las fuentes inconscientes de la conducta con las asimetrías estructurales de los recursos. Aquí, posiblemente los elementos ideológicos se encuentren profundamente sedimentados en un sentido psicológico tanto como en uno histórico. Consideremos, por ejemplo, las represiones que sustentan la "privacidad" y la "autodisciplina" en la vida cotidiana. Sería posible hacer una conexión casi inmediata entre tales represiones y la prevalencia de diferenciaciones posterior/frontal en la sociedad post feudal. Como ha demostrado Elias, el "proceso civilizador" se desarrolló mediante el creciente confinamiento u "ocultamiento tras bambalinas" de aquello que resulte de mal gusto.[44] El "orden" y la "disciplina" de la vida cotidiana resultantes, que abarcan las rutinas del trabajo industrial pero sin limitarse a ellas, podrían ser considerados como entre los rasgos ideológicos más profundamente arraigados de la sociedad contemporánea.

Varios de los puntos principales presentados por Geertz, en uno de los debates más esclarecedores sobre la ideología que ofrece la literatura,[45] son compatibles con la perspectiva que propongo. Pero, en la visión de la ideología como equivalente de lo que he denominado sistema de símbolos, Geertz se apega al uso común del término. Lo que él trata como características de la "ideología" –la metáfora y la metonimia, generadoras de niveles de significado polivalentes- es lo que yo considero rasgos del sistema de símbolos en general. Discutirlos como ideología, como en el famoso análisis que hace Barthes de la imagen del soldado negro en la portada de *Paris-Match*, es demostrar cómo sustentan un orden de dominación existente. En el próximo *paper* consideraré la forma en que la polivalencia de los sistemas de símbolos se vincula con la influencia de la tradición y con factores sociales que generan "interpretaciones" divergentes de textos y de otras formas simbólicas. Tal vez sea importante mencionar esto aquí, a la luz de la sólida tendencia entre quienes han escrito sobre la ideología para definir el concepto en función de símbolos "emotivos" o "estimulantes" poseedores de una fuerza movilizante sobre la acción y que "van más allá de la ciencia". Es esta una forma en que la ideología ha sido conceptualizada en términos de la oposición ciencia/ideología, forma que ha sido popular entre los defensores de la "tesis del final de la ideología". Al negar la conveniencia de comprender la noción de ideología mediante la oposición ciencia/ideología, niego que sea posible definir el concepto de ideología en función del estatus epistemológico de las ideas o creencias a las que hace referencia, es decir, en función de su "cientificidad". Por supuesto, no quiero decir que no haya diferencias entre ciencia y otras formas de discurso o sistemas de símbolos, con respecto a su potencial incorporación ideológica a los sistemas sociales.

---

[44] Norbert Elias, *The Civilising Process* (Oxford: Blackwell, 1978).
[45] Clifford Geertz, "Ideology as a cultural system", en David Apter (ed.) *Ideology and Discontent* (Nueva York: Free Press, 1964).

Ideología, dominación

Obviamente, no basta con dejar estas cuestiones en este alto nivel de abstracción; debemos intentar indicar algunas de las formas más relevantes en que la ideología verdaderamente opera en la sociedad. Al hacerlo, buscamos las formas en que *se oculta a la dominación como dominación* en el nivel del análisis institucional. También buscamos las maneras en las que se aprovecha el poder para ocultar intereses sectoriales en el nivel de la conducta estratégica. Estas maneras no implican diferentes tipos de elementos ideológicos, sino dos niveles de análisis ideológico, vinculados mediante la dualidad de la estructura. Propongo las siguientes como formas ideológicas principales:

1. *Representación de los intereses sectoriales como universales*. Este es un sentido que se le puede conceder al teorema de Marx según el cual "en cada época, las ideas de las clases dominantes son las ideas dominantes". En la política moderna –en la que, en el sentido que le da Habermas al término, la "ideología es contemporánea" con la crítica de la ideología– la necesidad de sostener la legitimidad mediante la afirmación de que representa los intereses de la comunidad como un todo se vuelve un rasgo central del discurso político. Pero, que las pretensiones de legitimidad se basen en una apelación implícita o explícita a intereses universales puede considerarse una característica básica de la incorporación de sistemas de símbolos a una sociedad más general.

El contexto fundamental que sirve de marco a la crítica de la ideología en la política moderna en la sociedad capitalista continúa siendo el análisis de la dominación de clases. Las luchas ideológicas más importantes aún se apoyan en el ocultamiento en vez de la revelación de la dominación de clases como situado en el origen del proceso de acumulación capitalista. Sin embargo, muchos marxistas (aunque no el propio Marx) se han mostrado proclives a descartar con bastante ligereza las "libertades burguesas" sectoriales que han resultado –bastante sustancialmente como resultante de las luchas de los movimientos de trabajadores– capaces de cierta universalización dentro del marco de la sociedad capitalista. Por ejemplo, el "libre contrato" es aún hoy sustancialmente un accesorio ideológico del poder del capital. Por otra parte, como he señalado en el *paper* anterior, el libre contrato también ha sido a la vez un elemento importante que ha facilitado la verdadera expansión de los derechos de los trabajadores, gracias a su conexión con el ejercicio colectivo del poder por parte de los trabajadores. En la actualidad, en el período histórico posterior al nazismo y al estalinismo, ya nadie puede asociar al capitalismo *en bloc* con la falta de libertad, o al socialismo con la necesaria creación o extensión de las libertades.

Los procesos gemelos del crecimiento del estado liberal-democrático (donde esté, de hecho, establecido) y el de la enorme concentración de capital son fenómenos que en gran parte han sido posteriores a Marx. La expansión de la mitad "democrática" del par "liberal-democrático" ofrece otra instancia significativa al potencial universalizador contenido en ideas políticas originalmente sectoriales. Como señaló Macpherson razonablemente, la democracia liberal en occidente es una "combinación histórica" de estado liberal y sufragio democrático.[46] El estado liberal suponía, ante todo, la igualdad ante la ley y el derecho a fundar asociaciones políticas. Sin embargo, estos dos principios, que originalmente satisfacían principalmente los intereses sectoriales de la clase empresarial, propiciaron el logro del sufragio universal, que hasta finales del siglo XIX era percibido por las clases dominantes como una amenaza para el estado liberal.

2. *Negación o transmutación de contradicciones.* En otro *paper* he sugerido que la traducción de la contradicción del sistema en conflicto social depende de varios factores, que incluyen el grado de penetración de los actores en las condiciones estructurales de su acción. Normalmente, esto sucede en favor de los intereses de los grupos dominantes si se niega la existencia de contradicciones o si su verdadera ubicación queda en la sombra.

En la sociedad capitalista, esto se aplica particularmente a la contradicción primaria entre apropiación privada y producción socializada. Sostengo que uno de los rasgos principales de la ideología política que sirve para ocultar la ubicación de esta contradicción se refiere al dominio asignado a "lo político", como contrapuesto a "lo económico". Ideológicamente, se supone que a "lo político" le concierne solo la incorporación del ciudadano a la sociedad política, esencialmente regulada por el sufragio. El conflicto que se produce por fuera de esta esfera, particularmente el conflicto económico, es declarado "no político". Los sistemas de autoridad de la empresa industrial están protegidos de la convergencia potencialmente explosiva de la contradicción y el conflicto de clases en tanto el conflicto industrial se "mantenga fuera de la política" y la "política se mantenga fuera del lugar de trabajo". Como he intentado demostrar en otro escrito, se trata del elemento de validez en la tesis de la denominada "institucionalización del conflicto de clases".[47]

---

[46] Macpherson *et al.,* "Social explanation and political accountability". Uno debería advertir las diferencias entre la postura de Macpherson y aquella adoptada por los teóricos de "ciudadanía y clase social". Ver especialmente T. H. Marshall, *Citizenship and Social Class* (Cambridge University Press, 1949); Reinhard Bendix, *Nation-building and Citizenship* (Berkeley: University of California Press, 1977).

[47] *The Class Structure of the Advanced Societies.*

3. *Naturalización del presente: reificación*. Los intereses de los grupos dominantes están ligados a la preservación del *status quo*. Así, las formas de significación que "naturalizan" el estado de cosas existente, e inhiben el reconocimiento de la naturaleza histórica y mutable de la sociedad humana, actúan para sostener esos intereses. Siempre que se entienda a la reificación en su referencia a circunstancias en las que las relaciones sociales parecen poseer la naturaleza fija e inmutable de las leyes naturales, puede considerársela la forma principal en que se lleva a cabo la naturalización del presente.

Aunque no simpatizo particularmente con la mayoría de las perspectivas expresadas en *Historia y conciencia de clase*, la discusión de Lukács sobre la reificación en esa obra aún debe ser considerada como la fuente básica para abordar cualquier análisis del problema. A esto, vale agregar una reserva: la postura epistemológica subyacente en la forma en que Lukács trata la reificación, que implica la reconciliación anticipada de sujeto y objeto, es totalmente inaceptable.[48]

Lukács relaciona la reificación, como fenómeno ideológico, con la forma de la mercancía, y toma como punto de partida el concepto marxista de fetichismo de la mercancía. Creo que está en lo cierto cuando propone que el fetichismo de la mercancía es un problema *específico* de nuestra época, la era del capitalismo moderno, aunque hoy, en contraposición con Lukács, uno también debe decir que este juicio debe extenderse y abarcar al socialismo de estado. Lukács deja en claro que la reificación es un fenómeno que se propaga exhaustivamente por las suposiciones de la experiencia vivida, que se dan por sentado; también, que la reificación es una característica dominante del discurso intelectual:

> De la misma forma en que continuamente el sistema capitalista se produce y reproduce en la esfera de la economía en niveles cada vez más altos, progresivamente la estructura de la reificación se hunde más inexorable y definitivamente en la conciencia del hombre (...) De la misma forma en que la teoría económica del capitalismo permanece atascada en su propia inmediatez, así también sucede con los intentos burgueses de comprehender el fenómeno ideológico de la reificación. Aun pensadores sin intención de negar o de oscurecer su existencia, y lo suficientemente conscientes de las consecuencias destructivas para los seres humanos, permanecen en la superficie y no intentan avanzar más allá de sus formas más objetivamente derivadas, las formas más alejadas de los reales procesos de vida del capitalismo, es decir, las formas más externas y vacuas, con dirección al fenómeno básico de la reificación misma.[49]

---

[48] Si se desea un interesante análisis de las críticas de Adorno hacia Lukács al respecto, véase Gillian Rose, *The Melancholy Science* (Londres: Macmillan, 1978) pp. 40ss. Ver también los propios comentarios de Lukács sobre su obra en el prólogo de la edición de 1967.

[49] Georg Lukács, *History and Class Consciousness* (Londres: Merlin, 1971) pp. 93-4.

Por supuesto, la cuestión de la reificación es inmediatamente relevante para los rasgos ideológicos de las ciencias sociales. El lazo entre sociología naturalista y el modo reificado es necesariamente estrecho. Pero, fácilmente puede existir otra asociación similar, aunque menos directa, entre la reificación y las filosofías hermenéuticas, es decir, aquellas que niegan que las leyes causales operan en la actividad social humana. No lograr analizar las regularidades causales en formas definidas de la sociedad humana puede equivaler, en sus connotaciones ideológicas, a tratar esas generalizaciones como leyes de la misma naturaleza lógica que las que se encuentran en las ciencias naturales. Ahora, con frecuencia las ciencias naturales son utilizadas ideológicamente y en forma manipuladora: una de las aplicaciones más significativas y de largo alcance de este tipo es la aplicación del análisis de sistemas como medio para ejercer el control social de los seres humanos. Pero, sería erróneo suponer que la influencia ideológica de las ciencias sociales puede entenderse simplemente en esos términos. La naturaleza reificante de las versiones naturalistas de la sociología –aquellas que han dominado lo que en un *paper* posterior denominaré "consenso ortodoxo"– expresa elementos, profundamente establecidos, del contenido de la experiencia vivida que esta contribuye a consolidar. Bauman lo ha expresado muy bien. La sociología naturalista

> se alimenta de la experiencia pre predicativa del proceso de vida como esencialmente no libre, y de la libertad como estado generador de temor y, convenientemente, proporciona salidas cognitivas y emocionales oportunas para ambas intuiciones (…) Asiste al individuo en su esfuerzo espontáneo de desechar la excesiva, y por lo tanto llena de ansiedad, libertad de elección, ya sea asumiendo esta libertad como ilusoria, o bien informándole que esa libertad está respaldada por la razón que ha sido delimitada y definida de antemano por la sociedad –cuyo poder de juicio él no puede desafiar–.[50]

Conclusión: el final de la ideología

De las preguntas formuladas anteriormente, aún permanece la de "el final de la ideología". La noción de que existe un final de la ideología se remonta a los orígenes del término: al programa de los primeros ideólogos que intentaron reemplazar al prejuicio por la ciencia o por el conocimiento racional. Originalmente la ideología se refería a la disolución de los tipos de creencia irracionales o infundados, al final de la irracionalidad –perspectiva que más tarde fue identificada

---

[50] Zygmunt Bauman, *Towards a Critical Sociology* (Londres: Routledge, 1976) pp. 34-5.

con la disolución de la ideología misma–. En Marx es posible concebir el final de la ideología desde el punto de vista de cada uno de los dos ejes que he distinguido: mientras la "ideología como dominación" sea equiparada con la dominación de clases, de modo tal que la trascendencia de las clases *ipso facto* conlleva la desaparición de la ideología. Entre los teóricos más recientes que postulan el final de la ideología, y que han procurado que la connotación peyorativa del término "ideología" se vuelva en contra del marxismo, la disolución de la ideología se ha comprendido principalmente dentro del marco de una diferenciación ciencia/ideología. La "ideología", de acuerdo con uno de esos autores, es un "conjunto de creencias infundidas de pasión que procura transformar el modo de vida por completo (…) una religión secular".[51] La ideología es cualquier sistema de creencias que proclama la necesidad de que se opere un cambio radical, reaccionario o progresista en el orden de cosas existente. Con frecuencia se ha señalado (C. Wright Mills, entre otros, lo ha hecho) que, tal como se utiliza el término en este contexto, la proclamación del final de la ideología era ideológica en sí misma. Ciertamente, en función del uso del término "ideología" que he propuesto en este *paper*, aceptar la lógica de la afirmación anterior no resulta dificultoso, por cuanto podría alegarse que el efecto de la "tesis sobre el final de la ideología" era contribuir a legitimar las relaciones preexistentes de dominación.[52] Esta cuestión es importante porque ofrece la posibilidad de generalización: *todo tipo de discurso político, incluyendo el marxismo, que anticipa un final de la ideología, lleva en sí la potencialidad de volverse ideológico en sí mismo.*

---

[51] Daniel Bell, "Ideology: a debate", en *Commentary*, Vol. 38 (octubre de 1964) p. 70.

[52] Si se desea consultar contribuciones relevantes al respecto, véase Chaim I. Waxman, *The End of Ideology Debate* (Nueva York: Funk and Wagnall, 1968).

6.
Tiempo, espacio y cambio social

Al desarrollar la exposición sobre agencia y estructura propuesta anteriormente, he sugerido que la concepción de la estructuración introduce la temporalidad como elemento esencial de la teoría social; y, que esa concepción implica romper con las divisiones sincronía/diacronía o estática/dinámica que han figurado tan notablemente tanto en el estructuralismo como en el funcionalismo. Por supuesto, no sería correcto afirmar que quienes escriben en el marco de estas tradiciones de pensamiento no le han dado importancia al tiempo. Pero, la tendencia general, especialmente en el pensamiento funcionalista, ha sido identificar al tiempo con lo diacrónico o lo dinámico; el análisis sincrónico representa una "fotografía atemporal" de la sociedad. Como resultado, *se identifica al tiempo con el cambio social*.

La asimilación de la "intemporalidad" y de la estabilidad social es el anverso de la identificación del tiempo con el cambio: se trata de la noción, explícita o implícitamente asociada con casi todas las variedades de funcionalismo en teoría social, de que el análisis estático nos permite establecer las fuentes de la estabilidad, mientras que el análisis dinámico es necesario para comprender las fuentes de cambio en los sistemas sociales. En cierta forma, esto fue incorporado metodológicamente en la antropología funcionalista de Radcliffe-Brown y de Malinowski, y de quienes fueron influidos por ellos. Debido a que desconocemos el pasado de muchas sociedades pequeñas y aisladas, no nos es posible estudiarlas dinámicamente, no podemos especificar los cambios que han sufrido. Pero, mediante su estudio en el presente, podemos desentrañar qué las mantiene unidas, podemos indicar las fuentes de su estabilidad mostrando los factores que le dan cohesión. Que esta equiparación de lo estático con lo estable es insostenible queda demostrado por dos maneras en las que el tiempo se inmiscuye en este tipo de abordaje. En primer lugar, en el nivel práctico, simplemente no existe forma de llevar a cabo un análisis "estático": el estudio de la actividad social implica el paso del tiempo, al igual que esa actividad misma. Frente a esto, los antropólogos funcionalistas han desarrollado su propia versión del "tiempo reversible" de Lévi-Strauss, como si esto dejara sin efecto la intromisión de la temporalidad. Entonces, como principio de investigación se recomienda que el antropólogo no debiera estudiar una sociedad por un lapso menor a un año, ya que de esta forma es posible obtener material sobre el ciclo anual completo de la vida social.[1] No obstante, si percibimos al tiempo como "tiempo reversible", en el nivel de las exigencias prácticas de la investigación, este permanece ajeno al esquema teórico dentro del cual se organiza y explica esa investigación. En segundo lugar, la asimilación de lo estático y de lo estable incorpora subrepticiamente un elemento de tiempo, aún en el nivel de la teoría. Hablar sobre la estabilidad social *no debe* implicar abstraerse del tiempo, ya que la "estabilidad" significa continuidad en el tiempo. Un orden social estable es aquel en el que existe una estrecha similitud entre cómo son ahora las cosas y cómo solían ser en el pasado.[2]

Se le ha prestado mucha más atención a las relaciones entre la temporalidad, la historia y la división sincronía/diacronía en el marco del pensamiento estructuralista que en el marco del funcionalismo.[3] En parte, esto indudablemente se debe a los intercambios entre Lévi-Strauss y Sartre: la mirada de Lévi-Strauss sobre estos temas está en deuda con Jakobson, si bien Lévi-Strauss hace un desarrollo considerable a partir de la postura de Jakobson, aunque no de forma detallada y exhaustiva. Cuando Lévi-Strauss discute a Sartre, demuestra algunas cuestiones dignas de sostener, mas no exactamente de la manera en que Lévi-Strauss las plantea. Una de ellas se refiere a sus reservas sobre la historia como "código". Otra es su identificación de ciertos contrastes fundamentales –contrastes atinentes a problemas de tiempo e historia- entre sociedades pequeñas y relativamente "fijas", por un lado, y, por el otro, sociedades más desarrolladas: entre sociedades frías y calientes.

En cierto sentido, Lévi-Strauss está en lo correcto cuando se refiere a la historia como un tipo de código, y Sartre también está en lo cierto cuando insiste en que no es un código como cualquier otro. Por cuanto la historia, en tanto interpretación o análisis del pasado, implica la aplicación de alguna clase de aparato conceptual; mientras que la historia, en tanto temporalidad, o acaecimiento de hechos en el tiempo, es un rasgo inevitable de toda forma social. El tema de fondo no es simplemente el tiempo, ni la historia, sino también la *historicidad:* la con-

---

[1] Véanse los comentarios de Gluckman sobre "información y teoría", en Max Gluckman, *Politics, Law and Ritual in Tribal Society* (Oxford: Blackwell, 1965).

[2] Véase Gellner: "¿Cómo es posible afirmar, como parecen afirmar algunos atropólogos sin reparo alguno, que el pasado de una sociedad tribal es desconocido, *y a la vez* que se sabe que es estable?". Ernest Gellner, *Thought and Change* (Londres: Weidenfeld, 1964) p. 19.

[3] Sin embargo, véase R. N. Bellah, "Durkheim and history", en *American Sociological Review*, Vol. 24 (1959).

ciencia de un "movimiento progresivo" como rasgo de la vida social de ciertas sociedades, en especial las sociedades occidentales posfeudales, en las que esa conciencia se organiza activamente para promover el cambio social. Seguramente es justificado el énfasis que pone Lévi-Strauss en la relevancia del surgimiento de la historicidad y de las diferentes concepciones de la historia asociadas con ella en el mundo moderno; y también el contraste con el "tiempo reversible" de las culturas tradicionales. Pero, "tiempo reversible" es un nombre inapropiado.[4] No es realmente al tiempo como tal a lo que Lévi-Strauss hace referencia, sino al cambio social –o, más bien, a su relativa ausencia en los tipos de sociedad en los que se centra su investigación–. Entonces, aquí vemos, una vez más, una equiparación entre tiempo y cambio social, aunque con una forma distinta de la que es típica del funcionalismo. En todas las sociedades, el tiempo transcurre secuencialmente; pero, en aquellas en las que la tradición es preeminente, los procesos de reproducción social se encuentran entrelazados con diferentes formas de conciencia del pasado, del presente y del futuro más que en el mundo contemporáneo industrializado.

La tradición es la modalidad "más pura" y más inocente de reproducción social: en su forma más elemental, la tradición puede considerarse, como lo dice un autor, "una serie indefinida de repeticiones de una acción, que en cada ocasión se lleva a cabo bajo el supuesto de que ya ha sido llevada a cabo anteriormente; su realización es autorizada –si bien la naturaleza de la autorización puede sufrir considerables variaciones– por el conocimiento, o la suposición, de una realización anterior".[5] La desaparición de la tradición en cierto sentido comienza cuando se la entiende *como* tradición: la tradición alcanza su máximo poder cuando se la entiende simplemente como la manera en que las cosas fueron, son y (deberían ser) hechas. Encapsular ciertas prácticas bajo el nombre de "tradición", no obstante, socava a la tradición por cuanto la coloca junto a otras formas de legitimar prácticas establecidas. El advenimiento de la alfabetización, en especial de la alfabetización masiva, constituye una influencia significativa que modifica a la tradición. Cuando la alfabetización se limita a una pequeña élite, no necesariamente resulta directamente corrosiva para la tradición, ya que su monopolio en manos de unos pocos puede utilizarse para sancionar doctrinas que se consideran inherentes a las "escrituras clásicas". Pero, podemos coincidir con el ya mencionado autor en su aseveración de que "una tradición alfabetizada nunca es una tradición pura, por cuanto la autoridad de la palabra escrita no depende solo del

---

[4] J. A. Barnes, "Time flies like an arrow", en *Man*, Vol. 6 (1971).
[5] J. G. A. Pocock, *Politics, Language and Time* (Londres: Mehtuen, 1972).

uso y de la presunción. Las palabras escritas son objetos materiales duraderos que atraviesan procesos de transmisión y crean nuevos patrones de tiempo social; le hablan directamente a generaciones remotas (…)".[6]

Cuando la tradición no es "reproducción social pura", cuando no depende "solo del uso y de la presunción", queda libre el camino para la irrupción de la "interpretación". Así, aunque la escritura y el texto se hayan vuelto la preocupación de algunas de las formas más abstractas de estructuralismo (Barthes, Derrida), el surgimiento de la escritura en realidad suele estar ligado, en un sentido profundo, a la hermenéutica y a la historiografía; más aún, podría argumentarse que cada una de ellas está asociada a la aparición de una preocupación por los problemas relativos a la ideología, tanto en disciplinas intelectuales como en la actividad política práctica. Las "preocupaciones hermenéuticas", en el sentido de la confrontación de interpretaciones conflictivas de materiales escritos, se han manifestado en todas las principales religiones del mundo. Pero, solo allí la hermenéutica y la historiografía se entrecruzan estrechamente, lo que indica la intromisión de la historicidad en el occidente posfeudal. La conjunción se realizó como parte esencial de la crítica que hace el iluminismo de la tradición: debido a que los filósofos iluministas no se estancaron en el nivel de la interpretación del pasado, sino que cuestionaron el principio de la tradición, la autoridad que el pasado ejerce sobre el presente.[7]

No es demasiado caprichoso suponer que el desarrollo de la escritura es subyacente a la primera aparición de la "conciencia del tiempo lineal", que más tarde en occidente se convertiría en la base de la historicidad como rasgo de la vida social. La escritura permite el contacto con "generaciones remotas", ya mencionadas, pero además su linearidad como forma material tal vez anima la conciencia del transcurrir del tiempo como proceso secuencial, yendo "desde" un punto "hacia" otro de manera progresiva. Probablemente sea razonable sostener que, como sucede con la tradición, el "tiempo" no se distingue como "dimensión separada" en culturas tradicionales en función de la conciencia del tiempo: la temporalidad de la vida social se expresa a través de la combinación de presente y pasado promovida por la tradición, en la que predomina la naturaleza cíclica de la vida social. A medida que se percibe al tiempo como fenómeno distinguible por derecho propio, y como inherentemente cuantificable, también, por supuesto,

---

[6] Ibíd., p. 255.

[7] Para un análisis conservador del desarrollo de la hermenéutica, y una crítica del iluminismo, ver H. – G. Gadamer, *Truth and Method*. Sobre escritura y cultura, ver en especial Jack Goody, *The Domestication of the Savage Mind* (Cambridge University Press, 1977). Véase Paul Ricoeur, *The Conflict of Interpretations*, pp. 288ss.

se lo considera un recurso escaso y explotable.[8] Acertadamente, Marx lo destacó como rasgo distintivo de la formación del capitalismo moderno. Lo que hace posible la transmutación de la fuerza de trabajo en una mercancía es su cuantificación en términos de tiempo de trabajo, y de la creación de la claramente definida "jornada laboral".

Relaciones espaciotemporales

Anteriormente he afirmado que identificar tiempo con cambio social constituye un error básico, y ahora podemos profundizar este planteo mediante una mirada más atenta a los aspectos temporales de la constitución de los sistemas sociales. En ese contexto, quiero presentar un reclamo más: la mayoría de las formas de la teoría social no han logrado tomar con suficiente seriedad *no solo la temporalidad de la conducta social sino también sus atributos espaciales*. A primera vista, nada parece más banal e improductivo que afirmar que la actividad social se da en el tiempo y en el espacio. Pero, ni el tiempo ni el espacio han sido incorporados al corazón de la teoría social; en cambio, comúnmente se los trata más como "entornos" en los que sucede la conducta social. Con respecto al tiempo, esto se debe primariamente a la influencia de las diferenciaciones del par sincronía/diacronía: la asimilación del tiempo con el cambio tiene como consecuencia que el tiempo puede ser tratado como una suerte de "límite" para los órdenes sociales estables, o por lo menos como un fenómeno de importancia secundaria.[9] La supresión del espacio en teoría social proviene de distintos orígenes; en parte, probablemente, de la ansiedad de autores del área de la sociología por eliminar de sus obras todo atisbo de determinismo geográfico. La incorporación del término "ecología" a las ciencias sociales ha contribuido poco, por cuanto esto tiende, por un lado, a alentar la confusión de lo espacial con otras características del mundo físico que podrían influir la vida social, y, por el otro, a reforzar la tendencia a tratar las características espaciales como en el "entorno" de la vida social, más que como parte integral de su aparición.

---

[8] Véase Wilbert E. Moore, *Man, Time and Society* (Nueva York: Wiley, 1963); Georges Gurvitch, *The Spectrum of Social Time* (Dordrecht: Reidel, 1964).

[9] Sin embargo, véase Shils. "El tiempo provee no solo un marco que permite que se efectúe una comparación heurística entre el estado de un momento y el estado de otro momento; el tiempo también es propiedad constitutiva de la sociedad. La sociedad solo es concebible como sistema de estados variables que ocurren en momentos en el tiempo. La sociedad muestra sus rasgos característicos no como momento único en el tiempo sino en varias fases, y, en momentos de tiempo diferentes y consecutivos, adopta formas diversas pero relacionadas". Edward Shils, *Center and Periphery* (Chicago University Press, 1975) p. xiii

En un *paper* anterior he sostenido que los sistemas sociales pueden ser tratados como sistemas de interacción, y he discutido algunas de las características de la sistemidad. Pero, en este punto es importante considerar algunos rasgos de la interacción pasados por alto bastante precipitadamente en ese momento. La mayoría de las escuelas de teoría social, especialmente el funcionalismo, no han logrado situar a la interacción en el tiempo porque han operado dentro de la división sincronía/diacronía.[10] Una imagen sincrónica de un sistema social describe la reproducción social, o al menos la da por sentada: la otra cara de la asimilación del tiempo con el cambio, como he señalado anteriormente, es la equiparación de lo a-temporal o lo estático con la estabilidad. Cuando los analistas sociales que escriben de este modo hablan de sistemas de interacción como "patrones" tienen en mente, con frecuencia vagamente, una especie de "fotografía" de relaciones de la interacción social. La falla aquí es la misma falla implícita en la presunción de la "estabilidad estática": de hecho, tal fotografía no revelaría un patrón en absoluto, porque *todos patrones de interacción existentes están situados en el tiempo*; solo cuando se los examina a lo largo del tiempo conforman alguna clase de "patrón". Esto resulta muy claro, tal vez, en el caso de los individuos en los encuentros cara a cara. Independientemente de qué otra cosa pudo haber aclarado o no la preocupación de los autores etnometodológicos por el "respetar turnos" en las conversaciones, esto señala algo importante: la serialidad de las actividades de los participantes.[11] Que generalmente solo hable una persona por vez no es simplemente un rasgo trivial y obvio de la charla conversacional; o, por lo menos, esto no ha resultado obvio para la mayoría de los analistas sociales. Si los exámenes etnometodológicos de la actividad de respetar turnos parecen triviales, se debe a que sus autores no han desarrollado sus implicancias conectándolos, a grandes rasgos, con la temporalidad y la reproducción social. Sin embargo, el estudio etnometodológico de la conversación ha hecho una contribución significativa al destacar que el "manejo" de la conversación por parte de los actores sociales utiliza en forma rutinaria la ubicación de una conversación en el tiempo como un modo de organizar esa conversación.[12]

La distinción que comúnmente se hace entre estudios "micro" y "macrosociológicos" realmente no ayuda a dilucidar algunas de las diferencias clave entre la interacción cara a cara y otros tipos de relación interactiva en función de qué sistemas sociales se constituyen. Sin embargo, el término "cara a cara" no transmite un sentido de la importancia de la colocación del cuerpo en el espacio en la interacción

---

[10] Véase "Functionalism: après la lutte".

[11] Harvey Sacks y Emmanuel A. Schegloff, "A simplest systematics for the organization of turn-taking in conversation", en *Language*, Vol. 50 (1974).

[12] Garfinkel, *Studies in Ethnomethodology*.

social. Por supuesto, el rostro es normalmente el foco de atención en encuentros sociales y, por ser la parte más expresiva del cuerpo está permanentemente monitoreada por los actores, quienes controlan la sinceridad en el discurso y los actos de otros. No toda interacción que se produce en presencia de otros, donde la sensatez de esa presencia ejerce su influencia sobre la interacción, es "cara a cara": algunas instancias de comportamiento de multitudes pueden ser una excepción. Pero, la mayoría de estos ejemplos son marginales: es sorprendente hasta qué punto, aun en reuniones a gran escala, el término "cara a cara" aún se aplica de manera significativa. En reuniones, conferencias, conciertos, etc., casi siempre los miembros de esa audiencia se ubican de modo de estar frente a los oradores o músicos.

En la interacción cara a cara, la presencia de otros es una fuente de información importantísima utilizada en la producción de encuentros sociales. La distinción micro- versus macro-sociológica pone el énfasis en el contraste entre grupos pequeños con comunidades o colectivos más numerosos; pero, existe una diferencia más profunda entre *la interacción cara a cara y la interacción con otras personas físicamente ausentes* (y con frecuencia también temporalmente ausentes). La expansión de los sistemas sociales en el espacio y en el tiempo es un rasgo evidente del desarrollo integral de la sociedad humana. Como ya se ha sugerido, el desarrollo de la escritura extiende de manera esencial la expansión de la interacción en el tiempo. En culturas no alfabetizadas, la tradición incorpora la suma de los productos culturales de generaciones pasadas; pero, el surgimiento del texto hace posible la comunicación con el pasado de una forma mucho más directa, y con ciertas similitudes con la interacción con individuos físicamente presentes.[13] Sin embargo, el acceso al pasado, facilitado por la existencia material de los textos, es una interacción distanciada, si lo contrastamos con la presencia de otros en la interacción cara a cara. El desarrollo de la escritura amplía considerablemente el alcance de la interacción a distancia tanto en el espacio como en el tiempo. En culturas que no poseen un sistema de escritura, el contacto dentro del grupo cultural y también con otros grupos siempre es forzosamente cara a cara. Por supuesto, en estas circunstancias los actores pueden actuar como mediadores entre otras personas. Pero, la escritura altera la naturaleza de las transacciones que pueden efectuarse: una carta pasa por alto al portador y le "habla" directamente a su destinatario. Debemos observar que la extensión de la interacción en el espacio expresada a través de la trasmisión de una carta de un remitente a un destinatario también implica la ausencia temporal del remitente en el momento

---

[13] Véase Paul Ricoeur, "The model of the text: meaningful action considered as a text", en *Social Research*, Vol. 38 (1971), que explora algunas de estas similitudes.

de la comunicación que se produce cuando el destinatario abre la carta y la lee. Obviamente, la brecha temporal en un intercambio de cartas es mucho más amplia que en una conversación donde se habla por turnos. Por otra parte, por supuesto, uno de los principales rasgos de las tecnologías modernas de la comunicación es que gracias a ellas ya no es posible que la distancia física controle la distancia temporal en la interacción mediada. El teléfono recupera la inmediatez de la interacción cara a cara a través de la distancia espacial, pero la comunicación se da en un contexto sensorial limitado; la comunicación mediante el video y la televisión recupera considerablemente más inmediatez, porque esa interacción a distancia se vuelve cara a cara. Si algunas de las afirmaciones de McLuhan en cuanto a la importancia de la televisión y del video son extremas, de todas formas plantean algunas cuestiones vitales sobre las transmutaciones que pueden estar sucediendo en las estructuras de significación en el mundo contemporáneo.[14]

Tiempo, espacio y repetición están entrelazados. Todos los métodos conocidos que sirven para evaluar o calcular el tiempo implican repetición: el movimiento cíclico del sol, las manecillas de un reloj, la vibración de los cristales de cuarzo, etc.; todos implican movimiento en el espacio.[15] Es difícil hablar del tiempo sin hacer referencia a las metáforas espaciales –aunque si Whorf está en lo correcto, esto puede derivar, en parte, de las características particulares de las lenguas indoeuropeas–. Mi argumentación en los párrafos anteriores avala la cercanía de las conexiones entre el tiempo, el espacio y la repetición en la vida social. La naturaleza cíclica de la repetición o de la reproducción social en sociedades gobernadas por la tradición está orientada indirectamente a experimentar y a registrar el tiempo. Pero, probablemente la experiencia del tiempo jamás se desprenda totalmente de su forma cíclica, aun cuando la "conciencia del tiempo lineal" sea la que predomine. Así como los calendarios y los relojes interpolan ciclos en el movimiento secuencial del tiempo, los períodos diarios, semanales y anuales de tiempo mantienen los aspectos cíclicos en la organización de las actividades sociales en el marco de las sociedades contemporáneas. Lo mismo puede decirse de la duración de la vida del individuo, el que aún llamamos, acertadamente, "ciclo de vida".

---

[14] Marshall McLuhan, *The Gutenberg Galaxy* (Toronto University Press, 1962).

[15] Véase Whitman: "Parece ser que, independientemente del grado de exactitud que puedan tener los elementos de control repetitivo del reloj, uno jamás puede llegar a un concepto de duración estándar del tiempo sin referencia previa a la congruencia espacial. De hecho, cuanto más exacto es el reloj, más complejas son las leyes físicas espaciotemporales que habrán de conocerse y utilizarse". Michael Whitman, *Philosophy of Space and Time* (Londres: Allen and Unwin, 1967) p. 71.

Ya hemos hablado de la extensión de la vida social en el espacio y en el tiempo como característica general del desarrollo social: las escalas temporales de la actividad social son alteradas por la transmutación de la comunicación a través de la distancia (consultar el concepto de dis-tanciamiento[16] de Heidegger: hacer desaparecer la lejanía). La interconexión entre el tiempo y el espacio puede explorarse en términos de la participación de los actores sociales tanto en los ciclos de la actividad social como en el nivel de la transformación de la sociedad misma.[17] La cronogeografía se ocupa de la "coreografía" espaciotemporal de la existencia de los individuos a lo largo de períodos de tiempo dados: día, semana, año o toda la duración de la vida. Por ejemplo, es posible hacer un mapa de la rutina diaria de actividades de una persona como una senda a través del espacio-tiempo. Así, la transición social implícita en el acto de salir del hogar para ir al trabajo también constituye un movimiento a través del espacio. Desde este punto de vista, la interacción social puede entenderse como el "ensamble" de sendas en los encuentros sociales, o lo que Hägerstrand denomina "nodos de actividades". Los "nodos de actividades" se dan en sitios definidos –edificios u otras unidades territoriales– en los que coinciden las trayectorias de dos o más individuos; estos encuentros se disuelven cuando los actores se alejan en tiempo y espacio para participar de otros nodos de actividades. El interés que pueda despertar esta concepción de la actividad social como una "coreografía de enlaces a través del espacio-tiempo"[18] no depende de su formulación particular por Hägerstrand, a la que se le pueden hacer varias objeciones. Su importancia general radica en que acentúa la coordinación del movimiento en el tiempo y en el espacio en la actividad social como ensamble de una multiplicidad de sendas o trayectorias. Es posible aplicar la misma concepción a problemas relativos al cambio social mucho más amplios, en los que me concentraré más adelante: al cambio en la sociedad también podemos entenderlo en términos de sendas espaciotemporales. Típicamente, *el desarrollo social implica movimiento tanto espacial como temporal*: cuya forma más significativa, en nuestra época, se relaciona con la expansión internacional del capitalismo industrial occidental.

---

[16] "Ent-fernung" (N. de la T.).

[17] Sobre el desarrollo de los conceptos de tiempo y de espacio como consecuencia de la decadencia del feudalismo, ver Agnes Heller, *Renaissance Man* (Londres: Routledge, 1978) pp. 170-96.

[18] Alan Pred, "The choreography of existence: comments on Hägerstrand's time-geography and its usefulness", en *Economic Geography*, Vol. 53 (1977) p. 208.

Presencia y ausencia espaciales

El hecho de que el concepto de estructura social comúnmente aplicado en las ciencias sociales –como la anatomía de un libro o las vigas de un edificio– ha sido tan invadido por las metáforas espaciales puede ser otra de las razones, junto con el temor a recaer en el determinismo social, por las que la importancia del espacio rara vez ha sido lo suficientemente acentuada en teoría social. La relevancia que tienen para el análisis social los elementos espaciales puede ilustrarse de varias formas, pero podemos mantener un hilo de continuidad con los capítulos previos haciendo referencia, en primer lugar, a la teoría de clases.

En la teoría de clases, la división espacial es un rasgo fundamental de la diferenciación de clases. En un sentido elemental, si bien sociológicamente significativo, las clases suelen concentrarse regionalmente. Para demostrarlo, podemos poner por caso los contrastes entre el norte y el sur de Inglaterra, o entre el oeste y el este de Escocia. Esas diferenciaciones espaciales siempre deben ser consideradas formaciones espaciotemporales en términos de teoría social. De este modo, uno de los rasgos relevantes de la diferenciación espacial de clases es la sedimentación de "culturas de clase" regionales divergentes *a lo largo del tiempo*: las culturas de clase que hoy, por supuesto, quedan parcialmente disueltas por los nuevos modos de trascender las distancias espaciotemporales.

Las conexiones más sobresalientes entre tiempo y espacio, no obstante, son más extensas y a la vez más inmediatemente limitadas. Por un lado, la naturaleza clasista del capitalismo incorpora sistemas internacionales de centro y periferia; por el otro, la dominación de clases está fuertemente influida y reproducida por los patrones de la diferencia rural/urbano y por la diferenciación de vecindarios dentro de las ciudades.[19] En las sociedades capitalistas, la segregación por vecindarios no es preponderantemente un proceso controlado: más bien, es resultado de la lucha de clases que se da en los mercados inmobiliarios[20]. No obstante, el manejo social del espacio es claramente un rasgo de todas las sociedades. Virtualmente todos los colectivos tienen un *locale* de operación, espacialmente distinto del que se asocia con otros. "Locale" es en algunos aspectos un término preferible a "lugar", más frecuentemente utilizado en el ámbito de la geografía social, ya que contiene parte de la connotación del espacio empleada como escenario para la interacción. Un *escenario* no es solo un parámetro espacial, y un entorno

---

[19] Solo hace muy poco se ha comenzado a desarrollar una literatura que trata estas cuestiones con cierto nivel de sofisticación. Ver especialmente los escritos de Harvey y de Castells.

[20] John Rex y Robert Moore, *Race, Community and Conflict* (Londres: Oxford University Press, 1967).

físico, en el que la interacción "sucede": es todos esos elementos movilizados como parte de la interacción. Los actores sociales recurren en forma rutinaria a los rasgos del escenario de la interacción, incluyendo sus aspectos espaciales y físicos (como he indicado anteriormente) para sostener la comunicación –fenómeno de importancia no menor para la teoría semántica–.

Si la noción de *locale* se combina con la influencia de la presencia/ausencia físicas (entendido esto como potencialmente espacial tanto como temporal), podemos caracterizar a la *comunidad pequeña* como aquella en la que solo hay distancias cortas en las separaciones espaciotemporales. Es decir, el escenario es tal que toda la interacción solo debe cruzar una pequeña brecha al atravesar el tiempo y el espacio. Lo que importa en la interacción en pequeña escala no es solo la presencia física en la interacción inmediata: es la *disponibilidad* temporal y espacial de otros en un *locale*.

Nadie ha analizado estos fenómenos de manera más perceptiva que Goffman, quien en todas sus obras ha resaltado la magnitud del espacio y del tiempo, o lo que en su primera obra[21] denominó "regiones". En el sentido de Goffman, una región es parte de lo que he llamado un *locale*, que coloca límites sobre uno u otro de los principales rasgos de la presencia. Las regiones difieren en términos de cómo son confinados o demarcados, tanto como en términos de cuáles son los rasgos de la presencia que estos podrían "dejar pasar". En un estudio de transmisión se puede utilizar una pantalla de vidrio grueso para aislar una sala auditivamente pero no visualmente. Señala que con frecuencia las regiones se definen en función de relaciones espaciotemporales; en los hogares, la separación entre "espacio para estar" y "espacio para dormir" también es una diferenciación en cuanto a los momentos de uso.

El contraste de Goffman entre *regiones frontales y posteriores* en donde se produce la actividad social es un contraste muy interesante que ha sido ignorado injustificadamente en la literatura de la teoría social (a excepción de las propias obras de Goffman). La separación espacial y temporal de las regiones frontales y posteriores tal como las distinguía Goffman –mediante la cual varios rasgos potencialmente comprometedores de la interacción son mantenidos ausentes u ocultos–, puede conectarse de manera esclarecedora a la conciencia práctica y al funcionamiento de sanciones normativas. Sostener la discriminación espacial entre frontal y posterior es un rasgo fundamental del uso de los *locale* en el marco del monitoreo reflexivo de la acción en la conciencia práctica y discursiva.

---

[21] Erving Goffman, *The Presentation of Self in Everyday Life* (Nueva York: Doubleday, 1959); si se desean consultar las miradas más recientes de este autor sobre algunas cuestiones solapadas, ver Goffman, *Frame Analysis*.

En este libro, en varias ocasiones, he procurado criticar los teoremas de Parsons sobre las relaciones que él presume existen entre la "internalización de valores" y las restricciones normativas. Una de mis preocupaciones ha sido acentuar la importancia de los modos de conformidad normativa y desviación distintos de aquellos a los que Parsons puso en relieve, sin recaer en la clase de confrontación inútil entre "consenso" y "teoría del conflicto" que durante un tiempo fue relevante en las discusiones sobre esos asuntos. Uno de esos modos de conformidad es el de la "aceptación pragmática" (a regañadientes, casi cínica, distanciada a través del humor) de las prescripciones normativas como "hechos" de las circunstancias de la acción. El contraste entre la región frontal/región posterior ayuda a demostrar cómo esa aceptación pragmática se sostiene mediante el *control del escenario*.

Goffman hace un buen análisis de la importancia normativa de la diferencia entre las regiones frontal y posterior de la interacción. Las actuaciones en las regiones frontales habitualmente demandan esfuerzos para crear y sostener la aparición de la conformidad con estándares normativos a los que los actores en cuestión pueden ser indiferentes, y hasta definitivamente hostiles, cuando se encuentran en la región posterior. La existencia de discriminaciones entre anterior y posterior normalmente indica una *penetración discursiva* sustancial de las formas institucionales dentro de cuyo marco se lleva a cabo la interacción. Resulta fácil relacionar esto nuevamente con cuestiones de la teoría de clases y de la legitimación de estructuras de dominación. Los trabajadores en la zona de producción trabajan en un entorno, por ejemplo, en el que frecuentemente es posible transformar la separación espacial existente con la supervisión de la gerencia en una región posterior práctica, que solo se vuelve totalmente frontal cuando personal de gerencia u otros supervisores se hacen presentes en forma inmediata. Una buena ilustración es el siguiente ejemplo citado por Goffman, en el que describe las actitudes de los trabajadores en un astillero.

> Era gracioso observar la transformación repentina cada vez que se corría la voz de que el capataz se encontraba en la cubierta o en la planta, o que se acercaba un supervisor de la oficina central. Jefes y responsables se dirigían de prisa hacia sus grupos de trabajadores y los movían a trabajar de manera visiblemente atareada. "No permitan que los vean sentados", era la advertencia universal, y donde no había tarea alguna para realizar se procedía activamente a doblar y roscar un caño; o bien un bulón que estaba ya fijo en su lugar era sometido a mayores e innecesarios ajustes.[22]

---

[22] Kathleen Archibald, *Wartime Shipyard* (Berkeley: University of California Press, 1947) p. 159.

Es importante ver, de hecho, cómo el autor de la cita señala que, con frecuencia ambas partes en una situación como la descripta son conscientes, en mayor o en menor medida, de lo que está sucediendo. Ese reconocimiento por parte de la gerencia es un reconocimiento de los límites de su poder y, por lo tanto, esos intercambios de tipo espacial y social son sumamente relevantes en el ámbito de la dialéctica del control en las organizaciones.

Generalmente, la zona de producción está físicamente demarcada como un entorno espacial alejado de la "oficina".[23] Pero, por supuesto, en todos y cada uno de los *locales* en los que opera la organización se producen oportunidades similares para hacer la traslación de separaciones espaciales a regiones, en el sentido de Goffman. La caracterización que hace Weber de las burocracias modernas, en cuanto a que estas implican jerarquías de oficinas, se aplica a la diferenciación de espacio físico tanto como a la diferenciación de autoridad. La separación espacial de las oficinas permite varios tipos de actividades propias de la región posterior que implican el control de la información hacia "arriba", y así sirven para limitar el poder de quienes ocupan los escalones más altos.[24] Pero, por supuesto, el uso controlado de las diferenciaciones frontal y posterior no se limita a aquellos que se encuentran formalmente en posiciones subordinadas en *locales* organizacionales. La capacidad de controlar los entornos es una de las principales prerrogativas del poder en sí: la sala del directorio, por ejemplo, puede ser una región frontal en la que se exhiben actividades para el ojo del público y en las que quedan ocultas las manipulaciones más significativas.

En comunidades pequeñas, o en colectivos que solo implican separaciones espaciotemporales de corta distancia, el espacio y la presencia se expresan primariamente mediante las características físicas y las habilidades perceptuales del organismo humano. Los medios para que se dé la disponibilidad de la presencia en *locales* de colectivos a gran escala son necesariamente diferentes y, por supuesto, generalmente implican solo ciertos rasgos de la disponibilidad de la presencia y de la nación-estado. La oposición región frontal/posterior parece mantenerse principalmente en el nivel de la integración social, donde el establecimiento de *locales* es directamente controlado por el monitoreo reflexivo de la interacción cara a cara. Pero, en algunas ciudades puede suceder algo de una forma menos calculada y que produzca efectos similares, ya que en las sociedades contemporáneas las ciudades constituyen los *locales* fundamentales entre aquellas en las que se da la disponibili-

---

[23] Véase David Lockwood, *The Black-coated Worker* (Londres: Allen and Unwin, 1969), para una discusión en el contexto de cuestiones más amplias sobre teoría de clases.
[24] Véase R. F. Pahl y J. T. Winkler, "The economic elite: theory and practice", en Philip Stanworth y Anthony Giddens, *Elites and Power in British Society* (Cambridge University Press, 1974).

dad de la presencia a corta distancia y la nación-estado. Los barrios marginales de una ciudad, por ejemplo, pueden quedar "escondidos" de las sendas espaciotemporales que utilizan otros que usan la ciudad pero no viven en esas áreas.

El surgimiento de la nación-estado moderna, con sus límites territoriales claramente definidos, ejemplifica la importancia del control del espacio como recurso generador de diferencias de poder. Mucho se ha escrito al respecto; el control del tiempo como recurso en estructuras de dominación ha sido mucho menos estudiado. Uno de los temas de *El capital*, como ya he mencionado, es que el orden económico del capitalismo depende del control exacto del tiempo. El tiempo de trabajo se vuelve un rasgo clave del sistema explotador de la dominación de clases. Hoy el tiempo continúa estando en el centro de toda disputa entre capital y trabajo –prueba de ello es el estudio de tiempos y movimientos, arma de los empleadores, por un lado, y la réplica de los trabajadores que aminoran el ritmo de la producción, por el otro–. Sin embargo, el control del tiempo como recurso empleado en las estructuras de dominación puede ser más significativo históricamente de lo que el propio Marx creía. La invención del calendario parece haber estado estrechamente asociada al surgimiento de la escritura, y ambos, a su vez, estaban ligados a la explotación de las "máquinas humanas" en el antiguo cercano oriente. Mumford sugirió que en los orígenes del capitalismo moderno es el reloj, más que la máquina de vapor, lo que debe considerarse el prototipo de la era de la producción mecanizada. Afirma que la aplicación de métodos cuantitativos al análisis de la naturaleza se manifestó primeramente a través de la cuantificación del tiempo. Las máquinas mecánicas habían existido desde mucho antes de la invención del reloj, objeto en el que encontramos "una nueva clase de máquina mecánica en la que la fuente de energía y su transmisión eran de una naturaleza tal que aseguraba la circulación uniforme de energía durante todos los procesos, y hacía posible una producción regular y un producto estandarizado".[25]

Estabilidad y cambio: Merton y Evans-Pritchard

Ya he discutido que, al reemplazar la oposición sincronía/diacronía por una concepción de estructuración, se le reconoce a la posibilidad de cambio la cualidad de inherente a cada circunstancia de la reproducción social. Pero, claramente no es suficiente dejar las cosas así: es necesario especificar las implicancias. Quienes han empleado una división entre lo sincrónico y lo diacrónico además

---

[25] Lewis Mumford, *Interpretations and Forecasts* (Londres: Secker and Warburg, 1973) p. 272.

han insistido con frecuencia en que cada análisis de estabilidad social también debe *ipso facto* constituir una explicación del cambio. Pero, a menos que se demuestre la forma en que esto habrá de lograrse, este punto no pasa de ser una obviedad. En realidad, la condición para que sea algo más que una banalidad es descartar la distinción entre sincronía y diacronía.

Al defender un programa a favor del funcionalismo en las ciencias sociales, R. K. Merton hizo una distinción –ahora famosa– entre funciones "manifiestas" y "latentes", y sostuvo que le corresponde al análisis social ir más allá de las primeras a fin de descubrir las segundas. Si bien la distinción no es totalmente inequívoca,[26] Merton procuró contrastar los propósitos, o tal vez las razones, que mueven la conducta de los actores con las funciones que, sin ellos saberlo, esa conducta lleva a cabo. En una interpretación de una cuestión social en lo que respecta a sus funciones latentes, *las razones de la sociedad o las necesidades de la sociedad se revelan como discrepantes (y como clara consecuencia, más relevantes) con los propósitos o las razones de los actores que intervienen en la actividad en cuestión.* Por el contrario, en la teoría de la estructuración que he esbozado en los *papers* anteriores, las sociedades o los sistemas sociales carecen totalmente de razones o de necesidades: el error fundamental del funcionalismo consiste en considerar que la identificación de las consecuencias (no buscadas y no previstas) de la acción es una explicación de la existencia (y la persistencia) de esa acción. El hecho de que una cuestión social o práctica social dada cumpla un rol en la reproducción de un sistema social más amplio, donde los actores o cualquier otra persona intervinientes en esa práctica no busquen o no conozcan ese hecho, *no puede explicar por qué le cabe el papel que desempeña*: por qué persiste en calidad de práctica social recurrente.[27]

En cierto modo podemos realmente revertir la distinción hecha por Merton. Aunque para la teoría social estudiar la intervención de las consecuencias no buscadas de la conducta en la reproducción de los sistemas sociales sea indispensable, el único tipo de "funciones" (o "resultados teleológicos") explicativamente significativas para analizar ya sea la estabilidad de la sociedad, o el cambio en ella, *es lo que Merton denominó funciones manifiestas*. En otras palabras, solo cuando los miembros de la sociedad intentan activamente aprovechar los resultados proyectados para las "necesidades sociales" percibidas mediante la aplicación del conocimiento sobre los efectos de la conducta en la reproducción de los sistemas sociales, le corresponde a esa explicación teleológica de la reproducción social algún rol en el análisis social.

---

[26] Véase "Functionalism: après la lutte".

[27] Elster, *Logic and Society*, pp. 121-2. Allí Elster lo demuestra de manera contundente.

Démosle una mirada un poco más atenta a la discusión de Merton sobre las funciones latentes, y para ello tomemos uno de los ejemplos que ofrece: la danza de la lluvia del pueblo Hopi. Merton propone que la distinción entre funciones manifiestas y latentes "contribuye a la interpretación sociológica de muchas prácticas sociales que persisten aunque claramente su propósito manifiesto no se logre". Una táctica tradicional con respecto a tales fenómenos, argumenta Merton, consiste en declararlos meras "supersticiones" o ejemplos de "supervivencia irracional". Cuando un modo dado de conducta social no logra su "propósito ostensible, hay una inclinación a atribuir este fracaso a su falta de inteligencia, simple ignorancia, supervivencia o a la denominada inercia". Quienes participan en los ritos hopi para propiciar la lluvia creen en esas ceremonias. Si no se logra el objetivo y los indios hopi continúan practicando esos ritos, se debe a que son supersticiosos, ignorantes o irracionales. Merton cuestiona que esos "insultos" puedan explicar algo sobre la persistencia de la danza de la lluvia. Pero, el análisis en términos de sus funciones latentes sí puede hacerlo:

> Limitarse al problema de si una función (intencional) manifiesta se produce o no se transforma en un problema, pero no para el sociólogo sino para el meteorólogo. Sin duda, nuestros meteorólogos están de acuerdo en que el ritual no produce lluvia; pero esta no es la cuestión. Simplemente se trata de decir que la ceremonia carece de esta aplicación tecnológica; que no hay coincidencia entre este propósito de la ceremonia y sus resultados reales (…) [Pero] al generar una ocasión periódica en la que los miembros dispersos de un grupo se reúnen para participar de una actividad común, los rituales pueden satisfacer la función latente de reforzar la identidad del grupo. Como indicaron Durkheim y otros hace ya mucho tiempo, estas ceremonias son un medio por el cual a la expresión colectiva se le otorgan los sentimientos que, en un análisis posterior, resultan una fuente primordial de la unión del grupo. De esta forma, es mediante la aplicación sistemática del concepto de función latente que la conducta *evidentemente* irracional puede *en ocasiones* resultar ser definitivamente funcional para el grupo.[28]

Varias cosas son dignas de mención. En primer lugar, no es necesario hacer una lectura muy detallada del pasaje para demostar que la identificación de la "función latente" del ritual hopi realmente no explica nada en absoluto sobre su persistencia (la reserva de que no siempre es posible descubrir las funciones latentes puede ser descartada por irrelevante para las cuestiones que estamos discutiendo aquí). La tesis de que la reunión del grupo para participar de la ceremonia contribuye a promover la unidad de la comunidad ya que da lugar a la expresión de

---

[28] R. K. Merton, *Social Theory and Social Structure* (Glencoe: Free Press, 1963) pp. 64-5. En cursiva en el original.

sentimientos que ayudan a mantener la cohesión en ella identifica *una conse-cuencia no buscada* de la actividad ritual; de ninguna manera explica la persisten-cia de la actividad. O, para ser más exactos, sí lo hace siempre que se postulen las "razones de la sociedad", que no solo trascienden las de sus miembros sino que también provocan una respuesta social clara: la sociedad tiene necesidades que deben ser satisfechas, pero, de alguna forma se las arregla para estimular o man-tener modos funcionalmente apropiados de satisfacer esas necesidades. La úni-ca manera de evitar estas presunciones (¡latentes!) consiste en retroceder hasta alguna clase de principio de supervivencia adaptativa: es decir, que cada socie-dad de esta clase que ha sobrevivido debe forzosamente haber desarrollado al-gún tipo de asamblea como la de la danza de la lluvia. Pero, aun si esto fuese en un sentido general un tipo de argumentación aceptable[29], no debe dejar de ob-servarse que, una vez más, no explica *cómo sucede*, *cómo es* que la danza de la llu-via persiste. Ya que ¿por qué deberían los hopi continuar llevando a cabo esta for-ma "irracional" de actividad? Seguramente Merton está en lo cierto cuando afirma que tildar esta actividad de mera "superstición" o "supervivencia" repre-senta una explicación muy pobre de ella.

En segundo lugar, Merton combina dos asuntos separados, y la verosimilitud de su análisis depende de esta combinación; estos asuntos son la magnitud de *las consecuencias no buscadas de las acciones*, y la *racionalidad de la creencia y de la ac-ción*. Merton específicamente vincula el diagnóstico de las funciones latentes (que he intentado mostrar es, o implica, una reificación: las "razones de la socie-dad") con la investigación de lo que él denomina "patrones sociales aparente-mente irracionales". Su discusión, planteada en términos de funciones mani-fiestas y latentes, en realidad es sorprendentemente semejante al –igualmente renombrado– estudio que hace Evans-Pritchard de los oráculos y de la hechice-ría entre los azande que, sin embargo, se plantea en términos del análisis racional de la creencia.[30] Con respecto a los rituales hopi que propician la lluvia, Merton, al igual que Evans-Pritchard, se pregunta: ¿por qué las personas continúan partici-pando de ciertas actividades sociales cuando sabemos que las creencias vinculadas a ellas son falsas? Existen diferencias interesantes y significativas entre las maneras en que Merton y Evans-Pritchard plantean esta pregunta e intentan contestarla. En tanto Merton plantea la pregunta como sociólogo, concentrado en profundizar las razones o propósitos manifiestos que podrían poseer los hopi para llevar a ca-

---

[29] "Functionalism: après la lutte", pp. 111-12.
[30] E. E. Evans-Pritchard, *Witchcraft, Oracles and Magic among the Azande* (Oxford University Press, 1950); también Bryan Wilson, *Rationality* (Oxford: Blackwell, 1970), y muchas otras contribuciones

bo las ceremonias, Evans-Pritchard interpreta el asunto más desde el punto de vista de un "observador occidental", interesado en la relación entre creencia y acción en un entorno cultural ajeno. Y, mientras Merton intenta formular una respuesta en términos de las consecuencias no buscadas de la actividad (descubrir las "razones de la sociedad" donde las de los actores intervinientes son deficientes), Evans-Pritchard busca una respuesta precisamente en términos de las razones de los actores: procurando demostrar, en efecto, que, después de todo, no son "irracionales".

Bien, el debate sobre la racionalidad de las creencias implica problemas extremadamente difíciles: pero afortunadamente estos no son, en su mayoría, relevantes para el contexto presente. Tanto Merton como Evans-Pritchard dan una buena razón para rechazar tan groseras interpretaciones como las de "superstición" y "supervivencia". Pero –aunque señala la importancia de examinar las consecuencias no buscadas de la acción–, el razonamiento de Merton es decididamente inferior al de Evans-Pritchard. Ya que, de hecho, Merton no muestra por qué persiste el ritual de la lluvia. Evans-Pritchad sí demuestra por qué es erróneo hablar de la hechicería azande en términos tales como "superstición" o "supervivencia irracional": precisamente porque los azande tienen buenas razones para actuar de la manera en que lo hacen en el contexto de sus creencias tradicionalmente establecidas. La relevancia sociológica del análisis de Evans-Pritchard ha sido parcialmente eclipsada por las controversias filosóficas más amplias que ha generado. Su explicación ofrece una base para comprender cómo se produce la reproducción social estable que resulta mucho mejor que el diagnóstico que hace Merton de las funciones latentes del ceremonial. Como he dicho anteriormente, debemos revertir la perspectiva de Merton: la tarea de rastrear las regularidades en las consecuencias no buscadas de la acción debe estar precedida por la investigación de cómo se reproducen las prácticas en cuestión, lo que debe ser hecho en términos más cercanos a los de Evans-Pritchard que a los de Merton. Afirmar esto, vale la pena volver a acentuar, no es negar la importancia de las consecuencias no buscadas en la reproducción social, sino más bien sostener que se trata de una medida ilegítima que, al traducir tales consecuencias en "funciones", afirma haber explicado la persistencia o la estabilidad de prácticas sociales dadas. Vale señalar que la discusión de Merton sobre el ritual hopi, aún si breve, no dirige su atención en absoluto a ningún material relacionado con el *contexto de la participación* en el ritual. Hace referencia al "propósito" de la danza de la lluvia, propósito que consiste en producir lluvia: luego esto es rechazado por irracional, debido a que las creencias en la que se basa son falsas. Pero, aparte de la relevancia anteriormente mencionada de las argumentaciones de Evans-Pritchard al respecto, deberíamos destacar que las razones/propósitos que poseen los hopi para la participación continuada en el ritual no son necesariamente idénticas a su "carácter público", o a lo que sucede en la región frontal. El escepticismo no es desconocido para las culturas tradicionales. No podemos siquiera suponer que los analistas sociales fueron los primeros en vislumbrar los efectos de un ritual en la integración del grupo. Por el contrario, parece más probable que los líderes religiosos, y hasta tal vez los participantes legos, con frecuencia hayan sido conscientes del fenómeno, y hayan procurado cultivarlo.

El cambio social y la toría de la estructuración

Carece de mayor sentido buscar una teoría general de la estabilidad y el cambio en los sistemas sociales, por cuanto existen enormes variaciones entre las condiciones de la reproducción social según el tipo de sociedad. En la sección que sigue me concentraré en los problemas de análisis del cambio social en las sociedades avanzadas industrializadas; pero, en este momento solo deseo indicar algunas consideraciones generales por las que estos problemas pueden ser vinculados a las concepciones de estructura y agencia que he formulado previamente y que derivan de los comentarios críticos que he expresado sobre la diferenciación que hace Merton de las funciones manifiestas y latentes.

Es importante observar que la explicación de Merton resulta deficiente no solo debido a dificultades con respecto a la noción de funciones latentes, sino debido a que le presta tan poca atención a las "funciones manifiestas". De hecho, dice muy poco sobre las funciones manifiestas, y evidentemente las identifica con los propósitos de un planteo social o forma de práctica social dados. En su preocupación por "actuar a espaldas de" quienes participan de las actividades que son objeto de estudio, Merton virtualmente no se dedica a analizar la manera en que la persistencia de las prácticas sociales se relaciona con aquello que he llamado racionalización de la conducta. Es por esto que, cuando se la compara con la discusión de Merton, la obra de Evans-Pritchard es esclarecedora. La explicación de este último puede ser considerada una demostración de la necesidad de comprender la racionalización de la conducta *in situ* explicando la continuidad de las formas institucionales. Pero, en tanto que la obra de Evans-Pritchard complementa la de Merton en este sentido, lo que el primero no hace (tampoco era su objetivo) es examinar las consecuencias no buscadas de la participación en las prácticas que analiza en busca de otros aspectos de la sociedad más amplia de la que son parte.

Lo dicho sugiere que, al interpretar las relaciones entre la reproducción social, la establidad y el cambio en sistemas sociales, debemos conectar dos modos de análisis. Primero, debemos demostrar cómo se reproducen las prácticas definidas en el contexto de la racionalización de la acción: cómo la penetración de los actores en las instituciones que ellos reproducen en sus prácticas, y a través de ellas, hace posible la reproducción de esas prácticas. Esto necesariamente implica la aplicación del teorema que he destacado en *papers* anteriores: que todos los actores sociales poseen un conocimiento extenso sobre lo que hacen durante los procesos de interacción; y, no obstante a la vez hay mucho que desconocen sobre las condiciones y las consecuencias de sus actividades, pero que sin embargo influyen su curso. Segundo, debemos investigar los efectos del "escape" de actividad de las intenciones de sus iniciadores sobre la reproducción de las prácticas, mediante procesos que vinculan a las prácticas en cuestión con otros rasgos de sistemas sociales más amplios de los que son parte. A estos se los puede investigar provechosamente en función de los tres niveles de sistemidad ya esbozados –el tercero de los cuales, la autorregulación reflexiva, se reconecta de manera directa con la racionalización de la conducta en las prácticas, ya que aquí la conducta es guiada por una percepción del funcionamiento de los principios de retroalimentación–. Como ya he sugerido anteriormente, este es el sentido más exacto que se le puede dar a la "función manifiesta" de Merton: ya que aquí la naturaleza intencional de la conducta, o su monitoreo reflexivo, incorpora la percepción de las consecuencias de la conducta en la reproducción del sistema. Vale señalar que mucho depende de *quién posee esa percepción*, algo que no surge de la discusión de Merton, que no se ocupa del asunto de *para quién* son manifiestas las "funciones manifiestas". Si en el caso de las ceremonias religiosas los líderes profesionales tienen más posibilidades de conocer las "funciones latentes" (latentes para otros) de su ritual que los participante legos, no resulta difícil comprobar que posiblemente esto refuerce el poder de esos líderes sobre esos participantes.

Reproducción y rutinización

Debido a que he discutido los tres niveles de la reproducción de los sistemas en un *paper* anterior, en este momento me concentraré en la próxima reproducción de las prácticas. He sostenido que la racionalización de la conducta es un rasgo universal de la interacción social humana. La racionalización de la conducta humana siempre opera en el contexto de la dualidad de la estructura, a través del cual se logra el ordenamiento recursivo de la vida social. El verdadero *locus* del "problema del orden" es el problema de cómo la dualidad de la estructura opera en la vida social; de cómo se logra la *continuidad de la forma* en el comportamiento cotidiano de la actividad social. Para examinar la relación entre estabilidad y cambio en la sociedad, el término "continuidad" es en realidad más útil que palabras como "persistencia", puesto que las continuidades existen a lo largo de las fases más radicales y profundas de la transformación social (excepto, tal vez, el caso límite del exterminio físico masivo de los miembros de una sociedad). Es solo mediante esas continuidades que nociones tales como "revolución" adquieren significado y aplicación tanto para quienes participan en procesos de cambio revolucionario como para los observadores históricos o sociológicos que aspiran a caracterizarlos o interpretarlos. No debe permitirse que la importancia actual de las concepciones discontinuistas en las ciencias sociales y en la filosofía oblitere las continuidades que hacen posible a la discontinuidad. En parte, la popularidad contemporánea de las nociones discontinuistas representa una bienvenida reacción contra el "evolucionismo progresivo" en varias esferas; pero, en ciertas versiones por lo menos, las concepciones discontinuistas aún operan en el contexto de una visión estática a las que estas son contrapuestas en calidad de crítica. Si verdaderamente comprendemos la naturaleza temporal de toda actividad social, estamos en condiciones de observar que ni el par estabilidad/cambio, ni el par continuidad/discontinuidad expresa polaridades mutuamente excluyentes. Los sistemas sociales solo existen a través de su continua estructuración en el curso del tiempo: como he dicho anteriormente, en el análisis social no hay espacio para el término des-estructuración.

Parsons –y la mayoría de sus adversarios– ven el "problema del orden" principalmente como un problema de *cumplimiento*: de cómo los individuos llegan a adherir a las demandas normativas de los grupos sociales de los que son miembros. Pero, parafrasear el "problema del orden" como continuidad dentro de la discontinuidad da inicio a una cuestión más básica en teoría social; y, sostengo, ofrece una visión de la relación entre motivación y normas diferente de la visión desarrollada por Parsons.

Las perspectivas de Parsons y de Althusser, tratadas como formas diferentes de "objetivismo", han sido criticadas por Bourdieu desde un punto de vista que en algunos aspectos se asemeja al que deseo sugerir aquí. Lo que he denominado dualidad de la estructura, Bourdieu lo describe de la siguiente manera: debemos comprender, afirma, que "las estructuras objetivas son en sí mismas producto de prácticas históricas y constantemente son reproducidas y transformadas por prácticas históricas cuyo principio productivo es el producto mismo de las estructuras que tiende a reproducir en consecuencia".[31] Para expresar este trabalenguas más brevemente: la vida social es inherentemente recursiva. En lugar de la conexión parsoniana entre los valores estándar y la motivación, Bourdieu introduce su noción del *habitus*. Con este último concepto, el autor parece querer referirse a los hábitos compartidos por un grupo o por una comunidad de actores.

Ahora bien, señalar la relevancia del hábito sugiere algo potencialmente significativo y que en cierto sentido es casi contrario al tipo de postura adoptada por Parsons. El "hábito" o la "convención" involucran actividades o aspectos de actividades *relativamente no motivadas*. En tanto el abordaje parsoniano del "problema del orden" se basa en el supuesto de que los rasgos más centrales de la actividad social son a la vez los más fuertemente motivados (a través de la internalización de valores como componentes motivadores de la personalidad), deseo sugerir que lo que sucede es, en cambio, lo contrario. Es decir, gran parte de los elementos más profundamente sedimentados de la conducta social son cognitivamente (no necesariamente de manera consciente, en el sentido de "disponibilidad discursiva") establecidos, más que fundados en "motivos" definidos que impulsan a la acción; *su continuidad está asegurada a través de la reproducción social*. Esta última frase suena tautológica, pero no lo es si se la explica adecuadamente.

La inteligibilidad mutua de los actos y del discurso, lograda en el lenguaje y a través de él, tal vez sea la condición más básica de la interacción sostenida. Sin embargo, la reproducción del lenguaje, como condición y resultado de la producción de actos de habla o de otras formas de comunicación, *no es un fenómeno motivado*. Aquí la argumentación debe ser comprendida claramente. Por supuesto, hablar una lengua, y por lo tanto reproducirla, no carece de relación con las necesidades de su hablante, y es, en parte, un medio para su realización. Así, cualquiera que hable una lengua tiene un interés en la reproducción de esa lengua; pero, generalmente asegurar esa reproducción no es una fuerza motivadora entre esos hablantes de la lengua (sí puede llegar a serlo, por ejemplo, en el caso de una comunidad a cuyos miembros les preocupa mantener viva una lengua amenazada con la extinción).

Ahora bien, si hemos de aceptar esta perspectiva, la rutina ocupa un lugar muy importante en la reproducción de las prácticas. La acción rutinaria es acción fuertemente saturada por "lo que se da por sentado" –donde los etnométodos, independientemente de cuánto impliquen un trabajo de atención reflexiva, habituados a generar interacción a lo largo del tiempo, son aceptados tácitamente por las partes involucradas en esa interacción–. La relación entre la rutina y la moti-

---

[31] Pierre Bourdieu, *Outline of a Theory of Practice* (Cambridge University Press, 1977) p. 83.

vación se ajusta a la que he delineado en el análisis de situaciones críticas. De acuerdo con el modelo estratificado del agente aludido previamente, las necesidades de los actores permanecen arraigadas a un sistema básico de seguridad, fundamentalmente inconsciente y constituido durante los primeros años de vida. Puede considerarse que la formación inicial del sistema básico de seguridad involucra modalidades de manejo de la tensión, en el marco de las cuales el niño se "proyecta hacia el exterior", hacia el mundo social, y se crean las bases de la identidad del yo. Parece plausible sugerir que estas formas profundas de manejo de la tensión (principalmente reducción y control de la ansiedad) son más efectivas cuando un individuo experimenta lo que Laing llama seguridad ontológica. *Cuanto más efectivas son, menos molestas resultan* a la hora de influir sobre el monitoreo reflexivo de la conducta por parte del actor. Puede considerarse que la seguridad ontológica depende de la fe implícita de los actores en las convenciones (códigos de significación y formas de regulación normativa) a través de las que, en la dualidad de la estructura, se efectúa la reproducción de la vida social. En la mayoría de la circunstancias de la vida social, el sentido de la seguridad ontológica está rutinariamente basado en el conocimiento mutuo empleado de forma tal que la interacción resulta "no problemática", o puede "darse mayormente por sentada".

No es difícil ver por qué debería existir una relación estrecha entre la conservación de la seguridad ontológica y la naturaleza rutinizada de la vida social. Donde prevalece la rutina, la racionalización de la conducta fácilmente une el sistema de seguridad básico del actor con las convenciones existentes a las que se recurre en la interacción en carácter de conocimiento mutuo. Es por esto que, en circunstancias sociales rutinizadas, los actores rara vez son capaces de explicar la conducta que se ajusta a la convención, ni sienten la necesidad de hacerlo, en respuesta a las preguntas que se hacen unos a otros en el curso de la actividad social.

Si la rutina es un rasgo tan importante para la continuidad de la preproducción social, podemos abordar una explicación de las fuentes y de la naturaleza del cambio social en las sociedades industrializadas mediante el intento de indicar las condiciones bajo las que se sostiene o se disloca la naturaleza rutinizada de la interacción social. La rutina es más fuerte cuando es sancionada, o santificada, por la tradición: cuando se invoca al "tiempo reversible" al conectar pasado y presente en la reproducción social. Aunque con frecuencia la locución "sociedad tradicional" pueda utilizarse como un paraguas para cubrir cualquier tipo de sociedad salvo aquellas que se han industrializado en forma sustancial, claramente el dominio de la tradición tiene las mayores posibilidades de ser más fuerte en las sociedades más pequeñas y aisladas —en esos tipos de sociedad que virtualmente hoy ya han desaparecido de la faz de la tierra—. La locución "sociedad tradicional" puede resultar doblemente engañosa por cuanto la influencia de la tradición nunca se evapora totalmente, aun en las sociedades contemporáneas más móviles y fluidas.

Por supuesto, el cambio no escasea ni siquiera en aquellas sociedades fuertemente encerradas tras el cerrojo de la tradición. Pero, dentro de esas sociedades, solo parecen darse dos grandes clases de cambio. Una podría llamarse *incremental*: un cambio que se produce como resultado no buscado de la reproducción misma. Tal vez en este caso la instancia prototípica sea el cambio lingüístico. Cada instancia en el uso del lenguaje constituye una potencial modificación de ese lenguaje mientras actúa para reproducirlo. El ejemplo del lenguaje también muestra que el cambio incremental sucede en todo tipo de sociedades. Porque aunque el ritmo de mutación de las lenguas en occidente desde el siglo XVIII no tiene precedentes,[32] e incluye la proliferación de neologismos construidos deliberadamente, la mayor parte del cambio lingüístico se produce lentamente por cuanto afecta la organización general del lenguaje. Además del cambio paulatino, puede suponerse que toda otra fuente de cambio en sociedades frías dominadas por la tradición emana del impacto externo de influencias que actúan para producir la desrutinización: los efectos de las transmutaciones ecológicas drásticas, de los desastres naturales, de la creación de relaciones de dependencia o de conflicto con sociedades con composiciones culturales diferentes. Esto no sucede con sociedades más grandes en las que ya ha hecho su aparición la dominación étnica u otras formas de dominación sectorial. Sin embargo, sería erróneo suponer que esto simplemente introduce nuevas fuentes internas de desrutinización potencial, mediante la influencia de conflictos étnicos o de clases, aunque este es precisamente el caso; porque también suele coincidir con la desintegración de diferenciaciones fácilmente percibidas entre lo que es "interno" en una sociedad y lo que es "externo" a ella –aun cuando sea tan necesario como siempre percibir esas diferenciaciones (como sostendré más adelante)–.

Hasta el momento he utilizado el término "desrutinización" sin aclarar su significado, cosa que es necesario hacer a fin de discutir sobre problemas de cambio social en relación con las sociedades industrializadas. Con el término "desrutinización" me refiero a cualquier influencia que actúe para contrarrestar el dominio de la naturaleza "dada por sentada" en la interacción cotidiana. La rutina está estrechamente vinculada a la tradición de la misma forma en que la tradición "avala" la continuidad de prácticas en el transcurso del tiempo. Toda influencia que corrompe o cuestiona prácticas tradicionales conlleva la posibilidad de ace-

---

[32] Véase Raymond Williams, *Keywords* (Londres: Fontana, 1976).

lerar el cambio. Pero, podemos separar –por lo menos en forma analítica– tres tipos de circunstancias en las que un conjunto existente de prácticas tradicionales puede resultar socavado; estos tipos de circunstancias pueden colocarse en orden ascendente en función de su potencial para estimular el cambio social. En primer lugar, se encuentran esos tipos de circunstancias mencionados anteriormente, que actúan externamente en las sociedades frías. Ni el impacto de los acontecimientos naturales ni el choque con otras sociedades (si pertenecen al mismo tipo) ponen en tela de juicio amplios aspectos de la tradición; más bien puede decirse que ciertas prácticas tradicionales son reemplazadas por otras. No se trata del debilitamiento de los modos tradicionales de creencia y de comportamiento como tales, sino del reemplazo de ciertas prácticas tradicionales por otras prácticas tradicionales. No es lo que sucede con el segundo tipo de circunstancias que es posible distinguir, que es donde surgen "interpretaciones" divergentes de las normas establecidas: ya he hecho mención a la importancia de la alfabetización en esta cuestión. El choque de interpretaciones divergentes de la tradición ya cuestiona el dominio de la tradición misma, pero solo mediante el reemplazo de la "tradición" por las "tradiciones": sin embargo, esto evidentemente es un elemento básico en el surgimiento de los movimientos sociales con mayor potencial transformador.

El tercer tipo de circunstancia, realmente específico del occidente moderno, implica el rechazo de la tradición como tal como forma de legitimación, y proporcionalmente es la fuente potencial más profunda de la desrutinización. No se trata simplemente de una cuestión de desilusión en el sentido weberiano, independientemente de cuánto esa desilusión pueda contribuir a disolver el dominio de la tradición. Encontramos su expresión más aguda en el ascenso de la historicidad como modo de conciencia histórica: la movilización activa de formas sociales en busca de su propia transformación. Cualquiera sea la naturaleza exacta de la relación involucrada, no hay duda de que en este sentido el triunfo de la historicidad acompaña el ascenso del capitalismo moderno.[33] La era del capitalismo moderno es la era que marca el dominio de dos tipos claramente diferenciados de colectivo: la *organización* "legal-racional" y el *movimiento social secular*. Si nos reservamos un sentido técnico especial para el término "organización", podemos emplearlo para referirnos a colectivos establecidos como resultado de la innovación social consciente, o cuya forma está fuertemente influida por esa innovación. El concepto weberiano de "rutinización", estrechamente vinculado

---

[33] Si se desea consultar una visión bastante diferente de estas cuestiones, y una variante del uso del término "historicidad", ver Alain Touraine, *The Self-production of Society*.

con el análisis de Weber tanto del *traditionale Herrschaft*[34] como de la burocracia, puede resultar bastante engañoso en este aspecto. Porque aunque la regulación burocrática es innegablemente una forma fundamental de rutinización de la conducta en la sociedad contemporánea, tal énfasis podría tentarnos a olvidar hasta qué punto aún las organizaciones fuertemente burocratizadas son crónicamente innovadoras cuando se las compara con tipos más tradicionales de grupos o comunidades. Corresponde agregar un comentario bastante similar con respecto a la formulación de Weber de la naturaleza de los movimientos carismáticos. Si bien, de acuerdo con el uso que le da Weber al término, el "carisma" captura adecuadamente el potencial desrutinizador de los movimientos sociales, no resulta particularmente útil cuando se trata de destacar las diferencias entre movimientos que surgen en el segundo nivel de des-rutinización mencionado anteriormente, y aquellos que son distintivos de la era contemporánea.

Crítica de los modelos de cambio desplegados

Cualquier intento de comprender los parámetros de cambio en la era moderna debe, por supuesto, reconocer la relevancia básica de lo que he referido anteriormente como la expansión de los sistemas sociales en espacio y en tiempo; la historicidad y la desrutinización son elementos esenciales de esa expansión. La conciencia de la historia como progresión de cambio, más que como la constante re-presentación de la tradición, como también la disponibilidad de "ejemplares" ubicados en forma diferente en el tiempo o en el espacio para procesos vigentes de transformación, básicamente alteran las condiciones generales de la reproducción social en las sociedades contemporáneas. Como dice E. H. Carr, "Una de las razones por las cuales la historia rara vez se repite a sí misma es que en la segunda representación los *dramatis personae* tienen un conocimiento previo del *dénouement*"[35][36] (o, como lo expresa Marx, aquellos que no logran aprender de la historia la repiten y suelen transformar la tragedia en farsa).

Con estas consideracines en mente, ofreceré algunos comentarios críticos en torno de las concepciones sobre cambio social que hasta el momento han sido dominantes en las ciencias sociales. Como he intentado demostrar en otra obra,[37] es-

---

[34] "Dominación tradicional" (N. de la T.).

[35] "Desenlace" (N. de la T.).

[36] E. H. Carr, *A History of Soviet Russia*, Vol. 1 (Londres: Macmillan, 1969) p. 88.

[37] *Studies in Social and Political Theory*, pp. 14ss. "Classical social theory and the origins of modern sociology", en *American Journal of Sociology*.

tas concepciones habitualmente han estado fuertemente influidas por el contexto de su origen: las transformaciones económicas y políticas experimentadas por las sociedades europeas occidentales entre finales del siglo XVIII y principios del siglo XX. Tanto el marxismo clásico como lo que, sostengo, fue su contraparte en el pensamiento del siglo XIX, la teoría de la sociedad industrial, fueron profundamente influidos por aspectos de la experiencia europea que en cierta medida resultaron ser específicos de esa experiencia, y que ya no poseen la misma relevancia para los procesos de cambio de la actualidad. El siglo XIX y principios del XX en Europa occidental marcaron un período en el que la revolución económica y la revolución política parecían muy estrechamente ligadas, y en el que el desarrollo económico aparecía como condición que estimulaba la transmutación política. La transferencia de la masa de la población de un entorno agrario hacia uno de corte urbano-industrial parecía suceder como proceso progresivo interno en naciones-estado ya establecidas. Tanto en las obras de Marx como en las de muchos pensadores evolucionistas liberales se dan lagunas similares: subestimación de la relevancia del estado en el desarrollo económico y del poder militar como fuerza coercitiva, y concentración en procesos internos de cambio. Marx ciertamente comprendía el impacto mundial histórico del capitalismo occidental, su impulso incansable hacia la expansión y su efecto corrosivo en las culturas tradicionales. Así, en parte, fue capaz de romper con lo que yo denomino "modelo desplegado" de cambio social. Un modelo desplegado trata al cambio social como *el surgimiento progresivo de rasgos que se supone que un tipo particular de sociedad posee dentro de sí desde su origen*. Una concepción así resulta especialmente clara entre quienes han pensado el cambio social en función de alguna suerte de analogía biológica, donde la "maduración" de la sociedad es similar al crecimiento de un organismo. En el funcionalismo contemporáneo, donde las analogías biológicas directas han pasado de moda, los principales modelos desplegados son típicamente presentados en términos de la diferenciación de funciones: se analiza el cambio social, y este implica la diferenciación funcional progresiva de las instituciones. Estos tipos de concepción, en contraste con la de Marx y con la de algunos marxistas posteriores, suelen considerar al desarrollo social como un proceso unificado, donde la diferenciación de instituciones se produce de manera coordinada, como partes de un cuerpo en crecimiento.

Para rechazar un modelo desplegado de cambio no es necesario en absoluto, como afirma Nisbet,[38] abandonar cualquier discusión sobre términos tales como

---

[38] Véanse las críticas de Nisbet sobre las metáforas del crecimiento, vinculadas a la "causación inmanente, continuidad, diferenciación, necesidad y uniformitarismo [sic]". Robert A. Nisbet, *Social Change and History* (Nueva York: Oxford University Press, 1969) p. 251 y *passim*.

"desarrollo". Aún menos, cuando nos referimos al mundo contemporáneo, implica adoptar la postura (como lo hace Nisbet, siguiendo a Teggart) según la cual el cambio social de cierto nivel de significatividad solo deriva de la intromisión de "acontecimientos externos" en las sociedades o en las culturas. Tal es, más bien, el caso de sociedades en las que la tradición es dominante en la reproducción social, aunque aun allí podemos reconocer la influencia del cambio incremental. Pero, claramente ya no lo es, una vez que la historicidad y la desrutinización se han vuelto muy avanzadas. El capitalismo industrial no solo disloca y absorbe otras formas sociales; opera mediante la mutación económica crónica y la innovación tecnológica, que ciertamente se encuentran en el centro de esa "incansable expansión" que Marx identificó, y cuyos orígenes diagnosticó en el proceso de acumulación. Si los modelos desplegados se concentran en las influencias endógenas dentro de las sociedades o tipos postulados de sociedad, las interpretaciones "exógenas", como la de Nisbet, son aún, y de una manera extraña, capaces tanto de tratar a las sociedades como sistemas cerrados internamente (hasta que los perturbe la influencia externa) como de dejar sin explicación las fuentes de las "intromisiones externas" sobre las que se coloca el peso de su énfasis. Los acontecimientos o episodios mencionados por Nisbet como fenómenos externos ("invasiones, migraciones, apertura de nuevas rutas comerciales, guerras, exploraciones") son obviamente "internos" si consideramos aquellas sociedades en las que se originan esos episodios, más que aquellas en las que estas producen su impacto.

Es probable que estas deficiencias conceptuales provengan de dos fuentes. Una de ellas es la tendencia a tratar a las sociedades como totalidades unificadas: en este aspecto, como así también en la tendencia a considerarlas cerradas, las concepciones exógenas se asemejan a los modelos desplegados a los que, en otros aspectos, se oponen.[39] Sin embargo, si consideramos que las sociedades implican relaciones de autonomía y de dependencia entre grupos que existen en varias formas de conflicto o tensión entre sí, podemos reconocer divisiones en la parte "interna" que en algunos aspectos pueden ser tan pronunciadas como aquellas que separan lo que está "afuera". La segunda deficiencia es expresión de algo que he destacado previamente: el no poder teorizar el espacio como parte integral del análisis social. Las palabras "adentro" y "afuera" son de naturaleza obviamente espacial, pero en la literatura generalmente se las aplica solo de manera vaga y, en cierto sentido, de forma más metafórica de lo necesario. Todos los episodios men-

---

[39] Si se desea una discusión relevante, véase Herminio Martins, "Time and theory in sociology", en John Rex, *Approaches to Sociology* (Londres: Routledge, 1974).

cionados en la cita anterior de Nisbet implican transición en el espacio físico; los perpetradores llegan desde afuera de la sociedad o sociedades que sienten su impacto, en un sentido de "afuera" directamente espacial (aunque también debería advertirse que la mayoría de esos episodios también pueden suceder "adentro"). Por lo tanto, estos episodios siempre involucran movimientos de grupos o de poblaciones tanto desde un lugar como hacia él: si reconocemos los atributos espaciales de tales "intromisiones internas", probablemente no podamos hacer foco en el "resultado final" de su impacto, sino que los veremos, más bien, (adaptando una frase de Hägerstrand) *como sendas espaciotemporales que involucran colectivos más que individuos.*

Pero, tal vez exista un aspecto del segundo punto más importante que este, por lo menos en relación con el mundo contemporáneo. Se trata de la relevancia del control del espacio, en tanto territorio fijo y delimitado, por parte de la nación-estado. En buena parte de la literatura sociológica resulta sobradamente visible que el término "sociedad" se utiliza como equivalente de nación-estado. Lo que le da su justificación, y lo que hace necesario que continuemos refiriéndonos a acontecimientos "dentro" y "fuera" de las sociedades, es la coincidencia de límites territoriales con la centralización administrativa. Las sociedades industrializadas no son totalidades unificadas en el sentido supuesto por los modelos desplegados; pero, ciertamente tienen fronteras definidas que unen lo social con lo espacial en el marco del sistema político-militar de la nación-estado.

El cambio social en la sociedad contemporánea

A continuación mencionaré algunas nociones que ameritan que se les dé protagonismo para asegurar un abordaje satisfactorio de los problemas de cambio social en el mundo contemporáneo.[40]

1. Relaciones de autonomía y de dependencia entre sociedades o naciones-estado. En un nivel abstracto, se trata simplemente de otra generalización de lo que he sostenido es característico de todo sistema social: que están constituidos por relaciones regularizadas de autonomía y de dependencia (relaciones de poder). Si hemos de reconocer que la territorialidad de la nación-estado es la base más significativa para dividir las fuentes de cambio entre endógenas y exógenas, no hay dificultad en reconocer que, a la vez, existen relaciones de autonomía y de

---

[40] *Studies in Social and Political Theory*, pp. 19-20.

dependencia que escapan a sus garras: los colectivos nominalmente internos de estados que tal vez se encuentran más estrechamente integrados a redes transnacionales (la gigantesca corporación transnacional es la instancia contemporánea más importante).

En un nivel más sustantivo las relaciones de autonomía y de dependencia entre naciones-estado deben comprenderse en el contexto de la formación de la economía mundial capitalista. En *La estructura de clases en las sociedades avanzadas*, argumenté que la estructura de clases de las sociedades capitalistas industriales es la expresión de una alineación clara de la economía y la política en la que (de varias maneras posibles y diferentes en circunstancias particulares) a los rasgos más relevantes de la organización económica se los mantiene "aislados" de las operaciones de la entidad política, y viceversa.[41] Estimo razonable afirmar que la contraparte de esto con referencia a las relaciones internacionales en el marco de la economía mundial, y en gran parte uno de sus pilares, es la existencia de formas similares de "aislamiento" *que operan externa tanto como internamente*. De hecho, es este el cuerpo principal de la interpretación que hace Wallerstein del ascenso de la economía mundial europea desde finales del siglo XV en adelante. Wallerstein sostiene que la economía mundial iniciada por el surgimiento y la propagación del capitalismo occidental difiere en forma muy básica de imperios precedentes. En estos últimos, las conexiones entre el centro metropolitano y sus regiones subordinadas eran mayormente relaciones políticas y económicas administradas por una burocracia recaudadora de impuestos. En la economía mundial capitalista las amplias conexiones son esencialmente económicas mientras que las decisiones políticas están fundamentalmente confinadas a aquellas áreas en las que la nación-estado ejerce el monopolio del control legal y el control sobre los medios de la violencia. Como lo expresa Wallerstein, "el capitalismo como modalidad económica se basa en el hecho de que los factores económicos operan en un ámbito más vasto que aquel que puede ser controlado totalmente por una sociedad política".[42] Es posible aceptar esta tesis sin renunciar a la totalidad del análisis de Wallerstein: ya que Wallerstein, al igual que Nisbet pero de una forma muy diferente, suele sobrevalorar la influencia de la organización externa de la economía mundial en detrimento de los componentes "internos" del proceso de acumulación capitalista.[43]

---

[41] *The Class Structure of the Advanced Societies.*

[42] Immanuel Wallerstein, *The Modern World-system* (Nueva York: Academic Press, 1974) p. 348.

[43] Si se busca una crítica al respecto, ver Robert Brenner, "The origins of capitalist development: a critique of neo-Smithian Marxism", en *New Left Review*, núm. 104 (julio-agosto, 1977).

También debería señalarse que hoy no vivimos simplemente en una economía *mundial*, sino en un *orden militar mundial*, en el sentido de que el equilibrio del poderío militar entre los dos bloques dominantes –y las diversas formas de asistencia militar directa o encubierta que se le da a estados organizados y a movimientos insurgentes– constituye una influencia crucial sobre el cambio en todas partes del mundo.

2. Desarrollo desigual de diferentes sectores o regiones de sistemas sociales. Es este otro sentido en el que podemos rastrear sendas espaciotemporales de desarrollo, tanto dentro de naciones-estado como dentro de las relaciones de autonomía y de dependencia entre ellas. Como he señalado antes, la prevalencia de modelos desplegados de cambio en teoría social en cierto sentido expresa peculiaridades en el desarrollo de las sociedades europeas occidentales en el siglo XIX, especialmente la sociedad británica. Esos elementos de un modelo desplegado que es posible percibir en Marx (el surgimiento progresivo de condiciones que favorecen el cambio revolucionario mediante la concentración de enormes masas de trabajadores en fábricas y vecindarios urbanos; el relativo empobrecimiento de un proletariado en constante crecimiento; y la formación de sindicatos de trabajadores militantes y de asociaciones políticas finalmente destinadas a asumir el poder político) se apoyan fuertemente en el ejemplo británico, o en una interpretación de este. Sin embargo, Marx también tenía una "segunda teoría de la revolución" no desvinculada de la primera sino solo ambiguamente reconciliada con ella,[44] que anticipa una concepción de desarrollo desigual, que luego ampliarían Trotsky y Lenin. Esta "segunda teoría" implica la idea de que las condiciones que dan inicio a la transformación revolucionaria habrán de encontrarse en la conjunción de lo retrasado y lo adelantado: la clase de situación explosiva que Marx presintió se daría en Alemania a finales de la década de 1840, y en Rusia unos treinta años más tarde. Pero, por supuesto, el desarrollo desigual no se limita a esas circunstancias dramáticas, aunque no puede haber duda de que las concepciones de desarrollo desigual son básicas para explicar las revoluciones políticas en los tiempos modernos: tanto con respecto al desarrollo interno de las naciones-estado como, a nivel global, con respecto a la confrontación entre las sociedades industrialmente avanzadas y el "tercer mundo".

En cada uno de esos niveles es posible expresar una concepción de desarrollo desigual en sendas espaciotemporales, por cuanto la noción implica tanto velocidades de cambio diferenciales en formas económicas y políticas como su ubicación en diferentes regiones. Hablar de "regiones", en su sentido cotidiano, pa-

---

[44] Véase *The Class Structure of the Advanced Societies*, pp. 38-40.

rece a primera vista ser poco relevante para la teoría social, por ser este término tan común y tan general. Pero, ya he destacado su utilidad en el ámbito de la interacción cara a cara, y también se lo puede aplicar en una escala mayor. Puede afirmarse que existen tres divisiones básicas que centran el cisma y la cohesión en el mundo contemporáneo: *clases, diferenciación étnica y reclamos territoriales*. Cada uno tiende a estar regionalizado en el tiempo y en el espacio. Ya he mencionado que típicamente las divisiones en clases son regionalizadas: en términos de sectores regionales a gran escala y de la distribución de vecindarios en áreas urbanas. Pero, además, las regiones dentro de las sociedades son poseedoras de significancia cultural o étnica, que puede tanto trascender como promover las divisiones en clases. En función de las relaciones entre naciones-estado, la influencia de los modos y los ritmos regionales diferenciales de desarrollo se expresa mediante el hecho de que el término "occidente" –salvo por Japón– aún puede emplearse como más o menos equivalente a "sociedades capitalistas avanzadas". La prevalencia de los modelos desplegados de cambio, como he sugerido, refleja un etnocentrismo que generaliza a partir del (de dudosas interpretaciones del) dominio político, económico y militar que ha logrado ejercer occidente sobre el resto del mundo. Resulta significativo que las ideas que vinculan directamente relaciones de autonomía y de dependencia con desarrollo desigual regionalizado hayan emanado principalmente de áreas sujetas a ese dominio. Algunas de estas ideas, que provienen de la periferia, han permanecido en la periferia de la teoría social como un todo: pero, deberían ser llevadas a su centro. El concepto de colonialismo interno, por ejemplo, como lo originó Casanova, ha sido objeto de innumerables críticas, pero si se lo corrige debidamente puede resultar esclarecedor cuando se lo aplica tanto a las sociedades industrializadas como a otras. Más aún, podemos ver fácilmente que el interés por vincular las relaciones de autonomía y de dependencia nacionales con el desarrollo desigual no debería limitarse a los lazos entre las sociedades económicamente avanzadas y las "subdesarrolladas". A modo de ejemplo, podemos destacar el caso de los países mediterráneos como España o Grecia. Estos países no son "subdesarrollados" en el sentido habitual del término, pero tampoco son tan completamente industrializados como sus vecinos del norte. Algunas de sus características se deben a su proximidad espacial a los centros metropolitanos del capitalismo avanzado, que producen un impacto directo en ellos, impacto del que carecen otras sociedades más remotas de esos centros.

3. Fases críticas de cambio social radical en las que se transforma el alineamiento existente de las principales instituciones en una sociedad, independientemente de que esto implique o no procesos de revolución política. Esta es una

cuestión tanto metodológica como sustantiva. Contiene aspectos metodológicos por cuanto sugiere la relevancia que tiene para la teoría del cambio social lo que algunos autores han denominado estudios episódicos, que se concentran en secuencias de cambio a mediano plazo, pero con consecuencias de largo alcance para la sociedad o región en cuestión.[45] En el mundo moderno, resultan obvia e incómodamente significativos cuatro tipos de estos episodios, combinables de diferentes formas: (a) procesos rápidos de industrialización, independientemente de cómo se inicien; (b) revolución política, entendida no solo como conjunto de elementos inmediatos implicados en la conquista o en la transferencia del poder, sino como fenómeno que se extiende a lo largo de un período de "circunstancias desencadenantes" previas a la toma revolucionaria del mando y reorganización social post-revolucionaria; (c) procesos de decadencia o de alteración institucional generados por el choque de culturas tradicionales con el imperialismo económico de las sociedades avanzadas; (d) procesos de decadencia o de alteración institucional generados por los efectos de la guerra.

Cuando se la observa más sustantivamente, la cuestión se relaciona con los contrastes dicotómicos entre lo tradicional y lo moderno que han caracterizado a los modelos desplegados de cambio. Esas concepciones dicotómicas dominaron el pensamiento del siglo XIX, bajo diferentes enunciados: como estatus versus contrato, *Gemeinschaft* versus *Gesellschaft*[46], o solidaridad orgánica versus mecánica. Pero, la influencia de esas concepciones se ha prolongado hasta el siglo XX, a pesar de las numerosas objeciones críticas contra ellas. Un signo de la magnitud de su predominio dentro de la teoría social es el hecho de que Parsons hizo de la distinción *Gemeinschaft/Gesellschaft* la base de sus "patrones variables", y así produjo un contraste fundado en rasgos específicos del desarrollo europeo del siglo XIX como conjunto de rasgos supuestamente universales de todas las formas de la sociedad humana.

Las concepciones dicotómicas de este tipo no necesariamente son poco esclarecedoras: sus fallas realmente derivan tanto de su asociación con los modelos desplegados como de ciertas suposiciones que esta asociación ha ocasionado repetidamente. Vale la pena prestar particular atención a dos de esas suposiciones, con frecuencia implícitamente sostenidas más que explícitamente expresadas:[47] que la naturaleza institucional de una sociedad está determinada fundamentalmente por su nivel de avance tecnológico o económico; y que, por lo tanto, la sociedad o sociedades económicamente más desarrolladas en un momento da-

---

⁴⁵ "Comunidad versus sociedad" (N. de la T.).
⁴⁶ Gellner, *Thought and Change*.
⁴⁷ *The Class Structure of the Advanced Societies*, pp. 19-22, y *passim*.

do (como sea que se defina "económicamente más desarrollada") muestran a otras sociedades una imagen de su futuro en el presente. Si en el siglo XIX Gran Bretaña era frecuentemente considerada como caso típico, en el siglo XX, por lo menos en formas no marxistas de teoría política y social, esta fue reemplazada por los Estados Unidos de América.

En la actualidad, quienes critican los contrastes dicotómicos se han referido, en vez, a las diferentes "mezclas" posibles entre tradición y modernidad en sociedades específicas. Pero, mientras esto dirige convenientemente la atención lejos de los modelos desplegados y hacia las nociones de dependencia y de desarrollo desigual, sostengo que el reconocimiento de la relevancia de las "fases críticas" de cambio puede sumar algo más. Ya que puede plantearse que en las fases críticas se ha creado una especie de "soldadura de puntos" de instituciones que da forma a modos de integración que tal vez con posterioridad se vuelvan resistentes a mayores cambios. Así, en principio, puede aplicarse una teoría de fases críticas a fin de comprender tanto los rasgos genéricos de los episodios como los modos en los que se consolidan las diferencias entre sociedades que se encuentran en niveles de desarrollo económico similares. Ya he propuesto cómo esto puede aplicarse para dilucidar ciertas diferencias crónicas que es posible detectar entre la conciencia de clase, el conflicto industrial y el movimiento obrero de los Estados Unidos de América, Gran Bretaña y Francia.[48]

4. Una idea de cambio basada en "esquivar etapas", de acuerdo con la cual lo "avanzado" en un conjunto de circunstancias puede inhibir cambios posteriores; mientras, por otro lado, lo que se encuentra "retrasado" en un momento determinado puede transformarse, más tarde, en una base auspiciosa para un avance acelerado. Realmente, este cuarto punto se encuentra implícito en los otros tres, y es posible ilustrar acertadamente la primera parte del teorema si se considera la suerte cambiante de Gran Bretaña durante los últimos 150 años. Gran Bretaña llegó a su posición de liderazgo entre mediados y finales del siglo XIX, en especial por haber sido la "primera sociedad industrial", capaz también de explotar los frutos de sus dominios imperiales en todo el mundo. Pero, en la actualidad, en una etapa post-imperial, la acción de los residuos del desarrollo industrial temprano de Gran Bretaña reduce sus posibilidades de lograr metas privilegiadas de desarrollo económico rápido, en comparación con sociedades que se industrializaron más tarde y en circunstancias internas y externas diferentes. Sin embargo, el efecto de "esquivar etapas" se puede aplicar tanto en imperativos tecnológicos más reducidos como en episodios de cambio social más abarcativos.

---

[48] Ibíd., pp. 211ss.

El efecto de "esquivar etapas" nos hace volver a centrar nuestra atención en la historicidad –o en la conciencia de la historia como rasgo fundamental de la historia moderna– en sociedades en las que las fuentes de desrutinización son múltiples. Ya que los procesos de cambio basados en "esquivar etapas" implican la conciencia de que algunos acontecimientos del pasado no necesitan repetirse en el futuro: que *posibles mundos evitables* son la otra cara de estados futuros de la sociedad por los que se debe luchar.

Las ciencias sociales y la historia: algunas observaciones

Para cerrar este *paper* haré algunas observaciones (que no defenderé en forma demasiado detallada) sobre las relaciones entre la historia –en tanto redacción de la historia– y las ciencias sociales. Como parte de una reacción contra las filosofías positivistas en las ciencias sociales se suele afirmar que la sociología debería adquirir un carácter histórico, o que debería considerársela "histórica" en cuanto a su naturaleza. Pero así, contundentemente enunciado, esto no significa demasiado en un momento en el que los historiadores se están volviendo más "sociológicos", y donde los asuntos básicos de la naturaleza de la investigación histórica permanecen tan cuestionados como siempre. A modo de postulado mínimo puede afirmarse que lo que la historia es, o debiera ser, no puede analizarse con independencia de lo que las ciencias sociales son, o debieran serlo. *Simplemente no existen distinciones lógicas, o siquiera metodológicas entre las ciencias sociales y la historia –debidamente concebidas–*.

Al hablar de las relaciones entre las ciencias sociales y la historia, Braudel escribe: "Cuando los observadores de lo social mencionan el término *estructuras*, se refieren a una organización, coherencia, relaciones relativamente fijas entre realidades sociales y grupos. Para nosotros, los historiadores, una estructura es, sin duda alguna, manufactura, arquitectura; pero más allá de eso, es una realidad que el tiempo erosiona solo con mucha lentitud (…).[49] Sin embargo, esta es una versión de la distinción sistema/estructura: si el uso que hace Braudel del término "estructura" difiere del mío, se relaciona con la acción de "atar" el tiempo que he acentuado en este libro.

La idea de Braudel sobre la preocupación de la historia por la *longue durée*, por supuesto, solo encuentra pocos ecos entre los historiadores anglosajones; y, está aún más distante de los tipos de ejemplo histórico que los filósofos han discuti-

---

[49] Fernand Braudel, *Écrits sur l'histoire* (París: Flammarion, 1969) p. 50.

do habitualmente. Los asuntos más preponderantes discutidos en la filosofía de la historia del mundo angloparlante en los últimos años son aquellos que surgieron en el debate Hempel-Dray. No discutiré esos asuntos aquí; más bien deseo señalar algunos problemas a los que ambos protagonistas de la contienda han prestado poca atención.

Vale la pena advertir que el debate se planteó en términos muy similares a los debates entre positivismo y antipositivismo en las ciencias sociales. Es decir, los principales temas de fondo han tenido que ver con las interpretaciones de las acciones humanas en términos de las razones de los agentes, versus las interpretaciones en términos de leyes universales que poseen la misma forma lógica que las leyes en ciencias naturales. Pero, cualquier otro asunto que pueda haber surgido de la controversia no ha logrado esclarecer diversos puntos clave que surgen como consecuencia de los intentos de explicar la conducta humana. En primer lugar, los términos en los que Dray ha ayudado a enmarcar el debate se refieren en forma explícita a lo que él menciona como "acciones de los agentes individuales". Admite que las "acciones individuales en sí están por debajo del umbral del interés verdadero; entran en la historia solo en tanto tengan 'significación social'".[50] Pero, no discute cómo habrá de definirse la "significación social" (término que tomó de Mandelbaum), ni tampoco por qué debería ser legítimo considerar la explicación histórica desde un aspecto tan limitado. En consecuencia, Dray bordea algunas cuestiones importantes provocadas por su postura. No será suficiente con afirmar que las razones de los agentes, o "la razonabilidad de hacer lo que este agente hizo", revisten un interés vital para la historia, independientemente de cuán razonable pueda ser esa expresión. Esto evita preguntas en cuanto a cómo habrá de vincularse la razonabilidad de la conducta, o lo que he denominado la "racionalización de la acción", con otros rasgos relevantes de la vida social; es decir, con otras características de los agentes además de las razones de su comportamiento; y con las consecuencias no buscadas de su conducta buscada.

En segundo lugar, aunque la controversia esté preocupada por la relación entre la racionalización de la acción y las leyes de la conducta humana, en ninguna parte del debate *esta relación es considerada como una cuestión histórica en sí*, en lo que se refiere a los tipos de conocimiento que tienen los seres humanos sobre las condiciones de su acción. Las razones que tienen los actores para sus actos, o para los modos en que el monitoreo reflexivo de la conducta se encuentra atado a su racionalización, *incluyen* "generalizaciones" o "leyes": estas últimas, expresadas en

---

[50] William Dray, "The historical explanation of actions reconsidered", en Sidney Hook, *Philosophy and History*: A Symposium (New York University Press, 1963) p. 105.

forma causal o no, no están de ninguna manera bajo el comando exclusivo de los observadores históricos o sociológicos.

En tercer lugar, todas esas leyes son, en sí mismas, "históricas", en el sentido que se sostienen bajo parámetros particulares de reproducción social, que implican alineamientos precisos de las consecuencias buscadas y no buscadas de la acción[51] (aunque existen, por supuesto, leyes naturalistas de un tipo universal que afectan los márgenes y las posibilidades técnicas de la actividad humana). Decir que las leyes sociológicas son "históricas" equivale a afirmar que las relaciones que expresan son en principio inestables a la luz de las alteraciones en las condiciones de la racionalización de la acción: esas alteraciones incluyen la incorporación de leyes. Consideraremos un ejemplo que figura en el debate Hempel-Dray (aunque en realidad este ejemplo fue introducido en la controversia por otros autores).[52] La generalización "En las batallas navales entre 1653 y 1805 las formaciones desmesuradas eran demasiado complicadas para lograr un control efectivo", se consideraba relevante para explicar la derrota de Villeneuve en Trafalgar. De esto se puede decir: (a) que las leyes naturalistas ciertamente están involucradas en las "barreras técnicas" de las acciones bélicas del siglo XVII, pero en calidad de condiciones limitantes de las actividades que se producían en realidad; (b) haber conocido o no la generalización en cuestión podría haber implicado una enorme diferencia para Nelson a la hora de tomar la decisión de ir a la batalla, y de considerar sus razones para intentar dirigir el curso de un encuentro de una manera en particular; por cierto, que él la hubiera conocido o no es importante para establecer la naturaleza de su razonamiento; (c) probablemente, la difusión de la generalización entre los oficiales navales haya sido uno de los factores que posteriormente condujeron a cambios en la modalidad y las tácticas del combate naval.

En cuarto, y último lugar, si bien la controversia Hempel-Dray gira en torno de la explicación, y cada uno de los dos protagonistas reconoce que en historia puede no haber una única forma lógica de explicar, se le presta escasa atención a la naturaleza contextual de las investigaciones y su resolución. El propósito de una explicación, como dice Dray acertadamente, "es resolver algún tipo de desconcierto"; y, luego agrega: "Cuando un historiador se dispone a explicar una acción histórica, su problema generalmente consiste en que desconoce qué motivo tuvo el agente para hacerlo".[53] Pero, esta es solo una de diversas fuentes de

---

[51] *New Rules of Sociological Method*, pp. 153-4 y *passim*.
[52] N. Rescher y O. Helmer, "On the epistemology of the inexact sciences", en *Management Science*, Vol. 4 (1959).
[53] Dray, "The historical explanation of actions reconsidered", p. 108.

desconcierto que dan lugar a preguntas sobre los porqué, aun si fuésemos a suponer que las funciones principales de la explicación histórica son comprender actos concretos de individuos particulares. Por supuesto, Dray admite que aquello que la historia es va mucho más allá de la interpretación de "acciones históricas", pero uno debería advertir cuán restrictiva y artificial resulta esa afirmación.

7.
Las expectativas de la teoría social hoy

En este *paper* final intentaré colocar algunas de las cuestiones discutidas anteriormente en este libro en el contexto de un análisis integral de las expectativas actuales de la teoría social. El punto de partida lógico para este análisis es el estado de confusión que caracteriza hoy a la teoría social –una cuestión percibida por toda persona que trabaje en el área de las ciencias sociales–. La última década ha presenciado el resurgimiento de formas de teoría tradicionalmente establecidas (como la hermenéutica), el nacimiento de perspectivas aparentemente innovadoras (que incluyen especialmente a la etnometodología), como así también de los intentos de incorporar a la teoría social varios enfoques que se afirma provienen de esforzadas labores filosóficas que anteriormente se hallaban separadas (la filosofía del Wittgenstein tardío, la filosofía del lenguaje común, y la fenomenología). A estos podemos agregar la importante reaparición de la teoría marxista. Sin embargo, a esta última no siempre se la puede distinguir claramente de tendencias presentes en la ciencia social no marxista, debido a que la mayoría de las divisiones se presentan dentro del marxismo, aunque de una forma bastante diferente: los contrastes entre las distintas clases de "marxismo fenomenológico", "teoría crítica", "estructuralismo marxista", etc., con frecuencia son tan pronunciados como aquellos fuera del marxismo.

Ahora debemos reconocer que aún existen "sociologías nacionales" bastante diferenciadas, o, más exactamente, tipos de tradición intelectual asociadas a comunidades lingüísticas numerosas, como por ejemplo las de habla inglesa, francesa y alemana, bastante diferenciadas. El grado de relevancia de los diferentes parámetros teóricos ya indicados varía entre esas comunidades: mis comentarios en este *paper* se centrarán esencialmente en la ciencia social en el mundo angloparlante.

El consenso ortodoxo

En la sociología del mundo de habla inglesa, los orígenes inmediatos de esa confusión existente en la teoría social pueden identificarse fácilmente. Durante el período de posguerra hasta por lo menos finales de los años sesenta hubo una especie de consenso que sostenía la "postura intermedia" de la sociología. Definitivamente, este consenso no carecía de cuestionamientos, pero ofrecía un foco de debate para sus defensores tanto como para sus críticos. Este consenso, diría, implicaba dos líneas conectadas: conjuntos de ideas cuyos antecedentes es posible rastrear hasta el siglo XIX, pero que fueron elaboradas de manera innovadora en los años cincuenta y sesenta del siglo XX. El primero de estos conjuntos de ideas se relaciona con aquello a lo que me he referido genéricamente como teoría de la sociedad industrial.[1] Los autores que contribuyeron a la teoría de la sociedad industrial, como por ejemplo Lipset, Bell y Parsons en los Estados Unidos de América, y Aron y Dahrendorf en Europa, sostenían aproximaciones similares en términos generales. Al optar por un contraste bipolar entre "sociedad tradicional" y "sociedad industrial", pudieron llegar a la conclusión de que ninguna forma de sociedad socialista puede ser claramente diferente de una sociedad capitalista, por cuanto socialismo y capitalismo son, a lo sumo, simplemente dos subtipos de sociedad industrial parcialmente diferenciados. Esos autores eran partidarios de la idea de que, con la madurez del orden industrial, el conflicto de clases pierde su potencial transformador. Estuvieron de acuerdo con Durkheim[2] en que las agudas luchas de clase son características de las tensiones generadas durante la etapa inicial de desarrollo de la sociedad industrial; una vez que las relaciones entre clases han sido reguladas normativamente, el conflicto de clases se adapta al orden existente. La "institucionalización del conflicto de clases", que implicaba tanto la regulación normativa de las luchas de clases como su circunscripción a las esferas separadas de la negociación industrial y de la movilización política, también supuestamente conducían hacia el fin de la ideología: el marxismo y otras formas de pensamiento socialista radical eran considerados expresiones ideológicas de las tensiones que generaban intensos conflictos de clases en las etapas iniciales de la formación de la sociedad industrial.

Estas perspectivas, desarrolladas en un contexto político de liberalismo progresista durante una fase de crecimiento económico relativamente estable en el capitalismo occidental, aparecen ahora como casi arcaicas, posteriores a un período de conflicto económico y político agudizado. En efecto, ahora se las puede interpretar como un relato aleccionador de los peligros de la sobregeneralización en análisis social; se tomó un período de no mucho más de diez años como evi-

---

[1] *Studies in Social and Political Theory*, pp. 14-20; "Classical social theory and the origins of modern sociology", en *American Journal of Sociology*, Vol. 81 (1976).

[2] Véase mi obra *Durkheim* (Londres: Fontana, 1978) pp. 21-23.

dencia para las aseveraciones y proyecciones más generales sobre las tendencias más profundamente arraigadas en la "sociedad industrial". Aquellos proclives a tratar las flaquezas del desarrollo económico uniforme de las economías occidentales en la actualidad como base para una reversión a un tipo dogmático de marxismo ortodoxo no deberían ignorar la naturaleza beneficiosa de esta lección. Hoy, la teoría de la sociedad industrial probablemente ha perdido la mayor parte del apoyo del que gozó alguna vez entre los teóricos de la sociología y de la política: hasta sus defensores más entusiastas han cambiado de opinión sobre algunas de sus ideas anteriores.

Debido a que la teoría de la sociedad industrial, como fuera elaborada en los años cincuenta y sesenta del siglo XX, estaba estrechamente ligada a ciertas interpretaciones de los cambios económicos y políticos ocurridos a principios del período de posguerra en occidente, es posible identificar fácilmente algunas de sus deficiencias a la luz de los desarrollos subsiguientes en las sociedades capitalista avanzadas. Podemos tomar como ejemplo la expansión masiva de la educación superior, que solo hace unos pocos años se transformó en una tendencia a largo plazo profundamente enraizada en la "sociedad industrial".[3] Esto no es lo que sucede con el otro hilo del antiguo consenso en la sociología, de una naturaleza más abstracta, y que implicaba una evaluación general de la forma lógica y de los posibles logros de las ciencias sociales. A su vez, podemos distinguir dos rasgos de este segundo hilo de la sociología ortodoxa o dominante: la prevalencia del *funcionalismo* y del *naturalismo*. En el presente *paper* me centraré en estas perspectivas.

Cada uno de estos rasgos ha estado asociado durante mucho tiempo a la teoría de la sociedad industrial: las tradiciones de pensamiento que van desde Comte y Durkheim hasta Parsons y la sociología moderna estadounidense han sido de vital importancia para sostener esta conexión. En general, el pensamiento funcionalista, que siempre ha estado fuertemente ligado a los modelos desplegados de cambio basados en metáforas propias de la evolución o del crecimiento biológico, ha armonizado bien con el tema del "progreso con orden", un lema comtiano del que se han hecho eco en alguna versión u otra los defensores de la teoría de la sociedad industrial.[4] Por supuesto, el "funcionalismo" es solo un cuerpo de doctrinas no muy estrechamente vinculadas entre sí. En el siglo XX se han desarrollado

---

[3] Véase Jerome Karabel y A. H. Halsey, *Power and Ideology in Education* (Nueva York: Oxford University Press, 1977).

[4] Como he intentado demostrar en otra parte, es erróneo vincular el funcionalismo principalmente a perspectivas conservadoras en política. "Four myths in the history of social thought", en *Studies in Social and Political Theory*.

diversas versiones relacionadas: el "funcionalismo antropológico" de Radcliffe-Brown y Malinowski, el "funcionalismo normativo" de Parsons, y el "funcionalismo del conflicto" de Merton. Aquí no resulta relevante intentar hacer una caracterización de los rasgos principales del pensamiento funcionalista. Pero, vale la pena acentuar que normalmente el funcionalismo ha estado estrechamente asociado a la idea de que la biología provee a la sociología del modelo más inmediato, debido a que se sostiene que ambas disciplinas tratan con sistemas más que con conjuntos. En otra obra, he intentado demostrar que los modelos de sistemas biológicos, en especial aquellos ligados a una noción de homeostasis, no serán suficiente para esclarecer algunas de las cuestiones claves que surgen como consecuencia del análisis de los sistemas sociales.[5] En cierto sentido, esto también ha sido percibido por Parsons, quien en sus escritos más recientes[6] se ha vuelto hacia los modelos cibernéticos para el control de la información.

Desde Comte hasta la sociología moderna estadounidense, pasando por Durkheim, el funcionalismo ha estado estrechamente vinculado con una posición naturalista en filosofía social, si se entiende que el naturalismo se refiere a la tesis según la cual los marcos de la ciencia natural y la ciencia social son en algunos aspectos esenciales los mismos. La interpretación más detallada de esta postura es la que formuló Comte, y deseo señalar por lo menos un residuo importante de la posición comtiana que no dejó de ser un elemento integral de la corriente sociológica dominante en el período posterior a la segunda guerra mundial. Existía la intención de que la "jerarquía de las ciencias" de Comte se aplicara tanto analítica como históricamente. Es decir, proporcionaba un planteo lógico de las relaciones entre las ciencias, incluyendo la relación entre la biología y la sociología: cada ciencia depende de aquellas por debajo de ella en la jerarquía, y sin embargo posee su propia esfera de investigación fáctica rigurosamente autónoma (noción reiterada por Durkheim posteriormente). Pero, al comprenderla lateralmente en vez de horizontalmente, la jerarquía de las ciencias proporcionaba una comprensión histórica de la progresión del desarrollo científico –en combinación, por supuesto, con la "ley de los tres estadíos"–. La ciencia se desarrolla primero en relación con aquellos objetos y hechos más alejados de la participación y del control humanos. Por ende, la matemática y la física son las primeras áreas establecidas sobre una base científica; la historia posterior de la ciencia consiste en acercarse cada vez más a la sociedad humana. La conducta humana es más re-

---

[5] Véase "Functionalism: après la lutte", en *Studies in Social and Political Theory*.
[6] Si se desea conocer las opiniones de Parsons sobre la cibernética, ver "The relations between biological and socio-cultural theory", y otros *papers* en Parsons, *Social Systems and the Evolution of Action Theory* (Nueva York: Free Press, 1977).

fractaria a la comprensión científica, ya que a todos los seres humanos les resulta muy difícil observar su propia conducta desde un punto de vista científico. Así, la sociología es la última ciencia en nacer. Ahora bien, la relevancia de esta concepción general es que ata una formulación naturalista de la forma lógica de la sociología *a una explicación de su naturaleza joven en contraste con las ciencias naturales*. La sociología es una "recién llegada", la culminación de la expansión del espíritu positivo hacia la explicación de la conducta social humana.

La noción de la juventud de la sociología, en contraste con la biología, pero en particular con los campos de la física y de la química, sobrevivió como elemento importante del consenso dominante. Su relevancia se debe precisamente a que conecta supuestas características lógicas de la ciencia social a una autocomprensión específica de la historia de la disciplina. Si parecen existir ciertas diferencias entre las ciencias sociales y naturales con respecto a cuestiones tales como el establecimiento de un conjunto de leyes de naturaleza universal formuladas con precisión, es posible explicar esas diferencias como resultantes de la cantidad de tiempo relativamente limitado que se le ha concedido a la sociología en un plano científico. La tesis del naturalismo es sostenida por la suposición de que existe un desfase entre los desarrollos respectivos de la ciencia natural y social.

En el siglo XX, los años cincuenta y sesenta presenciaron una reunificación parcial, especialmente en el contexto de la sociología estadounidense, del funcionalismo con las filosofías positivistas de la ciencia, considerando a estas últimas según las formularon autores como Carnap, Hempel y Nagel: esta conjunción formó un medio fundamental por el que se formuló la postura naturalista del consenso ortodoxo. Muchos sociólogos adoptaron estas filosofías positivistas, que eran en esencia formas liberadas de empirismo lógico,[7] con un fervor que no les permitía ver que la perspectiva empirista lógica de la ciencia representa solo una posible filosofía de la ciencia entre otras filosofías disponibles. La filosofía de la ciencia empirista lógica llegó a ser vista simplemente como lo que *es* la ciencia natural, y como muestra de aquello en lo que la sociología debiera transformarse. Si los filósofos empiristas de su lado se mostraron menos impacientes para consumar la unión, y fueron mayormente escépticos frente al estatus lógico del funcionalismo, no obstante llegaron a aceptar que es posible lograr que el análisis funcionalista, en tanto preocupación compartida por la biología y por la ciencia social, se ajuste a las exigencias del método científico.[8]

---

[7] Ver "Positivism and its critics", ibíd., pp. 44-57.

[8] Ver en particular Carl G. Hempel, "The logic of functional analysis", en *Aspects of Scientific Explanation* (Nueva York: Free Press, 1965).

Dilemas actuales

La disolución del consenso ortodoxo ha sido seguida por la babel de voces teóricas que claman por atención en la actualidad. Podemos identificar que prevalecen tres reacciones frente a la situación aparentemente desordenada de la teoría social. La primera es una reacción de desesperación o de desilusión. Algunos son proclives a argumentar que, debido a que quienes se ocupan de los problemas más abstractos de la teoría social no pueden llegar a un acuerdo ni siquiera sobre los supuestos básicos con los que debe abordarse el estudio de la conducta social humana, es posible ignorar eficazmente esos problemas en la continuidad de la práctica de la investigación social. Se afirma que gran parte de las cuestiones que se tratan en calidad de "teoría social" son en realidad más de índole filosófica que sociológica: de ahí que sea posible ignorar las disputas de los "teóricos sociales" en favor de concentrarse en la realización de la investigación social. Pero, esa postura no resiste un escrutinio detallado. Al margen de la naturaleza insostenible de la concepción positivista que sostiene que es posible hacer una clara distinción entre cuestiones de filosofía y el cuerpo principal de la teoría social, debemos insistir en que las consideraciones teóricas no pueden carecer de impacto potencial aun en los tipos de investigación social más puramente "empíricos". Podría describirse una segunda reacción como una búsqueda en pos de la seguridad a cualquier costo: un regreso al dogmatismo. Seguramente este es el caso de algunos de los que han vuelto a las posturas marxistas ortodoxas. En algunos sentidos indudables estas posturas comparten perspectivas similares al antiguo consenso que existía en la sociología dominante; y, son igualmente estériles cuando se las confronta con cuestiones planteadas por otras posturas teóricas.

La tercera respuesta al desorden teórico de las ciencias sociales hoy es casi exactamente la opuesta a la primera. En vez de una reacción de desesperación, se trata de una de alegría: se le da la bienvenida a la diversidad de perspectivas teóricas como testimonio de la fecundidad inherente de la teoría social. No podemos intentar poner fin a esta diversidad, ni debemos propender a ese final. Aun algunas de las principales figuras que alguna vez fueron partícipes del consenso ortodoxo han comenzado a virar en dirección a este punto de vista.[9] Y, se trata de un punto de vista que, si se lo expresa de manera adecuada, tiene mucho de encomiable. Puesto que puede argumentarse razonablemente que los debates crónicos y el disenso persistente en cuanto a cómo abordar el estudio de la conducta social hu-

---

[9] Ver el interesante ensayo escrito por Robert K. Merton, "Structural analysis in sociology", en Peter M. Blau, *Approaches to the study of Social Structure* (Nueva York: Free Press, 1975).

mana expresan algo sobre la naturaleza de la conducta social humana en sí; que los desacuerdos profundamente arraigados sobre la naturaleza de la conducta humana son parte integral de la conducta humana como tal, y, así, inevitablemente se inmiscuyen en el corazón del discurso de la filosofía y de la teoría social. Sin embargo, admitir la relevancia de este punto no debería implicar defender la conveniencia de la creación de tantas perspectivas abstractas divergentes sobre la conducta social humana como sea posible. Podemos admitir la posibilidad de que haya desacuerdos constantes sobre los asuntos básicos en el estudio de la acción humana, mientras que a la vez acentuamos la importancia tanto de establecer conexiones entre posiciones divergentes como de intentar trascenderlas.

Por lo tanto, es mi intención rechazar cada una de estas reacciones contra la babel teórica y proponer, en cambio, que la teoría social necesita una reconstrucción sistemática. Hago esta petición pero no anticipándome a la sustitución de una vieja ortodoxia por una nueva, sino con la esperanza de facilitar un terreno para la discusión de problemas centrales en teoría social que sea más satisfactorio que el que ofrecía el antiguo consenso, o que el permitido por el aislamiento hermético en el que suele existir la diversidad de perspectivas teóricas actuales. Es mi opinión que el consenso ortodoxo no habrá de caer en el olvido sin más, ni será descartado como un mero reflejo ideológico del capitalismo del estado de bienestar, sino que, si hemos de declarar que se justifica haberlo desechado, resulta imprescindible identificar sus debilidades, cosa que en la actualidad no es muy difícil distinguir. También sostengo que un diagnóstico de las deficiencias del consenso preexistente indica la necesidad de teorizar, de dirigir nuestra mirada hacia asuntos que no habían sido advertidos en ese consenso. Propongo una lista de cinco de esas deficiencias, o conjuntos de deficiencias, que caracterizaron el antiguo consenso.

Los orígenes de la "sociología"

Al primer origen ya me he referido anteriormente: se trata de que la sociología dominante incorporó una *autointerpretación errónea de sus orígenes* con respecto a las ciencias naturales. Como también he mencionado, este asunto tiene un aspecto doble: implica aseveraciones sobre el desarrollo pasado de la ciencia social, pero a la vez se ocupa de las implicancias lógicas provenientes de ese desarrollo en torno de los contrastes entre las ciencias naturales y las sociales.

No tenemos espacio suficiente aquí para iniciar un proceso apropiado de documentación de la tesis según la cual la ciencia social es relativamente una recién llegada si se la compara con la biología o bien con el resto de las ciencias naturales: la idea de que la "sociología" ha sido la última disciplina en recibir rango científico, rompiendo con la filosopfía especulativa y con la filosofía de la historia. Pero, tenemos buenas razones para ser escépticos ante estos argumentos si hemos de considerar con cuánta frecuencia han sido presentados: de hecho, miembros de cada generación de pensadores sociales desde por lo menos los inicios del siglo XVIII se han mostrado propensos a afirmar que iniciaban un estudio científico reciente sobre el hombre en la sociedad, en contraposición con lo que sucedía con anterioridad.[10] Vico se consideraba autor del proceso fundacional de una "nueva ciencia" de la sociedad. Montesquieu y Condorcet hicieron demandas similares, y sostuvieron que rompían con lo anterior. Comte dijo virtualmente lo mismo en su tiempo, reconociendo las contribuciones de estos precursores, pero mayormente relegándolos a la prehistoria de la sociología, que estaba logrando estatus científico solo gracias a los propios esfuerzos del propio Comte. Y, continúa: Marx argumentó prácticamente lo mismo con respecto a Comte; Durkheim con respecto a Marx; y, una generación más tarde, Parsons con respecto a Durkheim y a otros. El hecho de que estas afirmaciones hayan sido presentadas con tanta insistencia por las sucesivas generaciones de pensadores sociales no muestra que de por sí ni en sí mismo no sea posible sostenerlas, pero sí justifica que se las analice con cierto nivel de escepticismo. En todo caso, llegado este punto, afirmo que es errónea la noción de que la sociología, comparada con las ciencias naturales, es una recién llegada; esta noción equivocada encuentra su origen en la aceptación en sentido literal de las declaraciones de una u otra de las generaciones de autores (generalmente Marx, o bien la "generación de 1890-1920", a la que pertenecía Durkheim). La ciencia social es tan antigua como la ciencia natural; ambas datan del período posrenacentista en Europa, período reconociblemente "moderno" en cuanto a la forma.

Por supuesto, hay áreas diferentes tanto de la ciencia natural como de la social que se han desarrollado de forma despareja. A fin de evitar posibles malentendidos, debo resaltar que el rechazo de la tesis de la naturaleza juvenil de las ciencias sociales no implica negar que en ellas se hayan producido progresos, o que haya habido rupturas o dislocaciones de importancia entre las diferentes fases de su desarrollo, tanto como entre tradiciones intelectuales rivales. Más aún, debemos ser cuidadosos con la terminología: la invención del término "sociología", por parte de Comte, tanto como su exitosa propagación posterior por parte de Durkheim (quien no obstante lo consideraba un "término algo salvaje"), ha tenido bastante que ver con la visión de que el origen de la "gran separación" en el pen-

---

[10] Véase "Classical social theory and the origins of modern sociology".

samiento social puede hallarse desde mediados hasta fines del siglo XIX. El término "sociología" significaba algo cercano a lo que devino en el consenso ortodoxo –el *"progreso con orden", con respecto a la maduración del capitalismo industrial; el naturalismo, con respecto al marco lógico de la ciencia social, y el funcionalismo*–. Así, "sociología" es un término fuertemente comprometido, y sigo utilizándolo pero solo reconociendo que en la actualidad tiene tanta aceptación que ya no hay posibilidades de reemplazarlo por uno más adecuado.

Problemas de nomología

Si no es posible sostener la idea de la naturaleza juvenil de la sociología, tampoco lo es la de las implicancias que surgen de ella para explicar el nivel manifiestamente rudimentario del desarrollo de la ciencia social cuando se la compara con las ciencias naturales. La sociología no se encuentra en el proceso de dar los primeros pasos a lo largo de sendas ya transitadas exitosamente por las ciencias naturales (afirmar esto, debo subrayarlo con vehemencia, no significa afirmar que los logros de las ciencias naturales carezcan de relevancia para las ciencias sociales).

La diferencia más característica entre la ciencia social y la ciencia natural, que inevitablemente ha preocupado a los defensores del naturalismo, es la notoria falta en la ciencia social de conjuntos de leyes explícitamente formuladas, generalmente acordadas por los miembros de una comunidad profesional. A fin de abordar esta cuestión, es necesario explicitar ciertas reservas. Las ciencias naturales no constituyen una unidad; algunas disciplinas, y áreas de disciplinas, son más "avanzadas" que otras en el aspecto nomológico. Tampoco las ciencias sociales constituyen una unidad, si la interpretación del término abarca la economía. Aquellos que se desempeñan en las ciencias sociales probablemente sean proclives a subestimar la prevalencia de profundos desacuerdos entre los científicos del área de la física por sobre problemas absolutamente fundamentales en sus campos de trabajo. Sin embargo, los contrastes entre las áreas menos "avanzadas" de la ciencia natural y las áreas más "avanzadas" de las ciencias sociales son, en lo que respecta a la nomología, claros y demostrables.

Rechazar la tesis de que la ciencia social es una recién llegada también significa rechazar una interpretación de esta diferencia basada en un "desfase". Entonces, ¿qué haremos con respecto a las cuestiones de la existencia y la forma lógica de leyes en las ciencias sociales?

Por cierto, sí existen leyes en las ciencias sociales, siempre y cuando se entienda a las "leyes" en un sentido integral para referirse a las generalizaciones de naturaleza causal; solo parece haber una carencia de leyes en la ciencia social si esas generalizaciones son descartadas por considerárselas irrelevantes o deficientes en comparación con las que se pueden encontrar en otras áreas de la ciencia natural. Esto no implica que establecer leyes necesariamente sea la única preocupación ya sea de la ciencia natural como de la ciencia social. Pero, hay dos razones principales que permiten suponer que las leyes sociales científicas, aun en áreas en las que la cuantificación es muy viable, serán diferenciadas de aquellas que son características de los diversos campos de las ciencias físicas. Una de esas razones no se refiere a un contraste lógico y, aunque no es trivial, la trataré como esencialmente poco interesante; la otra es de índole lógica, y más significativa para los propósitos de mi presente discusión.

La primera se ocupa de la subdeterminación de las teorías por los hechos. Se ha vuelto un principio consolidado de la filosofía de la ciencia que las teorías son solo subdeterminadas por los hechos: que no existe una cantidad de hechos acumulados que en sí y de por sí determinen que una teoría en particular sea aceptada y otra rechazada, debido a que por la modificación de la teoría, o por otros medios, las observaciones en cuestión puedan ajustarse a ella. Hay buenas razones para suponer que muy posiblemente el nivel de subdeterminación de las teorías por los hechos sea mayor en la mayoría de las áreas de la ciencia natural. Los factores intervinientes son bastante conocidos, y no hay necesidad de desarrollarlos extensamente: incluyen las dificultades de la replicación de las observaciones, la falta relativa de posibilidades de experimentación, la escasez de "casos" para hacer análisis comparativo con respecto a teorías que se ocupan de las sociedades totales, etc.

La segunda razón es más relevante, por lo menos para la presente discusión, porque es atinente a la (muy arraigada) diferencia en la forma lógica entre leyes en las ciencias sociales en contraste con aquellas encontradas en la ciencia natural. Aunque la naturaleza de las leyes científicas naturales sea aún controvertida y muy debatida, dudar de que la mayoría de esas leyes son putatitvamente universales en cuanto a su forma en el marco de su aplicación, tiene poco sustento;[11] toda ley opera dentro de ciertas condiciones marco, pero las relaciones causales que esta especifica son inmutables dada la ocurrencia de esas condiciones. Sin embargo, esto no sucede con las leyes propias de las ciencias sociales en las que, como he mostrado en otra obra,[12] las relaciones causales implicadas siempre se

---

[11] Sin embargo, para una corrección importante de las perspectivas tradicionales de las leyes científicas, ver Mary Hesse, *The Structure of Scientific Inference* (Londres: Macmillan, 1974).

[12] *New Rules of Sociological Method*.

refieren a "mezclas" de consecuencias buscadas y no buscadas de los actos reproducidos. En las ciencias sociales las leyes son de índole *histórico* y son en principio *mutables* en cuanto a su forma. Toda forma de conducta social regularizada, como he afirmado anteriormente, puede ser analizada como si implicara conjuntos típicos de conexiones entre las condiciones inadvertidas de la acción, la racionalización de la acción en el contexto de su monitoreo reflexivo intencional, y en las consecuencias no buscadas de la acción.[13] Las condiciones marco involucradas con las leyes en las ciencias sociales incluyen como elemento básico el conocimiento que poseen los actores, en un contexto institucional dado, de las circunstancias de su acción. El cambio en conexiones típicamente establecidas que unen, en modos de reproducción social, las condiciones inadvertidas, la racionalización de la acción y las consecuencias no buscadas resulta en una potencial alteración de las relaciones causales especificadas por una ley o leyes: y, posiblemente esa alteración provenga de llegar a saber sobre esa ley o leyes. Una vez conocidas –por aquellos a cuya conducta hacen referencia– las leyes pueden ser aplicadas como reglas y recursos en la dualidad de la estructura: el doble significado (y origen) del término "ley", como precepto de acción tanto como generalización de las acciones, dirige nuestra atención en esa dirección. Afirmar que todas las leyes en las ciencias sociales son históricas y en principio mutables no significa, por supuesto, negar que puedan existir leyes de una forma universal que se refieran a aspectos físicos del organismo humano que podrían resultar relevantes para el estudio de la conducta social.

El consenso ortodoxo estaba familiarizado con la mutabilidad de las leyes en las ciencias sociales en la forma de "profesías autocumplidas" y de "profesías autonegadas".[14] Pero, aquí la relación entre la apropiación reflexiva del conocimiento y las condiciones de la acción es aprehendida, primero, solo como un "problema" que el investigador social debe enfrentar; y segundo, solo como una relación que afecta la movilización de la evidencia en pos de las generalizaciones, en vez de abordar cuestiones epistemológicas relevantes para la naturaleza en sí de esas mismas generalizaciones. En otras palabras, las profesías autocumplidas o las autonegadas son consideradas predicciones que, por el solo hecho de su anuncio o de su propagación, sirven para generar las condiciones que las hacen válidas o, alternativamente, para producir la consecuencia contraria. El "problema" que plantean es que marginalizan el efecto nocivo que esas molestias oca-

---

[13] Ibíd, pp. 153-4 y *passim*.

[14] Estas explicaciones encuentran su origen en R. K. Merton, "The self-fulfilling prophecy", en *Social Theory and Social Structure* (Nueva York: Free Press, 1957).

sionan en la contrastación de hipótesis. Pero, si se reconoce la naturaleza mutable de toda generalización científica social, debemos llegar a la conclusión de que esa perspeciva es totalmente inadecuada. En vez de intentar marginalizar y tratar puramente como un "problema" a la incorporación potencial de observaciones y de teorías científicas sociales en la racionalización reflexiva de aquellos que son su "objeto" –los agentes humanos–, debemos manejar este fenómeno en función de su preocupación e interés esenciales para las ciencias sociales. Ya que resulta claro que cada generalización o forma de estudio que se ocupa de una sociedad existente constituye una *intervención potencial en esa sociedad*: y, esto conduce hacia las funciones y los propósitos de la sociología como *teoría crítica*.

Lenguaje común y ciencia social

El segundo conjunto de deficiencias que caracterizaban al antiguo consenso se relaciona con su confianza en una *filosofía del lenguaje* (ahora) *anticuada y defectuosa*. Como intentaré demostrar, las implicancias de esta cuestión se vinculan directamente con las consideraciones que acabo de discutir. La sociología ortodoxa daba por sentada una visión muy inmóvil del lenguaje: visión que, sin embargo, recibió un renovado impulso proveniente de las obras de Russell, del Wittgenstein de la primera época, y posteriormente del empirismo lógico. De acuerdo con esta concepción, el lenguaje es por sobre todas las cosas un medio para describir el mundo (físico o social). Al lenguaje debería estudiárselo como medio para las descripciones, y es posible descubrir un isomorfismo entre la forma estructural del lenguaje, o de ciertos rasgos básicos del lenguaje, y los mundos de objetos a los que ese lenguaje permite el acceso. La versión más desarrollada y sofisticada de esta perspectiva se encuentra en el *Tratado lógico-filosófico* (*Tractatus*) de Wittgenstein, de acuerdo con el cual las unidades básicas del lenguaje son "imágenes" de unidades correspondientes en la realidad.

El hecho de que Wittgenstein haya rechazado sus propias visiones anteriores no es más que un elemento en una convergencia de filosofías que en otros aspectos difieren enormemente unas de otras: la filosofía del lenguaje común, la fenomenología de Schutz y la hermenéutica contemporánea. Todas ellas han llegado a la conclusión de que es erróneo tratar al lenguaje como un medio con características muy acertadas para realizar descripciones. La descripción es solo una de entre muchas operaciones llevadas a cabo en el lenguaje y a través de él. El lenguaje es un medio para la práctica social, y como tal está implicado en todas las

270

actividades de diferentes índoles de las que participan los actores sociales. El famoso ejemplo de Austin aún resulta óptimo para ilustrar esta cuestión. Las palabras pronunciadas en una ceremonia de matrimonio no constituyen una descripción de esa ceremonia: *son parte* de esa ceremonia. Utilicemos otro ejemplo igualmente conocido: el lenguaje tiene muchos usos, y por lo tanto muchas facetas, como las herramientas en una caja de herramientas.[15]

Debido a que el consenso ortodoxo aceptaba la visión tradicionalmente establecida del lenguaje, quienes se desempeñaban en el marco de esa visión descartaban la relación entre lenguaje común —el lenguaje empleado en la conducta cotidiana— y los metalenguajes técnicos de la ciencia social por considerar que estos carecían de algún interés o importancia en particular. El propósito de los conceptos introducidos o inventados por el sociólogo, suponían, es mejorar o corregir las deficiencias de lenguaje común, cuando esto resulte necesario. El lenguaje común es con frecuencia enmarañado e impreciso; es posible superar estas deficiencias trasladándose hacia los metalenguajes que expresan conceptos formulados con claridad y precisión.[16] Pero, si comprendemos la relevancia de las más modernas concepciones filosóficas del lenguaje, no se sostiene el supuesto de que la relación entre el lenguaje común y los lenguajes técnicos de la ciencia social no plantee interrogantes de ningún interés en particular o sin ningún nivel de dificultad. El lenguaje común o de los legos no puede ser descartado porque sea corregible a la luz de los neologismos sociológicos, por cuanto el lenguaje lego es parte integrante de la constitución propia de la actividad social en sí.

Esto último ha sido reconocido por quienes trabajan desde la postura de la filosofía post wittgensteiniana tanto como por autores fenomenológicos. En la literatura es posible apreciar por lo menos dos interpretaciones claras de la manera en que deberían entenderse las conexiones entre el lenguaje común y los conceptos técnicos de las ciencias sociales. La primera de esas interpretaciones es la que formula Schutz en relación con lo que él, tomando prestado un término de Weber, llama *postulado de adecuación*. Schutz sostiene que las relevancias supuestas por las inquietudes del científico social difieren de las de los actores legos en su conducta cotidiana. En ciencia social, nos interesa el conocimiento generalizado y libre de contexto; por otra parte, los reservorios del saber empleados por los actores sociales en la vida social son formas de "conocimiento práctico", en las que el acento está puesto en el dominio práctico de las exigencias de las ac-

---

[15] Ludwig Wittgenstein, *Philosophical Investigations* (Oxford: Blackwell, 1972) párrafo 11.
[16] Ver, por ejemplo, W. C. Lachenmeyer, *The Language of Sociology* (Nueva York, Colombia University Press, 1971).

tividades cotidianas. De esta forma, los conceptos inventados por el científico social pueden diferir de los utilizados en el lenguaje común porque están involucrados dos órdenes diferentes de relevancia. Pero, los primeros deben cumplir el criterio de adecuación con respecto a los segundos. Las distintas formulaciones que hace Schutz del postulado de adecuación no carecen totalmente de ambigüedad. Sin embargo, Schutz parece sostener que los conceptos de la ciencia social solo han de considerarse adecuados siempre y cuando puedan, en principio, ser traducidos al lenguaje cotidiano de los actores legos.[17] Si esto es en realidad lo que Schutz quiere decir, es una perspectiva apenas defendible. ¿En qué sentido debe la noción de "preferencia por la liquidez" ser capaz de traducir al lenguaje común los conceptos de los actores involucrados en actividades económicas? No parece existir razón para suponer que una evaluación de la adecuación del concepto a la teoría económica tenga alguna relación con la posibilidad de que esa traducción pueda efectuarse o no. Las deficiencias de la perspectiva de Schutz también están señaladas cuando se examina la conducta de niños muy pequeños, conducta a la que bien podríamos querer aplicar las terminologías técnicas de la acción; si los niños en cuestión son demasiado pequeños como para haber adquirido un dominio más que rudimentario de habilidades lingüísticas, no habrá, obviamente, posibilidad alguna de poner a prueba la adecuación de esas terminologías en términos de un proceso de traducción.

Por lo tanto, el postulado de adecuación de Schutz no es un modo satisfactorio de aproximarse a las conexiones entre el lenguaje lego y los conceptos de la ciencia social. Winch presenta una visión alternativa, y estimo que se acerca mucho a lo más correcto. Winch sostiene que existe un "vínculo lógico" entre el lenguaje común y los lenguajes especializados de las ciencias sociales, e indica que la naturaleza de este vínculo es el reverso de aquella implicada por el postulado de adecuación de Schutz. Existe no porque los conceptos sociológicos deban ser capaces de trasponerse con los conceptos legos, sino más bien por lo opuesto: porque los conceptos inventados por el científico social presuponen el dominio de conceptos aplicados por los actores sociales durante su conducta. Winch no lo explica satisfactoriamente y no define con suficiente claridad que normalmente los actores disponen discursivamente de esos conceptos legos solo parcialmente; tampoco explica realmente por qué son necesarios esos lenguajes

---

[17] Los conceptos de las ciencias sociales "deben ser construidos de modo tal que un acto humano llevado a cabo en el marco del mundo de la vida por un actor individual de la forma indicada por la construcción típica sería comprensible para el actor mismo tanto como para sus semejantes en términos de interpretaciones de la vida cotidiana surgidas del sentido común", Alfred Schutz, *Collected Papers* (La Haya: Mouton, 1967) p. 44.

científicos distintivos, tal como intenta hacerlo Schutz.[18] Pero, su punto principal es lo suficientemente claro, y es válido: un término como "preferencia por la liquidez" solo es aplicable a la conducta, y a las consecuencias de la conducta, de los actores que han dominado, en el sentido de la conciencia práctica, nociones tales como "riesgo", "utilidad", "inversión", etc., nociones incorporadas a los contextos de uso del lenguaje común.

Dejaré para la próxima sección de este *paper* la cuestión de por qué son necesarios los metalenguajes científicos sociales, puesto que responder esa pregunta implica examinar asuntos que se discutirán allí. Sin embargo, no podemos dejar algunas cuestiones donde las deja Winch en lo que respecta a la relación entre el lenguaje lego y las terminologías de la ciencia social. El "vínculo" entre ambos no solo es de naturaleza lógica: tiene *implicancias prácticas* que hacen referencia a la magnitud de la reflexividad, de la que ya hemos hablado. No se trata solamente de que el analista social depende del "conocimiento mutuo" –fundado en categorías de lenguaje común– a fin de generar caracterizaciones de su campo de investigación. Existe una relación bidireccional entre el lenguaje lego y el lenguaje de las ciencias sociales, porque en principio cualquiera de los conceptos introducidos por los observadores sociológicos puede ser apropiado por los actores legos mismos, y aplicado como parte del discurso en "lenguaje común". De esta forma, puede suceder que haya términos (el término "económico" es un buen ejemplo de ello) que sean apropiados por especialistas técnicos desde el discurso lego, que reciban nuevos significados, y que estos nuevos significados sean luego devueltos al discurso lego. Este fenómeno no solo resulta de interés para la historia de las ideas. Una vez más, se abre a cuestiones que no pueden ser marginalizadas en forma efectiva en la ciencia social, en la forma normalmente sugerida por el consenso ortodoxo. Esto debido a que esta última habitualmente adoptó una conexión instrumental entre descubrimientos sociológicos y las "aplicaciones" prácticas de ellos –una conexión que se suponía lógicamente que era la misma que aquella entre la ciencia natural y la tecnología–.

Revelación, conocimiento mutuo, sentido común

A fin de llevar esta discusión aún más lejos, no obstante, hay otra fuente de debilidad en el antiguo consenso que debe ser analizada. La identificaré diciendo que la sociología ortodoxa dependía de un *modelo revelador de la ciencia social muy*

---

[18] Peter Winch, *The Idea of a Social Science* (Londres: Routledge, 1963).

simple, basado en presunciones naturalistas. Los puntos esenciales de este modelo son los siguientes. Se supone que los hallazgos de la ciencia natural son reveladores o desmitificadores de las creencias sobre el mundo físico inspiradas en el sentido común. Lo que la ciencia hace es "inspeccionar" las visiones del mundo y las actitudes hacia él fundadas en el sentido común, demostrando que algunas son erróneas, y utilizando otras como punto de partida desde el cual desarrollar explicaciones de objetos y de hechos –explicaciones más profundas y detalladas de lo que podía encontrarse en el conocimiento lego–. El progreso de la ciencia perfora las ilusiones de las acostumbradas creencias habituales. Ahora se señala que bajo ciertas circunstancias los hallazgos alegados por los científicos son resistidos por quienes optan por aferrarse a sus creencias o concepciones arraigadas. Estos hallazgos son rechazados o ignorados debido a que hay intereses creados que se sienten amenazados por ellas, o bien debido a la inercia del hábito o el prejuicio. Hay quienes aún afirman que la tierra es plana, independientemente de lo concluyente que la evidencia en contrario le parezca a los demás.

En el consenso ortodoxo, esta visión fue transferida *en bloc* a la sociología. Existen razones lo suficientemente sólidas para suponer (siguiendo particularmente las argumentaciones desarrolladas por Husserl en *La crisis de la ciencia europea*) que esta es una aproximación inadecuada aún con respecto a la relación entre la ciencia natural y el "sentido común"; sin embargo, aquí me ocuparé solo de sus implicancias cuando se la traspone a las ciencias sociales.

De acuerdo con el modelo revelador antes descripto, la "resistencia" a los hallazgos de los investigadores sociales toma la misma forma que la resistencia encontrada en algunos de los reclamos hechos por la ciencia natural: "una negativa a escuchar" a favor de una obstinada pertenencia a creencias o ideas preexistentes. Pero, cualquiera que se desempeñe en el área de las ciencias sociales muy probablemente esté familiarizado con una forma totalmente diferente de resistencia a los hallazgos alegados por la ciencia social. Lejos de resistirse a los hallazgos de las investigaciones sociológicas porque estos conllevan aseveraciones que la gente se muestra renuente a conocer, estos hallazgos son resistidos *sobre la base de que ya son muy conocidos y familiares*. Con frecuencia se afirma que la sociología nos dice simplemente lo que ya sabemos, aunque habitualmente envuelto en una jerga esotérica, de forma tal que inicialmente adopta la apariencia de ser algo nuevo. A esto podríamos llamarlo la *crítica lega de la sociología*.

Ahora, los sociólogos no son proclives a tomar seriamente la crítica que de sus afirmaciones hacen los legos, y generalmente la atribuyen a la influencia de hábitos de pensamiento o prejuicios arraigados. Ellos ven la resistencia a los hallazgos de la ciencia social como algo que incluye la resistencia a la idea de estudiar la

274

conducta social humana de una manera científica. Pero, las objeciones provenientes del entorno lego contra la ciencia social son tan prevalentes que se hace necesaria una defensa más verosímil contra ellas; esto también puede ser descubierto mediante una descripción detallada del modelo revelador. El objeto de la sociología es revisar las creencias fundadas en el sentido común. Donde la investigación social revela que lo que los actores creen sobre las condiciones de su propia acción (o de otros rasgos de su sociedad) realmente es lo que sucede, sus hallazgos necesariamente parecerán banales o poco esclarecedores. Lo que se propone es que son justamente esas instancias contra lo que apuntan los críticos legos de la sociología. Pero, habrá otras instancias en las que el análisis social demostrará que las creencias basadas en el sentido común son, de hecho, inválidas; en tales circunstancias, la ciencia social aparecerá como reveladora.

Si los practicantes de la ciencia social no se han inclinado por prestarle verdadera atención a la crítica que los legos hacen de la sociología, algunos filósofos sí lo han hecho. Louch, por ejemplo, ha argumentado que los conceptos de sociología son "innecesarios y pretenciosos".[19] A fin de explicar la actividad social, solo necesitamos investigar las razones de los actores que los llevan a actuar como lo hacen. Una vez que hemos averiguado cuáles son o fueron esas razones, que podemos hacer utilizando el lenguaje común, no queda nada más por preguntar. Louch afirma que mientras la antropología puede proveernos de una colección de "cuentos de viajeros", la sociología es un ejercicio redundante –es más, peor aún, ya que la introducción de conceptos técnicos en reemplazo de términos del lenguaje común puede servir para oscurecer lo que anteriormente resultaba suficientemente claro para todos, y por lo tanto puede ser utilizado por los poderosos como medio para dominar a los menos poderosos–. Winch coquetea con la misma conclusión, aunque él evidentemente le atribuye a la antropología una importancia superior a la que le atribuye Louch. Debido a que no explica claramente el rol que le cabe a los conceptos técnicos en la ciencia social, y a que excluye la posibilidad de formular leyes causales en lo referente a la conducta social, no resulta fácil imaginar qué aspecto tendría una "sociología de Winch".[20]

Sugiero que realmente tomemos con seriedad la crítica de los legos hacia la sociología, aun cuando finalmente no pueda sostenerse, ya que es correcto afirmar que todo miembro de una sociedad debe poseer gran conocimiento (tanto en el modo discursivo como en el práctico) del funcionamiento de esa sociedad en virtud de su participación en ella, o, para decirlo con más exactitud, que ese cono-

---

[19] A. R. Louch, *Explanation and Human Action* (Oxford: Blackwell, 1966) p. 160.
[20] Ver especialmente pp. 83ss., en Winch, *Idea of Social Science*.

cimiento está incorporado como un elemento en la producción y reproducción de esa sociedad mediante la dualidad de la estructura. No es en absoluto tan sencillo como suponía el antiguo consenso descifrar las condiciones bajo las que las ciencias sociales pueden ser factor de esclarecimiento para los miembros de una sociedad a la que se hace objeto de estudio. Por cierto, los sociólogos no pueden ignorar la explicación de la conducta social humana en términos de razones: la racionalización de la acción es el componente fundamental de la actividad social descartada por la sociología ortodoxa. Por otro lado, se debe poner el mismo énfasis en el hecho de que la racionalización de la acción siempre está limitada, en todo tipo de contexto histórico; y, es en la exploración de la naturaleza y persistencia de estos límites donde se habrán de encontrar las funciones de la ciencia social. Como he propuesto en un *paper* anterior, aquí existen tres tipos de circunstancias relevantes: los elementos inconscientes en la acción, la conciencia práctica y las consecuencias no buscadas de la acción –que se combinan en el marco de la reproducción de los sistemas sociales–.

Debemos mencionar un aspecto adicional de estas cuestiones. El "redescubrimiento del lenguaje común y del sentido común" posee un rasgo notable: con frecuencia se ha concretado en la forma de una especie de *parálisis de la voluntad crítica*. Algunos autores han comprobado que el lenguaje común y el mundo de la actitud natural no pueden simplemente ser descartados o corregidos por el analista social, y en virtud de esto se han visto tentados a llegar a la conclusión de que la evaluación crítica de creencias o prácticas no es de ninguna manera posible donde esas creencias y prácticas son parte de un sistema cultural ajeno. El debate en torno de la discusión de Winch sobre la hechicería del pueblo zande es muy conocido, por supuesto, como también lo es el debate provocado por el principio de la "indiferencia etnometodológica" de Garfinkel. Sostengo que en esas controversias ambas parcialidades tienen parte de la razón; pero cada uno de ellos ha omitido una distinción vital. Es correcto afirmar que la condición de generar descripciones válidas de una forma de vida implica ser capaces, en principio, de ser parte de ella (sin que necesariamente esto se haya concretado en la práctica). Conocer una forma de vida significa conocer un lenguaje, pero en el contexto de las prácticas organizadas mediante el "sentido común" o los presupuestos tácitos en cuyo contexto se desarrolla el discurso. En este sentido, las funciones de la hermenéutica son parte integrante de las ciencias sociales. Pero, de tal conclusión no se desprende que las creencias y las prácticas involucradas en formas de vida no deban estar sujetas a la evaluación crítica –que incluye la crítica de la ideología–. Debemos distinguir entre el *respeto por la autenticidad de la creencia,* como condición necesaria para cualquier encuentro hermenéutico entre juegos del lenguaje, y *la evaluación crítica de la justificación de la creencia*. Para decirlo en términos más sencillos, debemos diferenciar lo que llamo "conocimiento mutuo" de lo que podría llamarse simplemente "sentido común".

El conocimiento mutuo es un medio necesario de acceso a la mediación de estructuras de significado y, además, pone entre paréntesis el estatus fáctico de los acuerdos discursivos y tácitos compartidos por un observador y aquellos cuya conducta este se propone caracterizar. La necesidad de respetar la autenticidad de la creencia no siempre resulta evidente a los ojos de los investigadores sociológicos, y esto se debe, en gran medida, a que la puesta entre paréntesis implicada en la aplicación del conocimiento mutuo es en sí, generalmente, conocimiento mutuo tácito. Pero, la diferencia marcada por esa orientación resulta fácilmente visible en circunstancias en las que está ausente. Así, de acuerdo con las perspectivas "fisiológicas" de la esquizofrenia, con frecuencia los enunciados de los esquizofrénicos serán considerados meramente como balbuceo sin sentido. Sin embargo, si Laing está en lo correcto, el lenguaje de los esquizofrénicos sí tiene sentido, en la medida en que veamos que algunas de las nociones que la mayoría de la población da por sentadas son cuestionadas o expresadas de manera diferente por los esquizofrénicos. El desarrollo del diálogo en las personas esquizofrénicas, como esfuerzo hermenéutico, solo es posible si aceptamos que sus enunciados y su conducta pueden ser tratados "metodológicamente" como auténticos. Tratar esos enunciados y esa conducta como auténticos significa dejar en suspenso su posible validez o falsedad.

Lo que antes llamé "redescubrimiento del lenguaje común y del sentido común" es, en estos términos, *el descubrimiento de la relevancia del conocimiento mutuo*; para el observador sociológico, el conocimiento mutuo no es corregible. Solo la "puesta entre paréntesis" metodológica mencionada anteriormente separa el conocimiento mutuo de lo que deseo sugerir pueda llamarse "sentido común". Con el término "sentido común" me refiero a "sacar de los paréntesis" al conocimiento mutuo: la consideración del estatus empírico y lógico involucrado (tácita y discursivamente) en el mundo de la vida. A la luz de los hallazgos alegados por la ciencia social y natural, el sentido común es corregible. La alusión a la controversia sobre la hechicería del pueblo zande puede ilustrar la distinción entre conocimiento mutuo y sentido común. Winch está en lo cierto cuando sostiene que las caracterizaciones exactas de las creencias y prácticas conectadas con la hechicería del pueblo zande son "racionales" —siempre que en este contexto se entienda que el término significa que existen marcos internamente coherentes a los que recurren tanto el observador sociológico como los azande para generar descripciones de la hechicería—. Pero, se equivoca por cuanto de esto parece inferir que el reconocimiento de la "racionalidad" o de la autenticidad de la hechicería zande y de la adivinación oracular impide la evaluación crítica de las creencias y de las actividades caracterizadas o identificadas de esta forma. El conocimiento mutuo es el medio necesario para identificar lo que sucede cuando un hechicero echa una maldición sobre un individuo a fin de lograr su muerte. Pero, esto no es en absoluto un obstáculo lógico para el estudio crítico de los fundamentos empíricos que es posible organizar para respaldar la validez de las pretensiones de creencias relativas a esta práctica, o para el estudio crítico de sus posibles ramificaciones ideológicas.

Por supuesto, no deseo afirmar que esto constituye una solución a los problemas de "racionalidad"; más exacto sería decir que se trata del punto de partida de esos problemas, en lo que respecta a la justificación racional de la creencia. Pero, en el contexto particular de mi argumentación en este punto, no es este el caso. Winch y otros han demostrado de manera absolutamente convincente la ingenuidad de las posturas del consenso ortodoxo sobre el carácter revelador de la ciencia social. En este momento solo me interesa proponer que entonces no debiéramos sucumbir pasivamente a una parálisis de la voluntad crítica. Hay muchos hilos ocupados en conectar la justificación racional de la creencia con la teoría crítica, e intentaré propiciar una discusión detallada de ambas en el libro que sigue a este. Sin embargo, sí deseo demostrar lo que me parece es una cuestión lógica importante y que, creo, demuestra que la evaluación crítica de las creencias y de las prácticas es un rasgo ineludible del discurso de las ciencias sociales. Esa cuestión es que la evaluación crítica de las creencias basadas en el sentido común no simplemente presupone de forma lógica el recurrir al conocimiento mutuo; *de hecho, lo contrario también se aplica*. Por cuanto toda caracterización de creencias o de prácticas hecha por un observador sociológico presupone lógicamente la posibilidad de su justificación, ofrecida en respuesta a la evaluación crítica potencial que otros hacen de la exactitud o pertinencia de esas caracterizaciones.

La teoría de la acción

Como un cuarto tipo de deficiencia propia del antiguo consenso podemos decir: *la sociología ortodoxa carecía de una teoría de la acción*. Pero, también sostengo que esto estaba directamente relacionado con no haber hecho de los cuestionamientos al poder un tema central en teoría social. La falta de una teoría de la acción, con lo que me refiero a una concepción de la conducta monitoreada reflexivamente por agentes sociales parcialmente conscientes de las condiciones de su conducta, debe serle atribuida en primer lugar al dominio del naturalismo como una filosofía de la ciencia social. En las versiones o aplicaciones más rudimentarias del naturalismo en la sociología, la conducta se explica meramente como resultado de causas sociales. Como el intento más exhaustivo de ofrecer una síntesis entre una teoría de la acción y el funcionalismo, el marco de referencia de la acción de Parsons ha sido con justicia el sistema teórico integral más influyente en la sociología de habla inglesa. Con frecuencia, los críticos han señalado que, a pesar de la terminología sobre la acción utilizada por Parsons, algunos agentes humanos reconocibles parecen eludir el alcance de este sistema: el escenario está listo, los guiones han sido escritos y los roles establecidos, pero curiosamente los actores están ausentes de la escena.[21] Los críticos no siempre han podido reconocer el porqué de esto. En *La estructura de la acción social*, Parsons identifica a la teoría de la acción con el "voluntarismo", término con el que se refiere principalmente a la naturaleza intencionada de la conducta humana, y a la capacidad de los actores de escoger entre diferentes objetivos o proyectos.[22] Se interpreta al voluntarismo en el contexto del "problema del orden" de Hobbes, y como espacio donde se plantea la pregunta de cómo la intencionalidad o una diversidad de voluntades es compatible con el "orden". Así, reconciliar el problema del orden de Hobbes con el voluntarismo se vuelve la cuestión principal que el marco de referencia de la acción ha sido creado para resolver, y esta reconciliación se logra considerando a los valores simultáneamente como base del consenso social y como componentes motivacionales de las personalidades de los miembros de la sociedad. Además de las dificultades que resultaron de esta tesis con respecto a la naturaleza y a la relevancia de los valores –y del "orden"[23]–, esta aproximación no sirve para llamar la atención sobre la importancia de las razones en la conducta humana: que los seres humanos monitorean reflexivamente su conducta a través del conocimiento que poseen de las circunstancias de su actividad. Aunque en su sistema Parsons separa símbolos "cognitivos" de "catécticos", *sus actores sociales no son agentes expertos y capaces*.

Por supuesto, ni el naturalismo ni el funcionalismo reinaron sin cuestionamientos en el período de la posguerra. En el marco de la sociología estadounidense quienes escribían desde una perspectiva de interaccionismo simbólico han tenido divergencias significativas en lo que respecta a los énfasis puestos en

---

[21] Ver algunas de las contribuciones a Max Black, *The Social Theories of Talcott Parsons* (Englewood Cliffs: Prentice-Hall, 1961).

[22] Talcott Parsons, *The Structure of Social Action* (Glencoe: Free Press, 1949) pp. 737ss. y *passim*.

[23] Véase *New Rules of Sociological Method*, p. 98.

el consenso ortodoxo, en especial en cuanto a ocuparse de la teoría de la acción, como he especificado con anterioridad. Pero, el "interaccionismo simbólico" –término que emplea Blumer para un conjunto difuso de influencias proveniente de G. H. Mead– ha sido obstaculizado desde el principio por una interpretación teórica inadecuada de los problemas de transformación y de análisis institucional. La importancia de las concepciones de Mead sobre el desarrollo de la reflexividad, del gesto y el símbolo, opacó el hecho de que su tratamiento de la sociedad –como lo representa el "orden generalizado"– es rudimentario. La filosofía social de Mead (al igual que la psicología evolutiva de Piaget) carece de una comprensión de la sociedad más amplia como formación diferenciada e históricamente ubicada. Asimismo, si bien Mead coloca a la reflexividad exitosamente en el centro de las preocupaciones de la filosofía social y de la teoría social, los orígenes del "yo" en la dialéctica del "yo" y el "mí" permanecen oscuros e inexplicados. Su gran preocupación es el surgimiento del "mí", o yo social. Por lo tanto, tal vez no resulte sorprendente que, entre algunos de sus seguidores, la relación reflexiva entre el "yo" y el "mí" desaparezca en gran medida en favor de una concentración en el yo social. Una vez que se ha producido esto, dada la ausencia de una conceptualización adecuada de las instituciones y de cambio institucional, queda abierto el camino para la idea de que el interaccionismo simbólico y el funcionalismo pueden ser unidos el uno con el otro de manera provechosa. Se considera que el primero trata las cuestiones "micro sociológicas" vinculadas a las relaciones sociales en pequeña escala, mientras que las cuestiones "macro sociológicas", que se ocupan de los aspectos de la naturaleza institucional de la sociedad, quedan bajo la órbita del funcionalismo.

En el *paper* "Agencia y estructura" de la presente obra sostuve que no es posible introducir exitosamente en la sociología una teoría de la acción sin una reelaboración de la idea de estructura. Esa reelaboración resulta inmediatamente relevante para cuestiones de lenguaje común y la crítica que de la sociología hacen los legos. La noción de *dualidad de la estructura*, que he acentuado como eje conductor de este libro, implica reconocer que el monitoreo reflexivo de la acción recurre a la organización institucional de la sociedad, y la reconstituye. Reconocer que para ser un miembro ("competente") de la sociedad cada individuo debe tener gran conocimiento del funcionamiento de esa sociedad es, precisamente, la base principal del concepto de dualidad de la estructura. La tesis de que no es posible explicar correctamente la noción de agencia humana sin la noción de estructura, y viceversa, necesariamente se vincula con la afirmación de que la temporalidad debe ser tratada como parte integral de una comprensión conceptual de la constitución de la vida social. Cualesquiera sean las incompatibilidades entre el pensamiento estructuralista y la historia, desde Saussure en adelante una de las contribuciones específicas del estructuralismo ha sido echar luz sobre el reordenamiento temporal de la reproducción social. La mejor manera de comprender la totalidad social no es, como en concepciones funcionalistas del todo, como una "presencia" dada, sino como relaciones de presencia y de ausencia ordenadas recursivamente. Las críticas de autores estructuralistas contra las filosofías y las formas de la teoría social que le otorgan primacía al sujeto pueden ser fácilmente comprendidas en el contexto del cartesianismo; y, resulta esencial captar la relevancia de la tesis que nos pide rechazar cualquier concepción de un sujeto que sea "transparente para sí mismo". Pero, aquí también abordamos las limitaciones de las teorías estructuralistas, plagadas de dualismos heredados de Saussure. Uno de esos dualismos es el que existe entre estructura y acontecimiento, que en general se solapa con el de inconsciente y consciente. El dominio de estas oposiciones ha excluido efectivamente la posibilidad de generar una explicación satisfactoria de la agencia humana desde dentro del pensamiento estructuralista. Opino que la superación del dualismo estructura/acontecimiento, por lo menos dentro de la teoría sociológica, resulta más sencilla cuando se introduce una distinción entre sistema y estructura, donde el sistema se ordena en términos de la reproducción de hechos situados espacial y temporalmente, y la estructura es a la vez tanto el medio como el resultado de esa reproducción. Esto se vincula inmediatamente con el rechazo de la polaridad inconsciente/consciente, por cuanto una teoría de la agencia debe reconocer la relevancia básica de la conciencia práctica en la reproducción social. La conciencia práctica no es "conciencia" como la interpretan comúnmente las teorías estructuralistas, sino que también es fácilmente distinguible de la conciencia en cualquier sentido de ese término.

El estructuralismo y el funcionalismo traicionan sus orígenes comunes en lo que respecta a conceptos de poder con los que frecuentemente han sido asociados. Para muchos autores que se desempeñan en el marco de estas tradiciones, si es que algún concepto de poder ha sido desarrollado, el poder se entiende como un fenómeno de una sociedad o colectivo que se confronta con el individuo. Esto ya era claro en Durkheim, quien donde enfrentaba problemas de poder solía hacerlo en términos comparables con aquellos en los que intentaba analizar la influencia restrictiva de los hechos sociales.[24] Los autores que escribían en el marco de la filosofía de la acción, por otra parte, han considerado al poder como la capacidad de un agente individual de llevar a cabo su voluntad, o bien (especialmente en la literatura influida por Austin o por el Wittgenstein tardío) en gran parte han ig-

---

[24] Ver especialmente "Deux lois de l'évolution pénale", *Année sociologique*, Vol. 4 (1899-1900).

norado por completo cuestiones de poder. Al respecto, existe un punto de contacto directo entre la filosofía de la acción y el "funcionalismo normativo", *cada uno de los que, de maneras bastante diferentes, ha tendido a tratar a las normas y las convenciones como ejemplos de "lo social"*. La definción que da Weber de poder, como la posiblidad de un agente de asegurar el cumplimiento de su voluntad aun en contra de la resistencia de los otros, probablemente haya sido la más frecuentemente utilizada en la literatura. Critico esto en dos aspectos. Por una parte, refleja la posición metodológica subjetivista de Weber y conduce al dualismo de la acción y la estructura que, he insistido, debe ser superada. Por otra parte, considerada exclusivamente desde el punto de vista de la conexión entre poder y agencia, no cala lo suficientemente hondo. Ya que la noción de agencia humana implica, lógicamente, la de poder, entendido como capacidad transformadora: la "acción" solo existe cuando un agente tiene la capacidad de intervenir, o de rehusarse a intervenir, en una serie de hechos a fin de poder ejercer influencia a lo largo de su curso. Así, la introducción de una teoría de la acción en la sociología supone considerar al poder exactamente tan esencial e integral para la interacción social como los son las convenciones. Pero, las mismas consideraciones aplicables a la teoría de la agencia generalmente son también aplicables al poder: debemos relacionar al poder en tanto recurso al que acuden los agentes en la producción y la reproducción de la interacción con las características estructurales de la sociedad. Ninguno de estos dos aspectos del poder es más "básico" que el otro.

Las ciencias naturales y sociales

El quinto tipo de deficiencia del consenso ortodoxo ha sido muy discutido en los últimos años, pero sostengo que no es posible comprender adecuadamente sus implicancias fuera de las cuestiones a las que me he referido en las secciones precedentes. Este quinto punto, que nos retrotrae a temas que introduje al principio de este *paper*, es: la sociología ortodoxa estaba *estrechamente atada a un modelo positivista de la ciencia natural*. El término "positivismo" ha sido utilizado tan indiscriminadamente[25] que es importante señalar que, en el contexto de las ideas que informaban el antiguo consenso, se lo puede emplear en un sentido razonablemente preciso: para referirse a lo que algunos filósofos han rotulado "modelo recibido" de la ciencia natural. El modelo recibido estaba fuertemente condicionado por versiones liberalizadas del positivismo lógico, como las ela-

---

[25] "Positivism and its critics", en *Studies in Social and Political Theory*.

boraron Carnap y otros, pero fue aún más consolidado y elaborado por miembros del "Círculo de Berlín" (especialmente por Hempel), y por corrientes indígenas de la filosofía estadounidense (representadas, por ejemplo, por Nagel).

Ya he señalado la conjunción importante, si bien nunca completamente feliz, lograda entre esta aproximación a la filosofía de la ciencia y el funcionalismo. Pero, por supuesto, la influencia de las posturas naturalistas se ha extendido mucho más ampliamente: muchos autores que han sido escépticos con respecto al funcionalismo, o que se han mostrado abiertamente críticos de él, han supuesto que el modelo recibido de la ciencia natural es apropiado para la sociología. Las concepciones de la ciencia natural provenientes del empirismo lógico, particularmente el método hipotético deductivo, como fue originalmente promovido por Hempel y Oppenheim, alcanzó un amplio grado de aceptación.[26] Esas concepciones se utilizaron para sugerir que la ciencia social debería apuntar hacia el objetivo (ciertamente distante) de formular jerarquías de leyes relacionadas deductivamente, y que la explicación tanto en la ciencia natural como en la ciencia social consiste en la subsunción deductiva de una observación o hecho en virtud de una ley.[27] Pero, lo primero no debe considerarse una interpretación general apropiada de la forma nomonógica de las ciencias naturales, y es aún menos relevante para la sociología dada la naturaleza histórica de las leyes de la conducta social humana: las leyes de las ciencias sociales están en principio "abiertas" al entorno al que se refieren. A la luz de estas consideraciones, el énfasis puesto en el hecho de que la explicación es el relacionamiento deductivo de una hecho con una ley se presenta como peculiarmente dogmativo y restrictivo –aun si se lo aplica en el área de las ciencias naturales, pero particularmente dentro de la esfera de las ciencias sociales–.

Concebida en líneas generales, podemos estudiar de manera más adecuada la explicación como resolución de acertijos o de interrogantes; vista desde esta perspectiva, la explicación consiste en volver inteligibles las observaciones o hechos que no son posibles de interpretar fácilmente en el contexto de una teoría existente o estructura de significado. Entonces, la distinción entre descripción y explicación adquiere una naturaleza contextual: la identificación o descripción de un fenómeno, mediante su incorporación a una estructura de significado dada, es explicativa donde esa identificación contribuye a resolver un interrogante. Una noción tan amplia de la explicación enlaza los interrogantes explicativos en

---

[26] Carl G. Hempel y P. Oppenheim, "Studies in the logic of explanation", en *Philosophy of Science*, Vol. 15 (1948).

[27] Véase George Homans, *The Nature of Social Science* (Nueva York: Harcourt Brace, 1967).

la ciencia muy estrechamente con interrogantes cotidianos. En ninguno de los dos casos existe una forma lógicamente cerrada adoptada por la explicación: es decir, *todo intento de satisfacer interrogantes presupone una "cláusula etcétera" contextual*, por la que un estudio se considera concluido "a los propósitos presentes".

Por supuesto, esto explica muy poco sobre la naturaleza de la explicación. En particular, no muestra cuáles son las características de una explicación "satisfactoria" o "válida" de un fenómeno, en contraste con otras que podrían evaluarse como defectuosas.[28] No tengo intención de ocuparme de esta cuestión aquí. Lo que sí deseo acentuar es que atribuirle un carácter contextual a la explicación, como podrían suponer los promotores del consenso ortodoxo, no implica ser partidario de una versión humanista o "suave" de la sociología. En particular, no puede haber un regreso a la oposición *verstehen/erklären* que, en la tradición hermenéutica, contribuyó a diferenciar las funciones de las ciencias sociales de aquellas de las ciencias naturales. Que muchos autores que han planteado que las ciencias sociales o humanas se ocupan específicamente de los "significados" o de los "productos culturales" hayan aceptado un modelo positivista de la ciencia natural es un rasgo destacable del desarrollo de la hermenéutica. Como es bien sabido, Dilthey fue fuertemente influido por *Un sistema de lógica*, de J. S. Mill, y aceptó la caracterización general que este último elaboró de la ciencia natural como complemento de su concepción de las ciencias humanas. Más recientemente, la explicación de Winch de la base filosófica de la ciencia social parece apoyarse en la visión de la ciencia natural desarrollada por los empiristas lógicos; y, la elaboración que hace Habermas de su noción de intereses constitutivos del conocimiento aún parece conservar elementos de un modelo positivista de la ciencia, y así en parte recapitula la diferenciación *verstehen/erklären*.[29]

La consecuencia principal de las ideas que he propuesto en el presente *paper* es que, en la etapa actual de la teoría social, nos encontramos involucrados en la tarea de hacer girar dos ejes simultáneamente: el de la comprensión de la naturaleza de la actividad social humana y el de la forma lógica de la ciencia natural. *No son estas dos iniciativas separadas, sino que se alimentan de un cúmulo de problemas comunes.* Puesto que en la medida en que se ha vuelto evidente que las cuestiones hermenéuticas son fundamentales para la comprensión filosófica de la ciencia natural, así también se han vuelto igualmente visibles las limitaciones de las concepciones de las ciencias sociales que excluyen al análisis causal. No podemos

---

[28] Esto se demuestra con cierta contundencia en Alan Ryan, *The Philosophy of the Social Sciences* (Londres: Macmillan, 1970) pp. 48-9.

[29] "Habermas's critique of hermeneutics", en *Studies in Social and Political Theory*.

tratar a las ciencias naturales y a las ciencias sociales como *dos formas de iniciativa intelectual independientemente constituidas*, cuyas características es posible establecer de manera separada, y que posteriormente puedan ser reunidas y comparadas. Los filósofos y los practicantes de la sociología deben permanecer atentos al progreso de las ciencias naturales; pero, toda filosofía de la ciencia natural supone, a su vez, una postura definida en cuanto a problemas de la teoría social.

Impreso por TREINTADIEZ S. A. en diciembre 2017
Pringles 521 (C1183 AEI)
Ciudad Autónoma de Buenos Aires
Teléfonos: 4864-3297 / 4862-6794
editorial@treintadiez.com